班组安全建设方法

160例 第三版
Third Edition

崔政斌　胡万林 ◎著

BANZU
ANQUAN
JIANSHE
FANGFA
160LI

化学工业出版社

·北京·

《班组安全建设方法 160 例》（第三版）是在第二版的基础上重新整理、调整、扩展、编制而成的。从班组安全建设的主题出发，共阐述了 141 个班组安全建设的方法。全书分为六章。包括：班组长安全工作之道；班组安全工作方法；班组安全生产激励；班组安全教育；班组安全文化建设；班组反事故活动。这些方法是针对班组安全工作实际，在实践中不断总结、归纳、提炼出来的。具有一定的理论性、实践性、指导性、实用性和超前性。《班组安全建设方法 160 例》（第三版）对企业的班组长以及班组安全管理者在工作中有一定的引导作用，对班组的安全建设和安全发展有一定的指导作用。

　　《班组安全建设方法 160 例》（第三版）可供企业领导、安全监管人员、有关工程技术人员，特别是班组长在工作中参考。也可作为班组安全培训教材。

图书在版编目（CIP）数据

　　班组安全建设方法 160 例/崔政斌，胡万林著. —3 版 . —北京：化学工业出版社，2016.4（2025.7 重印）
　　ISBN 978-7-122-26356-8

　　Ⅰ.①班… Ⅱ.①崔…②胡… Ⅲ.①班组管理-安全管理 Ⅳ.①F406.6

　　中国版本图书馆 CIP 数据核字（2016）第 036589 号

责任编辑：杜进祥　　　　　　　　　　文字编辑：孙凤英
责任校对：吴　静　　　　　　　　　　装帧设计：韩　飞

出版发行：化学工业出版社（北京市东城区青年湖南街 13 号　邮政编码 100011）
印　　装：涿州市般润文化传播有限公司
850mm×1168mm　1/32　印张 12¼　字数 328 千字
2025 年 7 月北京第 3 版第 5 次印刷

购书咨询：010-64518888
售后服务：010-64518899
网　　址：http://www.cip.com.cn
凡购买本书，如有缺损质量问题，本社销售中心负责调换。

定　　价：29.90 元

前　言

2004年5月，化学工业出版社出版了拙作《班组安全建设方法100例》，该书的出版，受到了广大读者的厚爱，在较短的时间内多次重印。到了2010年年底，出版社要求作者重新整理出版该书的第二版，第二版出版以后，仍然得到了广大读者的青睐和好评，先后多次重印，满足了读者的需求。如今到了2016年，作者经过在几个大型企业的安全管理实践后，发觉有必要对《班组安全建设方法100例》再次进行修订和再版。经过深入细致的思考、整理、补充、完善。呈现在读者面前的这本《班组安全建设方法160例》（第三版）就是献给2016年"安全生产月"的一份礼物。

班组长担负着对班组的日常生产和行政工作进行统一指挥、统一安排的重责，是安全生产的基层组织者和责任人。班组长不仅要具有一定的组织领导能力，思想觉悟高，责任心强，能关心、团结同志，而且还要有过硬的技能、强烈的安全意识和熟练的工业生产安全卫生知识。班组长要牢固树立"安全第一，预防为主，综合治理"的指导思想，带领班组全体职工为实现"安全、优质、低耗、高效益"的目标努力完成和超额完成生产任务。作者基于这样的认识，在本书中将大量的安全工作方法在第一章"班组长安全工作之道"中体现。

班组的安全生产要有一个明确的奋斗目标，有目标才有方向，班组应有自己实现安全生产的明确目标。班组长在任职期间要实行目标责任制。在确立工作目标时，要有安全生产的内容，并按"生产无隐患、个人无违章、班组无事故"的要求，结合班组的具体情况，制订出实现本班组具体的安全工作方法。因此，本书第二章"班组安全工作方法"就是针对班组安全工作目标而给出的方法。

班组的安全生产要有一套完善的安全管理制度。制度既是实践的科学总结，又是统一行动的准绳。建立和完善与安全生产密切相关的各项管理制度，按照符合安全生产的科学规律进行生产活动，这是搞好班组安全建设的重要保证。这些制度主要包括：

（1）建立健全安全生产责任。班组每个职工都要在各自职责范围内明确安全生产要求，推行安全操作责任制和安全联保制度。

（2）实行巡回检查制。要建立岗位设备巡回检查制度。职工要在自己岗位的管辖范围内，使用安全检查表对生产设备各系统或单点进行定时、定点、定路线、定项目的巡回检查，以便及时发现异常情况，采取措施消除隐患，排除故障，防止事故的发生。

（3）严格交接班制度。要建立严格的交接班制度。交接班人员必须面对面把生产、安全等情况交接清楚，切实把设备运转情况、工艺指标、异常现象及处理结果、存在问题、处理意见，以及生产的原始记录、领导的生产指示、岗位的维修工具等都一一交接清楚。做到不清楚就不交班、不接班。防止因交接班不清楚而危及生产安全。

（4）建立安全技术岗位练兵制度。开展岗位技术练兵，是实现安全生产的重要手段。一方面要通过技术练兵，使职工熟练地掌握正常生产的操作技能，防止因误操作而引起事故，另一方面又要针对发生事故或发生异常情况时所应采取的紧急处理措施，进行事故应急的模拟训练，努力提高职工的安全技术水平和对事故发生的应变处理能力。

（5）健全设备维护保养制度。设备安全、正常运转，是生产安全的物质基础，必须健全设备的维护保养制度，并严格执行。

（6）严格劳动保护用品的使用制度。劳动保护用品是保护职工安全健康的辅助工具，班组要组织职工正确穿戴劳动保护用品。劳动保护用品穿戴不齐全、不正确的不得上岗。

应该说这些制度的建立是非常必要的，但仅仅有制度还不能保证班组的安全生产就能做到万无一失，还有一些要解决的安全思想意识问题、安全文化问题等。因此，作者没有对班组的安全管理制度作深入的论述，而是在第三章"班组安全生产激励"、第五章"班组安全文化建设"这两章中进行了一定的探讨和阐述。其目的是为企业的班组提供一些制度管理以外的安全建设方法。

班组安全生产管理是企业管理的一项重要内容。企业效益从管理抓起，管理从基础抓起，基础从班组抓起。班组生产实现标准化、规范化作业是加强企业管理的基础，是推进企业进步的重要措施。为此，要抓好班组安全建设，必须进行安全思想意识教育、安全操作技能培训等方面的工作。

企业班组必须开展经常性的安全教育。要使安全工作由处理事故的被动状态转变为事前预测的主动防范，必须十分重视提高生产第一线职工的素质，使他们在思想上和技术上都能适应安全生产的要求，不具备基本安全知识和技能的人不能上岗。为此，班组要配合有关部门做好职工的安全思想教育工作，提高职工遵章守纪的自觉性，使党和国家有关安全生产的方针、政策真正为群众掌握，成为职工在生产中的自觉行为。与此同时，要有针对性地开展班组安全技术培训和逐步实现全会培训，做到岗位操作正确、熟练；安全基本知识人人掌握，能熟练判别异常情况，及时排除生产故障。为此，作者在第四章"班组安全教育"中给出了一些具体的操作方法。

本书在写作中得到了崔佳、李少聪同志的帮助，在此表示感谢。还要感谢石跃武同志对本书的文字输入，也要感谢范拴红同志对全书的文字校对。

本书在再版的过程中得到了化学工业出版社有关同志的指导和帮助，在此，对他们表示衷心的感谢。

崔政斌
2016 年 2 月于山西朔州市

前　言（第一版）

班组是企业劳动分工中的最小劳动集体，是企业的细胞。班组安全建设工程是一项复杂的系统工程，也有人称之为"细胞建设工程"，班组安全建设不但直接关系到企业劳动生产率的提高，也直接关系着安全生产的成效。因为班组是企业现场管理的主要实施者，又是企业把可能的生产力转化为现实生产力的实践者。班组安全建设是企业安全生产管理工作的基础，从这个意义上讲，班组的安全素质决定着企业的安全素质。

本书从班组安全建设的主题出发，阐述了100个班组安全建设的方法，内容包括：班组长安全工作之道；班组安全工作方法；班组安全生产激励；新任班组长如何做好安全工作；班组安全教育；班组反事故活动；班组如何开展安全批评；班组安全谈话；班组安全文化等九部分。本书是班组安全生产实践的总结，具有一定的理论性、实践性、指导性和适用性。能对企业班组安全建设起到一定的借鉴作用。

作者曾在企业担任过十几年班组长，对班组的工作有切身的体验，又在企业从事安全管理、安全技术领导工作16年，对安全生产工作有一定的研究和探索。本书是班组工作经验和安全管理的有机结合，希望本书的出版会对班组安全建设起到一定的启发作用。

本书的出版得到了化学工业出版社有关同志的热情帮助和精心指导，在此表示衷心的感谢。

作　者
二〇〇四年二月

前 言（第二版）

2004 年 5 月，化学工业出版社出版了拙作《班组安全建设方法100 例》，此书的出版，受到了广大读者的厚爱。截至 2008 年 7 月，在短短的 4 年间共重印 9 次。这是对作者的鼓舞和鞭策，也是对作者的肯定和期望。在此种情况下，出版社要求作者重新整理、修改出版该书第二版。经过认真思考，作者对该书进行了重新整理、修改、提炼、调整、归纳，将该书第二版呈献给广大读者。

班组是企业的最基层组织，是安全生产的第一道防线。班组长是企业安全生产工作一线的直接指挥者和组织者。加强企业班组长安全培训工作，是全面提高从业人员安全意识和操作技能，规范作业行为，杜绝违章指挥、违章作业、违反劳动纪律的"三违"行为，从根本上防止事故发生的有效途径，也是当前进一步强化企业班组安全生产基础建设，提升现场安全管理水平，促进企业安全生产的一项重要而紧迫的任务。

当前，我国一些企业特别是中小企业班组安全管理仍然薄弱，班组员工的安全素质、安全操作技能和安全管理水平与企业安全生产工作要求有很大差距，"三违"现象大量存在，给安全生产带来很大风险。企业一定要从切实维护人民群众生命财产安全，推动科学发展、安全发展的战略高度，充分认识加强企业班组安全工作的重要性，增强责任感和紧迫感，加大工作力度，采取有力措施，切实抓紧、抓好、抓出成效。

班组生产现场和生产过程是企业安全管理的前沿阵地，班组的安全生产又融入班组生产作业的全过程之中。班组生产现场的安全与否直接决定着班组员工的安全与健康，直接影响着企业的经济效益和稳定运行。由此可见，班组安全管理是企业安全的重要组成部分，企业的各项工作需要通过班组去落实，特别是安全生产的各项管理制度的具体实施和各项安全措施的执行，均需要通过班组去承担，正所谓

"上面千条线，下面一根针"。

面对日益复杂、严细的班组安全工作要求，班组员工倍感安全生产工作责任重大，倍感安全生产压力巨大。如何能使班组的安全工作走上平安、稳定、可持续发展的道路，班组安全建设方法起着关键作用。本书作者在《班组安全建设方法100例》第一版的基础上，通过班组安全生产实践，从多角度、多层次、多思维、多侧面、全方位对班组安全建设方法进行了一定的研究和探索，归纳、提炼、总结出100多个班组安全建设方法，供企业广大班组员工在安全工作中参考，或许能有一定的帮助，或许能受到一定的启发。

国务院安委办〔2010〕27号文下发了"关于贯彻落实国务院《通知》精神加强企业班组长安全培训工作的指导意见"，对班组安全建设和班组长安全培训作出了具体的规定，是今后一个时期班组安全工作的行动指南，我们一定要认真贯彻落实。

本书内容包括：第一章 班组长安全工作之道；第二章 班组安全工作方法；第三章 班组安全生产激励；第四章 新任班组长如何做好安全工作；第五章 班组安全教育；第六章 班组安全文化建设。本书是班组安全生产实践的总结，具有一定的理论性、实践性、指导性、实用性和超前性。本书对企业的班组长以及班组安全管理者在工作中有一定的引导作用，对班组的安全建设和安全发展有一定的指导作用。

本书在写作过程中得到了石跃武、崔佳、李少聪、石翠霞、章磊成等同志的大力支持和帮助。在此书出版之际，对他们表示谢意。本书在出版过程中得到了化学工业出版社有关领导和编辑的悉心指导和帮助，在此表示衷心的感谢！

崔政斌

二零一零年十二月

目 录

第三章　班组安全生产激励　　278

第四章　班组安全教育　313

第五章　班组安全文化建设　339

第一章 班组长安全工作之道

　　班组长处于班组的核心地位，对班组安全建设是举足轻重的，班组长安全工作的能力左右着班组安全生产的水平。班组长在班组安全工作决策、用人、协调等具体工作中，如何围绕班组安全建设、安全促进、安全发展等工作，保障班组的安全生产，促进企业又好又快地发展，是班组长的重要职责。

　　作为班组长一定要有高度的安全事业心和安全责任感。坚持"安全第一，预防为主，综合治理"的原则，一心扑在安全工作上。

　　作为班组长要努力提高自己驾驭班组安全生产全局的能力。在工作过程中要正确处理、研究安全问题，作出正确的各种安全工作决定。特别要善于集思广益、博采众长，集中正确意见。这样作出的安全工作决定才不会走偏。

　　作为班组长要努力提高自己的人格影响力。榜样的力量是无穷的，班组长要指挥好班组员工，不仅要靠权力的影响力，而且也要靠人格的魅力。班组长一定要做到为人师表、率先垂范、行为端正、正视弱点，那么，班组的安全工作一定会好起来，班组的安全建设一定会顺起来，班组的安全发展一定会快起来。

　　在本章中共给出76个班组长安全工作方法，从多角度、多思维、多层次、多途径、多侧面探索。它旨在为企业的班组长们提供一些安全工作的思路和方法，在具体的班组安全工作中，每个班组的条件、环境、人员、装备不尽一致。因此，不一定死搬硬套，只是引导和开拓思维，进而使班组长们在实际安全工作中，结合自己班组的情况有所发现、有所发明、有所创造、有所前进。

敬请注意：

（1）班组安全决策是安全工作的核心；

（2）处理好班组员工的思想、情绪、心理是班组安全工作的重要内容；

（3）掌握一定的方法和技能能够促进班组安全发展又好又快；

（4）班组长安全工作中的安全道德修养是成功的关键；

（5）提高员工安全素质是班组安全工作的基石；

（6）班组长敢于负责是班组安全工作的前提；

（7）加强安全学习是班组安全的制胜法宝。

1 班组长安全工作中"养心"的六种方法

人的心态受一定社会环境的影响，但其最终根源在于人的世界观、人生观、价值观在人的心理上的经常性反映。那么，班组长如何在安全生产实践中和安全知识学习中提升心态修养呢？以下为班组长应该在安全工作中具有的"养心"六法。

（1）给情绪装个"安全阀"，先把"泥点"晾干。有人做过统计，人犯错误，有一半以上是因情绪失控所致。班组长在安全生产实践中尤其要善于控制自己的情绪，驾驭好情感，遇事不能头脑发热，应保持冷静和理智，不可因一时冲动而成为情绪的奴隶。班组长在安全工作中需要给自己的情绪装个"安全阀"，学会经常性心理调整、心理放松、心理解压、心理转移等方法，为容易失控的情绪加几道"保险"。

一位德国学者曾打过这样的一个比喻：令人恼火的事情像是雨天溅在大衣上的泥点，如果立即去抹，一定会搞得一团糟。聪明的方法是先把大衣挂起来，待泥点子自然晾干后再去处理它，也许轻轻弹几下就没事了。这个例子启示我们，班组长在安全工作中遇见恼火和烦心的事情是常有的，如果马上去澄清是非，弄清楚为什么，结果可能会越弄越糟。最好的办法是先把它（当然它不是什么紧急任务）搁在一边，晾起来，等情绪的水分都蒸发掉了，再去处理它，也许你会发现，那"泥点"淡得几乎不值一提。其实，只要你冷静地控制好自己的情绪，一切烦心的事就可能变得很简单。

（2）以诚换诚提升三重境界。19世纪美国哲学家兼诗人爱默生说过"人生最美丽的补偿之一，就是人们真诚地帮助别人之后，同时也帮助了自己"。对于一名班组长来说，以诚待人，以诚换诚须提升三重境界。

你怎样对待别人，别人就会怎样对待你。这是每位班组长应该懂得的道理。正如国外一个故事所讲的：有两个驾车人都迁移到同一小镇，第一个人到加油站停下来打听："这个镇里的人怎么样?"业主反问："你从前住的那个镇的人怎么样?"他回答说："他们真是糟透了，很不友好。"于是业主便说："我们这个镇的人也一样。"不久，第二个驾车人驶进同一个加油站，问了同一个问题："这个镇里的人怎么样?"业主同样反问："你从前住的那个镇的人怎么样?"他回答说："他们好极了，十分友好。"于是业主说："你会发现我们这个镇的人完全一样。"是业主回答出尔反尔吗?不是，而是他懂得，你对别人的态度和别人对你的态度是一样的。

若进一步探究这个问题，就到了第二重境界，即一个人心中有什么，他看到的就是什么。有这样一个故事：宋代大文学家苏东坡与好友佛印常在一起参禅打坐。一天苏东坡问佛印："你看我打坐的样子像什么?"佛印老实回答："像尊佛。"苏东坡又问："你知道我看你坐在那儿像什么吗?就像一堆牛粪!"苏东坡自鸣得意。回家后，他把这段笑话讲给苏小妹听，还以为自己占了便宜。不料苏小妹却冷笑道："参禅人最讲究的是见心见性，佛印说看你像佛，说明他心中有尊佛，你说佛印像牛粪，你想想你心里有什么吧!"可见，一个人外在的表现与其内心世界是相辅相成的，如果你眼中处处是阴暗，则说明你心中没有一丝阳光。有些班组长总是盯着员工的过失，对别人的长处总是视而不见，总抱怨别人如何不好，其实是他自己的心理出了问题。

如果把这个问题探究得再深入一步，就到了第三重境界，即乐于吃亏、无私奉献、不图回报者，最终总有回报。美国成功学者拿破仑·希尔曾讲过这样一个故事：辛格和一个旅伴穿越喜马拉雅山脉一个山口时，发现一个躺在雪地上的人。辛格想救他，而同伴却说："如果带上这个累赘，我们就会丢掉自己的性命。"但辛格不能见死不救。当旅伴与他告别后，辛格使尽力气背起这个人前行，渐渐地，辛格的体温使这具冻僵的躯体温暖过来。当两人并肩前行赶上前面的旅伴时，发现旅伴已经死了，是冻死的。这个例子启示我们，自私、吝啬、算计、不吃亏的人最终总要吃大亏，乐于吃亏助人，甘于牺牲奉献，无所图的人往往会得到意想不到的回报。正所谓"人算不如天算""人报不如天报"。对班组长来说，这里所说的"天"就是班组职工。须知，职工群众的眼睛是雪亮的，民众的心是最公平的。

（3）乐观豁达最养心，宽容胜过百万兵。常言道，生活就像一面镜子，你对它哭，它就对你哭；你对它笑，它就对你笑。例如，无数抗震救灾的英模人物身上所体现出的坚强不屈的斗志和百折不挠的精神，都来源于他们乐观豁达的心态。班组长是班组的领导干部，是班组中讲和谐、促和谐的表率，更要有一种豁达乐观的心态。须知，乐观豁达是心理的最佳滋补品，也是影响、支配班组长在安全工作中思维和行动的一种最佳心态。心底无私天地宽。乐观会反败为胜，悲观会反胜为败。人生在世，不可能事事顺心，关键是要保持良好的心态。乐观豁达者无论顺逆得失，都能从容面对。"达观以处事，宽心以养力"，是洞察人间百态，看透世事无常的一种大彻大悟的坦荡胸怀。

乐观豁达在待人处世上体现为一种宽容。班组长在安全生产实践中切忌遇事推卸责任，一味责怪别人，苛刻对待部下。应该严于律己、宽以待人，特别是能容人之过、容人之短、容人之怨。特别需要提醒的是，在班组安全生产工作中，讲宽容绝不能不讲原则和法规，更不能拿着原则和法规作交易，否则将铸成大错，可能会造成重大事故而追悔莫及。

（4）把对方当做"空船"，不比较、不计较。《庄子》中有一则故事：一个大雾弥漫的早晨，一人划船逆流而行，忽见一只小船顺流而下驶来，他大声呼喊："小心，注意！"但对方不理不睬，并且冲他撞来，他简直就要气晕了！就在两船擦肩而过的瞬间，他发现原来那是一只空船。此时，他满腔的怒气立即烟消云散，还为自己躲闪的及时而暗暗庆幸，从此以后他很少再发脾气，因为他把每个人都看成是"空船"。

假如天空突然下雨把你淋湿了，即使你的脾气再坏也不会朝老天爷发火，骂他"不长眼"，而只顾赶紧去躲雨。然而，假如换一种情况，这时你一抬头，发现所谓的"下雨"，原来是楼上的人浇花把水弄到了你的身上，你很可能会气不打一处来，还会引发一场争吵。为什么同样的"下雨"、同样的"湿身"而你的态度却不大一样呢！就是因为"有人"和"无人"。"有人"，那错误和责任就完全在对方，你发火和指责他就顺理成章；"无人"，压根儿就不存在发火和指责他人的理由了。假如班组长的心态修养能达到把对方当做一只"空船"的境界，自然会获得一种"不比较、不计较"的洒脱，绝不会因一些鸡毛蒜皮的利害冲突而冒无名火。凡事常思己过，你的心胸就会"尽虚空"般的宽广。

但是，在班组安全生产工作中，班组长的道德修养和心理素养的"空船"境界不能用错了对象，在班组安全工作的大是大非面前，在违反安全生产政策法规的原则面前，绝能无原则地把隐患当做"空船"，而是要针锋相对、旗帜鲜明、决不妥协、彻底消灭隐患，确保安全生产。

（5）铭记"一切都会过去"，放下而不放弃。古时候，有一位国王，梦中得到上帝赐予的一句箴言。上帝叮嘱他：只要记住这句话，一生都将忘怀得失，纵有大起大落，也会安然度过所有大波大澜。国王醒来却把这句话忘了。一言可以行之终身，这句话到底是什么呢？他倾宫中所有钱财打造一只大钻戒，公开悬赏，称："谁能找回这句话钻戒就归谁。"一个老臣请求先把钻戒给他，他在钻戒上刻了几个字还给国王。国王一看，正是自己要找的那句话——一切都会过去。这个故事流传很广，寓意颇深。

1954年世界杯足球赛中，夺冠呼声最高的巴西队在半决赛中就被法国队淘汰。当巴西队队员带着屈辱和各国媒体的嘲笑回国时，一下飞机，就看到总统带着两万名群众前来迎接，机场打出一条醒目的标语——一切都会过去。4年后，巴西队在世界杯大赛中终于如愿夺冠，回国乘坐的飞机有16架喷气式飞机护航，机场上同样是总统带来两万人来欢迎，同样打出那条醒目的标语——一切都会过去。这个故事耐人寻味。世界上没有什么可以永久存在的东西，一切都会流逝，这是自然规律。对于企业的班组长而言，你在安全生产实践中所拥有的、所遭遇的，不管是顺境还是逆境，成功还是失败，欢乐还是痛苦，荣耀还是耻辱，褒奖还是处分，大起还是大落，一切都会过去。所以，班组长在安全工作中要学会放下，切不可把成绩或过失当成包袱，否则，早晚会被压得喘不过气。

但是，在班组安全生产实践中，放下不等于放弃。班组长放下的是心理包袱，包括名利荣辱；不能放弃的是安全工作责任和义务。俗话说："勇者提得起，智者放得下。"班组长既要成为安全工作的勇者，也要成为安全工作的智者。因此，必须牢记：我们放下的是包袱，提起的是责任。

（6）保持一颗平常心，固守淡泊也开心。当前或今后班组长所面对的是一个五光十色的大千世界，各种诱惑实在太多。人生总是和各种欲望相伴的，在常人眼中，拥有功名利禄的多少，往往成为衡量人生价值大小的标准。然而，但丁说过一句非常深刻的话："拥有便是损失。"财富的拥有和欲望的占有超过了个人所需的限度，那么，拥有越多，损失就越多。

由此可见，企业的班组长们能够保持一个平常心，固守淡泊，这既是一种心态修养，也是一种生命的境界和人生的情怀。只有这样，才能在困难和失败面前不灰心丧气、不意志消沉，在成功和胜利面前不骄傲自满、不得意忘形；才能以一种超脱的心态对待人生，对待眼前的一切，居功不傲、得意不狂、受挫不悲、浮财不图，不做世间功利的奴隶，不为各种烦恼所左右，使自己的人生不断得到升华；才能在当今纷繁复杂的、眼花缭乱的世相百态面前凝神静气，紧守自己的精神家园，追求自己的人生目标；才能抛开一切名缠利锁的束缚，让人性回归到本真，从而获得心灵的充实、丰富、自由和纯净。因此，懂得并能做到固守淡泊、保持一颗平常心的人是幸福的、快乐的，企业班组长理应如此。

当然，固守淡泊、保持平常心，不是提倡无为，而是"淡泊以明志，宁静以致远"，是为了弘扬一种奋发进取的伟大精神，是用超越功利的境界做出功在当代、利泽千秋的事业。正是在这个意义上，固守淡泊，保持平常心才具有新的时代内涵。因此，淡泊态度与进取精神的统一，平常心与责任感的统一，应该是广大企业班组长们在安全生产工作中固守淡泊、保持一颗平常心的基本思路和要义。

2 努力提高班组长的危机处置能力

班组担负着重要的安全生产任务，具体到岗位操作、作业过程，就是要应对和处置多种危机事件，而要提高完成安全生产任务的能力，最为关键的是要拓展班组长的指挥素质，提高其应对和处置多种危机的能力。

（1）充分认识提高班组长危机处置能力的重要性和必要性。危机处置，历来是班组长指挥素质的重要标志和试金石。古代兵书《六韬》中讲，识别将帅德才有"八征"，其中"穷之以辞，以观其变""告之以难，以观其勇"这两条讲的就是指挥员应对和处置危机的能力。美国管理专家诺曼·奥古斯丁认为："一次危机既包含了导致失败的根源，又蕴藏着成功的种子。"决定危机发展结局的中心环节就是指挥员的危机处置能力。在新的形势下，企业的班组长就是班组安全生产工作的指挥员，他们在生产作业操作过程中对危机处置能力的重要性和必要性更加凸显，可以从四个方面来看。

① 班组安全生产工作中对危机处置趋向多样。如在化工生产

的班组工作中，因化工生产的特殊危险性，使危机处置呈现多样性，既要防火、防爆、防毒，又要防高温、防高压、防深冷、防负压造成的危害，还要防止粉尘、噪声、热辐射等职业危害。因此，作为班组安全生产指挥员的班组长，应对不可预知的危机和突发事件的任务越来越重，需要班组长进行认真的思考和研究。

② 班组安全生产中对危机的处置趋于常态。随着现代化的推进，在企业的生产过程中越来越呈现出大型化、集群化、智能化的规模，越来越多地使用新工艺、新技术、新方法、新材料。在现有条件下，由于班组成员的安全素质、安全文化、安全认知还没有跟上，由于受科学技术发展的约束和装备的局限，以及班组安全生产管理的滞后，危机和事故已经逐步呈现出常态化的特征，所以，应对危机事件的现场——班组，已经成为班组长指挥、组织、处置能力的特殊战场。正如美国前国防部长麦克纳马拉所说："今后，战略可能不复存在，取而代之的将是危机管理。"

③ 班组安全生产危机处置更加复杂。随着经济全球化和科技的迅猛发展，安全问题的综合性、关联性、整体性和突发性明显上升，加大了危机处理的复杂程度。如化工生产中，防止中毒的问题就不仅仅是简单地使用防毒面具，而是涉及装置的稳定运行、设备的可靠性、管道阀门的严密性、自控仪表以及 DCS（distributed control system，集散控制系统）的准确性、供电用电的安全性等诸多问题。这对班组长危机处置的韬略、艺术等，都提出了新的更高的要求。

④ 班组安全生产中对危机处置成为重要职责。班组在安全生产中应对多种安全威胁，完成多样化安全防范任务，确立了班组安全能力建设的新标准。但在以往，班组更多地或者习惯于把生产以外的各项安全工作当成一项义务来看待，当作是特殊情况来处理。在新的经济发展常态化、安全发展持续化的年代，班组要以履行安全生产使命的高度，把安全工作纳入班组的重要职能范畴，把提高多种危机处置能力作为班组长的职责所系和分内之事。在大力提高应对各种事故隐患、指挥生产的同时，还要经常研究各种生产危机

的处置的特殊性要求，进一步拓展指挥素质，提高处置各种危机的能力。

（2）准确把握班组长处置危机的能力素质要求。应对和处置班组安全生产中的危机，对班组长的能力素质要求是多方面的。从当前的情况看，有六条要着重把握好。

① 着眼于政治，把握全局。安全生产中危机的出现从来不是孤立的，它与政治、经济等有着不可分割的关系。因此，必须着眼于政治把握全局，这样才能登高望远，从大看小。同时，作为中国特色社会主义的企业，对生产中出现危机处置的本身也带有较强的政治属性。班组长在危机处置中，要始终站在政治层面和战略全局的高度来想问题、定决心、做安排。凡事多想稳定问题、多想酿成的后果、多想造成的影响，准确把握和坚决贯彻党和国家"以人为本，安全发展"的决策意图，确保政令畅通，确保人的生命安全。

② 心中有数，快速反应。在班组安全生产的危机事件中的一个共同特点就是事发突然，不动则已，动则至急，对展开行动的时效性要求高，可以说，快速反应就是能力，争分夺秒就是胜利。尤其是一些突发事故、灾难事故和卫生事件等，无先兆、无确定、难预料，必须随时准备，以备应变，一有情况即能快速反应、快速处置。

③ 敢于负责，果断决策。敢于负责是班组长在突发事件面前必备的基础素质，是忠诚使命的集中表现，也是处置危机、果断决策的前提条件。"用兵之害，犹豫最大；三军之灾，生于狐疑"。班组长要本着对党和人民高度负责的精神，临危而不乱，以稳重、稳妥的风范和智慧稳定局势，稳住人心；临乱而不鲁莽，准确判定形势，科学分析态势，迅速理清应对处置的思路方法；临难而不畏缩，勇于承担责任和风险，简化程序，特事特办，敢于拍板；临险而不迟疑，行动坚决，迅速有效地控制事态，防止危机扩大、升级或转化，牢牢掌握危机处置的主动权。

④ 拓展知识，科学指挥。现代危机处置的专业化、协同化要求很高，知识的作用越来越突出，指挥协调的任务越来越重。如化

工生产中突发的爆炸事故，就综合了爆炸、燃烧、有毒有害气体泄漏和工艺处置等多门专业知识，涉及到企业的消防部门、安监部门、职业健康管理部门、环境保护部门以及工艺技术管理部门等多方面的协作。因此，作为发生爆炸事故班组的班组长必须注重拓展知识结构，学习掌握处置多种危机所需的相关科学知识；注重发挥专业队伍的作用，为危机处置提供科技和知识支撑；注重量情用人、科学用人、科学协调、随机协调，通过周密布置和精心组织，确保危机处置行动统一、有序、高效。

⑤ 广纳信息，掌握局面。情况是决心的依据，情况明才能决心大。掌握局面必须了解情况，有了情况才能掌握局面。班组长掌握局面，一要了解企业的方针政策和上级的安全决策意图，准确把握危机处置的原则要求；二要了解当时当地当班当岗的情况，时刻关注事态的发展变化；三要了解员工的愿望，始终掌握舆情信息。要按照上级统一口径及时公布事实真相。认真跑在谣言前面。主动报道危机处置的进程、面临的困难等，争取员工的理解和支持；加强信息管控，防止涉密信息泄漏，防止负面信息扩散，防止个别媒体不负责任的报道，使整个危机的局势始终处在掌握之中，并以此做出正确的判断、决心和处置。

⑥ 站在一线，模范带头。处置危机，班组长必须深入一线，靠前指挥，身先士卒。这样做，一方面有利于掌握情况，随机决策，正确指挥；另一方面也能够以自身的良好形象来感召员工，激发士气。

（3）提高班组长危机处置能力要着重强化四种意识。

① 强烈的危机意识。危机意识是一种前瞻意识，也是一种忧患和责任意识。居安思危，才能保持头脑清醒；未雨绸缪，才能防患于未然。班组长在安全生产工作中要始终保持对危机的敏锐和警觉，善于观察，见微知著。对可能面临的各种危机，要想得多一些、重一些、难一些，提前做好相应的准备，确保一旦有事，能够快速反应，不辱使命，避免仓促上阵，"临时抱佛脚"。

② 勤于学习研究的意识。学习是提高能力的基本途径，"兵之

有法，如医之有方，必须读习而后得"。要进一步提高危机处置能力的责任感和紧迫感，深入钻研安全工作创新理论，努力提升思维的层次；全面了解本班组、岗位的实际情况，研究判断可能出现的危机；准确掌握有关的法律法规，严格依法办事，提高处置危机的政策水平，抓紧学习安全科技知识和相关的专业技能，补齐安全科技短板，改善知识结构。

③ 加强实践磨炼的意识。实践出真知、长才干。在处置危机所需的多样化能力中，指挥素质具有基础性、通用性和主导性。班组长要利用平时工作中处置一般性危机和组织指挥抢修、重大操作活动的时机，强化意识，自我磨砺，着重搞好"四练"，即练意识，处变不惊，遇险不慌；练作风，谨慎从事，坚毅果断；练指挥，随机应变，掌控局势；练协同，顾全大局，密切配合。还要善于从"战争"中学习"战争"，注重总结反思，达到举一反三，不断提高的目的。

④ 搞好预案及其演练意识。"凡事预则立，不预则废"。所谓预，一是有预案，二是要训练。作为班组危机处置指挥员的班组长，要根据可能面对的危机，结合班组的职责特点，制定科学的危机处置预案。要坚持一种情况多种方案，一个方案多种措施，使预案具有较强的适应性和灵活性。同时，还要按照预案切实搞好真练实备，不断熟悉预案，加强协同，完善预案，不断提高班组长危机处置的综合能力，增强班组执行危机处置任务的快速应变能力。

3 **班组长对下属安全情绪失控的恰当处理方法**

班组安全生产工作任务的繁重，衡量标准的严格，日复一日单调枯燥的生产、生活不如意等，都会导致班组员工因过度紧张而在安全生产中情绪失控。即使是班组最好的员工，偶尔也会有反常的情况，也会发牢骚、发脾气。作为班组长，当下属对你发火时，你该如何应对？

（1）勇于承认自己的错误，平息下属的怒火。如果是因为你的过错而让对方发了火，那就要勇于承认错误，并承诺绝不再犯同样的错误。如："真的很抱歉，我一定会进行调查，找出原因，并做出一些让你满意的安排来，确保这类事情不会再次被忽略。再一次向你道歉。"在现实生活中，任何人都会尽力为自己的错误进行辩护。勇于承认错误，意味着你向成功迈出了第一步。有些班组员工把班组长承认错误视为软弱，是承认失败与暴露不足。事实上，文过饰非是自欺欺人的一种表现，它会使你失去改正的机会，而错误终究会表现出来，那时，你的信誉就会一落千丈。

（2）换位思考他人的安全情绪反应。在班组安全工作中，班组长谨慎使用"我明白"这三个字，因为这三个字既可以表示你对他人的支持与理解，同样也能够激起对方的抵触情绪。对方会反问："你明白？你明白什么？你怎么可能明白？"其实，"我明白"这句话本身就暗含着"我的安全知识比你丰富"的意思。这很可能使情况更糟。

不要说类似"冷静"的话。对发脾气者所能说的最坏的话就是"冷静"，下属很有可能对你大喊大叫："我本来就很冷静，你才不冷静呢！"努力将工作重点放在解决实际安全问题上。

少用"但是"这两个字。"你说的很有道理，但是……"其隐含的意思是：你说的没道理，这样就会更加激怒对方。把"但是"换成"也"可能更合适，如："你说的很有道理，关于这个问题，我也有一个想法，请你听好吗？"这表明你正在建立一个合作的关系。这就为自己对这个安全问题的看法开辟了一条不会遇到抗拒的途径，有利于对方冷静思考并接受你的想法，从而达到说服他们的目的。

（3）重复对方攻击性的语言。班组安全工作，某些班组员工在表现得无礼的时候自己常不知道。如果某人以攻击性、威胁性的口气对你大喊大叫，那么你就把他那些令人生气的话一字不漏地重复给他听。此后可能出现的情况是，当他听到自己所说的话后，他会发现这些话是多么地不适当和伤感情，于是便会平静下来。当然，你也可以直接谈一谈自己的感受："我知道你对此事很关心，我也知道此事应该尽快处理。但是，你对我叫喊并不能解决问题，这只会让我不安、烦恼，不会让我很好地支持你的工作。"这样，可以让对方情绪过激的状态恢复到理智状态，从而平静地解决相关的安全问题。

（4）对事不对人。在班组安全工作中，班组长一定要把所遇到的安全问题或工作困难和发脾气的下属本身区分开来，只对事情不对人。不管你喜欢不喜欢情绪失控的下属，你都要认真听他发脾气时所传达的信息、所描述的事实、所讲述的道理，而不是一直在意一两句让你生气的话。在安全工作制定方案或采取措施的交流中，和下属发生激烈的冲突时，首先要了解对方的观点，然后找出其中对你有利的成分或要素，再顺着这个观点发展下去，最终说服对方，使班组安全生产有序、合理、顺势进行下去。

（5）严格自制、保持冷静、确保尊严。在班组安全工作中，如果下属的情绪使你愤怒，那么发泄自己的不满也许会让你觉得好受一些。但这于事无补，只能会损害自己的形象，让人觉得你是个喜怒无常的人，这也许与不可靠、不可信只有一步之遥了。切记：无论在班组中多么愤怒，都不要做出任何无法挽回的事情。我国著名的美学家朱光潜先生曾说："世界对爱动感情的人，是个悲剧；对爱思考的人，是个喜剧。"班组长安全工作中，自制远比自尊更有价值。

（6）局面失控时，不待在争论的第一线。在班组安全工作中，当局面已不在班组长掌控之中时，不要留下来做受害者。班组长要退出争论第一线，用不着与某些员工"针尖对麦芒"地相互指责，可采用的最好方法之一是以退求进。如："我需要打几个电话弄清事情的原委。所以，我想单独待一会儿，然后再回来和你一起详细讨论此事。"或者说："我知道你很生气，但是整个事件让大家都很尴尬。我们可否找个时间讨论一下你到底需要什么？"当事件尘埃落定、水落石出时，千万不要批评对方，而是要继续说："我知道这个很重要。让我们一起来处理它，因为我们的合作一定能成功。"这样说有利于维护对方的尊严，让对方对你心存感激，并学会以后在类似情况下控制自己的情绪。

总之，在班组安全工作中，班组长在下属安全情绪失控时，采取的对策是：勇于承认自己的错误，平息下属的怒火；换位思考他人的安全情绪反应；重复对方攻击性的语言；对事不对人；严格自制，保持冷静，确保尊严；局面失控时，不待在争论第一线。这样，下属安全情绪失控就会得到有效的处理。

4 班组长把握员工安全心理疏导工作的目的与方法

当前，社会竞争日益激烈，价值取向日趋多元化，班组生产相对单调，员工工作紧张艰苦，给员工带来了各种各样的心理压力和挑战。在班组安全建设中，把心理学渗透到班组安全教育工作中，运用心理疏导的方法，及时发现并化解员工的心理矛盾和冲突，培养其健全的人格和健康的心理，是新形势下提高班组安全生产水平的客观要求，也是探索以人为本安全教育规律亟待解决的一个重要课题。要增强企业班组心理疏导工作的成效，应当注重和把握好以下三个方面的问题。

（1）纠正认识误区，辩证看待安全心理疏导与安全教育的关系。强有力的安全思想教育历来是我国企业班组独有的优势。班组在长期的安全生产实践中形成了一整套科学的安全思想教育理论、原则、制度和方法，积累了丰富的经验。但是也有部分班组长对于员工的安全心理疏导认识不清，理解偏颇，认为安全思想教育工作有其优良的传统，过去员工的安全心理问题通过安全思想教育也能解决，现在开展安全心理疏导是多此一举，搞与不搞无关紧要。因此，无论是探讨安全心理疏导的定位，还是研究安全心理疏导的实践，都必须首先纠正认识误区，正确看待安全心理疏导与安全思想教育的辩证关系。

① 安全心理疏导与安全思想教育在本质上并行不悖。安全心理疏导以人的心理活动规律为依据，改善人的安全态度、安全情感、性格等个性心理特征，主要是运用心境调适、情绪控制、心态

平衡等方法和手段，侧重需要层次的提升。安全思想教育从人的思想状态来加以引导，培养人的思维观念、意识形态、理想信念，倾向于世界观、人生观、价值观等高品位观念形态的塑造，侧重思维品质与认识方面的提高。从人的发展规律看，安全心理疏导讲求的是个人成长的阶段性目的，本质上是基础性的"助人"；安全思想教育讲求的是个人成长的根本性目的，本质上是高层次的"育人"。尽管理论依据、出发点及角度存在差异，但二者在感性与理性、表层与深层之间的渐进过程存在一致性，并不存在根本对立。

② 安全心理疏导与安全思想教育在目标上殊途同归。尽管安全心理疏导和安全思想教育各有不同的所属领域，但二者都是把人作为安全工作的对象，都是从研究人的精神现象入手，其本质都是在改善人的思维品质，工作的出发点都是以培养人、教育人、塑造人为根本目的。从以往的经验中分析，企业班组安全思想教育中任何一项有效的方法，都是根据人的心理过程、个性特征和心理倾向去理解人、引导人，都遵循了人的心理发展规律。比如，安全心理疏导中的抑郁化解、压抑发现、行为调整与安全思想教育的晓之以理、动之以情、导之以行的原则就是异曲同工之妙。

③ 安全心理疏导与安全思想教育在效果上相得益彰。班组开展安全心理疏导是对安全思想教育工作的辅助和开拓，但绝不是另起炉灶。运用安全心理学，可以为班组中常见的安全思想和安全心理问题提供全新的方法和手段。安全心理疏导为解决班组员工在生产中出现的各种心理问题提供帮助，使员工获得健康的心理状态，而健康的安全心理既是安全思想教育要解决的一个重要内容，又是做好安全思想工作的基础。当前，针对员工的安全心理问题，仅靠传统的安全教育方法和安全思想工作，已经很难奏效，必须辅之以深入细致的安全心理疏导手段，使班组员工及时调整心理状态，减轻心理压力，这样才能够收到事半功倍的效果。例如，以往班组员工在重大检修项目中有畏惧心理，一般主要采用英雄主义的教育，但是这种安全思想教育模式难以消除员工的检修工作心理障碍。如果在传统安全思想教育中引入安全心理行为疏导，既能解决安全思

想意识问题，又能及时化解班组员工的紧张心理；既为安全心理疏导工作增添了新内涵，又为安全思想教育工作开辟了新途径。因此，必须把安全心理分析与安全思想分析结合起来，使安全心理疏导与安全思想教育交互作用，在新形势下继续保持班组安全建设的生机和活力。

（2）着眼安全生产需要，积极培养班组员工过硬的安全心理素质。现代安全管理既是安全技术、安全装备的发展与进步，也是员工安全心理素质的稳定与发展。班组员工过硬的安全心理素质作为安全生产的重要组成部分，是班组搞好安全生产这一中心工作的重要前提和保证。班组开展安全心理疏导工作必须与日常的生产工作相结合，在教育班组成员良好的应变能力、高超的安全技能、精湛的安全专业技术的同时，还要培养他们的安全心理承受能力和安全心理调适能力，从而更好地适应安全生产的需要。

① 安全心理疏导必须完全融入安全生产内容体系，使"软件"不再软。生产工作中的顽强作风和过硬的本领，来源于平时的经验积累和认真负责的态度，员工心不在焉，自然提升不了工作质量；心里紧张更加难以发挥工作水平；心存恐惧，更容易造成生产安全事故。在制定生产计划和确定安全工作内容时，如果员工的安全心理素质得不到足够的重视和提高，安全心理疏导在安全生产中"摆不顺、插不上手、说不上话"，就会使安全心理素质这一"软实力"，变成可有可无的"软指标"。因此，安全心理疏导工作的开展必须结合班组所担负的生产任务，把员工的安全心理素质与掌握生产技能的本领有机地结合起来，把安全心理素质的培养纳入安全生产体系，落实到相关的作业过程中，用制度加以规范。要充分发挥心理骨干的作用，全程掌握员工的工作、学习中出现的紧张、焦虑、恐惧、急躁等心理问题，运用科学手段和方法搞好安全心理疏导，做到"工作前有指导，工作中有辅导，工作后有调适"，确保员工任何时候、任何情况下都能保持良好的安全心态。

② 安全心理疏导要充分利用安全生产这个载体使"硬件"更加硬。安全生产体系中融入安全心理疏导，根本目的是锤炼员工良

好的安全工作心理素质。提高安全心理疏导的针对性和实效性，必须充分利用安全生产这一载体，把当前企业安全工作作为检验和培养员工安全心理素质难得的机遇和实践舞台，为了避免班组安全生产时安全心理疏导环境的"空"与"虚"，可以结合生产现场的实地场景、实际生产装备等硬件条件，积极采用声、光、电等现代科技手段，模拟发生事故的环境和气氛，练胆量、练意志、练耐力、练技能，培养员工适应事故状态下应急所需要的安全心理承受能力，在危急关头的心理调适能力和处变不惊、临危不惧的心理稳定能力，使安全心理疏导与安全生产工作相互促进，产生直接的实际效应。

③ 安全心理疏导要努力拓展自身发展空间，使"平台"足够平。在班组安全工作中开展安全心理疏导涉及多个人和每个工种、每个岗位的分工合作、沟通协调。但是，由于重视程度不够，许多班组对安全心理疏导往往是说起来重要，做起来次要，忙起来不要，研究讨论少，倾注精力少，导致实际工作开展举步维艰。因此，班组领导要科学合理地制定好安全心理疏导计划，配合实际安全生产工作深入开展安全心理教育，努力将安全心理服务贯穿于生产的各个环节，渗透到班组的每个员工，使安全心理疏导形成一种全方位的服务保障态势。

（3）抓住重点环节，切实发挥班组安全心理疏导的应有效能。班组员工中出现的焦虑、压抑、担忧、矛盾、虚荣、自卑、愤怒等各种心理问题，不仅受班组工作艰苦、管理严格、工作压力大等职业活动一般特点的影响，还会受到员工所面临的各种班组生活事件的影响，员工的心理形成过程有其自身的规律可循，开展安全心理疏导，不仅要讲究方式方法，还需要遵循心理工作的特点和员工的心理变化规律，抓住重点环节，切实发挥班组安全心理疏导的应有效能。

① 关注员工心理的动态发展，使安全心理疏导不再难把握。人的心理是不断发展变化的。只有把握员工的安全心理动态，才能确保安全心理疏导工作开展的实效。疏导者要在对安全问题的分析

和本质的把握中进行动态考察，在对安全问题的预测和解决上也要及时做好动态处置，切忌用老眼光看待员工，更忌用老办法处理问题。开展安全心理疏导工作，要用发展的眼光来看待员工的心理状态，要以发展的观念掌握好员工的心理特征，要施发展的措施解决好员工的心理问题。在班组更应结合员工的心理特点，及时有效地开展心理普查，定期分析员工的心理状态，及时准确地了解和掌握员工的思想信息，认识和把握心理变化规律，以此研究制定安全心理疏导和教育方案。

② 提高员工自我心理调适能力使安全心理疏导不再难开展。目前，班组安全心理疏导工作刚刚起步，单凭有限的心理服务资源来面对广大的班组员工无异于杯水车薪。在对待员工在生活、工作中出现的各种安全心理问题时，首先应激励员工发挥自身潜能，通过自主调适、自我化解来维护心理健康，从而增强安全心理疏导的效果，达到标本兼治的目的。对于员工个体来说，如果学会分析心理现象，掌握维护心理健康的常用方法，能够自觉地进行心理调适，将会大大提高心理疏导的性能。因此，通过各种渠道，大力普及心理学知识和心理调试方法，强化员工的主体意识，提高员工自我控制和自我改善的能力，可以作为破解企业班组安全心理疏导工作"僧多粥少"局面的重要途径。

③ 切实解决员工个人实际问题，使安全心理疏导不再难见效。在现实生活中，员工的安全心理问题往往与提干、评功、受奖等事件密切关联。要使员工从心理困境中解脱出来，最直接的办法就是消除员工的后顾之忧，帮助他们解决个人实际问题。实践证明，班组安全心理疏导要做到"对症下药"，应当把握员工安全心理问题产生的主观因素与客观情况，摸清其安全心理问题的关键症结。只有通过对员工实际困难的解决来拉近距离，增进与员工的感情和心理交流，才能使安全心理疏导工作收到快捷和长期的成效。许多班组领导在进行安全心理疏导时，由于对心理问题"把不准脉"，缺乏主动解决员工实际问题的意识，难以和员工形成有效的情感共鸣。因此，安全心理疏导不仅要调整好员工的心理状态，更要注意

解决导致员工心理异常的现实问题，做好"一人一事"的安全心理疏导工作。

总之，做好班组员工安全心理疏导工作，一是要纠正认识误区，辩证看待安全心理疏导与安全教育的关系；二是着眼安全生产的需要，积极培养班组员工过硬的安全心理素质；三是抓住重点环节，切实发挥班组安全心理疏导的应有效能。只要做到了这三点，班组员工安全心理疏导就一定能见到实效。那么，班组的安全生产就奠定了坚实的基础。

5　班组长应急决策的策略

现代企业充满危机和风险。这里所说的危机，指的是突然爆发的意外事件，如生产中的重大事故、自然灾害、群体性中毒事件。由于危机起因复杂，不确定性强，发生时征兆不明或无征兆，且爆发速度极快。因此，面对危机生产一线的指挥者——班组长，必须迅速做出应急决策。应急决策一般都有较大的风险，属于风险性决策，需要采取特殊的非程序化的办法进行决策。决策者要针对不同情况的危机，采取不同的对策。应急决策由于它的无序性，很难形成一套完整的理论和方法，但在实践中有几点是必须注意的。

（1）应急先治标，求因再治本。"急则治标，缓则治本"，这是中医辨证论治的一条原则，这条原则同样适应于班组长应急决策。按此原则，应急决策应首先治标，特别是在危机刚爆发时，应立即制止事态朝恶化的方向发展，并尽可能予以缓解。一旦危机发生，班组长应在第一时间亲临现场，指挥救援，稳定员工情绪，并以坦诚、务实的态度向公众传递战胜危机的信心。随后应紧急启动并运转危机决策管理程序，实施紧急应对方案，以有效的措施来凝聚人心，尽快战胜危机。但是，在采取必要的应急措施以后，要追本溯源，从根本上解决危机事件，并从中吸取深刻的经验教训，以防患于未然。反之，如果只是就事论事，满足于矛盾的暂时缓解或事态的表面平息，治标而不治本，那就会形成付不完的学费，数不完的意外的局面，使应急成为常态，导致正常生产工作秩序的破坏。

（2）在不失时机的前提下，力求决策的科学性。任何决策都有一个时机问题，由于班组应急决策具有更苛刻的时间要求，这个问题就显得格外突出；任何决策都有科学性的要求，由于班组应急决策的无序性和紧迫性，要达到这种要求的困难就更大。因此，怎样处理时间和科学性这对矛盾，是班组应急决策所面临的一大难题。如果为了增强决策的科学性而拖延了决策的时间，以致贻误最佳的解决、处置时间，那就会得不偿失，并且也违背了科学决策的目的。非程序化应急决策并非就是不科学的，应急决策只要处理得当，同样可以达到科学性的要求，不能以为时间紧迫就可以不讲究科学性。正确的应急决策原则是：根据所处理、处置问题的性质，确定必须做出决策的时限，然后在不失时机的前提下，尽量使应急决策更符合科学性的要求。

（3）权宜处置尽可能与安全生产战略目标相一致。企业的每个系统、每个班组都应有自己的安全生产战略目标，各项应急决策也都应与这个战略目标所规定的方向相一致。但是，应急决策有时不得不采取一些权宜措施，这就有可能偏离安全生产战略目标的方向。因此，怎样处理好应急权宜措施与安全生产战略目标的关系，也是班组应急决策所要着力解决的问题。为了强调与安全生产战略方向的一致而不允许在应急决策时有任何的偏离，其结果往往会造成不应有的重大损失，到头来反而妨碍安全生产战略目标的实现。因为，实现安全生产战略目标的途径不可能是笔直的，它总是迂回曲折的，班组应急决策所采取的权宜措施有时看起来似乎偏离了安全生产战略方向，其实从整个过程看，也可能有利于安全生产战略目标的实现，不过是采取一种曲折的途径罢了。因此，对待安全生产战略目标要有坚定性，但不应当排斥战略实施过程中的灵活性。当然，也要注意避免另一种偏向，那就是班组在应急决策时根本不考虑是否符合安全生产战略方向的问题，而只是就事论事，迁就眼前的危机，这样必然导致迷失方向，使安全生产战略目标成为一纸空文。正确的应急决策原则是：在为应对危机制定必要的权宜措施时，要考虑到实现安全生产战略目标的要求，尽可能做到与安全生产战略目标的方向相一致；即使有偏离，也要尽量减少对今后安全生产战略目标的负面影响。

（4）以争取眼前利益为主，必要时可以有限制地牺牲长远利益。兼顾眼前利益与长远利益，是所有应急决策都应遵循的原则。但是，在不同事项的决策中，对这两方面的侧重也不同。安全生产战略决策的侧重点在于长远利益，而应急决策的侧重点在于眼前利益。不过，眼前利益与长远利益尽管有一致的一面，但也有矛盾的一面，当两者发生矛盾时应该如何处理呢？正确的应急决策原则是：为了争取眼前的利益，在必要时可以有限制地牺牲长远利益，待危机平息之后，再想办法加以弥补，尽量减少损失。

（5）应急决策更多地依靠决策者的知识、经验、智慧和魄力。班组应急决策是无序的，非程序化的，且受到时间短促的限制，所以它对班组长提出了特殊的要求，使决策具有更浓的班组长个人的风格色彩。在这种情况下，决策者的知识、经验和智慧将发挥重要作用。决策者知识渊博，就容易触类旁通，从容应变；决策者智慧过人，就能对危机做出快速而准确的反应，并以创造性的措施去处理、处置它。同时，应急决策由于其紧迫性和风险性，对决策者的决断魄力提出了更高的要求。有的班组长在知识、经验和智慧方面并无欠缺，但是在遇到突发性事件时却怕担风险，犹豫不决，以致丧失时机，铸成大错。所以，决策者的决断魄力在班组应急决策中具有重要的作用。

（6）班组应急决策要以不变应万变。以变应变，这是班组应急决策的常规，而以不变应万变，则是应急决策的特例。当事态的发展趋向不明朗，贸然决策风险很大。当事态尚在急剧变化，估计有可能出现有利的转折时，采取观察待机的策略，暂时保持原有的状态不变，可能是最好的应变方法。当然，这样做是有条件的，决策者绝不能把观察待机理解为可以放松对事态发展的注意力，忽视对事态信息的收集和分析。相反，应该抓紧有限时间，组织必要的力量多方面收集事态的信息，认真地加以研究，务求及早洞察事态的发展趋向，使应急决策不致拖延过久而贻误时机。同时，还应该加紧做好应对多种事态变化的准备，以便当事态发展明朗化时，能立即采取相应的对策。

（7）班组应急决策要常备不懈。班组针对自身的特点，必须制定必要的应急救援预案。首先，班组应急决策者，平时要注意知识和经验的积累，多进行应急决策演练。其次，要有充分的信息储备，并建立灵敏的信息反馈机制。再次，注意保持必要的机动力量，对于突发性事件，要能及时地加以妥善处理，班组应急决策者必须保有一定的机动力量作为后备，否则即使做出正确的应急决策，也无法调动必要的力量有效地付诸实施。这支机动后备力量在平时要加强训练，做到常备不懈，一旦有需要，就能拉得出、用得上。此外，应急决策者也不应忽视智力的后备。应急决策是个复杂的系统工程，决策者个人的智慧和经验往往不能满足需要。因此，班组应急决策者要有几个彼此熟悉、配合默契的顾问或参谋，以备紧急时咨询。

6 班组长安全工作抓落实的"五善"原则

班组安全工作，贵在落实。抓落实是推动班组安全工作的重要手段，没有落实就不会有发展。在班组安全工作抓落实的过程中，必须做到善谋、善为、善行、善戒、善督相结合，以"弹钢琴"的工作艺术来确保班组各项安全工作任务真正落到实处，促进企业安全生产又好又快发展。

（1）创新思路抓落实，做到"善谋"。创新是班组安全工作抓落实的内在要求，创新的力度决定着落实的深度。创新思路抓落实，就是要善于把上级的各项安全工作方针政策同本班组的实际和安全工作结合起来，分析和把握本班组的安全工作现状、发展潜力和存在问题，创造性地开展工作，在结合中出思路，在创新中出特色，使本班组安全决策与客观实际相结合。安全工作思路与发展水平相一致，发展速度与竞争态势相协调。

①　要拓宽思路，创新理念。要树立开放性思维，摒弃关门主义、经验主义、教条主义、官僚主义，借鉴和运用安全生产先进班组的一些先进理念和思路，以更加开放的姿态，更加开放的环境，借力发展，推动发展；要多运用发散性思维，多视角观察事物，多角度分析问题，善于透过现象看本质，跳出局部看全局，由此及彼、由表及里窥一斑而知全豹；要善于逆向思维，不能被好形势冲昏头脑，而要冷静观察、理性分析，在安全中看到潜在的危机，在解决安全矛盾和复杂安全问题的过程中看到新的希望；要注重培养战略性思维，善于站在班组全局的高度，从大处着眼，从小处着手，循序渐进，以点带面，以审视的眼光看待优势和劣势，谋划思路和出路，解决矛盾和问题。

②　要把握实质，科学决策。班组安全工作中，不注意研究探索，搞不清具体安全问题的特点，不能正确把握各种安全矛盾的内在联系，抓落实就难以取得主动权。在安全工作落实过程中，原定的思路、计划和方案，往往会随着客观条件的变化而变化。因此，坚持具体安全问题具体分析，不断研究新情况、新问题，探索新思路、新办法，就显得极其重要。把握实质科学决策，就是要注意结合落实中的具体情况，及时修订决策，使其更加符合客观实际，通过"决策—落实—探索—决策"的循环往复，不断提高班组安全工作抓落实的水平。

③　要集中精力，突出重点。要集中班组全部的"精气神"，着力抓安全生产中的热点、难点、焦点，抓主要矛盾和关键环节，抓要事、攻难事、成大事，不能抓不准要害、抓不住关键，捡了芝麻而丢了西瓜。要学会"弹钢琴"。音调有高低、节奏有舒紧，既突出重点，又兼顾一般，分清主次，区别轻重缓急，这样，班组安全工作抓落实就做到了"善谋"。

(2)　领导带头抓落实，做到"善为"。班组的安全生产工作，落实不落实，关键在领导。只有班组长重视了，带头了，班组抓落实才会有压力、有动力、有效果。班组长带头抓落实，关键要做到以下"两抓"：

① 率先垂范抓。安全生产是第一要务，凡是涉及中心工作、重大项目、突出问题，班组长必须亲自谋划、亲自参与、亲自督办。这就要求班组长不仅要学会出主意、用员工，而且还要带头抓、负总责，特别是对安全工作落实过程中的重要部署、主要矛盾、关键环节，要时刻放在心上、抓在手上，亲力亲为，务实求效。

② 深入实际抓。班组长带头抓落实，要有深入实际的工作作风，不能隔窗看花、隔靴搔痒，要从繁杂的事务中抽出身来，到岗位上去，到安全矛盾和问题集中的地方去，多与员工交谈，多倾听员工的意见和安全工作建议，广开言路，博采众长、集思广益、择善而从，既不拒直言，又不纳偏言，从而掌握大量的第一手材料，为安全决策打下良好的基础。班组长安全工作抓落实，要善于发挥班组全员的能动性，让班组全员人人肩上有担子，个个心中有压力，形成同步同调、和衷共济的良好安全氛围。

（3）求真务实抓落实，做到"善行"。班组安全工作抓落实，贵在真、重在实、根本在"行"。"三分战略，七分执行"，执行力决定落实的成效，决定安全工作的成败。

① 要从班组具体事项上抓落实。现在各方都在喊落实，但抓落实的有效措施并不多。有的在喊"谋全局、抓大事"，却忽视了具体事项，有的注重于看某方面有形的成果，却不注意那些起根本作用的基础性安全工作，忽视了班组整体安全生产水平的提高。班组安全工作抓落实是一项系统工程，工作不落实往往就反映在许多具体问题、具体事情上。只有从大处着眼、从小处着手，把具体事情办好了，安全工作才能落实到实处。如果对具体安全问题熟视无睹，不讲、不抓、不纠正，讲的道理再多、提的要求再高，也是空的，抓落实也就无从谈起。

② 要主动出击抓落实。要坚决克服说而不做、决而不行、抓而不紧的不良风气，做到"看不准不动手、看准了不松手、干不成不放手"。对定下的事、形成共识的事要马上办，绝不拖泥带水，必须充分调动班组全员的安全工作积极性，以主动的心态、昂扬的

斗志尽职尽责，躬身干事，做到事有专管之人、人有专管之责、时有限定之期。

③ 要用抓落实的人去抓落实。实践证明，安全工作要落实，用人最关键。员工是安全工作落实的具体执行者，他们的安全思想、安全工作作风、安全工作状态、安全工作标准和要求，都直接关系到安全工作落实的效果和程度。员工的事业心和责任感强，安全工作就能落实到位；员工的事业心和责任感差，安全工作就难以落实。因此，要把握好用人的正确导向，大力提拔重用那些作风扎实、工作踏实、善抓落实的员工，让他们的威信树起来、地位高起来、名声响起来，努力形成"人人想干事、个个真干事、大家干正事"的安全工作机制。

（4）转变作风抓落实，做到"善戒"。班组长的安全工作能力，首要的是抓落实的能力。面对千头万绪的工作，必须把安全发展作为安全工作抓落实的主线。某些班组长在安全工作中习惯于一般性号召，以会议落实会议，以文件落实文件，做表面文章，这与安全产的要求是不相符的，与求真务实抓落实的作风是格格不入的。因此，要真正转变工作作风，就要做到"三戒"。

一戒"漂"。安全工作抓落实是一项艰苦的工作，需要付出辛勤的劳动，要转变作风，扑下身子，深入岗位，加强调查研究；要善于发现和解决存在的实际安全问题，具体的而不是浮于表面地抓落实。

二戒"浅"。班组安全工作抓落实是一项长期工程，必须抓好工作的全过程，保证落实到位；安全工作抓落实是一项经常性工作，是一项不断地打基础、固根本的工作，因而必须长期抓、经常抓；安全工作抓落实是一个动态过程，是一个需要不断巩固发展的过程，必须反复抓和抓反复，这样才能保证安全工作落实的连续性。

三戒"平"。安全工作抓落实是一项创新性工作，要树立起抓落实工作的高标准，切实做到件件工作抓落实、时时处处抓落实、方方面面抓落实。只有这样，落实才能到位，才能保证质量，才能见到实效。

（5）完善机制抓落实，做到"善督"。机制就是安全工作抓落实的方法和途径。没有一套科学有效的运行机制，就难以保证班组各项安全工作真正落到实处。要从根本上解决不落实、不认真落实和落实不好的问题，必须加强机制创新，向机制要方法、要成效。

① 健全责任机制，以"责任定位法"引导落实。从一定意义上说，安全工作抓落实的过程就是履行安全责任的过程。员工有了责任感，就会有干事业的激情，抓落实的行动。为促进安全工作落实，要切实推行"责任定位法"，对重点工作定目标、定标准、定时限，以责任促落实。要实行安全工作目标管理责任制，对每项重点安全工作都要层层分解量化，做到任务、人员、标准、时限"四明确"，使每一位员工都手中有活、心中有数、肩上有责。

② 健全工作机制，以"岗位工作法"推动落实。安全工作抓落实需要有实干的精神和作风。首先，价值要在岗位体现，生产岗位最需要人员，也最锻炼人员。要进一步增强安全发展意识和安全服务意识，切实把为班组安全建设提供全过程服务、全领域服务融入每一个员工的思想之中，使之尽心竭力地为班组安全建设提供优质服务。其次，安全工作要在生产岗位推动，切实把问题和隐患解决在生产岗位。再次，督办在生产岗位进行。对重大生产操作项目、重大设备检修项目，在安全管理上实行全过程追踪督查，定期通报落实情况。对没有达到时间进度、质量要求、安全放心的项目，说明原因，承诺完成时限，接受班组其他人员的监督。这样，班组安全工作抓落实才会有压力、有动力，才能按时保质保量地完成安全工作目标任务。

7 班组长运用在安全工作中的"把握"

班组长的安全工作思维方式是否合理，安全工作方式是否科学，往往决定一个班组安全生产、安全发展的好坏。在班组安全生产实践中，我们不难发现这样的现象：有的班组长与他人相比，资历相当、学历相近，但对同一安全问题的处理结果却截然不同；有的班组长人品厚道、工作勤奋，工作效果却不理想；有的班组长辛辛苦苦、忙忙碌碌，但班组的安全生产就是存在这样那样的问题。这些看起来有违常理的现象，很大程度上反映了班组长安全工作思维方式，安全思想方法的差异。因此，学会"把握"是班组长安全工作的重要能力。

（1）事物是不断发展的，要正确把握安全工作中的问题。对班组长而言，发现问题、分析问题、解决问题是一项基本功。在安全生产工作中，事物不是一成不变的，而是与时俱进的。班组长只有用发展的眼光看事物、做事情，才能想得透，悟得深。正确把握安全工作中的问题，对班组长十分重要。首先，要对现实机遇进行把握。机遇是历史进程和逻辑进程的一种契合，人们常用"千载难逢""稍纵即逝""机不可失、时不再来"形容机遇。对于一个班组的安全发展来讲，机遇十分重要。机遇不是虚无缥缈的，要用发展的眼光把握它。所以，人们又常用"机遇往往偏爱有准备的头脑"来说明把握机遇的主观能动性。其次，要对过去的经验进行把握。安全生产经验是人们认识事物的一个过程，对做好班组安全生产工作十分重要。但经验属于感性认识范畴，有待于系统化，上升为理性认识。毛泽东同志曾要求各级领导干部要善于总结经验。对企业班组长来说，安全生产工作不善于总结，就会导致先进的经验吸收不进，落后的工作内容与方式解决不了。重视经验的积累而不拘泥于过去的经验，应该是班组长们遵循的基本原则。如果在安全生产中满足于个人的狭隘经验，抱残守缺，把局部经验误认为是普遍真理，把过去的老一套当作包医百病的灵丹妙药，就容易走向事物的反面。总结安全生产的经验以资借鉴，是为今后更好地安全生产。因此，班组长不但要重视有效的安全工作经验，还要善于在实践中总结经验，做到在动态中总结，在动态中创新，在动态中发展。

（2）事物是质量互变的，要正确把握安全工作中的分寸。质和量的统一，被称为度，也就是我们常说的分寸。古代思想家老子主张的"道常无为而无不为"，就是对把握分寸的生动诠释。班组长做安全工作的最高境界就是驾轻就熟，处之有度。有人总结，做好班组安全生产工作要善于把简单的问题复杂化，把复杂的问题简单化，这一概括不无道理。当班组长的主观认识符合客观实际，抓住了事物的本质，把握了发展的规律，达到了真理的层面时，凡事就能收放自如、张弛有度、进退有序了。班组长把握好安全工作的度，应从三个方面着手。一是水到渠成，恰到好处。成都武侯祠有这样一副对联："能攻心，则反侧自消，从古知兵非好战；不审势，即宽严皆误，后来治蜀要深思。"这里的"审势""宽严"都包含有"度"的意思。班组长在安全生产工作中也要善于审时度势，精于因势利导，对人对事、对上对下都要有分寸。一件事情，一项工作，要看态势和趋势，要看主流是什么、支流是什么、特点是什么、问题是什么，既不盲目跟风，又不错失良机。二是深思熟虑，留有余地。对于班组长而言，留有余地是积极的而不是消极的，它是一种方式、一种艺术。一个班组的安全发展要讲时机、看条件，宜行则行，宜止则止，无疑是明智之举。科学发展的精髓在于全面协调可持续，不能饮鸩止渴，竭泽而渔，不能只要结果，不顾后果。班组长在安全发展实践中，受阻的时候不妨放一放、过热的时候不妨冷一冷，或许能找到更好的办法和途径。三是宁可不足、不可过头。不足可以弥补，过头难以挽回，两利相衡取其重，两害相权取其轻。辩证法告诉我们，在解决"不足"与纠正"过头"的问题上，后者往往比前者费力更多。班组长在安全工作中不说过头话、不做过头事，体现的是智慧，赢得的是信任。因此，班组长在安全工作中说什么、不说什么，做什么，不做什么，应建立在充分的调查研究，科学地比较分析和广泛的民主决策的基础之上。

（3）事物是互为因果的，要正确把握安全工作中的联系。正如辩证唯物主义强调的那样，事物是普遍联系的。班组长在安全工作中要明确因果关系，把握事物之间的联系，必须正确处理三个方面的关系。一是福与祸的关系。"祸兮福之所倚，福兮祸之所伏"。班组安全发展中的许多问题，暂时可能是祸，长远可能是福。对局部是祸，对大局可能是福。是福还是祸，关键在于如何看待与处理。

有时候，出现某些突发性的事故，看起来是坏事，但对总结经验，对今后的安全发展却未必是坏事。无论是因福致祸，还是因祸得福，班组长都应理性地分析、理智地面对，多一份坦然，少一点功利，干起来就会轻松得多、洒脱得多、自然得多。二是成与败的关系。做任何事情，都既有成功的可能，也有失败的风险。班组长应有"成败乃常事，宠辱皆不惊"的境界和胸襟。在春风得意、踌躇满志的时候，应多想一想企业的培养、同事的帮助、员工的支持，多思一思成在何处、功从何来，为下一次成功乃至更大的成功做准备、做铺垫，切忌目中无人、自我陶醉。当工作失意、事业受挫的时候，应多找一找问题发生在哪里，原因究竟是什么，多一点查找内因的清醒、承担责任的风格，而不是一味地怨天尤人。三是进与退的关系。做官、做人、做事都如顺水行舟，不进则退。就班组长而言，乘势而进，奋勇前进，大胆迈进是应有的素质、必备的品格。但凡事物极必反，不切实际的冒进，不顾后果的突进，是不可取的。俗话说，忍一忍风平浪静，退一步海阔天空。安全工作推不动、局面打不开的时候，以守为攻，待机再进，不失为上策。当然，这种退不是被动的，而是主动的；不是无原则的，而是有功用的。

8 班组长在安全建设中"压担子"的艺术

在企业的班组，每个成员的身上都蕴藏有巨大的安全生产潜力和能量，都希望能遇"伯乐"而成为"千里马"。但在现实的生产、生活中，班组经常有人因为自身作用得不到充分发挥而抱怨生不逢时，自暴自弃，整日一副落魄的样子，而一旦被委以重任，就会像变了一个人似的马上精神抖擞起来。由此可见，在班组安全建设中，善于"压担子"对于人才的成长和进步，以及盘活班组，推动安全生产工作向前发展意义重大。作为担负着班组安全建设重任的班组长，要发挥好员工的作用，必须学会掌握"压担子"的艺术。

（1）在权力的自由度上多"放"。在班组安全建设中班组长用人就要用到"实处"。既要给部属适当的职务，更要给其相应的权利，这样才能使其充分发挥才智。被用者最大的愿望就是能够得到领导的赏识和器重，使所怀才能得到最大程度的施展。班组长如果紧抓权力不放，大事、小事都去过问，甚至包办代替，员工的安全生产积极性就不会很高，这是班组长用人的大忌。我国春秋时期巫马期和宓子贱先后出任单父这个地方的地方官。巫马期执政时，披星戴月，废寝忘食，昼夜不闲，亲理各种政务，政绩不错。宓子贱执政时，就没有那样繁忙，经常弹琴唱歌，把单父治理得也很好。当巫马期向他讨教时，他说："我的做法是善于把权力下放，依靠人才；你的做法是亲自劳作，只靠自己的智力。"只靠自己当然辛苦，而依靠人才当然安逸。这就是历史上著名的"鸣琴而治"。由此可见，在班组安全建设中，班组长应该学会"劳于用人，逸于治事"的辩证法，不要紧抓权力不放，走入事必躬亲的误区。

（2）在责任的明晰度上划"细"。在一个班组，从班组长到每一位员工，都要岗责明确、具体，达到有其人必有其岗，有其岗必有其责，人人有任务，层层抓安全，使安全生产真正成为"千斤重担大家排，人人头上有指标"。这种梯形的责权细化与监管模式，可以让每一个人都从自身职责出发，发挥自身能量，把安全建设中的困难和问题化解在萌芽状态，实现合二为一或一分为二的辩证法效应。这样做，很多安全工作问题等到反馈到班组长那里时，往往都成了捷报，而且能更好地发挥班组每个成员的主观能动性，为班组长的安全管理提供便利。

（3）在工作的难易度上拔"高"。在班组安全建设中，高难度的安全工作往往更能激发员工的内在潜能。许多科学家的成功经验证明，一个人如果碰到高难度的事情并下定决心做成时，他的精神会更为亢奋，神智会更为清醒，精力会更加集中，凭借着意识的驱动和潜意识的力量往往能够跨越前进路上的重重障碍而达到最终目的。可见高难度的工作不但有利于磨炼人的心智，而且有利于提升人的工作水平。因此，班组长在班组安全建设中决策时，任何一项安全工作都要做到高标准、严要求，从而激发班组全员齐心协力，高质量地完成安全生产任务。

（4）在开展工作的衔接上趋"频"。趋"频"不是打疲劳战，让员工永无休息之日。趋"频"是指在有张有弛、劳逸结合的前提下做好各项安全生产工作的衔接。有些班组一年四季围着车间部署干工作，车间叫干啥就干啥，车间没任务就休息，安全生产工作没有一点创新，员工没有一点成就感。这样的班组长在员工的心目中是没有威信可言的。因此说，保持班组安全生产工作的衔接度，鼓励创新，让班组全员总有安全工作可做，比让大家闲着没事干要好得多，有些工作即使忙得有些过头，班组员工也会精神抖擞。

要想使以上"压担子"的举措达到预期效果，要遵循以下几项原则：

① 刚柔并济原则。古人说，聪明的将帅总能够刚柔并用，懂得软硬兼施的管理艺术。这也是高明的班组长必须掌握的处事原则和领导艺术。事实证明，在班组安全建设中，班组长威严和温和的态度交互作用，能使班组员工的心态发生很大变化，刚柔并用往往能使部下焕发出旺盛的安全工作斗志，使他们挑着担子也虽苦犹甜。

② 赏罚分明原则。先秦兵书《六韬》指出，"凡用赏者贵信，用罚者贵必"。意思是说奖赏要坚持信用，惩罚要坚决执行。安全工作的奖与罚，实际上都是对人的一种处置，直接关系到下属的荣辱，不能有半点马虎。公正的评判，能让下属看到成绩、找到差距，让人服气，受到激励，促进安全生产良好竞争氛围的形成。因此，班组长必须严格依据安全生产规章制度，奖所当奖、罚所当罚，把工作做深做细，把安全生产道理讲清楚，真正使奖罚对象和广大员工心服口服，把安全工作中奖赏的激励和惩戒的功效充分发挥出来。

③ 公平公正原则。在班组安全建设中，作为班组长，在处理与下级的关系时，同等对待，不分彼此，不分亲疏。不能因外界或个人情绪的影响，表现得忽冷忽热。一定要坚持公平、公正的原则，让下属感到人人都是平等的，机会都是均等的，只有这样，他

们才会在安全生产中奋发努力。这样做，对做出成绩的人来说，有助于他们戒骄戒躁，不断进取；对成绩平平的人来说，有助于他们学习先进，迎头赶上。

9 班组长管好班组难管之人三策

在企业的每一个班组，都会有个别特殊之人，是班组长比较难管之人，这些人就像烫手的山芋，弃之可惜，但是不弃，又会经常让人难堪，甚至影响班组的安全生产，如何管好这些人成了班组长一个头疼的问题。

在班组难管之人的身上，有以下共同特征：一是他们都有一定的安全工作能力和经验，并在班组有一定的资历；二是他们在小范围内具有一定的号召力和影响力，有一定的群众基础；三是个性使然，他们经常会和班组长公开顶嘴，甚至散布一些消极思想和言论，产生极为不好的影响；四是爱表现自己，自由散漫，眼高手低不拘小节，讲义气，认人不认制度。

分析一个班组出现难管之人的原因，主要有以下几个方面：其一，前任或前几任班组长一再迁就，任其骄横，养成了习惯；其二，班组越级管理现象严重，高层领导（车间）对其有重用之意，让其像有了"尚方宝剑"一样，目空一切；其三，自认为自己是班组中流砥柱，班组没人敢动他；其四，曾经当过班组领导，但却不能客观认识自己的不足，对班组某些安全问题的处理很有意见，心中不服，认为升职无望，不求上进，破罐子破摔等。

在管理学中有一句名言：永远没有不好的员工，只有不好的领导。一个班组永远不可能没有一点不同的声音出现，否则，就只会是一言堂，少数负面的反对声可以让班组长适度地冷静，避免极端个人主义，但作为班组长，绝不能让难管的员工肆无忌惮，对他一点办法都没有，否则，自己的领导威信就会受到影响，安全生产工作成绩就会大打折扣。班组长在适当的时候必须给他们念一念安全工作的"紧箍咒"，让他们始终处于你的管控之中，然后慢慢引导、交心，促其发展和进展，只有这样，才能让其服从你的管理，为你所用。在具体的"对阵"过程中，班组长可以从以下三个方面入手。

（1）在使用他们时，辨其志、用其能。按照社会心理学的性格论分析，班组难管之人多属"理论志向型"，他们擅长理性思维，对事物好坏的辨别一般比较敏锐，喜欢挑毛病，并且一旦看出来就会毫不留情地讲出来，常常使人丢面子；他们即使得到班组长某种程度的赞扬，也不会像一般人那样受宠若惊，并对班组长感恩戴德；他们对事物一般不轻信，很少有盲目崇拜心理，更喜欢的是求实、较真、平等。所以，在班组安全生产工作中，要管理好难管之人，班组长首先在安全工作的某一领域或某些方面是行家里手，这样可以在心理上获得他们的认同。其次，以德才兼备，技有所长为基础，诚心诚意地对待他们。班组长要多为他们提供服务，多替他们着想，从思想上、工作上、学习上、生活上关心他们，维护他们的正当权益。他们在安全生产工作中即使偶有差错，在情况弄明白之前，也要暂且视为"无辜"，尽量多表扬，少指责；如果真的出了差错，即使责任都在他们身上，班组长也要主动做出检讨，切不可推过诿责，甚至抓他们的"小辫子"。再次，尊重他们，多向他们求教。班组难管之人大多有自己独立的见解，自尊心较强，不喜随声附和，这就要求班组长应有良好的民主意识和开明的作风，在做某一安全工作决策时，尽可能地与他们多交流，并虚心向他们咨询，广开言路，不耻下问。尤其要注意尊重他们的首创精神，即使他们所提意见几有偏激之处甚或完全错误，也应采取积极的态度，耐心倾听后再做取舍，切不可不加分析地予以"封杀"。最后，合理配置，使他们人岗相适。要根据他们的性格、专业、爱好等不同特点，将他们合理配置起来，以便使他们之间相互补充、相得益彰，以更好地发挥班组安全工作整体最佳效应。

（2）在批评他们时，顾于情、达于理。班组难管之人大都对批评比较在意，他们很爱面子，一些人还有较强的虚荣心，这就要求班组长在必须批评他们的时候要掌握一定的艺术。概言之，一要点到为止。班组难管之人一般都比较敏感，在很多情况下，批评他们只需旁敲侧击即可，而不能直截了当，否则往往适得其反。二要选择场合。批评最好在私下、单独的场合进行，切不可在大庭广众之下揭其短处、指其不足，这样只能引发他的逆反情绪。三要语气缓和。最好用协商的口吻，摆事实、讲道理，拿出充分的依据来证明他们所作所为是不妥的，而不能暴跳如雷、生硬指责，这只会使其从心眼里瞧不起你。对于如何更具体地批评班组的难管之人，美国时代——沃纳公司前总编辑多诺万曾提出过一个总的原则，他说："成功地批评单位难管之人必须使其感受到你的三点意思。第一，你能干得更好，事实上有些工作你已经干得很好了，我只是希望你能将其余的工作干得同样出色；第二，对你的同事也是以同样的标准来衡量的；第三，希望你和其他人都以这些标准来要求自己。"当然，对于班组安全生产中的大是大非问题、原则问题，也不能排除"爆发式"或者"冷处理"的解决办法，此当别论。

（3）在评价他们的工作时，得之理、处之公。班组难管之人的劳动成果有很多是不好明确量化的，这与他们所从事的工作性质有关。因此，在评价他们的工作时，要尽量注重公论，着眼实情，避免主观臆断和偏颇，以使评价结果及过程科学公正，让他们心服口服。此外，在评价方法上也要有所讲究，一般来讲，采取民主与个人鉴定相结合，定性与定量相结合，研究成果与实际效果相结合的方法，多方位、多侧面、多层次地进行考评，这样有利于衡量班组难管之人的安全工作成效。对在班组安全生产中做出重大贡献的难管之人一定要予以重奖，使他们受重视的心理得到极大的满足，从而主动配合班组的安全生产工作。

在知识经济、低碳经济、可保持发展日新月异的今天，真正的财富和资源是人的知识和创意。毋庸置疑，要管理班组难管之人，无疑从素质上、业务上以及管理方法上对班组长都提出了更加严格的要求。与难管之人和谐相处并把他们管理好，并不是一件轻松的事。但正如墨子所言："良工难张，然可以及高入深；良马难乘，然可以任重致远；良才难令，然可以致君见尊。"因此，班组长感到班组有难管之人不好管理的时候，应先问一问自己：是否具备了管难管之人的能力和素质？是否找到了管难管之人的有效方法？如果答案是"否"，那么班组长就应从这些方面入手，切实提高自己在班组的安全管理水平。

10 以古鉴今：班组长安全决策的要点

决策是班组长安全工作的重要职责。一名优秀、成功的班组长必须是善于决策的领导者，而一些班组长在安全工作中之所以失败，除了用人不当、个人品质不佳外，主要也是安全决策失败造成的。自古以来，有不少杰出的思想家、政治家、军事家因善于决策创下了显赫的文治武功，同时也给我们留下了宝贵的思想和经验，对于我们今天如何当好班组长、在班组安全生产中科学地安全决策提供了借鉴。

（1）注重"预"。"凡事预则立、不预则废"。"预"就是安全工作决策前的充分调查、评估。"立"者成也，"废"者败也，就是说，班组长安全工作决策若是建立在事先充分调研的基础上，就能保证最大的成功；如果没有充分调研就很容易失败。对于现在企业的班组长来说，没有调研就不应有安全工作决策权，不应乱决策，否则就会出错。而在实际的班组安全工作中，有些班组长自认为英明、了解情况多，在安全工作决策中完全凭个人感觉，拍脑袋，拍胸脯，武断决策。如许多重大的检修项目、重要的操作过程之所以没有取得令人满意的效果，大多数是与班组长在决策时不重视"预"的结果有关系的。

（2）注重"仪""表"。"仪""表"就是原则，就是标准，也就是说，安全工作决策有一定的原则和标准，违反了原则和标准，决策就难以产生好的效果。我国古代思想家墨子在《非命》一文中指出，一个人讲话要有"仪"，不能违反"三表"，即"上本之于古者圣王之事"，"下原察百姓耳目之实"，"废（发）以为刑政，观其中国家百姓人民之利"，"此所谓言有三表也"。还说，判断一个人言论有无道理要有"三法","考先圣大王之事","察众之耳目之清","发而为政乎国,察万民而观之"。在墨子看来,一个人说话办事都要有原则、有标准,古代圣王是社会公认的楷模,他们的所作所为是后人的榜样,向他们看齐是第一原则,符合百姓的要求是第二原则,最终也是最主要的原则就是能给国家和人民带来好处。墨子的关于言论的标准是非常有见地的,同样可以用于指导今天班组长在安全生产工作中的决策,班组长在安全生产工作中的决策不能违反国家的大政方针,必须符合员工的情、员工的意,必须把为国家、为企业、为员工办实事好事作为安全决策的出发点和归宿。

(3)注重"时""势"。我国古代思想家强调决策要审时度势。所谓"时"就是时机。所谓"势",就是当地的客观现实,包括天、地、人等状况。在一个天时、地利、人和都不具备的地方,要想实现过高的目标是不现实的。一些班组长在安全生产工作中崇尚"没有办不到,只有想不到""想的有多远,走的就有多远",雄心虽可嘉,但不考虑当时的具体情况,完全凭感想来进行安全工作决策,十有八九是会误事的。

(4)注重"中"。"中"就是适中、适度,班组长在安全生产工作中决策太慢了不行,太快了也不行;太少了不行,太多了也不行;一成不变不行,变化太大了也不行。中国古代的"王莽新政"之所以失败,有人说是它取代了汉王朝,道德品质太恶劣造成的。"王莽新政"之所以失败,很大程度上是决策太快、太多、太乱造成的。王莽本人是一个既有理想、才干的人,也是一个想干大事的人。可他"性躁扰,不能无为,每有所兴造,动欲慕古,不度时宜,制度又不定",即他个性急躁,很想有所作为,他想把古代理想社会尽快付诸现实,不考虑当时社会条件允不允许。历史学家司马光称他工作非常尽力,"常御灯火至明",可他好变改制度,政令繁多,"悖乱""烦碎""前后相乖",为了保证决策的执行,他又实行严刑峻法,结果他手下"摇手触禁",各级官员因以为奸,"新政"推行了十几年,最后以亡国而告终。因此,担任企业班组长的人,在安全生产工作中,不能出太多主意,如果考虑没有成熟,不断有新主意出来，往往会造成班组混乱。也许是一些班组长为了显示自己点子多，天天忙开会、忙决策，不断给员工下达这指标、那决定，让手下没有时间贯彻落实，常常使安全决策成为废纸。班组长必须明白，安全决策可以一天做出若干个，但落实却需要时间和过程，安全生产工作决策频率过快，绝不是好事。

（5）要注重"简"。"简"就是简要、简洁。当年周武王推翻商朝后，将姜子牙封到齐国，将周公旦封到鲁国。当时周公在朝廷主政，就派儿子伯禽到鲁国代他治理国家，伯禽到任后三年才向周公汇报工作。周公问："何迟也?"伯禽说："变其俗，革其礼，丧三年然后除之，故迟。"姜子牙到齐国五个月便向周公汇报工作，周公非常吃惊，问："何疾也?"太公说："吾简其君臣礼，从其俗也。"周公听后叹息说："呜呼，鲁后世其北面事齐矣! 夫政不简不易，民不有近；平易近民，民必归之。"意思就是如果太复杂，程序太多，老百姓弄不懂，接受不了，就不会产生亲和力，决策只有简洁平易，老百姓很快能理解接受，才会归心与决策者。历史也证明了周公的远见。春秋战国几百年，齐国由于秉承了简洁平易的决策传统，始终是群雄中最强大的国家之一，而鲁国注重烦琐礼节，决策缓慢，长期处于弱国之列，成为齐楚的附庸。这段历史告诉我们：企业班组长在安全生产工作决策中应崇尚简明原则，让员工知道决策者要干什么、目标是什么，这样才便于落实，如果含糊其辞，让员工不得要领，很难理解，是无法落实的，那么，决策也就变成空话。

（6）要注重"行"。所谓"行"就是执行、落实。班组长的权威不仅取决于安全工作中决策的正确与否，更取决于决策的执行力度。自古以来，杰出的政治家都把决策的落实程度作为衡量一个人领导能力高低的重要标准。《尚书》是我国古代政治智慧的集大成之作，在《尚书·周官》篇中，古人就提出了"慎出乃令，令出惟行，弗惟反"的见解，告诫领导者，决策时必须慎重，对不可能实现的决策，最好不要做，对于可落实不可落实决策尽量少做或不做。决策一旦出台，就必须执行，否则就会产生政令不通的恶果。

在企业的安全生产工作中，的确存在少数班组长出于个人感情的原因，对员工不执行安全决策听之任之；有些班组长认为决策是领导的事，执行是员工的事，怕过分抓落实得罪人；有些班组长把员工听话分为听私话和公话、听自己的话和听班组其他领导的话，认为员工只要听自己的话就行，至于对班组其他领导的决策执行与否，则抱着无所谓的态度，这是导致一些班组安全生产政令不畅的重要原因。如果一个班组的安全工作决策得不到执行，那么安全生产就无从谈起。企业的班组长必须重视安全工作决策的执行，不要因为某种私欲妨碍了安全工作决策的执行。

11 班组长要善于引导安全功臣再立新功

一个班组安全事业的发展与兴盛，往往取决于某些关键人物在班组安全发展的关键时期发挥的作用，这些关键人物可谓劳苦功高，常常被员工们形象地比喻为"功臣"。但功臣难驭，古今共之。驾驭好班组安全发展的功臣，关键要恩威并用、宽严相济。

（1）以情感人。感情是化解矛盾的"熔化剂"，是密切关系的"黏合剂"，是人与人之间相互沟通的桥梁和纽带，是合作共事的基础。大凡成功的班组长都善用"情"。在一个班组的安全工作中，功臣往往具备出众的才能和突出的业绩，是推进班组安全发展的中坚力量，充分保护和调动好他们的安全生产积极性不容忽视。因此，班组长应着重加强与安全功臣的思想沟通和感情交流，当他们遇到困难和矛盾时，要做"及时雨"，为其排忧解难；当他们遇到阻力和挫折时，要做"吹鼓手"，为其壮胆助威；当他们受到委屈或遭人误解时，要做"靠背山"，为其正名撑腰；当他们的安全工作因客观原因出现失误时，要当"挡箭牌"，为其分担责任。"以诚感人者，人亦诚应之"，如此，那些在班组安全发展的有功之臣一定能产生一种"士为知己者死"的感激之情，更加努力搞好安全生产来回报班组长的真情。

（2）宽以为怀。俗话说，"人才好用不好使"，班组的某些安全功臣也易矫情，他们凭借自己对班组安全生产做出的突出贡献及不可或缺的地位，容易产生一些不良的思想和行为倾向，这些思想和行为甚至影响整个班组安全工作的和谐开展。对此，班组长要出以公心，宽以为怀。如何宽之？宽容并非无原则的让步和放任，对原则性、方向性的安全生产问题，班组长一定要态度鲜明，敢言善言，及时对其错误的思想和行为进行帮助和纠正。这些安全功臣只要态度端正，对自己存在的问题能有则改之，班组长就要做到过后不思量，不"画圈分类"，不"一棍子打死"。同时，对一些细枝末节、鸡毛蒜皮的小过错，要轻描淡写，善于容忍。

（3）激励为上。"水不激则不跃，人不激则不奋"。为防止班组安全功臣"睡大觉"，鼓励引导其在班组安全发展中再建新功，班组长要善于鞭打快牛，巧用"激将法"。如何激之？一方面，要为在安全生产中建功立业者大力营造良好的舆论氛围。就一个班组而言，班组长需要注意因势利导、乘势造势，对为班组安全发展做出杰出贡献的人要加大宣传力度，从精神到物质上予以重点表彰和奖励，从而在班组形成一种尊重功臣、爱护功臣、争当功臣的积极氛围。另一方面，要为在安全发展中的建功立业者提供一个有为有位的发展平台。班组长要针对安全功臣的特点，因人而异，分别激之，对那些长于做事、乐于做事、不图名利的安全功臣，要敢于托付大事，做到因人择事、因事用人、人事相宜，最大限度地发挥他们的优势。同时，对德才突出，具备一定领导能力的安全功臣，要舍得给位子，适时将其提拔到班组领导岗位上来，并给予合理授权，给安全功臣一个施展才能的舞台。古人云："权不重则事不就，任不专则功难立。"聪明的班组长在安全生产工作中通过大胆合理的赋权赋事，不仅可以让自己腾出更多的时间和精力去谋安全发展、安全建设的大事，而且可以充分调动一般人的积极性，形成一个齐心协力、齐抓共管的良好安全工作氛围。

（4）赋责为法。"欲知平直，则必准绳，欲知方圆，则必规矩"。建立有效的岗位安全目标责任机制，是班组长成功实施安全管理的必要手段，对班组安全功臣的管理具有同样的作用。班组安全功臣一般是业务骨干，对班组安全发展起支撑作用，调动这些人的安全生产积极性至关重要。如果班组长在对其施加职权影响力的过程中，管理无方，不能使其充分发挥安全生产积极性，便会引起误解和埋怨，进而影响班组安全工作的高效开展。因此，班组长要通过建立岗位安全目标责任制，因岗定责来规范安全功臣的行为。如何赋责？一方面，要合理赋责，权责相通。班组长要紧紧围绕安全工作目标任务、统筹安排、明确责任，并按照职责统一的原则，将安全生产责任层层分解，使每一个员工都能司其职、尽其责、用其智、成其事。另一方面，要赏罚分明，执行有力。班组长在明确岗位安全职责后，还要加强对每一个员工履职过程的监督和考核，对玩忽职守、推诿扯皮、执行不力导致安全工作失误的责任人要严格问责。对在安全工作中尽职尽责、任劳任怨、屡建新功者则要注意从精神和物质上给予鼓励，否则，"赏不行，则贤者不可得而进也；罚不行，则不肖者不可得而退也"，赋责只会流于形式。

总之，班组的安全功臣是班组安全发展的宝贵财富，如何驾驭好这些安全功臣，对班组的安全发展至关重要。以情感人、宽以为怀、激励为上、赋责为法不失为有效的管理手段。

12 班组长安全工作分工的"各负其责"与"无缝对接"

班组的许多安全工作，不缺思路，只缺落实。出现这种情况不能简单地归咎为班组领导作风漂浮，从管理学的角度看是因为分工不明确。

（1）分工不明确的表现。分工不明确，体现在四个方面：一是主协不清。一件安全工作有主管的又有协管的，在具体问题上纠缠不清。主管的抓总又不管一些具体事，协管的办具体事又做不了主。主管的和协管的都有责任又都没有责任，双方都处于尴尬境地，关系容易混淆，十分微妙。处置不当，还极有可能产生纠纷和隔离。二是权责脱节。有些事只有责任，没有权力，而拥有权力的又不担责任。副班组长看似分管某一方面的安全工作，而实际上却是有名无实，没有知情权、参与权、建议权，更没有决策权。没有权力的人当然"说事不落""喝酒没人敬"，说话无人听"，实际上就是被架空。这样，纵然是三头六臂，有天大本事的人，安全工作也无法落实。三是上下交叉。盘根错节的关系使得权力的运用很复杂。在安全生产工作的分工上，明确了一个方面而忽视了另一个方面，清楚了上头而模糊了下头，在班组安全生产中只要有不清楚、未覆盖的地方，就会有空白点，就会产生争议，就容易被忽视。四是时空错位。班组领导在安全工作上的分工未能随着情况的变化而及时跟进，加以补充、修改、完善，反而是习惯性操作，简单化从事，这种班组领导安全工作分工上的时空错位，很容易留下事故隐患或工作漏洞。

（2）尽量明确分工。要想使班组领导安全工作分工达到天衣无缝的地步只能是理想主义，而尽量做到明确一些则是完全可以办到的。目前在企业班组这方面的问题之所以存在，主要是体制上存在问题。其一，班组一把手说了算，让你负责什么，给你多大权力，副职只能"听天由命"。这样的安全工作分工带有浓重的个人主义色彩和极大的随意性。因为，班组一把手地位特殊、工作繁忙，对权力的"分割"不可能思考过细，而是笼而统之，概而论之，随手一画而定乾坤，既缺乏论证，又不会去听取各方面的反映，有时甚至不会征求副班组长本人的意见。其二，忽视班组安全管理制度上的设计，迄今为止，班组领导在安全工作中如何分工，缺乏制度上的规范，带有非常浓厚的人治色彩。其三，集体沉默现象的默许与许可。因为企业强调班组一把手的权威和组织纪律，那么个人意见就退而次之，以服从为上。在安全工作分工时，副班组长的意见基本上不被采纳，比如，我要干什么、怎么干，自己都不能发表意见而干什么只能接受指定。安全工作分工一旦确定，一般不存在讨价还价的余地。也就是说，纵然副班组长有不同看法也无处表达，即使是有机会表达，也不可能改变现实。

班组员工希望提高班组领导安全素质，人人都去做"秤砣石"的干部，对班组的各项安全工作，件件见底，事事落实。但是实现班组领导班子成员安全工作的合理分工还应当从源头抓起，从制度层面的设计上尽量从一开始就考虑周全一些。对主观愿望而言，安全工作分工应当做到"无缝对接"，连点、连线、成片，纵向到底、横向到边，做到可测量、可操作、可考虑、可追究，精编细制、丝丝入扣、环环相连。在操作上除了人为因素外，制度的设计更为重要。

（3）点与点铆合。这里主要是针对具体个人的安全行为而言，相互间不留空隙，谁主管、谁负责，对号入座，一目了然。在班组实际安全工作中，一是要正确处理主与辅的关系。一件安全事项只能以一个人为主，分层次管理。一般来说，只明确到主这一层面，在明确的范围内负全责，明确安全任务要求，具体安全目标。而协管的只能是协从的地位，由主管来统筹。换句话说，不能有了成绩是主管的，出了问题是协管的，彼此相互推诿、纠缠，难道其详、难赏其功、难追其错、难究其责。主与辅，以主为主，一起捆绑，不可分割。二是要正确处理重点与支点的关系。安全分工问题不能眉毛胡子一把抓，应当围绕安全生产主要职责、中心工作、个人能力、突击任务、变化形式展开，知人善任、因人而异、用其所长。除"规定动作"到位外，应当有所侧重。班组各个时期、阶段必须抓住不放的安全工作，必须责任到人。安全工作任务要一一分解，尤其是事关全局、事关长远、非常敏感、极为复杂、非办不可、非做不可的安全事项，必须精确到每一个节点，细化到每一个步骤，落实到每一个环节。就像流水线作业一样，每一步都有人管，每一个细节都可追溯。这样可以营造一种强大的压力氛围，使人人肩上有责任、有压力。万一出了问题，谁也无法推脱责任。那些无关紧要的、无足轻重的事情，得宽松处且宽松，无伤大雅、无碍大局，试图"网"尽天下，一览无余，班组安全生产现实中是无法办到的。有重有轻，有得有失，有保有弃，才能突出中心，围绕全局，保护主题。三是要正确处理长线与短线的关系。长线主要是考虑班组安全工作的连续性，不因工作分工的调整而受影响，遵循工作的惯性，照搬成熟的做法，按部就班，按图索骥。那么，班组安全工作的分管领导不管如何调整，其安全工作模式和方法基本不变，要调整修改也只能是一些细枝末节，不能从头再来。长线是靠短线来体现的，具体到班组的每一个人、每一个时段、每一件事情都必须因地制宜，不能一把尺子量到底，具体的安全工作分解还得细化、量化，不能"大帽子下面开小差"，而要事事有人管、处处有回音，每一个具体实施的行为，要有承接点、切入点、结合点，班组任何人不可能游离于外，必须脚踏实地去实施。只有班组安全工作短线目标的顺利推进，才能实现长线的安全生产蓝图。

（4）线与线相连。班组安全工作不落实的一个重要表现是脱节、断线，就像接力赛一样，下一棒如果接不上，必然功亏一篑。作为班组领导，其安全工作分工和作用不仅仅局限于一个点，要落实就必须不断线。首先，时间上要延伸。无论哪个时间段，分分秒秒、全程介入、全盘负责，切忌中途易帅或者改弦易辙，抓一段放一段。如果多个人插手，就可能会紧一段松一段，缺乏连贯性，在时间上产生多个分散点，莫衷一是，各行其是。其次，性质上要延伸，一件安全事项一个时段内要有一个人负责。阶段性与长期性安全工作相结合，上与下要一致，不能顾此失彼、重此轻彼。阶段性安全工作要看亮点，长期性安全工作要看基础。显性的安全工作成绩要肯定，隐性的安全工作成绩更要褒扬，尤其要防止急功近利的短期行为，注重夯实班组安全生产基础性工作，在评价上要建立公正的体系。事关全厂的安全工作，一个点负责，一条线也要负责，不能以点带面、以偏概全，而要上下一致，全厂相通，对全部的安全工作负责。再次，内涵上要延伸。要注重安全工作的实质，防止被浅表化现象迷惑。安全工作落实不看花拳绣腿，不看表面文章，不听汇报如何，更重要的是看对事关全厂安全的事进行统筹，尤其对实施过程中暴露出来的可能是未曾预料到的特殊矛盾、深层次问题，应当对负责人施以预案，从容应对，掌握主动。现在的问题是，对常规的安全问题在落实上考虑得相对周全，而对潜在的可能暴露的安全问题估计不足、应对无方。一旦有事，手忙脚乱，鞭长莫及。

（5）片与片呼应。任何工作都不是孤立的，班组安全工作也是如此，对应的关系除了上下纵向外，还有左右的横向，如果疏漏，就可能影响全局。安全工作如何实现全面覆盖？一是要明确相近的。从外延上看，外在的因素可能会影响此事的落实，也应当由安全分工负责的人员去协调，争取积极的因素，推动安全工作的落实，不能就事论事，推脱责任。二是要界定相关的。从内涵上看，事情有前因后果，各要素之间密切相关，彼此作用。因此，要辨别主次轻重，对属于应落实、可落实的安全工作要一一落实到位；对属于不可抗御因素无法落实的，不能强求。三是要区分相连的。从作用上看对共振共鸣，彼此一致的安全工作，要统筹考虑、整体推进，不要为达到某种目的而人为地将其割裂开来，放大局部，影响全局，更不能只抓一点，不顾其余。

总之，班组安全工作的合理分工是一个系统工程，充满变数，在现实的情况下不可能像"1＋1＝2"那样简单，这里的点与点讲的是人与人之间的配合，线与线是指一个系统各条战线的衔接，片与片是大环境里的协调。实现安全工作点、线、面的全方位的覆盖，安全责任之间就少了缝隙，一旦安全责任到人，从理论上讲，安全工作的落实就有了基础。

13 班组长要善于预防失意者拆台

所谓失意者，一般指在一个团体内意见不被重视和采纳，要求得不到满足，职务上没有得到重用的人。常规思维认为，失意者是受害者、是弱者，因而人们除了对失意者同情之外，很少会去关注。事实上，失意者还有可能是潜在的不合作者、拆台者甚至是破坏者。因此，班组长如果漠视失意者，对其不能给予很好的安抚，不能公平公正地对待他们合情合理的要求，不能对其加以妥善的任用和制约，那么，他们郁结的怨情一旦爆发，拆台行为一旦发生，将极有可能颠覆班组长苦心经营的良好安全工作局面，甚至导致班组长从云端跌入陷坑。

在班组安全生产中，失意者通常还有其他一些表现，如：心理消极，责任心降低，对工作敷衍了事；破罐子破摔，不思进取，我行我素，对班组的规章制度和奖惩措施漠然置之；发牢骚、说怪话，生造和传播一些不负责任的话，使班组长难堪，毁坏班组长和班组的形象，泄同事积极工作的士气；利用工作机会为班组长安全决策的落实制造障碍，阻挠班组长安全生产意图的实现等。

任何一个班组都是一个充满竞争性的利益团体，有成功者就有失败者，有得意者就有失意者，而且风水轮流转，得意者和失意者还有可能不断地换位，因而失意者的产生就有着必然性和普遍性。失意者的存在，也是诸多班组严重内耗的诱因，是一种不和谐的表现。因此，班组长必须尽量减少班组内的失意者，而一旦失意者不可避免地产生后，就要未雨绸缪，对其可能产生的拆台行为进行有效的预防。

（1）正当地获取权力，公正地使用权力。诱发失意者拆台的强力因素有两点，一点是班组长在获取领导权力的过程中，有不当的行为，其素质和能力等条件与其所获得的班组长职位不相匹配，竞争失利者内心不服、强烈不满，因而通过拆台来宣泄内心的极度愤怒，表达不合作的心理；另一点是班组长用权不公或使用权力不当，导致失意者认为班组长不值得信任、不值得尊重，因而就通过拆台来表达对班组长的不满和不屑。因此，班组长要减少和避免失意者的拆台行为，首先，在竞争班组长职务的过程中，一定要坚持公平竞争，不能为达目的不择手段，否则，即使侥幸得到了班组长职位，也会当不安闲。其次，一定要敬畏权力，不要认为获得了领导职位，就自然地拥有了领导权威，如果以权谋私，或者滥用权力、用权失误，不合作的人甚至反对的人就会增多，自己即使风风光光上了台，也可能被灰头土脸赶下来。

（2）得意不可忘形，位高尤须谦卑。古之善为政者言"为富贵者不可骄人，富贵者骄人必失其富贵"。班组长有职位、有实权、有荣誉、有面子，往往占尽风光，因此其中有些人往往会情不自禁地产生"飘飘然"的感觉，有的甚至得意忘形、趾高气扬。这种做派很容易强化失意者的反感情绪，导致他们的拆台行为。他们会找机会甚至设一些小圈套，给班组长颜色看，让班组长下不来台，甚至使绊子，让班组长想干事却干不成。因此，当你有幸成为班组长，切记不要有意显摆，不要滥施权威，而要克己让人、礼贤下士、虚怀若谷。否定别人的意见，一定要有根有据，以理服人，不能挟威自重；拒绝别人的要求，哪怕是不合理的要求，也要尽量做到婉转温和，解释清楚，做到仁至义尽，不可颐指气使；尤其对待竞争班组长职务的失意者，更要谦和尊重，诚恳地向他们请教一些自己不擅长的东西，重视发挥他们的积极作用。总之，要尽量避免使他们心生忌恨和心理失衡，从而有效减少或清除拆台行为。

（3）对得益者要奖赏，对失意者要补偿。在企业班组，公平竞争是保持效率与活力的重要机制，优胜劣汰、奖优罚劣是班组长实施有效领导的常用方法。但是，这一领导方法在保障效率的同时，既能造就一批赢者通吃的得意者，也能产生一批一输则万劫不复的失意者，导致不和谐的状态发生。按照以人为本、构建和谐的理念，班组长既要重视效率，激发员工在安全生产中的创造活力，又要注意公平，重视人文关怀，对那些优秀者根据企业制度规定给予充分的奖赏和激励，但同时对于那些失意者给予人格尊严和利益保障，防止班组内部出现得意者和失意者的利益和心理对立，有效避免失意者的拆台行为。

（4）设身处地地体会失意者的心理痛苦，真心诚意地加以抚慰。班组长一般自身条件都比较好，成功之路比较顺畅，与其他人尤其是失意者相比，得意的心理体验比较多，而对于失意的心理体验则相对较少或较弱，因而一般情况下容易漠视失意者的心理痛苦，或者体会不是那么深刻和细致。但是，正如常言所说："世人但闻新人笑，几人听得旧人哭。"职场失意，或因真知灼见不被采纳，或因良苦用心被枉费，或因充满期待的利益要求被轻易否定等，这些都会给失意者造成精神上的打击、利益上的损失、心理上的挫折和尊严上的损失，其痛苦是别人难以体会的。如果班组长对其缺少真诚细致的关心和抚慰，失意者在产生心理自虐的同时，也极有可能产生针对班组长的拆台行为。因此，班组长对于失意者切忌显露心理优越感，而要有恻隐之心，付出真情，伸出援手，帮助失意者从失意的阴影里走出来，这样做也有利于消除因失意者的存在而潜藏的不安全因素。

（5）建立公平竞争的得意者与失意者地位互换的流动机制，营造相互善待的宽松和谐氛围。班组失意者的产生既有必然性也有其积极作用，关键在于这种产生机制要体现公平、合理、竞争、优胜的原则，尽量避免劣币驱逐良币现象的发生。同时，要防止失意者的地位固化，得意者恒得意，失意者恒失意。要在班组建立一种失意者通过发奋努力，积极进取而改变失意者的身份和心态的机制，保持得意者与失意者通过正当竞争进行相互转换和流动的健康有效状态，并努力营造得意者和失意者相互尊重、相互接纳、同心协力干事创业的和谐局面。

（6）多给失意者工作和发展机会，防止失意者心理边缘化和行为逆反化。人们对于雪中送炭的感受要远远比锦上添花强烈。班组长对失意者除了要进行真诚的尊重、关心和心理安抚之外，还要有实际行动和切实有效的扶助办法。对在安全工作中建言献策的，要倾心听取，从善如流，不能因人废言；对竞争班组长而失利的，要给予鼓励和指导，为其提供和创造展现其才能的机会，为其抓住下一次晋升的机会搭建坚固的阶梯，而不能以异己视之，有意打压或刻意冷落；对要求和期望没有实现者，在坚持统筹兼顾、多方平衡、前后照应的基础上，要进行某种形式和程度的替代性补偿，使其失之东隅、收之桑榆，从而使其对现实尽可能保持心理平衡，对未来保持信心和希望，最大限度地消除可能产生的边缘化心态和逆反心理，有效减少可能发生的拆台行为，保持班组安全生产工作的和谐稳定。

14　班组长如何统御班组安全工作

企业的班组长担当促发展、保稳定、创和谐、保安全的艰巨使命，必须坚持正确的导向，运用科学的方法，抓住育人和用人两个关键，把握班组安全工作重点，牢牢掌控安全生产的主动权，推动班组安全工作健康和谐发展。

（1）坚持以科学发展观为指导，牢牢把握安全发展的正确方向。

① 要有科学的理念。作为班组安全工作的第一负责人，班组长要在思想上牢固确立科学的意识、科学的思维、科学的态度，用科学的理论武装头脑，用科学的方法解决实际安全工作中存在的各种问题，把思想和行动统一到安全科学发展的轨道上。

② 要有服务的意识。实现科学发展观，要求班组长坚守全心全意为人民服务的宗旨，时刻心系员工，服务员工。班组长在安全生产政策上体现服务意识，就是要把党和政府的各项安全生产方针政策原原本本地落实到位；在安全科技上体现服务意识，就是要把安全科学技术知识送到员工中，引导广大员工遵循安全生产规律，按照科学的方法，共同创造和谐稳定的安全生产局面。

③ 要有务实的作风。在班组安全生产中，班组长最不能违背的是规律，最应当遵循的是规律，最应当把握的还是规律，必须坚持一切从实际出发，按照客观规律办事。要充分发挥主观能动性，凡是符合科学发展、安全发展的事，必须全力以赴地干好；凡是不符合科学发展、安全发展的事，要勇于改进和完善，绝不能盲目行动，造成不必要的损失。

④ 要有创新的精神。科学发展、安全发展的道路不是平坦的，班组长在安全生产中要有勇攀高峰的决心和信心。干事创业，不能穿旧鞋走老路，要想成就安全生产大业，就必须敢想敢干，敢创敢试，大胆创新，只有这样，才能做到科学发展、安全发展。

（2）采取科学的方法，有效掌握安全工作的主动权。科学的安全工作方法来自于长期的安全生产实践，并能有效地指导实践。在班组实际安全工作中，要按照"三点工作法"的要求，把握方法、理清思路、抓好落实。

① 把安全工作的着眼点放在领会上。一要端正态度。态度决定着对某一事物认识和接受的程度。班组长必须认真细致地学习，深刻全面地领会，积极负责地贯彻上级的各项安全工作要求。如果

没有真正地用脑、用心去思考和研究，就难以全面领会上级的安全工作思路和要求，更谈不上如何贯彻落实。

二要注意方法。全面领会上级的各项安全工作决策和指示，不是冷冷的、粗放的、大而化之的和虎头蛇尾的领会，而是要明确哪些是全局性和指导性的要求，哪些是远景目标和具体安全工作任务，哪些是阶段性安全工作布置和重点安全工作，哪些安全工作任务最符合班组的实际，哪些安全工作还要积极创造条件才能出色完成。班组长对这些都要认真研究，划分类别，并采取统筹兼顾，协调配合的方法，保证上级的各项安全工作任务的有效落实。

三要勤思善悟。班组长在领会上级安全工作决策和指示的基础上，要善于对照和查摆，既要看到自身的优势，又要明确存在的问题，要发扬优长、弥补不足、调整思路、改进方法，有效把握班组安全工作的主动权。

② 把安全工作的着力点放在结合上。领会是前提，结合是关键。结合就是从班组实际出发，发扬实事求是的精神，坚决克服教条主义、主观主义和经验主义。结合的过程，更是理清安全工作的思路、完善安全工作的措施、制定安全工作目标的过程。思路决定出路，大思路大出路，小思路小出路，没思路没出路。要一切从班组实际出发，不唯上，不唯书，只唯实，而不能就会议贯彻会议，就讲话落实讲话，就文件执行文件。要在反复学习、讨论和研究的基础上，结合本班组的安全工作实际，将企业的整体安全工作和班组的局部利益相结合，将上级的安全要求和班组的实际相结合，将突出的安全问题和具体的安全情况相结合，坚持可持续发展的原则，制定出切实可行的办法和措施，有效地指导班组的各项安全工作。

③ 把安全工作的着重点放在落实上。一是求真务实抓落实。班组安全决策一旦形成，就要抓好落实。在调查研究的基础上，班组对安全工作中先落实什么、后落实什么、落实的重点和关键是什么，要做到心中有数，坚决反对形式主义。

二是把握关键抓落实。班组长要注意区分安全工作任务的轻重缓急，哪些是必须及时落实的，哪些是需要车间领导亲自参与或督办的，哪些是需要发动班组全体员工共同落实的，哪些是借助外部力量能够落实到位的，对此都要做出统筹安排，始终把握安全工作落实的关键。

三是联系实际抓落实。安全决策再好，若脱离了班组实际去抓落实，就无法有效落实到位。班组长要根据班组不同的安全工作任务，确定不同的工作人员，采取不同的工作措施，重点解决实际安全工作中"责任缺失、能力缺位"的问题，有效提高班组安全工作的质量和效率。

（3）抓住育人和用人两个关键，不断增强安全发展的活力。育人和用人的关键就是要激发队伍的活力，挖掘员工的安全潜能，最大限度地调动班组的安全生产积极性、主动性和创造性，不断增强安全发展的活力和动力。

① 遵循育人的客观规律，全面提高班组全员的综合安全素质。班组员工队伍的安全素质不高，原因很多，有的是历史原因和现实中的一些复杂因素所造成的，有的与班组长对育人的认识不到位、下功夫不够有关。当前，提高班组员工队伍安全素质的关键是抓好员工的安全教育培训。班组长要深刻领会上级"大规模培训、大幅度提高"的总体思路。结合班组安全工作实际，大力实施员工安全教育培训"三个转移"，即由集中型向分散型转移，由数量型向质量型转移，由粗放型向精细型转移。同时，可采取业务能手竞争、岗位安全练兵、专业资格考核、人人轮流当主讲等办法，并采取经济奖励、选贤任能、岗位调整、绩效考核等配套措施，积极鼓励员工自学，以收到较为理想的效果。

② 完善绩效考核办法，建立科学的用人评价机制。在班组安全工作中，只有建立科学严密的选人和用人机制，才能识好人、选好人、用好人，绝不能凭感性、凭好恶、凭亲疏。为此，要建立科学、规范、易行的综合用人机制，围绕"谁来评价、评价什么、怎么评价、评价结果怎么运用"这条主线，变粗放的静态管理为精细

的动态管理、变主观的定性评价为客观的定量评价、变上级的单项考核为上下互动的双向考核，从而牢牢把握班组安全管理的主动权。

（4）把握安全工作重点，推动班组安全发展。

① 带好队伍是前提。队伍建设是班组安全发展的前提和保障。要树立"落实是决策的生命，文化是管理的灵魂"的正确理念，充分发挥安全文化在员工队伍中的渗透、引导和重塑作用。通过灌输、监督、考核等多种手段，把员工队伍的思想和行动统一到正确的轨道上。同时，把"监督就是最大爱护"和"加强监督是本职，疏于监督是失职，不善于监督是不称职"作为加强班组长管理的基本要求。积极营造班组内轻松学习、愉快工作、健康生活、和谐共事的良好氛围。

② 安全稳定是基础。安全稳定才能求发展，要围绕"如何识别危险源"来讨论活动，使班组员工增强安全防范的责任心，并通过落实岗位安全生产责任制，层层鉴定安全生产责任书，建立起群防群治体系。要按照"安全生产，人人有责"的工作要求，做到责任到位、应急预案到位、人员分工到位、组织体系到位、生活关怀到位、安全思想到位、法律手段到位。要把处理复杂安全问题的水平作为判断一个班组长是否具有处理复杂问题、驾驭局势的能力和标准。

③ 安全思想工作是关键。随着经济体制改革的深化和社会变革的多元化，在人的思想独立性、选择性、多变性、差异性明显增强的情况下，精神激励和心理疏导显得尤为重要，安全思想工作在构建和谐班组的"稳压器"的作用更加明显，班组长要克服浮躁心理，真正静下心去思考、去谋化、去耐心地做员工的安全思想工作。要打破惯性思维，通过耐心的、反复的、经常的安全思想沟通和心灵感化，最终达到消除误会、达成共识、催人奋进的目的。

④ 科学民主决策是保证。班组长做安全决策应建立在充分调研和酝酿的基础上，正确运用"9010"方法，进行科学安全决策。所谓"9010"方法，即班组长要用90％的时间和精力深入岗位、

深入员工、深入作业现场，通过实地查看、民主测评等方式，广泛开展调研，在吃透弄清事情真实情况的基础上，用10％的时间做安全决策。否则，"先拍脑袋，后拍屁股"式的安全决策，不仅缺乏调查研究，而且易使良好的主观愿望与客观实际脱离，导致想办好事却造成了严重的后果。因此，班组长在安全工作中决不能草率地随意表态，这样既不利于安全问题的解决，又会造成矛盾的复杂化，不利于班组的安全发展。

15 班组长要善于把复杂安全问题简单化

作为企业的班组长，在安全工作中必然会面对许多复杂的安全问题，尤其是在企业转型时期，复杂的安全问题变得更加突出和尖锐，往往以突发的形式表现出来。复杂其实是相对简单而言的。复杂安全问题的特点通常情况有下列几种：

① 跨时空。发生在现在，但事情的起因和影响有可能前延后伸，可以追溯到很久以前，是历史安全问题的积淀，并未因时间推移而化解和消融，其之所以一直未爆发，是因为种种原因暂时被搁置了，一旦机会适宜，就会凸显出来。这类复杂安全问题由于基本事实还在，虽已时过境迁，但解决的难度空前，弄不好还会影响到以后，现在的解决方式有可能成为解决该类安全问题的"标杆"和参照物。因而处理此类安全问题要慎重，不能留下后遗症。

② 跨地域。事情发生在此班组，但牵涉的人和事有可能跨其他班组。甲班组处理得当与否可能会影响到乙班组；或者此安全问题在本班组难以解决，必须实行班组间的协作。比如，可能会出现因某一班组出台某项不当政策而产生连锁反应，进而造成更大范围的不稳定现象。

③ 以矛盾的交织和叠加。班组复杂安全问题的表现绝对不是单一的、静止的。较大的安全问题，一般是由班组直接利益群体引发，由非直接利益群体参与，具有很强的联动性，安全问题像滚雪球般越滚越大，还有许多员工利用这种机会发泄对某班组长的不

满，一个群体连带多个群体，一个矛盾牵涉多个矛盾。这类安全问题表面看似乎集中在奖金分配、工作安排以及利益诉求的博弈等方面，但有些时候，一个微不足道的动作也会"牵一发而动全身"，小小漩涡也能掀起滔天大浪。

④ 突发性。在班组安全工作中，表面上的微澜不兴，并不代表着平安无事。一些安全问题往往不知道在什么时候、什么地点、以什么形式发生，会产生什么后果，造成什么影响，常常令班组长猝不及防，手忙脚乱，疲于应付。

⑤ 动态性。对班组安全工作中出现问题的处置，班组长必须全面权衡、统筹安排，就事论事往往办不了事。事物的发展变化有时完全不在预料之中，瞬息万变、复杂多变，原来的处置方案或许完全不管用，必须根据变化了的情况适时决策、灵活应对。

班组复杂安全问题产生的历史背景也有现实因素。有客观原因也有主观原因，有可防可控的一面，也有难防难控的一面。处理复杂安全问题的难度相对比较大，直接考验班组长的综合素质特别是应对能力，许多班组长就是在面对复杂安全生产形势、处理复杂安全问题的过程中积累经验，增长才干而逐步成熟的。那么，如何处理复杂安全问题呢？一个很重要的方法就是，善于把复杂的安全问题简单化。

一个人的精神状态如何，在很大程度上影响着其处理和解决安全问题的结果。面对班组突如其来、气势汹汹、迷雾重重的复杂安全问题，不能被吓倒、不能被迷住，要沉着冷静，勇于面对，敢于担当。一个人只有在首先把握住自己时，才能把握局势；只有在十分理智清醒的状态下，才能做出十分明智的安全决策。因此，班组长不管面对再大的事情，再复杂的形势，都要做到我自岿然不动，"兵来将挡，水来土掩"，相信安全问题总有解决的办法，总有解决的时候，"一切都会过去"，面对既成的事实，即使已经无法改变，也要促其朝着有利的方向发展。这就需要班组长首先从战略上藐视安全问题，即在面对复杂安全问题时能做到泰然自若、心中有数。当然，还要懂得从战术上重视，注重细节的完善和具体安全问题的解决，讲究系统性和完整性。如果遇到复杂安全问题首先被吓倒，一开始就会失去主动权，节节败退，最终会导致安全问题一发而不可收。因此，班组长处理复杂安全问题，心态是第一位的，要做到处变不惊、临危不乱。

将复杂安全问题简单化并不是不负责任的糊弄、心中无数的推脱、听之任之的借口，而是建立在高度重视、充满自信、心中有数基础上的一种镇定和超脱，它体现出班组长预知态势的睿智、高屋建瓴的气势、洞察世事的文明。

(1) 不能"眉毛胡子一把抓"。要在解决复杂安全问题时善于抽丝剥茧，从纷繁复杂的现象中抓住事物的本质，寻找突破口。复杂的安全问题一般会有现场气氛紧张，员工情绪激动，事态一触即发，局面很难控制的表现。这种情况一般是由多重矛盾合流、各种利益纠缠而成的，其中必须有最直接的利益冲突，这是矛盾的主要方面。其他的有可能是借题发挥，为求一时显名。对这些复杂安全问题，如果不加选择地"打包"处理，就会分散精力，什么问题都想解决，结果什么问题都解决不了。因此，对于班组的复杂安全问题不管其以什么形式出现，都必须保持非常清醒的头脑，理性地面对。要透过现象看本质，善于甄别、及时梳理、突出重点、集中精力处理一个主要矛盾，然后再各个击破。有时主要矛盾解决之后，次要矛盾也会迎刃而解，或者由复杂变得简单，由朦胧变得清晰。

(2) "心急吃不了热豆腐"。班组长要善于在躁动的情绪中保持冷静、控制事态。班组有些安全问题之所以复杂，主要原因在于时间上要求紧迫、要求尽快处理。而事态既然发展到这种程度，问题一般是由来已久，难度非同一般。有时候，有些复杂安全问题可以靠时间来解决。急不得，一急就容易出乱子，必要的时候要讲究策略，善施"缓兵之计"。

(3) "止沸"必须"抽薪"。要从最迫切、最需要解决的安全问题入手，推动班组安全工作全局。面对突发性的复杂安全问题，在全面了解情况之后，要当断即断、分类处理、分别解决。属于安全生产政策范围内应当解决的不拖，能答复的当即表态，一时答复不了的也应做出承诺；属于安全工作失误的不推，错了就改，说明原因，争取理解；属于过分要求的不理，不能为了"息事"而多事，因"宁人"而"怪人"，乱开口子，乱表态。班组突发的安全问题，说复杂也复杂，说不复杂也不复杂，短期内解决班组所有安全问题显然不现实，但什么问题都不解决、不答复也不可能。作为班组长，应带着诚意、带着感情、带着责任去面对安全问题、直面班组员工，这样才能赢得信任、争取主动。当然，在解决安全问题的过程中，也要具体问题具体分析，分类处置。有的要"敲山震虎"，一般一个群体性事件其复杂在于结众，不复杂在其并不同心，宜区别对待，分类处理。对员工正当的合理诉求要尽量满足；对不明真相的员工要晓以利害，说服劝导。有的要"围赵救魏"，即注重外围安全工作，通过亲情、友情、感情感化，通过可以控制、说服当事人的人做工作，增强安全工作的针对性，使大事化小，小事化了。

（4）"只要思想不滑坡，办法总比困难多"。鬼吓人，不可怕，因为这个世界上根本没有鬼；人吓人，很可怕，因为防不胜防；而自己吓自己更可怕，这样容易摧垮一个人的意志。世上的事情无论如何复杂，总有解决的办法，而有时候面对安全问题，是我们自己把自己吓住了，进而望而却步，谈虎色变，自己首先把思路搞复杂，接着使简单的事情复杂化，使复杂的事情更复杂。只有勇于面对，才会发现事情并不像我们想象的那么复杂。万变不离其宗，只有善于把复杂安全问题简单化，解决起来才更有信心和力量，安全问题才更容易解决。

16 班组长安全工作中的"示弱"艺术

"弱"与"强"相对，意思是比别人差，包含有弱点、弱项、不足、软弱的意思。在班组安全工作中班组长的"示弱"是一种领导艺术，班组长每天面对各种复杂的生产、生活情况，对班组内不同的人、不同的事需要采用不同的处理方法，在某些情况下，恰到好处的"示弱"能够化解安全工作难题,融化坚冰,能够把一些通常不太好处理得安全工作处理得更加到位,也能够得到车间、企业、同事和员工的理解和谅解。

(1)"示弱"并不够。从领导方法和领导艺术的角度来看,"示弱"展现出来的并不一定就是弱。

①"示弱"是一种谦逊。俗话说,山外有山、人外有人。一代诗仙李白在黄鹤楼上面对崔颢的题诗自叹弗如:"眼前有景道不得,崔颢题诗在上头!"这种感叹是一种真诚的"示弱",表现出李白谦逊的品格和随机应变的才情,可以说是抬高了他人,又为自己赢得了美誉。在班组安全工作中,并不是每一项重大操作和每一个重要的作业班组长都比其他人技高一筹,班组里有许多行家里手,对于这样的重大操作和作业,班组长要主动"示弱",给其他员工留有展示才华和技能的机会,既把这些工作安全地做好,又能给这些员工有一种心灵的慰藉,何乐而不为呢?

②"示弱"是一种谋略。不论一个人、一个班组还是一个企业在不同的时期为了应对不同的安全生产情况,需要采取不同的策略。在我国历史上,东汉末年,英雄辈出,刘备在实力不足的时候深藏不露,大智若愚,处处"示弱"。最典型的就是煮酒论英雄,刘备一一列举袁术、刘表、孙策、刘璋等人为英雄,唯独不善自己。当曹操明确指出"今天下英雄,惟使居与操耳"时,刘备"吃了一惊,手中所执匙箸,不觉落于地下"。正因为他处处"示弱","操遂不疑玄德"。班组安全工作中,班组长为了发挥员工的安全生产积极性,要把一些具体安全工作主动让给员工干,让他们在安全生产实践中,增长知识,增加才干,进而为确保安全工作充分发挥自己的聪明才智。

③"示弱"是一种胸襟。班组在安全工作中搭班子、带队伍,需要上上下下的齐心协力,需要方方面面的人才,如果没有开阔的胸襟,很难把安全发展需要的各种人才紧密团结在自己周围。在我国历史上,善于识人用人的汉代开国皇帝刘邦,非常清楚部下之长,明确表明自己之短。刘邦虽是一个无所专长的人,但由于它具

有豁达的胸襟，使当时天下的优秀人才皆为他所用，开辟了一代帝业。在班组安全工作中，班组长的"示弱"还可以更好地改善人际关系，可以有效地降低工作中的"摩擦系数"，使安全生产运作自如，达到理想的境地。

（2）"示弱"有艺术。"示弱"是一种特殊的领导艺术，班组长在"示弱"的时候，一定要根据安全生产的实际情况，灵活运用。

① 谦诚"示弱"。当自己在处理某些具体安全生产事项上确实不如别人时，以诚实的态度"示弱"，往往容易得到对方的理解和谅解，也能得到对方的积极回应和帮助。对自己不如别人的地方，实事求是地"示弱"，比硬撑要强上一百倍。谦诚"示弱"并不会使班组长丢面子。谦诚"示弱"的人能够看到自己身上的不足，能够虚心接受别人的建议与批评，这样才能更好地学人之长，完善自我。

② 认错"示弱"。班组长在安全工作中出现了差错，有了失误，坦诚地承认错误，承认过失，勇敢地承担自己应当承担的安全责任，也是一种有效的"示弱"。人非圣贤、孰能无过。有错不要紧，就怕不承认。认识到错误就及时承认，既是对班组、对员工的负责，也是一种取得他人谅解、赢得员工信任的途径。在班组现实安全工作中，有一些班组长即使错了也不愿意轻易低下头来承认，主要是担心因此降低自己的高大形象。承认错误是为了弥补和改正错误，承认错误是为了改进工作。敢于承认错误，才能换回在员工中的良好形象；敢于纠正错误，能更好地彰显班组长的人格魅力。

③ 藏锋露拙。追求卓越和超凡出众，是一种积极的人生态度。但班组长在安全工作中锋芒不可太露，如果无视周围环境，一味孤芳自赏或者自我炫耀，有时候会显得格格不入，招人厌恶，甚至有可能让人故意与你过不去，藏锋露拙并非要埋没自己的才能，而是为了保护自己，避免祸端。在我国战国末期，韩国贵族韩非子著书立说，鼓吹社会变革。他的著作流传到秦国，被秦王嬴政看到，嬴政极为赞赏，便邀请他到秦国。但韩非子才高招忌，入秦后，还未受到重用，就被李斯等人诬陷，屈死狱中。宏图未展身先死，纵满

腹经纶又有何用。如果韩非子处事谨慎一些，不要过于招摇，而是谦卑抱朴、藏锋露拙，等待时机一展抱负，相信他最终并非仅仅只是一个思想家。历史的经验值得注意，班组长在安全生产工作中，要藏锋露拙、低调行事、扎扎实实、埋头苦干，班组安全发展就会顺畅得多。

④ 以退为进。退是为了更好地组织进攻，这是战场上经常使用的一种谋略，我们不妨想想拳击的镜头，先拳头缩回来再伸出去，拳头才有力度，缩的幅度越大，再次出击的力量也越大。班组长在安全工作中"示弱"，其实就是缩回拳头的过程，目的是为了在关键时刻把拳头伸得更快、更重、更猛。在班组安全工作中，班组长根据不同事件、不同时间、不同地点、不同操作、不同作业的实际情况，适度地退让，可以起到缓解紧张气氛，显示自己的诚心，给足对方面子，赢得他人理解等作用，有助于对特殊事件的协商、对具体安全工作的推进、对双方关系的改善。

（3）"示弱"勿刻意。作为一种领导艺术，在班组安全工作中，班组长何时"示弱"，何地"示弱"，在什么情况下可以"示弱"，在什么情况下不能"示弱"，"示弱"时要注意哪些问题，也是大有讲究的。对班组长来说，"示弱"是在特殊情况下运用的一种特殊策略，不可随意使用、也不可滥用。

① 不刻意。逞强要分情况、分时间、分地点，"示弱"同样也要看情况、看时间、看地点，尽可能做到不随意、不故意、不刻意。随意"示弱"，是时机把握不好；故意"示弱"，是方法运用不对；刻意"示弱"，是心思用的过头。如果不合时宜、方法不对、运用过头，"示弱"不仅收不到应有的效果，反而会给人做作的感觉。如果是对上级领导，上级领导会觉得此人不可信；如果是对下属，下属会因此拉大与你的距离。

② 不矫情。"示弱"重在真诚，如果不是出于真心，而是有意掩饰真情，故意扭扭捏捏、矫揉造作，"示弱"不仅收不到应有的效果，而且会让人心生厌恶。如果班组员工认为班组长所显露的弱点并不真实，不仅不会对其理解和支持，相反还会嘲笑和鄙视，班

组安全工作中不乏这样的例子。一些班组长在遇到敏感的问题时总是假装健忘，以此来掩饰自己的不诚实或前后态度的不一致。其实对班组长说过的话、做过的事，员工大都记得很清楚。如果班组长矫情"示弱"，无疑会疏远员工，增加员工的不信任感。

③ 不过度。谦虚过度就是骄傲，"示弱"过度就是虚伪。凡事皆有度，过犹不及，班组长在安全工作中的"示弱"不需要勉强，没有的弱点千万不可硬往自己身上贴。"示弱"不需要夸张，到什么程度就承认到什么程度。适度"示弱"重在度的把握，恰到好处能够收到应有的效果，如果这个度把握不好，不仅收不到应有的效果，而且可能产生一些副作用。因此，班组长在安全工作中的"示弱"要把握好度是很重要的。

17 班组长如何对待"不如意"的新岗位

根据工作的需要，企业对班组长适时进行岗位调整，是一种正常的组织行为。能否正确对待岗位变动，特别是正确对待"不如意"的新岗位，是对班组长的综合素质的考验。

(1) 班组长对新岗位"不如意"，表现在对新岗位的"难、冷、平、下"等方面的不满意。

① 对新岗位的"难"不满意。班组长由于素质、能力等方面的原因，调整到新岗位后，在短期内可能难以适应新岗位安全生产工作的需要，如果再不主动加强学习，尽快熟悉相关的业务，提高安全工作领导水平和业务能力，在安全工作上难免产生畏难情绪。另外，履新后面对全新的人际关系，若不懂权变道理，不能做到因人而异，因时而异，可能导致人际关系日益复杂。

② 对新岗位的"冷"不满意。班组长调整到新岗位后，由于岗位安全职责和要求不同，可能会出现工作环境由"热"变"冷"、工作方式由实变虚、工作内容由多变少等情况，特别是从炙手可热的实权班组调整到业务相对单一的班组，巨大的落差容易让履新的班组长对新岗位产生不如意。

③ 对新岗位的"平"不如意。以班组长的成长来说，在现有岗位上踏实工作并取得一定实绩后，都渴望能在更高平台上施展抱负。但是，如果属平级调整，又体现不出重要或重用之意，班组长就有可能形成平淡、平常、平凡等心理。尤其是那些想干事、能干事、干成事的班组长，难免热情锐减，产生怀才不遇之感。

④ 对新岗位的"下"不如意。部分班组长由于年龄、能力、实绩和工作需要等原因，从班组重要岗位调整到次要岗位，甚至从班组长调整为副班组长后，容易狭隘地认为这是车间对自己的否定，在无形中形成心理负担，不愿坦然面对班组和家庭，更不愿意面对新的岗位，不同程度地存在抵触情绪，又如何能搞好新岗位的安全工作。

（2）正确对待"不如意"的新岗位，应理性地处理好以下关系。

① 权力与职责的关系。权力是履行职责的必要的手段，履行职责是行使权力的根本目的，二者相辅相成。每个班组长都必须正确对待岗位权力，不能因为对新岗位不满，就漠视、滥用权力，甚至把权力作为发泄内心苦闷的工具和渠道。必须认真履行岗位职责，自觉肩负起车间和员工赋予的职责，为企业的发展和安全生产事业用好权、尽好责，不将一时的"不如意"作为逃避责任的借口，做"甩手掌柜"。

② 个人与组织的关系。岗位调整是车间根据其发展和安全生产的形势以及建设高素质员工队伍的需要及班组长个人素质能力等情况做出的人事调整，个人不但必须服从车间安排。不以过去取得的成绩作为筹码向车间讨价还价，或者以各种非正当的理由消极对待甚至拒绝服从车间安排，甚至必要时应当以大局牺牲个人利益。这不仅是班组长应有的胸怀境界，更是讲党性、重品行、做表率的具体体现。

③ 个人与他人的关系。正确处理与他人的关系是班组长化解岗位"不如意"的重要途径。在处理与班组班子其他成员的关系时，应充分尊重他们的安全生产领导艺术和安全管理工作方法，主

动维护班组班子的团结，切忌带着"不如意"的消极情绪；在处理与下属的关系时，应加强沟通交流，充分征求他们在安全工作上的意见和建议，做到平易近人、关心下属，杜绝把下属作为发泄不满情绪的出气筒；在处理与服务对象的关系时，要树立正确的员工观和服务意识，在提升安全工作领导水平和熟悉新岗位安全生产技术业务的基础上，转变消极心态，提高服务员工的质量。

④"如意"与"不如意"的辩证关系。对"如意"与"不如意"关系的狭隘理解，是班组长对新岗位产生"不如意"的重要因素。正所谓"塞翁失马，焉知非福"，现在"不如意"的岗位经过不断了解、适应和努力会慢慢转变成让车间、员工和自己满意的"如意"岗位，"如意"岗位也可能因精神懈怠、无所作为而变得让车间和员工不满意。同时，要消除对"不如意"内涵的错误理解，要把能否最大限度地为企业安全发展服务、最大限度地发挥安全工作才能作为评价岗位如意与否的标准，摒弃因权力变小、业务范围变窄、待遇降低等导致"不如意"的片面观念。

（3）对新岗位"不如意"，既有个人的也有组织的原因，必须加强配套机制建设，发挥各方面的积极作用。

① 班组长个人要积极转变心态，尽快适应工作。积极转变心态是班组长正确对待"不如意"新岗位的前提条件。一方面，要牢固树立正确的权力观、地位观和政绩观，加强修养，克服对"不如意"观念的狭隘理解，客观分析和全面把握自身的学习能力、沟通能力、适应能力和工作能力，以豁达、积极的心态投入新的工作岗位。另一方面，要主动加强学习，特别是要深入研究新岗位的安全生产重点、难点和前沿问题，积极主动地向班组里的行家里手学习，注重在生产岗位和生产过程调查研究、总结学习，在不断学习中提升履职能力。

② 建立健全岗前培训机制，提高综合素质。全面提高综合素质是正确对待"不如意"的新岗位的关键举措。要具体分析班组长"不如意"的症结，按照"干什么学什么、缺什么补什么"的原则，

充分发挥企业厂级安全教育、车间级安全教育和班组级安全教育"三级安全教育"的优势，有针对性地开展岗前安全培训，加大对履新班组长的专题培训、业务培训和心理辅导的力度，拉长履新班组长安全工作能力的"短板"。在抓好集中学习的基础上，提升班组长自学意识和能力，注重考核学习效果并强化运用，全面提升班组长领导水平和能力。

③ 车间要适时关心引导，提高思想觉悟。车间主要领导要经常与履新班组长进行谈心交流，了解其对新岗位"不如意"的深层次原因，并详细介绍其车间的基本情况、发展思路和政策措施，主动帮助他们熟悉情况，让其尽快适应环境、进入角色。当新任职班组长遇到困难和挫折时，车间要给予关心和鼓励，帮助其总结经验教训。对短期内不能突破心理障碍或难以适应工作环境的，应及时建立并坚持领导帮带制度，最好由车间一把手担任帮带人，促进履新班组长更好地开展工作。同时，通过定期举办座谈会、交流会等方式，让履新班组长交流工作体会、交谈安全生产感想，做到相互学习借鉴。

④ 建立正常的班组长交流制度，促进人岗相适。建立正常的班组长交流制度是提高班组长素质、促进人岗相适的有效途径。车间要在充分了解岗位要求的基础上，根据班组长的履历经历、学历和能力结构等特点，有针对性地推行班组长交流工作，让合适的班组长到合适的班组岗位上，做到用其所长；同时，在全面掌握班组长情况和交流信息有效公开的基础上，实行双向选择，充分尊重班组长个人的选择权利，做到用其所愿。

⑤ 营造良好的社会家庭氛围，消除思想顾虑。坚持正确的社会舆论导向，大力宣传人事制度改革的相关政策，消除"上荣下辱"的社会偏见，疏导履新班组长的负面情绪，为他们尽快进入角色营造和谐包容的社会舆论环境，消除其心理负担。同时，注重发挥班组长家庭的积极作用，当履新到新岗位的班组长对新岗位产生抵触情绪时，家庭成员要给予充分理解和支持，帮助其化解消极情绪，营造温馨的家庭氛围，解除其思想顾虑。

18　班组长安全工作中要善用硬气人

硬气人是极富个性色彩的"另类"。一个班组里若没有几个硬气人，或者在安全工作中不能发挥硬气人的作用，听不见逆耳的声音，看不到有人逆水弄潮，而是被"万马齐喑"的阴霾所笼罩，长此以往，就湮没了生气，窒息了战斗力，着实堪忧。

（1）何谓硬气人。这里所说的硬气人，是指那些硬的有道理的人。总结起来，硬气人有"四硬"。

一曰脑袋硬。硬气人硬就硬在脑袋"一根筋"，一条道儿走到黑。他们一旦认准了的目标，便一心一意地向前迈进，开拓进取，矢志不移，不撞南墙不回头，甚至撞了南墙也不回头。

二曰脖子硬。硬气人硬就硬在脖颈坚韧，永远高耸着不屈的头颅。他们不迷信权威，除了信奉真理，其他一切都一脚�9平，刚正不阿，休说逢迎拍马"爬门槛"之类龌龊的勾当，连说句软话也是绝对不屑为之的。

三曰肩膀硬。硬气人硬就硬在双肩宽厚，有充分的条件担负起本职所赋予的全部职责和使命。他们大多是班组出类拔萃的佼佼者，有一身履职尽责的硬功夫，敢于又善于打硬仗，永远有一般不服输的刚毅之气，在艰苦和困难面前从不动摇。

四曰腰杆硬。硬气人硬就硬在腰杆挺直，无论面对什么样的挫折和压力都泰山压顶不弯腰。他们从来不怕受冷遇、不怕遭白眼、不怕打击报复，对任何无端的施压横加指责都不屑一顾。

（2）硬气人为何硬气。班组里每一个硬气人硬气的缘由都不尽相同，但是统而观之，一般不外乎以下几个方面的原因。

① 源于他们有过硬的"底气"。所谓过硬的"底气"，即指超强的能力和素质。艺高人胆大，也能使人变得硬气。有一个真实的故事颇能说明这个道理：1992 年，美国福特公司有一台大型电机发生了故障，请多名专家会诊，修了 3 个月依然没有修好，有人推荐了德国机电专家斯坦因门茨。他来到工厂，在电机上这儿拍拍，

那儿敲敲，然后用粉笔画了一条线，对陪同的专家说："打开电机，把这个地方的线圈减去 16 圈。"照此处理之后，这台电机立即恢复了正常运转。福特公司问要付多少酬金，斯坦因门茨开价 10000 美元，对方有人说他勒索，斯坦因门茨笑笑提笔在付款单上写到"画一条线是一美元，知道在什么地方画线是 9999 美元，一美分都不能少"。斯坦因门茨之所以如此硬气，就是因为他维修电机的技术之精湛是其他任何人都无法企及的。硬气人就是这样，有超强的能力和素质垫底，凭自己的本事不愁没饭吃，任何时候都充满自信，给人以特立独行、狂傲不羁的印象。当然，班组里具有超强能力和素质的人并不都是硬气人，超强素质只是硬气的一个必要条件，并不是主要条件。

② 源于他们的价值趋向。在一个人的价值观中居于支配、统御地位的是其信念、信仰和理想，所以，价值观对人的思想和言行具有决定性的意义。在班组中硬气人正义凛然，追求和崇尚的是真理，胸中每每激荡着一般浩然正气。他们不为利诱，不为物惑，不惟书，不惟上，只惟实，坚定地固守着自己的人生坐标不动摇。

③ 源于他们某种程度的迂。我国文学大师鲁迅先生在《为了忘却的纪念》一文中讲到柔石的硬气的时候这样说："颇有点迂，有时会令我忽而想到方孝孺，觉得好像也有些这模样的。"正是由于这种迂的元素的存在，我们在同硬气人打交道的时候，往往会觉得针尖大的小事在他们那里都特别难以通融，甚至有时候会觉得他们迂的可笑。这里所说的"迂"，既指对自己人生价值坐标固执守望，也有不合时宜、不通权变或不屑见风使舵之意。迂与耿介刚直相当于是一枚金币的两面，是耿介刚直走向极致的产物，因而也同耿介刚直一起走进硬气人的肌体，构成硬气人硬气的重要元素。

（3）班组安全工作中如何用好硬气人。正确地认识班组的硬气人，正确地认识硬气和正确地认识自己，是班组长在安全工作中用好硬气人的关键。

① 切莫将他们当作另类或"鸡肋"。硬气人因其硬气而引人注目，因其硬气而引人敬仰，拥有很好的群众基础。硬气人也因硬气

而招惹非议，成为众人品评热议的焦点。甚或每每因其硬气与班组长的意愿发生龃龉，被某些班组长视为满身长刺儿的另类"鸡肋"。硬气人的一个最为突出的特点就是"主意正"，凡事都有自己的主意，不管面对的是谁，也不管坚持自己的主见会带来什么样的后果和麻烦，只要自己认为是对的，就绝不退让、绝不妥协。当然，金无足赤、人无完人，硬气人也难免会有缺点，但是，班组长在安全工作中唯有容其所短、避其所短，方能用其所长、扬其所长。古人说：千夫诺诺，不如一士谔谔。正是这种"主意正"才凸显出硬气人在班组安全建设中的弥足珍贵和不可或缺。如果某位班组长因硬气人的"主意正"而将他们边缘化，甚至排挤出去，那么，恐怕这个班组被边缘化的时间也已指日可待了。一位军事家说："一支军队如果没有几个令敌人畏惧的将领，没有这些将领施展才华的舞台，这支军队就不值一提。"套用这句话，一个班组如果没有几个硬气人，不能发挥硬气人的作用，这个班组就不足挂齿。

② 切莫把硬气当作一种消极颓废的意识。硬气主要由坚韧、执着、热忱、诚信、创新、慎独、激情、无畏等要素构成，虽然有时也带有一定成分的迂，但在一般情况下，无论对于个人成长进步还是对于班组安全建设来说，硬气都是一种难能可贵的积极向上的力量。某些班组长在安全生产工作中往往从感觉出发，把硬气看成是孤僻高傲、盲目自大、搞"独立王国"、存心跟领导过不去，对硬气人采取"冷冻"乃至压制、打击的态度，既严重贬损了自身形象，也给班组安全发展带来了严重后果。当然，硬气在某些特定的条件下会转化为某种程度的迂执，而遇到硬气向迂执转化的最根本、最有效的办法是给硬气以充分的肯定，不是站在它的对立面"横挑鼻子竖挑眼"，而是把它看成是一种可贵的安全工作精神力量，为其构建充分释放自身能量的舞台，引导其向正确的方向发展。历史上韩信之所以从刘邦营中负气出走，完全是因为满腹才学没有施展的舞台，如果不是萧何发现及时，不失时机地"月下追韩信"，秦汉战争乃至中国社会发展的历史或许将要重写。在班组安全工作中，某些员工的硬气只要不被看作消极颓废的意识，只要硬

气人不因其硬气被班组长看作异己，进而被念"紧箍咒"或被穿上"小鞋"，能够站在本当属于自己的岗位上施展本领，硬气就永远是班组安全建设奋发向上、努力进取的推动力量。

③ 切莫总想以领导的霸气压服硬气。有一句成语叫利令智昏，实际上还有一种东西更容易使一些人的头脑发昏，那就是权力。企业中的一些班组长一旦手中掌握了一定的权力，戴上了班组领导的桂冠，便迷失了自己，脾气、霸气迎风见长。作为一个班组的领导，对于下属的硬气，只能用正气去回应，用豪气去感染，用和气去熔融，绝不能端着班组长的架子以霸气去撞击。用霸气去撞击硬气的结果，或者是撞翻了班组长自己，或者是撞伤了硬气人，或者是鱼死网破、两败俱伤。无论出现哪种结果，都会给班组安全发展带来不可估量的损失。

19　班组长安全工作要有"五德"

班组长作为班组员工的代言人、班组员工的贴心人、安全生产的领头人，作为推进班组安全发展的中坚力量，在贯彻落实科学发展观，促进班组又好又快发展的实践中，必须坚持以身作则、率先垂范，具备"五德"，以实际行动树立班组长的良好形象。

（1）对党的安全事业要真忠。对党和人民的安全事业真忠，体现在坚决贯彻执行党的安全生产方针政策上，体现在听从指挥、服从命令、令行禁止上，体现在自己的言行举止上。那些搞短期行为，光顾眼前，不顾长远，令不行、禁不止，搞上有政策，下有对策等的做法，都是对党和人民的安全事业不忠，对安全生产的极不负责。对党和人民的安全事业真忠，就要努力践行全心全意为人民服务的宗旨，牢记理想信念。把职务作为为人民服务的舞台，把员工群众的利益放在首位，在安全生产实践中更好地为员工谋福利，把对党和人民安全事业的忠诚体现在为员工服务之中。

（2）对员工群众要真亲。班组的根基在员工，血脉在员工，力量在员工。班组不是哪一个人的班组，而是全体员工的班组，代表的是班组全体员工的根本利益。班组长要和员工建立真正的亲人关系、鱼水关系、真正把员工的安危冷暖放在心上，真正为员工谋利益，真正为员工办实事，真正为员工解决问题，真正做员工的贴心人。要在安全生产工作中时时想着员工，在感情上融入员工，在工作上依靠员工，多办顺员工意、解员工忧、知员工意、增员工利的事。要把员工的急事难事当作自己的大事要事，真正用心解决员工最关心、最迫切、最现实的利益问题。

（3）对自己要真严。班组长安全工作中，对自己要真严，就是不放任自己、不放纵自己，特别是在执行安全生产法律法规方面，对自己一定要真严。班组长在思想、工作、作风、纪律等各个方面都要以身作则，严格要求自己，真正起到模范带头作用，发挥表率作用。凡是要求员工做到的，自己首先要做到。每位班组长必须保持有所畏惧的为官心态，在权力面前要如临深渊、如履薄冰，更多地把权力视为一种压力、一种考验、一种责任，真正做到权为员工所用，情为员工所系，利为员工所谋。

（4）对违规犯纪行为要真管。班组长对员工违反安全生产法律、法规等行为，要敢于真管。要在班组安全生产工作中讲正气、树正风，抱着对党和人民安全事业负责的态度，该批评的批评，该警告的警告，该处理的处理，该追究责任的一定要追究责任，绝不姑息迁就。对违章违纪的员工的惩处没有震慑力，纪律就没有约束力。在新的历史条件下，社会环境日趋复杂，诱使班组长违规违纪的因素明显增多。因此，要始终坚持从严带队伍，对在安全生产中违规违纪行为真管真究，切实做到有责必问、有错必究、有案必查。要健全制度，注重安全规章的落实、安全纪律的执行、安全行为的检查和安全责任的追究，通过安全制度管理人、规范人、约束人、激励人，维护安全制度的严肃性。

（5）对安全工作要真干。想干事、能干事、会干事、干成事是每一位班组长在安全生产中最起码的工作标准和基本要求。真干是促进班组经济发展、安全发展的前提条件，是贯彻落实科学安全发展观的具体实践，也是班组长出成绩的必然要求。每一位班组长都要围绕本班组的安全生产工作，扑下身子、静下心来、埋头苦干、亲力亲为。要坚持实事求是，一切从实际出发，在出实招、干实事、求实效上下功夫，而不能弄虚作假，不能搞形式主义，不能做表面文章，更不能干劳民伤财的事情。要把真干体现在实实在在的安全生产成效上，从基础做起、从岗位抓起，多干打基础的事情，多干对长远起作用的事情，尽职尽责、尽心尽力、克难攻坚、负重拼搏，把全部精力都用在干好安全事业、谋求安全发展上，以更加昂扬的精神状态、更加扎实的工作作风、更加有力的工作措施，推进班组安全建设、科学发展、跨越发展、又快又好发展。

20 班组长对待下属冒犯的"方针"

冒犯，一般是指言语或行为没有礼貌，从而冲撞了别人。班组长在组织班组安全生产工作中，每天要面对各种各样的人和事，难免会碰到一些性格直率、脾气火爆、说话不注意方式、场合，甚至公开冲撞、冒犯的下属。虽说下属的冒犯大多是非原则性问题的"小事"，但如果处理不好，往往会使得班组长心里不平，下属心里不安，不但影响班组长的形象，而且不利于班组构建和谐的安全工作环境，不利于发挥下属安全工作的积极性和主动性，进而影响班组整体生产、安全工作的开展。

一般来说，下属冒犯班组长，是无理取闹也好，是振振有词也罢，都是事出有因的，班组长和下属是领导与被领导的关系，因而领导应是处理冒犯主动、主要的一方。在被下属冒犯后，首先要静下心来把事情的来龙去脉搞清楚，把下属冒犯自己的原因弄明白，再根据下属冒犯自己的不同原因和程度对症下药，"一把钥匙开一把锁"，妥善处理。有如下"方法"不妨用之。

（1）镜子省己法。下属冒犯班组长，大多是由于下属头脑一时发热、情绪一时失控而引起的。对此，班组长首先要有反思自己的勇气和理智，要能迅速从窝火的心态中"跳"出来，以下属的言行为镜子，反射自省，多从自我找原因，多问"是不是我哪方面做得不好"。对自己在安全工作中的不足和失误，班组长要树立主体、主角意识，主动做好沟通的解释工作，消除误会、增进理解、融洽关系。只有以这样的心态和姿态处理下属的冒犯，才能真正体现出领导者的气度和魅力，才能真正维护好班组长自身的形象，才能真正有利于班组的安全建设。

（2）弥勒大肚佛。下属冒犯班组长，有的是不经意间的率性而为，有的可能是对安全生产负责任而提建议，表达意见的体现，还有的可能是由信息不对称而造成的误解和误会，而且大多时候，下属冒犯班组长后，往往已在私下里后悔了千万遍，甚至害怕班组长给自己"穿小鞋"，心理压力很大。因此，班组长遇到此类冒犯，应本着"大肚能容天下难容之事"的态度，做到豁达大度，容人容事，把下属的冒犯当作一件好事来看，看成班组安全生产工作良好的民主氛围的体现，做到胸中装大事、心里想正事、眼睛向前看，不为所谓的冒犯所困，不为所谓的"不敬"所累，而要对下属在冒犯中反映出来的信息进行认真的分析研究，并妥善加以解决。只有这样，才能既减轻班组长自己的心理压力，又消除下属的心理顾虑，促进班组安全发展。

（3）秋后提醒法。对班组那些平时不拘小节、不太注意礼貌、对人不够尊重的冒犯者，作为班组长，不妨"糊涂"一回，做到在公开场合冷处理，不与下属论一时之对错、争当众之高低，不为换回面子而耍个人威风。但在事后，要从班组安全建设和提高下属安全生产能力素质的高度，主动放下架子，端起笑脸，在这样一些非正式场合或在工作之余与之沟通，对其提醒和启发，从而达到消除彼此心中误会和积怨的目的，并使下属懂得尊重是相互的，只有尊重他人，才能赢得他人的尊重，提高下属尊重人、讲礼貌的自觉性。"秋后提醒"非但不是班组长无能、小肚鸡肠的表现，反而更能彰显领导者的理性和修养，从而更能赢得下属的尊重和认可，特别是下属从"秋后提醒"中得益后，对班组长会更加尊重和感激。

（4）严词正告法。对在班组个别玩世不恭，把在大庭广众之下让班组长难看当乐趣、当本事，或自恃怀才不遇，把与班组长顶牛当作对工作不顺心的发泄，或对那些因对某项领导安排的工作不满而故意找茬的冒犯者，班组长一定要敢于严词正告，要通过直接或间接的个别说话等方式方法，对其提出批评，帮助其分析、认识和改正自身的不足和错误。要让下属懂得在班组安全生产工作中可以有不同意见，但提意见要讲究方式方法，注意时机场合，懂得按正常途径反映问题，不能为泄私愤而去撒泼，不能通过非理性途径闹事。更重要的是，对于这样的下属，班组长首先要不计前嫌，反复与之交流和沟通，以理服人、以情感人、以诚取信，并在平时的生活和工作中注意解其困难、纳其善言、用其优长、助其干事，帮助他们真正实现自身的价值，发挥好班组的团队力量，以促进班组安全生产，促进班组安全发展。

21 班组长把握爱护与管理下属关系中的"宜"与"忌"

在一个班组，下属的安全生产积极性能否得到最大限度的发挥，安全工作潜能能否得到最大限度的释放，除了受其素质、能力和岗位职责等因素的影响外，还与班组长的管理艺术和方法直接相关。班组长如果不能正确处理与下属的关系，班组的安全工作凝聚力就无法形成，班组没有凝聚力，班组长就变成"光杆"。要增强班组的安全工作凝聚力，班组长必须把握爱护与管理下属的统一，既要讲科学，又要讲艺术。

（1）宜知人善任，忌任人唯亲。发现人才、培养人才、使用人才是领导者的基本职责，也是班组长正确处理与下属关系，调动下属安全工作积极性的重要方面。班组长只有做到求贤若渴，知人善任、任人唯贤，才能赢得下属的尊重与爱戴。要有爱才之心、识人之能、用人之胆、容才之量、举才之德，这样才能吸引人才，而有了人才，安全生产事业才会蒸蒸日上。班组长在班组安全工作中不可能在各方面都表现得出类拔萃，而下属在某些方面则可能有过人之处。现代的班组长应更多地看到下属的长处、优点和贡献，用其所长、避其所短，并且不失时机地予以肯定和赞扬。受到表扬的下属会因此而精神振奋，努力做出更大的成绩来回报班组长的认可和鼓励。相反，如果班组长嫉贤妒能，压制人才，就会造成上下级的关系紧张，不利于安全工作的顺利开展。因此，班组长要善于对每一个人的特长进行有针对性的培养和使用，能够对一些特殊人才实行特殊的待遇和倾斜政策，为人才个体的成长和共同的安全事业的发展尽到一个领带者应尽的职责。如果班组长任人唯亲，就会失去一批能人，下属的安全生产积极性也会受到压制，安全事业就会遭受挫折，甚至失败。因此，班组长在安全工作中用人不能凭亲疏远近，而要看能力大小；不能凭个人好恶，而要看工作实绩。

（2）宜严明赏罚，忌放任自流。班组长在安全工作中公正地掌握赏罚艺术，是履行领导职能的很重要的一环，也是处理好与下属的关系，调动下属的安全生产积极性的重要手段。要想成为一名优秀的班组长，必须学会严厉和安抚相结合，当看到下属松懈懒散、毫无士气时，必须采取严厉的措施来约束他们，以增强他们的纪律性和集体的荣誉感。同时，这一政策实行了一个时期，达到一定的效果之后，可以再实施宽松的政策，给予安抚，做到一收一放、一紧一松。管理下属时，应软中有硬，宽严相济，做到有功必赏、有过必罚，罚必从严、赏必明智，从赏罚中体现恩威并施。赏罚不能掺杂私人感情，这样才能树立自身的威信，才能使下属心悦诚服。反之，如果下属在日常安全生产工作中，干多干少一个样，干好干坏一个样，有错不罚，有功不赏，那么下属就会失去进取心而甘于平庸。

（3）宜民主沟通，忌独断专行。当代社会生活的复杂性，决定了班组安全工作单靠简单的行政命令是难以奏效的，要靠信息、情感和思想的沟通来提高班组长的吸引力和影响力，使下属自觉地、心情舒畅地努力搞好安全工作。这就需要正确运用民主，善于协调沟通。民主原则是领导者做好一切工作的根本原则，也是班组长搞好与下属关系的基础。班组长在安全工作决策过程中要营造一种民主的氛围，尊重下属，虚心听取下属的建议，鼓励下属发表自己的见解，尤其是应当欢迎下属提出建设性的意见，吸取下属参与对重大安全问题的决策讨论，把下属的安全生产积极性充分调动起来，然后集中集体智慧，做到"从群众中来，到群众中去"，这样有利于增进团结，加强了解，消除心理障碍，使彼此感情更加接近，心理上有更强的相容性。班组长不能自恃高明，高人一等，轻视下属，独断专行，搞"一言堂"，否则，只能成为"孤家寡人"。因此，班组长首先必须提高安全工作的透明度，把班组安全工作的愿景和安全目标明确地告诉下属，让他们弄清安全工作中应该做什么，应该怎么做；其次，必须开展多种形式的对话活动，使班组安全工作得到各方面的理解和支持；再次，必须注意从疏通思想感情入手，有得放失，循序渐进，由浅入深，解除下属的思想顾虑。如果班组长不注意协调沟通，一意孤行，凡事以自己为中心，就很容易失去下属的信任和支持，各项安全工作也难以顺利进行。

（4）宜一视同仁，忌厚此薄彼。班组长对下属是否一视同仁、公平合理，是处理与下属关系的关键。当下属发现班组长能公平对待自己，心理上就会平衡，心情就会舒畅，安全工作积极性就会高。反之，则会产生不公平感。班组长的不公正态度，会引起下属的强烈不满，严重挫损下属的安全工作积极性，有时还会导致下属为发泄自己的不满而与班组长冲撞。因此，班组长对下属必须坚持不论关系亲疏，不论个人好恶，做到"一碗水端平"，那种以人画线、以利画线，凡知我者、顺我者提，异己者、逆己者压的班组长是不能团结下属一起搞好安全生产的。特别是对自己有意见的下属，更要做好协调工作，绝不能带个人成见。

（5）宜礼贤下士，忌居高临下。班组长与下属之间只是工作分工的不同，班组长与下属的职位不同，不等于人格上的贵贱。下属具有独立的人格，班组长不能因为在工作中与其具有领导与被领导的关系而损害下属的人格。同时，班组长应适时的给下属鼓励、慰勉、认可、褒扬下属的某些安全工作能力。对下属在安全工作中出现的不足或者失误，不要直言训斥，而要与下属一起分析失误的根本原因，找出改进的方法和措施，并多对其进行鼓励。要知道斥责会使下属产生逆反心理，并且很难平复，会给以后的安全工作带来隐患，因而班组长要尽力避免斥责下属。实际上，班组长尊重下属所获的是不断增进的威望。班组长越是在下属面前摆架子，就越容易被下属看不透；班组长越是放下架子，尊重下属，在下属心中的形象就越高大。坦诚沟通是心与心之间的桥梁。班组长与下属之间虽有职位高低、权力大小之分，但在人格上是平等的，班组长在安全工作中说话、办事一定要遵循一个"真"字，绝对不能用不冷不热、敷衍了事的假感情对待下属。

（6）宜推功揽过，忌争功诿过。对下属在安全生产中取得的成绩及时予以表扬和肯定，不与下属争荣誉、抢功劳。对失误能勇于承担责任，是班组长行之有效的安全工作方法，有利于培养下属接受艰巨安全生产任务的勇气，改善上下级关系。下属工作有了成绩，要及时表扬和奖励，并帮助他们确定新的、更高的目标，鼓励他们再接再厉，继续探索和创新。下属在安全工作中出现失误，要帮助他们查找原因，然后对症下药，绝不能不顾其自尊心和难处，不问青红皂白，一看工作出现失误就火冒三丈，大声斥责。这样做不仅不利于问题的解决，还可能引起下属的抵触情绪，久而久之，真心实意干工作的人就会越来越少。对下属在工作中受到冤枉和误解，一旦弄清事实后应立即予以纠正，并尽最大努力弥补其精神和物质上的损失；对在安全工作中遇到挫折而失意的下属，班组长更应多一些宽容、多一些大度。即使下属因情绪低落而做出一些不合适的行为，班组长也应该保持风度，尽量克制，不能一味地责备，更不可给下属"穿小鞋"。要设身处地想一想下属壮志未酬之苦，多宽容、多抚慰、多支持、多爱护，帮助下属清除前进中的障碍，化解心结。只有这样，下属才会主动地、心悦诚服地服从班组长。

（7）宜合理地授权，忌事必躬亲。班组长在安全工作中合理地授权可以摆脱烦琐事物的纠缠，把日常安全工作任务交给下属完成，而专心处理重大安全决策问题。这样有助于培养下属的工作能力，有利于提高士气。授权是否合理是区分班组长才能高低的重要标志，正如韩非子所说："下君尽己之能，中君尽人之力，上君尽人之智。"班组长要成"上君"，就必须对下属进行合理授权。首先，班组长必须有信心。一方面，要克服授权会降低自己的权威的顾虑；另一方面，对下属要充分信任，放手使用。疑人不用，用人不疑。对下属而言，没有比得到领导的信任更让自己感到欣慰的了。古人有"士为知己者死"之说，说明信任可以产生强大的动力，能激发人的奉献精神。当班组长对下属充分信任，把重要的安全任务交给他们时，下属会因得到器重而越发服从班组长，更加爱岗敬业，加倍努力工作，充分发挥自己的聪明才智和创造性，把安全工作做得更好，以此来报答班组长的知遇之恩。即使是对出现失误或与自己意见相左的下属，只要下属是尽其所能、出于公心，班组长也要给予他们改正错误、表达意见的机会。这样不仅能使下属更快地成熟、成长起来，也能赢得更多下属的敬重。其次，切勿直接替下属解决问题。对于下属安全工作中出现的问题，班组长应帮助下属从其提供的解决问题的一些方法中选出最佳方法，从而帮助下属提高解决问题的能力。再次，合理的授权，并非是对下属撒手不管，而要靠有效的监督和协调来保证落实。班组长授权时要预先讲明安全工作过程中需要监督检查之处，以免授权者对必要的监督有所疑忌。同时，班组长还应协调好授权者与其他岗位的关系。最后，班组长授权也要尊重下属的意见，不要将安全工作任务交给不愿接受的下属去做。

（8）宜关心民瘼，忌不闻不问。下属对安全生产付出的努力，往往同班组长的给予有很大关系。班组长如果以坦诚的态度给予下属多方面的关心，在平时的交往中，在坚持原则的基础上，放下架子，去掉官气，当下属的挚友，在生活上多关心，在工作上多帮助，就能得到下属的爱戴和支持，就能为下属所拥护，也才能更好地增强安全工作效果。关心下属的疾苦，帮助下属解决在实际安全工作中和日常生活中遇到的困难，不论是安全工作中的难题还是精神上的困惑，都应该关心。要特别注意，作为一名合格的班组长，必须随时了解下属的心理动态，掌握他们的基本要求，并为满足他们的基本要求而身体力行。这样才能使领导者和被领导者的积极性凝结在一个共同的支点上，以形成最大的凝聚力，获得最大的领导性能。

22 班组长安全工作中小事不可随意

辩证唯物主义告诉我们，由量变引起质变是事物变化的客观规律。现代混沌学理论说明，飓风有时是因为蝴蝶扇动翅膀而形成的。无数事例警示我们，在班组安全工作中要在小事、小处、小节上做起，用"善小"锤炼，修养人生，并争取用"善小"铸造有益于企业安全生产的"蝴蝶效应"。班组长在安全工作中要善于把自身存在的小节问题放大了看，用发展的眼光看，即要从小问题上看到大危险，从小事情上看到大影响，从小处上看到大毛病，从而自觉地常思身存之小过，常想小事变大事。这是新形势下班组安全建设必须认真抓好、落实好的一个关键性问题。那么，班组长安全工作中应从哪些小处抓起呢？

（1）不玩"小圈子"。凡玩弄小圈子的人，都从个人的私利出发，拉那些情投意合的人下水，拉老乡关系，结"乡音圈"，拉朋友关系，结"友谊圈"等，在背后结成利益同盟，采用打击、拆台等手段对付对自己有利益之争的圈外人。有少数的班组长"迷"圈、"恋"圈、"扎"圈，不能正确认识和处理个人利益、局部利益、班组利益、企业利益的关系，个人主义、自由主义思想严重，企图通过"垒小山头"、搞小团伙，谋取个人利益。玩小圈子的人用哥们儿义气取代组织原则，用小团伙的"歪门邪道"取代组织纪律，用少数人的利益取代班组、企业的利益。由于把精力用在经营自己的小团体上，往往疏远了与班组广大员工的感情，势必影响班组安全生产。对此，必须对搞小圈子的人加强教育，使其从思想深处认识到小圈子的危害，从而自觉地遵守企业的规章制度。坚决摒弃小圈子意识。

（2）不听"小报告"。小报告，是指有的人以损人利己为目的，以向班组长反映情况、汇报工作的名义，采取歪曲事实、颠倒黑白、无中生有、混淆是非等手段，对他人进行陷害、诽谤和攻击，以达到个人不可告人的目的。小报告属于一种不正之风，其危害不仅使班组长对被报告者产生不良影响，甚至会使班组长对被报告者因误会而生恨，进而对其刻意打压。小报告的危害具体讲，一方面，伤害打小报告者自己本身。由于打小报告者讲的、说的、写的、反映的，都是捕风捉影的假事，一旦往桌面上一挂，让大家一听、一议、一辩，打小报告者便原形毕露，不可避免的落一个害人害己的可耻、可悲的下场。另一方面，由于班组长一旦听信了小报告，将本来应该任用、重用的人才给压制下去，就会埋没人才，给班组乃至企业的安全生产工作带来损失，所以说，小报告害人、害己、害班组、企业的安全工作。"知人贵知心，听话贵听音"。小报告在表现、反映、运用上，具有隐秘性，一般采取隐秘的方式，神神秘秘地把某某推到"被告席"上，而某某还蒙在鼓里，一无所知；具有嫉妒性，心地偏狭，内心深处藏着嫉妒心，如果某某在班组长那里受到赞扬或重用就眼红，不能容忍，夸大对方的缺点，或移花接木，或无中生有，把别人当作自己升迁的障碍，必须除之而后快；具有哄骗性，惯于编造一些诬陷之词，打着维护领导的旗号，挑拨被告者与班组长之间的关系，以诱使班组长"信以为真"。对此，要坚决揭露、打击、批评、教育、使之没有市场。

（3）不信"小消息"。小消息就是小道消息。虽然小道消息包含的信息也有可能是正确的或有依据的，但由于它不能在正常渠道传播，很容易变形、走样、失真。特别是一些安全工作的敏感问题，一旦小道消息传开，就会很快传得离题万里、面目全非，甚至夹杂谎言或谣言。小消息的基本特征就是一个"假"字，或无中生有、小题大做，或张冠李戴、或添油加醋。若任其蔓延流行，不仅会妨碍班组安全活动的正常开展而且不利于班组安全建设发展。俗话说，流言止于智者。大事难事看担当，逆境顺境看襟怀，临喜临怒看涵养，群星群止看识见。一个班组长如果能够做到"心要光明、量要阔大、志要果毅"，流言蜚语在他们面前自然不会有市场。因此，班组长在安全工作中必须高度警惕，做到不信、不听、不传小消息。但班组长对小消息却不可轻视，更不能听而不闻。对于听到有关对自身传言的小道消息，坚持"有则改之，无则加勉"的原则，绝不能采取粗暴的态度或消极的态度，以免伤害员工的自尊心。当听到关于他人的小道消息后要分析和思考一番，并善于从中发现问题，了解下属的反映，掌握下属的意见。古人云："闻恶不可就恶，恐为谗夫泄怒；闻喜不可即亲，恐引奸人近身。"这句话的意思是听到某人有恶行，不能马上就起厌恶之心，要仔细判断，看是否有人故意诬陷泄愤；听到某人有善行，不要立即相信并去亲近他，以防有奸邪之人为谋取升官而故意宣扬。一个有修养的班组长，无论在哪一种闲话面前都要持冷静的态度。除自身对传言要有清醒的头脑和客观的判断外，还要教育员工慎听慎说，要提醒大家，小道消息和提安全建议、开展安全批评不一样，一旦传开，会充斥诸多讹误，要注意核实、纠正，最好不传、不听、不信小道消息，免得惹出麻烦。

（4）不轻"小毛病"。在班组生产中有的班组长认为存在一点儿小毛病不影响大节，没有什么可怕的，只要在安全原则性问题上不犯错误，算不上什么大事。还有的认为，时代不同了，要学会享受生活，不能亏待自己。正是那些所谓情理之中的一些小错误使得个人兴趣变得低俗，最终走向了违规、违纪、违法之路。"名节源于修养，境界升于内省"。班组长应该时刻检点生产、生活中的小毛病，把好防微杜渐的关口。员工往往就是从那些看得见、摸得着的生产、生活小节上去认识、评判班组长的。事实证明，凡是小毛病不断的人，大错误随时可见。总在小毛病上被别有用心者打开了缺口，就会逐步走向了深渊。因此，在班组安全工作中，抓小问题则成大节，重小节方成大器，班组长深刻领悟"舟必漏而后入水，土必湿而后生苔"的道理，在平时生产、生活的方方面面管好自己，做到生活正派、情趣健康，讲操守、管小节、重品行，注重培养健康的生活情趣，保持高尚的精神追求。

23 "失宠"班组长应学会"三级跳"

企业的班组长因工作关系和车间主任甚至企业领导（厂长、经理）接触较多，可能因某项安全生产工作的一时立功为领导赏识，也可能因在安全生产中的一时过错被领导误解，甚至遭到冷遇，成为班组员工中的"失宠"班组长。如何尽快走出"失宠"的阴影，成功完成"蓄势、助跑、起跳"等高难度动作，实现跨越安全生产事业低谷的"三级跳"，是每位企业班组长必修的基本功。

（1）蓄势——积聚能量。班组长在领导心目中"失宠"，意味着安全工作业绩、员工好评等既有优势大打折扣，取而代之的可能是领导冷落、同事疏远，情绪跌入低谷。在挫折和失误面前的表现，更能体现一个人的素质。作为"失宠"班组长，一定要正视现实，反省失误，及时调整心态，尽快化被动为主动，扭转不利局面。首先，要从主观上找原因，反省自己处理人事关系有何不当之处，及时与领导沟通，消除误解和隔阂。其次，要查找安全工作上的失误，主动承担责任，努力寻求解决问题的办法。再次，要及时调整心态，积极迎接挑战。在我国历史上，晋武帝时，李密才华出众，孝闻乡里，一篇《陈情表》令晋武帝对他青眼有加，非常器重。从政后，李密希望到朝廷供职，却被安排到汉中做太守。李密很失落，在应诏献诗时，流露出"官无中人，不如归田"的怨气。武帝看后非常生气，将其罢官，使其归田。不久，李密病亡家中。李密的悲剧告诫我们："失宠"后，一定要及时调整心态，切不可牢骚满腹，怨天尤人，这样不仅无济于事，而且会带来更大的负面影响。

（2）助跑——增强动力。班组长在成长进步中遭遇"失宠"，对个人而言是个大事情，对企业而言不过是个小插曲，企业班组的整体运转不会因为一个人的成败而改变。在班组安全生产正常运转的情况下，"失宠"班组长不能甘做局外人，而要用更加积极的态度对待生产和安全工作，以日行一善的恒心、逆势有为的毅力改变别人的成见，尤其是车间主任和企业领导对自己的态度，为将来东山再起提供足够的力量。

首先，要加强学习。班组长"失宠"后参与中心工作的机会相对较少，可能出现被"挂"起来的现象。面对此种境况，"失宠"

班组长要抓住时间，把冷遇期当做补课充电的良机，加强业务学习，优化知识结构，在等待机遇的同时储备足够的能量，防止长期闲置导致业务生疏、能力下降。其次，要行动起来，"失宠"班组长要从眼前小事做起，聚小成为大成，积跬步致千里。在中国历史上，韩愈任刑部侍郎时，因谏议禁迎佛骨而触怒唐宪宗，被贬为潮州刺史，到了潮州后，韩愈没有悲观消极，一蹶不振，而是积极打理政务。短短八个月的时间，他先后办成了驱鳄鱼为民除害、请教师兴办乡教、修水利排涝灌溉等一批好事、实事。韩愈调任袁州刺史后又计庸抵债、释放奴隶、兴办学校、发展教育、亲民爱民、政绩斐然，当地百姓建状元楼、昌黎书院纪念他。韩愈的故事告诉我们，"天行健，君子以自强不息"。人的一生如潮涨潮落，不可能总是一帆风顺，但是不论身处顺境逆境，都要积极顺应发展规律，以积极有为的心态审视个人的荣辱得失，以自强不息的精神面对事业的进展成败。企业的班组长也应如此。

（3）起跳——再次腾空。宝剑锋从磨砺出，梅花香自苦寒来。经过一个时期的调整历练，积极进取。"失宠"班组长将逐渐走出阴影，为企业领导和班组同事所接受，事业出现新的转机。此时，"失宠"班组长更要把握机遇，奋发有为，努力开创班组生产、安全事业新局面。一要强化协作意识。融洽的人际关系会使人工作愉快，效率提高，成为事业发展的"助推剂"；反之，则会分神耗力，事事掣肘，成为限制发展的"绊脚石"。"失宠"班组长东山再起后要培养乐观豁达的心态，勤于沟通，善于交流，积极营造班组内团结协作的生产、安全工作环境。二要强化争先意识。经历挫折后重新站起来实属不易，愈挫愈勇，知难而进的精神更值得赞赏。只要企业安全发展事业给了机遇，就要敢于"亮剑"，勇于争先，把机遇用足用好，把事做成做完美，这既是对机遇的报答，也是对自我的超越。三要强化创新意识。创新是一份自信，也是一种精神。经受挫折不是保持平庸的借口，敢于创新才能攻坚克难，打开新局面，进入新境界。唐元和十五年，韩愈又被调回朝廷任兵部侍郎，正赶上镇州兵乱，朝廷命令他去宣抚平乱。对此，大臣们都认为韩愈此行凶险，元稹甚至说，韩愈可惜。但是韩愈欣然领命，单身匹马赴镇州宣慰乱军，不费一兵一卒，平息了镇州兵乱，史称"勇夺三军帅"，表现出超凡胆识和应变能力，为自己的人生增添了一段壮丽篇章。

综上所述，企业的班组长在生产、安全工作中总是会有"失宠"的时候，问题的关键是"失宠"班组长如何对待"失宠"，以平常的心态，蓄势，积聚能量；助跑，增强动力；起跳，再次腾空。这是"失宠"班组长正确的人生态度和进取的精神面貌。不学晋武帝时的李密，而要与唐代韩愈为榜样。那么，班组的生产、安全工作一定会再上一个新的台阶。

24 安全工作中班组长要善于为下属说话

在班组安全生产工作中，下属若能遇到个公道正派、关心体恤下属、敢于为下属说话的班组长，实在是件幸事。我们这里所说的班组长善于为下属说话，不是指其放弃原则，受感情左右，笼络、讨好和庇护下属的行为，而是指班组长在特定的环境下，敢于实事求是，主持公道，以自己特殊的身份维护下属合法的安全生产权益，表达其正当诉求的特殊方式。它对班组长塑造良好的公众形象，树立自身威信，增强内部凝聚力有着独特的作用。

那么，班组长安全工作中在何种情况下该为下属说话，又如何为下属说话呢？应做到以下几点：

（1）在下属遭受误解时为其说话。下属在安全生产工作中最痛苦而又最无奈的事，莫过于领导对自己产生误解，由于地位悬殊，下属或因慑于领导权威不敢置辩，或因领导作风武断、不容置辩，从而使其蒙受不白之冤。这些误会如不及时消除，则可能带来严重后果。在这种情况下，班组长应主动站出来，运用自己的身份和影响力，助下属走出困境。如果自己失误，就应坦率地承认过错，承担责任；如果分管领导对下属产生误解，可代下属做些解释；如果是自己的上司对下属产生误解，则可利用上司对自己的信任及自己与上司关系密切、易于接触等有利条件，选择适当的时机和方式。陈述事情真相，为下属做必要的辩护，以达到弄清是非曲直，改变上司对下属不良印象的目的。

（2）下属工作失误时为其说话。在下属眼中，班组长握有他们进步升迁的"生杀"大权，因此，班组长的褒贬在其心目中有着很重的分量。有时候，班组长一句普通的表扬能使下属热血沸腾，一句不经意的批评会使下属沮丧万分，甚至一些难以察觉的不快都可能令下属忐忑不安，而严厉的批评则更可能对其产生很大的杀伤力。在班组实际的安全生产工作中，下属难免会出错，班组长在批评时一定要注意方法和分寸。如果下属不是蓄意或因责任心不强导致出错，后果也不严重。且对所犯错误认识深刻，就不必过于严苛，更多的应是指出症结、分析原因、传授方法，甚至可适度为其开脱，这样既有利于维护下属自尊，又有利于其吸取教训。如果下属因安全工作失误受到企业高层领导者批评，若无原则问题，班组长更要敢于帮下属说话，为其澄清事实，分担压力。如因自己过失而导致下属"背黑锅"，则更应该勇敢承担责任，绝不能明哲保身、推卸责任，拿下属当"替罪羊"，更不能落井下石。

（3）下属进步受挫时为其说话。毋庸讳言，在我国现行的任用干部运行机制中，企业的领导者，特别是基层的班组长有着较多的话语权，对下属的进步起着至关重要的作用。因此，班组长一个很重要的任务，就是努力为下属的健康成长创造良好的工作环境和人际环境，积极为其进步创造条件，建议企业组织适时把德才兼备、条件成熟的下属推向重要工作岗位，尤其应对那些因不正常因素的干扰而导致进步受挫的下属施以援手。因为，在实际的班组安全工作中，并非所有德才兼备的下属都能被企业的上层领导认可，进步一帆风顺。有的可能因企业高层领导对其印象不佳，难被器重；有的可能因在安全生产中坚持原则，引起某些人不满，使自身进步受阻；有的可能因个性及处理事情方式独特，颇有争议；有的因遭心术不正者诬陷，使得用人管理部门真假难辨，一时举棋不定，等等。在这种情况下，班组长就要出于公心，勇于坚持真理，敢于仗义执言，本着对事业和员工高度负责的精神，大胆为其说话，还原事实真相。

（4）下属权益受损时为其说话。班组员工作为班组长的下属，他们是社会的一员，作为社会人，有着自己的政治、经济、荣誉等诉求，只要合理合法，理应得到保护。作为班组长，首先，要有强烈的维权意识和先进的维权理念。对一些实践证明已过时、过分强调奉献精神而忽视下属合理诉求的传统做法，要大胆地扬弃，积极进言上级制定或实施符合时代精神，有助于维护下属合法权益的政策措施。其次，要创造条件维护下属权益，有些班组由于客观原因，使得下属的一些在安全生产中的合理要求暂时无法得到满足。对此，班组长要充分利用自身优势，积极创造条件，引起上级领导关注，争取企业各界支持，如工会、共青团、女工委等，尽力维护下属的合法权益。再次，要特别注意保护高素质下属的利益。有些下属安全思想境界高，能体谅班组长难处，遇荣誉就推，见好处就让，从不在生活待遇、岗位选择等方面向班组长提要求。作为班组长，对其更要主动关心，厚得三分，绝不能让老实人吃亏，让奉献者流泪。

总之，在班组安全生产工作中，班组长作为领头羊，处处关心爱护下属，才能调动下属的安全生产积极性、主动性、创造性，敢于为下属说话，才能赢得下属的心，下属也就自觉自愿地为班组安全工作出谋划策。在下属遭受误解时为其说话，在下属工作失误时为其说话，在下属进步受挫时为其说话，在下属权益受损时为其说话，这样一来，下属的心和你想在一起，下属的劲儿和你使在一起，班组的安全生产工作就会取得更大的辉煌。

25 班组长安全管理之道——"理"在"管"先

为了尽快树立形象，确立威信，推动班组安全工作，有不少班组长在展开安全工作时，都特别重视加强管理，应该说，这样做自有一定道理。但在安全生产实践中，有些班组长似乎更偏爱管，安全管理的重心大都落在了"管"上，建章立制，从严操作，似乎管得严、管得紧、管得精，就能管得住、管得好，不知不觉中忽略了"理"的重要性，割裂了"管理"的整体性。但事实上，人类的管理理念恰恰是经历了一个从强调"管"的权威性转向强调"管"的制度化、人性化进而重视对"理"的不懈追求的过程，在人文精神日益张扬、自我意识日益强化的今天，班组长要获得对自身权威的合法性认同，就必须在安全管理中重视"理"并积极地加以实践。

"理"在"管"先的实践，应该包括以下几方面内容：

（1）安全工作安排要有条理。安全工作安排井井有条，是班组长工作作风严谨、驾驭能力强的一个重要体现，也是班组长树立高效精干形象的关键细节。很难想象一个安全工作安排混乱、安全计划设置失衡、安全决策朝令夕改的班组长，能够有效地建立起有效于安全工作的必要权威。按理讲，实现安全工作安排的条理性，对于一个班组长而言，不应该是一件困难的事，关键是不能满足于一时一事的清晰，而应追求时时处处的条理。为此，一方面，要在平时的安排工作中刻意历练自己工作的条理意识；另一方面，还需要善于从班组领导者的角度登高望远，"一览众山小"，这样才能"见山是山，见水是水"，不至于面对繁重的安全工作任务"迷不知所之"。

（2）处理安全事务要有道理。领导就是服务，权力就是责任。班组长在开展安全工作的时候，不可避免地要触及班组内的一些矛盾和问题。有的是生产的问题需要去解决，有的是岗位的竞争需要去调适，有的是班组领导层言高言低的误会，台前台后的疙瘩需要去调处。所有这些，都是对班组长领导水平和领导艺术的考验。但从本质上讲，所有的领导艺术都只是一种技术性的措施，核心的东西是你调处这个问题的结论是否有利于最大多数员工的根本利益，是否有利于本班组的根本利益，是否有利于最大多数员工的情理认知和道德期许，这是一个问题的关键。如果这个"大道理"讲不好或者是讲不清楚，所有的领导艺术都是无源之水、无本之木，都有可能被理解成一种欺骗，从而遭到抵触，不易推行。

（3）待人处事要合情理。"领导也是人，班组长也是人"，这句意味复杂的"名言"，在被不同场合广泛引用之后，逐步演变为一句颇不严肃的调侃。但如果剔除其为领导者辩护的潜在倾向，深入地想一想，这句话对班组长也具有相当大的制约性，同时也对班组长提出比较高的要求。班组长在组织安全生产中除了要重视职位本身赋予的法理性权威之外，更重要的是要珍惜班组内部的情感认同，这往往是以班组自觉服从、深度认同、无条件支持为主要内容的合法性的真正来源，这种情感认同主要来自员工之间的肯定和接受。如果一个班组长在做人上出现了缺陷，或玩弄他人于股掌，或谋小利于一隅，则无论其安全工作政绩如何辉煌，权谋如何深远，都只能是徒增人厌，令人散而远之，令人畏而远之。因此，作为一名班组长，一定要努力使自己的言行更具人情味，让班组员工在安全生产之外、安全工作之内，都能看到一个完整的人、真实的人。这样才能逐步赢得大家发自内心的信任和尊重。

（4）应对安全问题要有法理。从某种意义上讲，班组长在开展安全工作的过程中，就是发现问题、解决问题的过程。这个过程对班组长来讲，既是其才华能力的一种展示，更是其理性精神和力量的一种考验。如果从讲"理"的角度来考察这个过程，关键的一条就是要讲法理。一个班组长在履行安全管理职能之时，一定要有非常明晰的法理意识，依法管理、依法行政，这是现代安全管理的重要精神之一。当法治观念愈发稳健而广泛深入到安全生产领域的各个角落之后，安全法制观念的强弱，就成为衡量班组长整体素质的重要标尺之一。

（5）襟怀坦荡要追求真理。是否敢于追求真理，是对班组长政治素质的考验，也是对班组长人格境界的衡量，一个戚戚于自我、营营于私利的班组长，一个唯唯于世俗的压力、诺诺于世利重负的班组长，是无法直面真理的考验的。一个不敢直面真理、追求真理的班组长，也一定无法建立起真正的权威，不可能获得真正的尊重。因此，班组长要想很好地顺利于施行安全管理，首先就要努力使自己坦荡起来、高尚起来、宽广起来，以义无反顾的勇气和锐气追求真理，推进事业，这才是最根本的选择。

26　班组长在安全工作中如何免受"夹板气"

在企业，班组长的位置非常特殊，属于兵头将尾，位置不高、权力不大、工资不多，但正是这种承上启下的位置，决定了他们在安全生产工作中的作用非常重要。正是由于这种承上启下的位置，给他们的工作带来不小的困扰，如当领导的安排与下属的期望背道而驰、分歧严重时，究竟是自保地以大欺小，还是贸然地以下犯上？面对诸如此类的困扰，经验丰富的班组长能够轻松应付，游刃有余地走于领导与下属的夹缝中，将大事做得轰轰烈烈，将小事做得可圈可点，难事做得举重若轻；反之，就会在领导与下属的夹缝中遭受令人苦恼的"夹板气"，导致安全工作处处受制、寸步难行。其实，祸兮福所倚，福兮祸所伏，处在领导和下属的夹缝中，班组长只要措施得当，就能够免受令人苦恼的"夹板气"。

（1）好风借力——要善借领导之力，趁工作之势。至今，有的地方做豆腐还有这样一道工序，就是在工作台上放一个豆腐箱，垫上白纱布，浇入凝固后的豆腐脑，包成软软的一大包，然后在豆腐包上放上一块平整的木板，再在木板上垒上一块很重的麻条石。受到重压，豆腐水立即从包里渗出来，流到下面的水缸里。压上一段时间，豆腐就做成了。在豆腐成型的过程中，如果没有麻条石，只用木板压，豆腐脑永远只是豆腐脑，成不了豆腐。但如果直接用麻条石压，豆腐脑会被压碎，也成不了豆腐。细细品味，感觉有些时候，班组长就好像这块处于麻条石和豆腐脑之间的木板，要善于借力打力，将压力均衡传到下属，带领下属圆满完成安全工作任务，使下属在工作中成长。但是，班组长怎样才能借好力呢？第一，要增强表达力，增进与领导、下属的沟通。班组长的口头表达能力是一种基本素质，口头表达能力如何，直接反应能力的高低和安全管理效能的好坏。在班组安全工作中，只有具有出色的口头表达能力，才能对领导、下属进行劝导和说服，形成合力，顺利开展安全生产工作。第二，要增强学习力，增进领会领导意图的准确性，班组长只有通过有效的、积极的、主动的学习，才能不断提高自身综合素质，提高领会领导工作意图的准确性。领会意图是班组长做好安全生产工作必备的能力。做任何一件事情之前，只要弄清楚领导要你做什么、要你怎么做，才能准确无误地将其告知下属。班组长千万不能在自己还是一知半解的情况下就让下属开始工作，这样往往下属力没少出，活没少干，但结果是事倍功半，也容易使自己陷入被动，导致领导误解、下属埋怨。第三，增强创新力，增进安全发展战略决策的执行力。要以创新的精神接受领导的安全决策，并以此作为班组目标来把握做事的方向，带领下属在执行时不片面、不偏向、不走样。

（2）圆通豁达——要容难容之事，受难受之气。满腹经纶、才高八斗的明代翰林学士解缙曾带领数千人花了数年时间完成了鸿篇巨制《永乐大典》，他如此能干，却对"人际关系学"一窍不通。在皇帝要他提意见的时候，他秉笔直书，历数皇帝及各位大臣的不足之处，把皇帝和同僚说得一无是处，埋下了祸根，结果后来遭人陷害，被活活整死。反思解缙的故事，对于游走在领导、下属夹缝之中的班组长而言，圆通处事、豁达为人，不失为比较好的策略。圆通豁达是一门艺术，是一种境界，达到这种境界，要有博爱的心、博大的襟，还要有一份坦荡、一种气概。圆通豁达不等于迁就和自认放流，而是与人相处要会宽容、忍让。班组长在安全生产工作中要圆通豁达，要容难容之事，受难受之气，具体来说要做到"四容"。第一，要容人之言。班组长在安全生产工作中不可避免地会被领导批评，并可能遭下属误解，甚至因触及他人利益而遭怨恨。当听到批评意见或是飞短流长、讥讽之辞时，班组长一定要克服自己的情绪，以退一步天地自宽的精神，以有则改之、无则加勉的态度，冷静对待，泰然处之。该坚持的事，还是应该坚定地表达自己的想法。可以妥协的事，应当做出适当妥协，甚至放弃原来的主张。第二，要容人之失。世上没有谁愿意犯错，也没有人能够不犯错。当领导和下属办错事、说错话的时候，只要不是性质的错误，就要暂时忍受，宽大为怀，勿去计较，必要时，还应顾全大局，忍辱负重。第三，要容人之才。要见贤思齐而不嫉贤妒能，视下属的进步为自己的进步，为下属的成功而喝彩。第四，要容人之需。按照马斯洛的需求理论，人的需求大致分为基本的生理需求、安全需求，以及较高级的社交需求、尊重需求和自我实现需求。班组长对下属提出的要求，要善于容纳、辨别地接受，并尽力予以满足。对于无理要求，既要委婉回绝，又要耐心细致地做好说服教育工作，以取得下属的理解。

（3）换位思考——要体他人之难，谅他人之苦。班组开展安全工作，当领导和下属的想法不合拍时，不会处理问题的班组长要么总往"坏处"想，要么顾此失彼，支持了领导却得罪了下属，或者将下属的不同意见说给领导听，造成更大的矛盾，而自己受的"夹板气"也更大。安全工作遇到障碍时，班组长要习惯换位思考，既要从领导的角度出发思考问题，树立大局意识，自觉地服从实现企业整体安全发展的大局，还要从下属的角度出发考虑问题，体谅下属的实际难处。第一，要体谅领导之苦。企业领导干部特别是一把手工作责任都比较重，承担的压力都比较大。作为班组长，要体谅领导的辛苦，当好参谋和助手，做到"敬上、尊上、助上"，绝不恃才傲上。接受安全生产任务时，要正确理解，坚决贯彻，任劳任怨，少发牢骚，如果暂时有些怨气和不满，也不能带到工作中去，更不能传染给下属。第二，要体谅下属之苦。关心体谅下属是愉快处理好与下属关系的关键，一个优秀的班组长必须是"领头雁"，凡事以身作则，永远站在队伍的最前方，给下属树起标杆，起到模范带头作用。第三，要不怕当"坏人"。班组长要勇于替领导和下属"做坏人"，只有这样，才能完成班组长这个角色赋予的责任，才能很好地在领导和下属之间起到桥梁和纽带的作用。领导定下的安全工作任务和目标，即使超出实际情况，一旦形成决策，在下属面前，也要勇于替领导当"坏人"，不能说"领导定的目标太高、任务太重，不考虑下属的死活"之类的话，而只能好好对下属解释为什么定这样的目标，如何才能实现这样的目标。如果觉得实在完成不了，也不能发牢骚、说怪话，只能私下劝领导，委婉说明理由。下属有了过失，被领导知道了，也要勇于替下属担责任，这也是当"坏人"。如领导批评某件安全工作做得不好，尽管明知是某个下属的责任，但是也不能说"那是谁谁谁，怎么样怎么样"，而要勇于承担责任，马上说"都是我的错，马上改"。这种"责任到此为止"的"做坏人"的态度肯定令领导高兴，令下属欣慰。

27　班组长应对下级冒犯的策略

下级没有领导者的组织管理，就无法协作谋生；领导者没有下级的支持，就无法管理事务。这揭示出领导者与下级既能够和谐相处，实现"双赢"，但有时也会爆发冲突。在班组安全生产工作中，下级冒犯班组长的原因有多种，如有的下级拼命苦干，加班加点，但在利益分配上却总是吃亏，在提拔使用上也总是慢一拍，时间长了，心里肯定不痛快，故意找机会向班组长表示自己的不满而冒犯班组长；有的是性格使然，性格比较直爽的员工，说话往往比较直接，遇到问题时有不同的意见总是直接说出来。不经意间就冒犯了班组长；有的员工是想引起班组长的注意，特别是有些年轻员工希望班组长重视自己的才识，但由于阅历不多，有时难免冲突，想表现自己，结果却冒犯了班组长。当班组长受到诸如此类的冒犯，应如何应对？应把握"三忌"，并运用"三策"，具体方法如下。

（1）忌针锋相对，激化矛盾。班组长因班组的安全工作受到下级的冒犯，切忌只图一时痛快，针尖对麦芒地与下级吵起来，这样的结果只会激化矛盾，造成两败俱伤。人人都爱面子，这是维护自尊、渴望别人尊重的需要。班组长纠正下级的错误是好事，但是不注意方式、方法，使下级感到丢了面子，下级不仅不会改正，还会固执己见，绝不退让。因为在这种情形下，下级考虑的不再是自身对错的问题，而是感到尊严受到了挑战，自我受到了攻击，这样它的侧重点就是抵制进攻和伺机反击，致使双方都骑虎难下。

（2）忌睚眦必报，打击报复。现在部分班组长自恃特殊，骄横跋扈，将班组这个管辖范围当成自家的天下，只喜欢听好话，即使好话说过点、说多点，也不怪罪，而一受到冒犯就不高兴，甚至怀恨在心，有机会就打击报复。有的班组长容不得下属一点冒犯，将冒犯过自己的下属视为"眼中钉"，轻者给"小鞋"穿，重者处处设置障碍甚至打击报复。

（3）忌不讲原则，一团和气。在班组安全生产中，有的班组长为了个人的名声和选票，对下属哄着、护着。即使受到下级的冒犯，为了不影响班组"和谐"，该坚持的安全生产原则不坚持，该批评的安全问题不批评，该狠刹的歪风不狠刹。对于这样的人，孟子的评说非常恰当："非之无举也，刺之无刺也；同乎流俗，合乎污世，居之似忠信，行之似廉洁；众皆悦之，自以为是，而不可与入尧舜之道，故曰德之贼也"。

班组长在安全工作中受到下级的冒犯，用不着生气，更不可以用领导的权威和架子去压制对方，而是要以幽默、睿智、宽容来巧妙应对。这"三策"分别是：

① 以幽默应对冒犯，打破尴尬，变被动为主动。幽默，是智慧的表现。恩格斯曾经说过，幽默是具有智慧、教养和道德上的优越的表现。班组长灵活地运用幽默这个武器面对冒犯，可以起到四两拨千斤的效果，轻易地打破尴尬，变被动为主动。在近代中国革命史上，延安时期，毛泽东曾经强调，自己去学校讲课、作报告，不要迎来送往。有一次，毛泽东同志应邀到一个学校作报告，该校的领导派了四个人去杨家岭接他，走到半路碰到毛泽东，接的人就说："学院领导派我们来接主席。"毛泽东同志听后，没有板起面孔批评，而是带着笑容幽默地说："哦，四个人，轿子呢？你们不是抬轿子接我吗？下回跟你们领导说，再加四个人，来个八抬大轿，又体面，又威风，再加几个鸣锣开道，派几个人摇旗呐喊，你们说，好不好？"毛泽东同志以这种幽默的方式批评了学校的领导没有遵守自己的规定。这种寓庄于谐的幽默毫无"官调"，让被批评的人既容易接受又印象深刻。在班组安全工作中，班组长灵活运用幽默，首先，要博览群书，拓展自己的知识面。知识积累得多了，

与各种人在各种场合接触就会胸有成竹、从容自如。其次，要培养高尚的情操和乐观的信念。一个心胸狭窄、思想消极的人是不会有幽默感的，幽默属于那些心宽严明、对生活充满热忱的人。再次，要提高洞察力和想象力。班组长要善于应用联想和比喻。

② 以睿智应对冒犯，明辨是非，找准症结。睿智的班组长面对下级的冒犯，不会冲动，而是审时度势，洞察情况，把握下级的思想动态，找准冒犯的原因，有的放失地提出解决的办法。睿智的班组长明白，一般来说，下级是不会主动冒犯自己的，因此，首先要从自身找原因。一要想想是否对下级关心不够。荀子说："君者，民之源也，清源则流清，源浊则流浊。故有社稷者而不能爱民，不能利民，而求民之亲爱己，不可得也。民不亲不爱，求其为己用、为己死，不可得也。"这句话是说，作为领导，要真正关心下级的工作、生活才能得到下级的支持和拥护。领导如果放不下架子，不去关心下级的疾苦，倾听下级的呼声，为下级解忧排难，只想支配下级，甚至利用手中权力压制下级，最终是要受到下级冒犯的。二要想想是否对下级做到了一视同仁，公平公正。班组长对待下级不公平，会引起下级强烈的不满，严重挫伤他们的安全生产积极性，甚至有时还会使他们与班组长发生冲突，以发泄自己的不满。反之，当下属发现领导能公平对待自己，在心理上就会产生满足感，从而心情就舒畅，安全生产积极性就高。因此，班组长对下级必须坚持不论关系亲疏，不论个人好恶，真正做到"一碗水端平"，有功必奖，有过必罚，功过分明。

③ 以宽容应对冒犯，体现大度，树立威信。在班组安全工作中，班组长面对下级的冒犯，要宽容、大度，以此树立威信。俗话说"将军额上能骑马，宰相肚里能撑船"。班组长做到宽容，首先，要容纳与自己具有不同性格特点的人。由于生活背景、受教育程度不同等原因，每个人都有自己的思维习惯和表达方式，班组长要能够包容和接纳他人。其次，要容人之言，特别是容纳持反对意见的人。班组长在安全生产中要让下级充分发表意见，鼓励其多提反对意见，从中找到有益于自己的东西，以补充自己的不足，丰富自

己。班组长的宽容气度并非天生就有，需要在班组安全生产实践中不断磨炼。班组长要做到宽容大度，一要从大局着眼，以大局和长远利益的需要为局部工作的着眼点；二要博学，通过积累安全专业知识来提升自己分析安全问题、解决安全问题的能力；三要树立正确的荣辱观，在名利问题上不计较个人得失，胸怀坦荡。但是，对下级宽容不是放纵。有的下级安全工作觉悟不高，将班组长的宽容当成软弱，在这种情况下，班组长如果过于宽大的话，他们以为领导软弱可欺。因此，面对下级的冒犯，班组长要"小事糊涂，大事明察"，该严厉时要严厉，该处理就要果断处理。

总之"水能载舟，也能覆舟"，下级对领导的作用也是这样。韩非说："人主者，无下一力共载之，故安；众用心，以共立之，故尊。"因此，在班组安全生产工作中，面对下级的冒犯，班组长要充分发挥聪明才智，把冒犯引发的"危机"转变为处理双方关系的"润滑剂"，即使下级内心和谐，也保证自己顺利行使班组长的领导权力，团结大家一起实现班组安全工作目标。

28 班组长如何处理下属提出的要求

一般来说，班组长都喜欢听自己的话、尊重自己，而且踏踏实实跟着自己干的下属，但现实却是，许多班组长的这些最简单的愿望几乎成为奢望。他们常常被一些表面现象所蒙蔽，也时不时被某些下属的阳奉阴违，踢皮球式的责难以及不屑的眼神，对立的行为所伤害。

现实中遭受这些"待遇"的班组长应该是比较失败的管理者，理应反省一下自己的领导风格与措施在哪些方面伤害了下属，致使下属这样对待自己。作为一个班组管理者，应该找准原因，运用恰当的方法艺术来满足下属的合理要求，让下属真正地"懂你"。

（1）同一个目标，同一个声音。在一个班组，班组长要把基本的生产任务和安全目标告诉下属，并且要想方设法使下属与班组目标保持一致，这样班组与员工才能在同一个目标、同一种声音下共同努力工作。为此，班组长要努力做到准确把握下属的需要，科学对待下属的要求。

（2）慎重判断，量力而行。在一个班组中下属在许多方面是依赖自己的直接上级——班组长领导的。班组长给下属下达生产任务、安全指标，分派安全生产任务的同时，下属也在考验班组长的水平和能力，以便使起点省事化，过程简单化，结果满意化，下属会提出各种各样的理由、要求与条件达到自己的任务目标。如果班组长满足下属的合理要求，则会受到下属的支持与拥护；如果满足不了，则会被下属认为班组长不支持自己的工作，也会使下属为自己完不成生产、安全任务而找到借口。

对待下属的要求，班组长必须先判别是否合理，不仅要根据自身的能力量力而行，而且还要从本班组实际出发去考虑，不能因满足部分下属的合理要求而伤害其他下属的利益，或影响班组的长远安全发展。班组长要认真判断，如果下属提出的理由与条件是非分的、不是科学合理的，那么绝不能拖泥带水，而要断然拒绝，不要怕得罪下属。这样才能显示出班组长的果断与是非分明，今后下属也不会再提出类似的要求，反而会因你公平公正而尊重你。

（3）主导需求优先。在一个班组中，不同的下属各自有着不同的要求，他们中许多人总想着"家大业大，浪费点没啥"，总想着多吃、多拿和多占。对于手心手背都是肉的下属，作为班组长，此时更应清醒，这些下属在相互间暗自较劲、对比，同时也在与班组长进行着"暗战"，看出班组长是不是偏听偏信。一旦班组长有偏向和不公正的行为出现，就会点燃矛盾的导火索，下属会提出各种各样难以满足的要求。许多班组长碰到这样的问题，因处理不当而成了"风箱里的老鼠——两头受气"或"热锅上的蚂蚁——焦头烂额"。班组长此时需要借用时间管理中的"轻、重、缓、急"来解决下属的需求问题。班组长要先考虑亟待解决的问题，然后依次逐步解决，不能仅从要求者个人角度考虑，还应从本班组的全局来衡量，防止出现不公现象。

（4）未雨绸缪，不轻易应承。有一个人，曾在一家企业做到副总经理，因为自己心太软，而且又是热心肠，也比较讲义气，总觉得不能亏欠下属，只要下属提出的要求，一般都会爽快答应，很少会说"不"。即使不在自己职责权限和范围中的事，不管最终能否办得到，他往往也会一口答应下来。可结果呢？虽混了个"好人缘"的评价，却又因为许多应承了下属或别人的事而自己无法办到，落下了一个"大忽悠"的"美名"。这样一来，跟随他的和与他合作的人越来越少，他在职场中的黄金时代也被迫终止。

事情往往都有两面性，对班组长而言，做到未雨绸缪而不轻易给下属承诺是班组长应具备的修养与素质。因为班组长会常常扮演决定者的角色，即使能够轻而易举做到的事情，也要考虑三分后再做答复，或者将时间顺延，与相关领导或人员集体讨论研究后，再视情况和需求做出答复。班组长还可以针对下属可能或即将提出的要求，事先拿出来预案。这样当下属提出来后，也就不会被动接受或做决定，就可以主动地、有计划地对其合理部分予以满足。

（5）抢前抓早，晓情喻理。班组长的想法、思路要始终比下属快半拍，同时班组长要养成决策果断、立刻行动的好习惯。在班组安全工作中，下属之所以拥戴和尊敬那些常训斥自己却在关键时刻又能帮助自己的班组长，就是因为他们知道班组长是关注自己的工作、重视自己的。班组长绝不能抓住下属的一点儿错误不放，而且还不断地向上级汇报对下属不利的事情。这样的班组长是得不到下属尊重的。班组长要努力维护下属的实际利益与权益，如果下属的要求是合理的，班组长又有能力满足，就应尽快去解决，而不要等到"黄花菜都凉了"才去满足下属。这样不仅误人误己，而且也会使下属伤心。如果下属提出的要求无法满足，那么班组长一定要做到晓之以理、动之以情，向下属讲明原委，让其知道情况，明白自己的要求不能被满足的原因。

无论是班组长对下属还是下属对班组长，都需要相互理解，因为在"以人为本"的班组安全生产管理过程中，需要理解、支持和尊重来构建班组的"和谐共赢"。

29 班组长在安全生产中要善于运用冲突管理

所谓冲突管理，是指管理者通过协调、沟通、谈判等方法和途径、化解矛盾、统一思想、推动工作的过程。在班组日常安全工作中，经常会听到一些班组长抱怨班组矛盾冲突多，浪费了大量时间和精力。实际上，作为一种普遍的现象，冲突广泛存在于班组各项安全活动中，影响和制约班组及其成员的行为倾向和行为方式，是无法从根本上消除的。班组长要善于运用冲突管理，不断打破安全工作僵局，催生班组安全工作跨越发展的新动力。

（1）冲突的内涵。提到冲突，人们往往认为是不好的，将冲突与无理取闹、内讧、破坏、暴力等联系起来，认为是班组群体内部出了问题，会影响班组团结，降低工作效率，毁坏班组形象。因此，班组长应当尽量避免冲突。这种看法在过去的管理实践中较为流行，但随着经济社会的发展，这种落后于时代，且不全面的看法需要从新审视。实际上，作为一种客观现象，任何单位、群体都不可能完全避免冲突，因为冲突不一定就是有害的。在一定条件下，冲突也可以转化为一种潜在的有利于班组和群体发展的积极动力。

按性质，冲突可以分为两大类，一类为建设性冲突或称良性冲突，另一类为破坏性冲突或称恶性冲突。一般来说。双方目的一致而手段或途径不同的冲突，大多属于良性冲突。这类冲突可以促进班组员工之间的沟通、反思和理解，帮助班组长发现影响和制约本班组安全发展的潜在问题、危机和风险。班组长如果能及时了解这种冲突，改进方式方法，将有利于推动班组安全发展。恶性冲突往往是由于双方目的不一致而造成的。作为班组长，在处理冲突时，首先要正确区分是良性冲突还是恶性冲突。良性冲突的主要特点是：双方对实现班组的共同目标关心，乐于了解对方的观点、意见，以讨论问题为中心，在冲突中注意互相交换意见。而恶性冲突则相反，很容易破坏班组内部员工的满意度和班组的凝聚力，妨碍班组安全目标和愿景的实现。

（2）冲突的肇因。在班组安全工作中，造成冲突的原因有以下几个方面。

一是认知上的差异。每个人受年龄、职务、经历、知识等多方面因素的制约，对同一事物的认识不尽相同。也就是说，人们很难根据客观存在的事实来看待事物，而是更多地依据他们对事物的主观看法来解释它。因此，只要人们的知觉差异存在，冲突就无法避免。

二是沟通上的差异，传播学上有个传话游戏，即来自源点的信息经过大多的传播环节到达某一区间的时候，势必造成大量的信息流失。以致"传真"成了"传假"。同时，职务的高低，获取信息的渠道不同，很容易造成信息品质上的差异。如果再加上个别班组长作风不深入，工作不扎实，操作不民主，高高在上，不愿、不会沟通，难免引起这样那样的误解和冲突。

三是角色上的混淆。角色是指别人对你想当然的期许。每一个人都被赋予许多的角色。但在班组实际安全工作中，或者由于自我定位不准，或者由于授权、受权不到位，班组长很容易专断揽权，副班组长也容易越位蛮干，致使班组员工感到工作不好干，没有得到尊重，找不到施展才华和身手的机会，也会引发冲突。

（3）冲突管理需要秉持的原则。作为班组安全工作冲突管理的第一责任人，班组长在处理各种冲突时要注意把握四个原则。

① 积极适度原则。冲突事件中，良性冲突和恶性冲突往往是交织融合在一起的，区分起来也并不简单。这就要求班组长在面对这样的冲突问题的时候，积极应对、把握分寸，防止"一刀切"造成误解和伤害。

② 及时全面原则。分析并确定冲突性质和类型以后，不能听之任之、不管不问。要及时进行集体讨论，寻找最佳处理方案进行处理解决，以防恶性冲突蔓延开来，在班组积蓄不满、引起恐慌，造成恶果，影响整个班组的安全生产正常运转。

③ 公平公正原则。在冲突发生的时候，难免要涉及不同个体和群体的利益。班组长要实事求是，查明冲突发生的前因后果，做

到奖惩分明、公平公正，不能搞亲亲疏疏、"小圈子"和"山头主义"。否则，很可能导致班组安全工作风气恶化。

④ 以人为本原则。科学发展观的核心是以人为本。班组长对冲突双方进行处理的时候，一定要考虑冲突方的承受能力，一旦处理的负效应大于正效应，冲突管理成本就会大大增加，这对整个班组的安全发展是不利的。因此，班组长要眼界宽、胸襟宽、思路宽、向前看，多些包容和理解，使班组全员感受到温暖，从而达到教育、感化员工的目的。

（4）冲突管理的方法。冲突的性质不同，管理的策略自然也就不同。具体说，就是要激发良性冲突，化解恶性冲突。

① 激发良性冲突。在班组安全工作中，良性冲突有积极作用。因此，班组长要运用一定技巧诱导、引发良性冲突。其一，鼓励冲突。要激发冲突，就要营造鼓励冲突的氛围，引入良性冲突机制，对那些敢于挑战权威、善于挑刺、勇于创新的人予以鼓励。其二，运用沟通。良好的沟通是激发良性冲突的最好办法。班组长要通过参加班组生活会、辩论会，进行交流座谈、谈心谈话、建立约谈制度等形式，主动进行沟通，倡导良性冲突。其三，引入竞争。通过挖掘和提升下属能力，进行班组内部岗位大交流等形式，引导班组内部产生良性冲突，掀起比、学、赶、帮、朝的热潮。

② 化解恶性冲突。恶性冲突管理是关系到一个班组能否科学、健康、可持续发展，班组长必须正确认识、慎重对待。其一，建立预测机制。在恶性冲突来临时，尽早发现，并对冲突的影响程度进行分析。要以制度化的管理对班组内部和外部可能产生的恶性冲突进行预测，广泛收集信息、判断信息、鉴别信息，并据此采取措施进行预控。其二，积极沟通。沟通对象主要包括两个层面。第一个是个体层面，如班组长与班组领导成员之间、班组长与普通员工之间、员工与员工之间的交流。第二个是团体层面，本班组与外班组的交流沟通。其三，优化工作流程。重新梳理班组安全工作业务流程和程序规划，如果流程和规划经常出现问题，或者不能很好地推动班组安全建设，就需要及时予以处理、修改、完善。其四，组建

管理队伍。通过建立班组冲突管理领导小组等形式，组建、训练一支高素质、高效率的冲突管理队伍，使其能够在冲突问题发生后，迅速参与调查相关事宜，制订处理方案，启动冲突管理程序，协调各方面的工作。这样，及时、准确地化解恶性冲突，班组安全生产工作将导入良性循环轨道。

30 当下属抱怨时班组长的对策

抱怨是指下属因对班组长心存不满而说班组长的不足。下属抱怨是班组安全工作中经常遇到的一个问题。班组长对下属的抱怨采取不同的态度和方法，会对下属产生不同的影响。充耳不闻、漠然置之的，下属以为其麻木不仁；怒形于色、大动肝火的，下属以为其心胸狭隘；表面接受、实则应付的，下属以为其官僚虚伪。由此看来，对待下属抱怨的问题，班组长确实不能掉以轻心，而应该高度重视，慎重对待。

（1）善于兼听，全面了解下属抱怨的内容。下属抱怨班组长，虽然常常话不中听，但作为班组长，不仅要听，而且要听全听准。班组长在隐约听到下属抱怨时，就应该积极主动地深入下去，广泛听取其意见，当面感受其不满，倾听其心声。与相关的员工谈心时，要详细了解抱怨的下属的人数、产生抱怨的背景、具体抱怨的内容以及提出的建议和要求。与抱怨的下属进行交流时，班组长要放下架子，平易近人，以征询安全工作意见的口气讲话，要在不温不火、轻轻松松的交谈中摸清情况，缩短彼此距离，融洽感情，切莫过于严肃，更不宜居高临下，盛气凌人的质问，否则，下属便不会袒露真实的心迹。

（2）深入思考，冷静分析下属抱怨的原因。在班组安全生产中班组长听到下属抱怨时，应该静下心来，深入思考，理性的分析导致下属抱怨的根源。班组长要从自身查找原因，看自己能力水平是否适应、思想作风是否扎实、工作方法是否对头。如果自身确实存在问题，班组长要勇于承担责任、深刻反思过错、虚心接受批评、努力改正缺点。班组长也要从下属身上查找原因，着重分析下属发表的意见是否符合客观事实、是否切合实际、是否具有全局观念。班组长还要从推进安全决策的宣传解释工作上查找原因。找准原因以后，不能到此为止，而应根据不同情况积极寻求合适的化解办法，消除抱怨，引以为戒，尽量避免和防止类似问题的再度出现。

（3）立即改正，尽量满足下属的合理要求。客观地看，下属在安全作业中对班组长的抱怨不一定都不正确，但其中或多或少包含有合理的成分。作为班组长，要辩证分析下属抱怨的内容，对那些有利于班组安全发展，有利于员工的利益，也有利于更好地开展班组安全工作的要求，班组长要予以肯定，尽量满足。对于涉及面不广，需要局部修正，又能够立竿见影、速见成效的，班组长要即说即行，尽快改正。对于虽然合理，但需要较长时间、较大精力才能改正的，班组长要敢于承诺，早作安排，尽快付诸实施，并加强监督，适时向下属通报事情进展情况。对于受条件限制而无法马上着手改进的，也要及时向下属说明情况，以取得他们的支持和谅解。

（4）积极疏导，及时矫正下属的认识偏差。下属在安全工作中对班组长有意见，对班组长的一些做法不满意，班组长首先要考虑自身原因，但绝不能因此而忽视下属的问题。有的下属对现实情况了解不多，对事物的发展趋势缺乏科学的估计，以至于常常对某些问题期望值太高，而当这些要求未能满足时，则心生抱怨，甚至责怪班组长的这种抱怨完全是由于下属未能正确处理理想与现实的关系而造成的。这就需要班组长观点鲜明、热心诚恳地进行指导和帮助。班组长不仅要纠正下属对某个具体问题的看法和态度，还必须从一般规律的高度，教育、引导下属正确认识自己看待和处理问题方面存在的偏颇，使其自觉调整思维方式，科学合理的设计认知目标，走出偏激和极端误区，待人处事设身处地，积极配合班组长做好安全工作。

31 下属的消极反应与班组长的应对思路

在班组组织环境中，由于种种原因，不可避免、不同程度地会产生下属对班组长的不满情绪及由此引发的工作中的消极反应。如果班组长不能正确对待和妥善处理，不仅会强化下属对班组长的积怨，激化下属对班组长之间的矛盾，损坏班组长的形象，还会直接影响到班组安全生产工作的正常发展。

如下是几种常见的下属的消极反应的归类与分析，以及班组长的应对方式。

(1)"默不作声，不露形迹"的消极反应与班组长的应对方法。下属对班组长的不满，由于传统内倾文化的惯性，一般不以语言和行为直接表现，大多表现为默不作声，不露形迹，即用沉默这种"高明"的反抗形式，来表达其对班组长的不满情绪和不合作的态度。采取这种方式的下属，一般是性格内向且工于心计、阅历丰富、文化程度较高、自我保护意识很强的人。沉默者的无声攻势，表面上看来不会对班组长产生直接威胁，实质上却隐含着巨大的"爆发能量"。

班组长在安全生产工作中，对下属这种消极反应不能视而不见，要清醒自知，主动创造条件打破沉默状态，进而加以调控和疏导。一是要通过各种途径了解下属沉默的原因，找出症结所在。二是了解下属内心活动的规律和思维方式的个性特征，掌握其利益追求的趋向，以寻找解决问题的突破口。三是要以间接的方式主动表示友好，创造沟通的机会，并做到亲切、平和、真诚、豁达，以有效消除与下属之间可能存在的隔阂、误会等情感障碍或者利益冲突。四是单刀直入，直接对话，直面问题，但切记勿以势压人、怒气冲天，勿对下属加以威胁、苛刻，否则只会事与愿违。班组长对下属的这种表现不能急于求成，而要沉稳、有耐心和韧性。

(2)"表面应承，实质敷衍"的消极反应与班组长的应对方法。下属对班组长的不满深藏于心，表面上热情顺从，主动应承，实质上是在敷衍、搪塞。采取这种方式的下属，大多是一些能力有限、个人目的明确，但虚荣心较强的人，也有一些能力较强，但从私利出发，希冀获得班组长的信任与好感的人。这种消极反应由于伪装性强，不宜被班组长察觉。虽然这种表现没有明显的骤发危害，但有潜在的、日渐日甚的忧患。因为这样的下属明明对班组长有意见，却仍然称赞不已，明知班组长的安全决策有误、失之偏颇，仍旧"坚决执行，不折不扣"，分明心中对班组长十分不满，工作也消极应对，但表面上对班组长殷勤有加，工作也显得积极主动。班组长如果被这样的下属悬弄而不能自知，结果只能是后患无穷，悔之莫及。

班组长对于下属的这种消极反应要敏于观察，及时发现，妥善应付。一要顾及其虚荣，不当面责备。二要通过一定的方式与其交换意见，并诚恳而直接地征求其意见，以示班组长光明磊落。三是向其暗示，表明自己已知道其做法与用意，并使其知道后果，以形成心理威慑。四要向其示以身教，表明自己对下属正当安全工作建设或意见能予以采纳和支持，以展示班组长实事求是的思想作风。

（3）"牢骚满腹，到处留声"的消极反应与班组长的应对方法。下属对班组长的不满既不无声反抗，也不深藏不露，而是满腹牢骚，到处不负责任地随意传播。采取这种方式的下属，大多是踌躇满志，自以为能力不凡，有怀才不遇、不被重用的怨恨，且天性热衷于议论，喜欢挑毛病、盯缺点的人，这种人往往自我评价过高，有着不切实际的主观需求，又因能力不济，客观现实与主观需求相距甚远，以至心理失衡。这种消极反应的主要表现方式是制造矛盾，挑拨是非，致使班组涣散，谣言四起，使班组长精神紧张。

对待这样的下属，班组长主要应采用疏通的方法，一要尽量使其有发牢骚的正当场合，使其有宣泄的正常途径。要通过耐心倾听，对其合情合理的"牢骚"内容表示理解、同情和采纳，同时对其偏激、荒谬之言要严肃善意地加以批评引导，然后指明危害。二要使他们有机会参与班组安全决策咨询，征求其意见，赋予其与其能力相宜的责任。对于那些频频发牢骚，寻衅闹事者，绝不迁就姑息，需严厉批评；对屡教不改者，应果断地给予处罚。

（4）"背后搞小动作，暗箭伤人"的消极反应与班组长的应对方法。下属不直接向班组长表示敌意，而是向其他领导和员工散布不利于班组长声誉和人格尊严的言论，造谣中伤。采取这种方法的下属，大多是品质恶劣、心术不正、自私狭隘之人。他们通过"莫须有"的捏造来诋毁班组长，挑拨是非，从而满足自己的私欲，发泄愤懑。这种消极反应危害极大，不仅有损于班组长的声誉和人格，还会离间班组长与员工的关系，使班组长腹背受敌，防不胜防。

面对这样的下属，考虑到其人格缺损，班组长不要与其发生正面冲突，也不要急于澄清事实，因为有时会越抹越黑。理智的做法是：一要做些力所能及和客观条件允许的防范工作，如主动征求他们的意见，了解他们的工作情况和困难，及时加以帮助等。二要通过适当程度的充满善意的利害关系分析，向其说明背后中伤是一种不道德、不利于团结、不受欢迎的行为。三是要用事实说话，通过自身品行的影响让周围更多的人了解事实真相，了解班组长的人格修养，使背后中伤者的谣言不攻自破。

（5）"直白表现，公开攻击"的消极反应与班组长的应对方法。下属对班组长的不满不加任何掩饰，在员工面前，甚至当着班组长的面，公开攻击班组长。采取这种方式的下属，思想修养和品质并不是决定因素，主要是直率、好发怒、易冲动且自尊心极强等心理、性格因素所致。这种公开攻击行为虽然持续时间较短，但对班组长的精神震动非同寻常。

班组长要解决这种问题，一要防患于未然。事先清楚地了解下属中哪些人具有公开攻击的性格，在什么条件和诱因下易突发公开攻击的行为。在不损害班组利益、不影响安全工作的前提下，尽量和他们保持友好、亲密的关系。二要以静制动。当受到下属攻击时，班组长不能发怒，不能恶语相加，更不能有威胁、报复的暗示，有效的方法是和颜悦色地劝其息怒，下属如果还不能有效克制，班组长要以平静的心态，耐心听下去，让其充分发泄，自行停止攻击。三要正确处理。事情发生后，班组长必须消除下属公开攻击造成的不良影响，对下属的错误不能姑息。也不能满足下属的不合理要求。要通过说话等方式让下属意识到自己行为的错误及影响，以利于其改正。

班组长对下属消极反应的应对毕竟是被动的，要减少或避免下属的不满以及引发的消极反应，班组长要注重自身素养、提高管理水平和升华领导艺术才是长久之计。

32 班组长帮教转化"个别人"之策

在一个班组，所谓"个别人"，一般是指个别经常违反纪律和规定，不服从管理，思想和行动具有明显缺点和缺陷的人。作为班组长，做好"个别人"的帮教转化工作，对于实现安全工作目标，保持正常安全生产秩序，进而促进班组全面安全建设水平的提高至关重要。以下结合工作实践，就如何做好班组"个别人"的思想转化工作谈一些粗浅认识。

（1）摸清底数懂人心，让"个别人"的心思无所保留。不难发现，一些班组长往往是在缺乏全面调查了解和深入细致分析，没有真正摸清"个别人"思想症结的基础上，搞"一刀切""一锅煮"，盲目地进行安全工作，把安全思想教育仅仅停留在"普遍要求，一般号召"的统一指令和"头痛医头，脚痛医脚"的事后作为上，这样往往会造成"把错脉，开错药"的现象，致使安全教育转化工作陷入被动局面。要体现"个别人"安全教育转化工作的针对性，就是要求班组长把"弄清问题，查明原因"作为开展这项工作的前提和基础，区分层次，摸清"底数"，使安全教育转化工作更加贴近"个别人"的思想实际。摸清"底数"，包括此人进入本班组之前的自然情况、思想情况和表现情况，以及进入本班组之后的一贯表现和交往的人员情况等，从而做到"一把钥匙开一把锁"。摸清"底数"的方法和途径多种多样，其中有两种方法既简单又管用。一是聊天谈心法。其特点是不受时间、地点的限制，环境宽松，气氛融洽，容易掌握对方的真实情况。需要注意的是要提前做好充分准备，包括从何处切入，通过交谈需要摸清哪些情况等。二是思想骨干法。就是在班组挑选一些群众基础好的员工担任安全思想骨干，并经常向他们交任务、教方法，通过了解"个别人"不愿向班组长讲的情况，并据此研究解决的最佳办法。

（2）设定目标励人心，让"个别人"的进步得到激励。人的行为具有一定的指向性，这种具有一定的指向性的，为了达到一定目的的行为，往往都是为了满足自身的某种需要而进行的，这就是一种目标激励的过程。班组长可运用目标激励的方法，遵循"跳一跳摘桃子"的原则，激励个别人的安全生产动机和进步冲动，引导他们主动抓住来之不易的机会。在班组安全工作中确定明确且合理可行的目标，鼓励他们提出与这一目标有关的各种积极的意见，培养他们实现安全目标的自信心。同时，班组长要配合班组和车间的总目标，使"个别人"知道自己的安全工作目标的重要性是什么，该如何围绕班组和车间的安全总目标完成自己的工作。对于他们在安全工作中取得的成绩，要从内心进行赞许，并在一定的场合表达出来；对于他们在安全工作中的进步，要及时地给予鼓励，从而使其从实现安全目标中获得成就感和满足感。对班组长来说，帮助"个别人"制定并完成其自我成长的目标，培养他们对安全工作有始有终的精神，并把他们为达到安全目标的种种努力成果整合起来，使他们感到自己的努力被肯定、被重视，这本身就是一种极其有效的安全思想工作和安全领导艺术。

（3）端正态度暖人心，让"个别人"的价值得到尊重。按照心理学的解释，态度是主体对对象反映的一种具有内在结构的稳定的心理准备状况，它对人的反应具有指导性和动力性的影响，形成人们一定的行为倾向。所以，要做好"个别人"的转化工作，班组长首先要端正对"个别人"的根本态度。这里所说的根本态度，就是要充分尊重他们的人格，防止出现"首因效应"，因为他们给人的第一印象往往都不太好。班组长千万不要戴着有色眼镜看待他们，而要以父母心、兄长情来爱护他们。每个人都有想要受人尊重的心理，希望在一个班组里能有更多的自我创造机会，以实现自身的价值，如果这种愿望得不到充分满足，就会产生一种新的鼓舞的力量。所以，班组长可以在规定的责、权、利范围内，给"个别人"以充分的自主权，不过多干涉他们的具体工作，让其大胆发挥聪明才智；以平等坦诚的态度对待他们提出的要求，对正确的、合理的要求要给予满足，处理事情要一视同仁，不厚此薄彼；要注意听取"个别人"的意见，对他们在安全工作中提出的意见和建议要认真进行分析，尽量采纳，以激发他们融入班组的积极性。

（4）真诚实意感人心，让"个别人"的自觉意识得到启发。在人际交往过程中，感情的接触和交流是打开心灵的钥匙。班组长的情感因素在"个别人"的安全教育转化中起着越来越大的作用，班组长与"个别人"建立一种相互尊重、相互理解、相互信任的和谐的上下级关系，靠自身的人格力量来感召"个别人"，使其心服口服，是新形势下班组长应该追求的一种安全思想工作境界。班组长对待"个别人"一定要有爱心，不能因为他们给班组安全管理工作增加了难度就另眼相看，要做到政治上爱护、思想上沟通、感情上亲近、生活上关心，切不可放任不管，更不能疏远、歧视、挖苦、讽刺。一是要营造良好的情境。俗话说"触景生情"，良好的情境容易激励积极的情绪和感情。班组长要尽可能地为下属创设良好的情境，营造互相关心、体贴、尊重、信任、振奋、向上的良好氛围。二是要提高认识的层次。人的情感是在认识的基础上产生的，人对某一事物的情绪和情感的倾向性依赖于人对某一事物的理解。所以，对"个别人"安全思想上存在的模糊性和片面性认识，应当创造各种有利条件，开辟广宽的知识领域，帮助他们深刻认识和正确理解客观事物和自我，从而产生和保持正确的、主观的、和谐的情绪和情感，进而促进其行为的转变。三是要解决好实际问题。开展"个别人"的转化工作，一定要把解决思想问题同解决实际问题结合起来，要尽心尽力，多方协调帮助"个别人"解决好"伤心事""头痛事"。"春风化雨，润物无声"，班组长只要以心换心、以情动情、平等交流、换位思考，才能触到"个别人"的心理，进一步拉近彼此的距离，才能产生巨大的感染力，达到与"个别人"的情感交融、心理沟通，从而使他们热爱本职、热爱班组。如此，安全教育转化工作才能收到较好的效果。

（5）常抓不懈留人心，让"个别人"的思想顽疾得到根治。冰冻三尺，非一日之寒。"个别人"之所以成为"个别"，并非旦夕所致。同样道理，对"个别人"的安全教育和转化工作也是一个长期、细致、耐心的过程。"个别人"在进步的过程中常常会出现反复，这是一个合乎规律的正常现象。因此，当"个别人"出现反复时，班组长一定要正确对待，做到不急躁、不厌弃、不灰心，要深入了解和分析他们反复的原因，有针对性地、耐心细致地反复做好帮教工作。一是要掌握"个别人"的心理是一个动态过程，他们会随着工作生活和其任务的变化、社会形势的变化、家庭的变动以及个人发展中出现的新情况、新问题而出现新的思想问题，这就决定了对"个别人"的转化工作必须把握其思想动态。二是转化工作要有不怕反复的准备。因为在同等条件下，"个别人"更容易受到不良环境的影响，有可能会出现新的错误苗头。班组长不能等到"个别人"出现反复再来抓，而首先要估计到其可能出现的反复，把工作做在前面，以减少其反复的次数，减轻其反复的程度。三是要及时总结"个别人"转化中的阶段性成果。"个别人"的转化过程是一个长期的、艰辛的、具有创新性和挑战性的动态发展过程，班组长需要理性地、分阶段地总结和分析其转化过程中出现的成绩和不足，并进行相应的改进与调整。要及时地发现他们身上的细微变化，并对他们取得的成绩和进步给予表扬和鼓励，满足"个别人"的心理需求和实现自我价值的欲望。这种阶段性肯定的姿态，可以起到充电的作用，使"个别人"能够体会到班组长的关心和爱护，促进他们自信心的树立。增强他们的主体自豪感，激励他们再接再厉，取得更大的成功与进步。在充分肯定"个别人"取得进步的同时，针对"个别人"自身存在的不良习惯，要随时加以提醒，使他们既能够认识到自己的可喜变化，又能够感觉到自我更新的巨大潜力，自觉地加以改正。

总之，对于问题集中的"个别人"的转化工作，要有持之以恒、百折不挠的精神，这样才能使"个别人"真正经得起考验，从根本上解决思想顽疾，从而确保转化工作的长效性。

33 班组长安全工作中角色定位的感悟

众所周知，班组长是一个班组的中坚力量，发挥着承上启下、有效执行、协调参谋的重要作用。而这些作用发挥得如何，角色定位至关重要。对班组长在安全工作中的角色定位有如下感悟。

（1）思维角色定位——放大自我。在思维角色定位上要放大自我，树立"两个意识"。一是在考虑本班组的安全工作时，应当树立跃位思考的意识。要站在高一层次和全局的角度来考虑本班组的安全工作计划或方案，而不能局限于本班组的小利益，更不能因为局部利益而损害全局和其他班组的利益。二是考虑对班组员工的管理时，应当树立退位思考的意识。要站在低一层次和具体安全工作的角度来考虑有关的安全管理制度和办法，充分考虑提高效率和降低实施成本。树立"两个意识"具有重要意义。其一，可以加强班组干部后备力量的培养，班组领导干部中的相当一部分是从班组员工中选拔产生的。他们在安全生产工作中如能长期坚持从大局出发和从基层出发考虑问题的思维方式，能够较好地培养班组长所具备的能力和素养。其二，可以保持一个班组整体安全工作的和谐与连贯。一个班组从安全工作的角度可以将人员分为决策、管理、执行三个层次。班组长的跃位思考可以使决策和执行之间做到无缝对接，极大地提高执行安全决策的效能。其三，可以有效地调动员工的安全生产积极性。班组长岗位的性质决定了班组长在安全工作中不仅要很好地发挥承上的作用，也要较好地完成启下的工作。从班组员工的立场出发去想问题、定办法，能够更加切合实际，激发班组全体人员的安全生产自觉性和积极性。所以，班组长在安全工作的思维上放大自我，可以更好地与企业领导决策和班组员工意愿保持一致，提高安全生产效率。

（2）工作角色定位——约束自我。在安全工作角色定位上要约束自我，主要体现在两个方面。一是在班组职能人员的职责分工上明确范围不越界。每个班组在内部管理上，对各个职能人员的职责都有明确的规定，这是分工合作，保证整体安全高效运行的制度保障。为了保证这种运行的高效，班组长在履行职能时必须有清醒的认识，哪些是本人的事，必须确保完成；哪些是其他人的事，可以协助完成。在履行班组安全管理职能时越俎代庖是班组长的大忌。越界干事，不仅破坏原有的运行机制和办事规则，还会在各职能人员间制造矛盾，增加不和谐因素。二是在班组的内部分工上要明确落实不包办。班组内部包括班组长在内的每个成员的安全工作职责都是有明确规定的。因此作为班组长，属于自己分内的事，必须独立出色地完成；属于每个员工都应做的事，必须带头完成；属于下属的事，应当配合完成；属于副手的事，应当放手指导去完成。班组长在安全工作中尤其要防止大包大揽的工作方式，不论大事小事都自己亲自做，看起来是以身作则，忙得不可开交，实际上是做了别人应该做的事。这样做，不仅不能得到大家的认可，还会损害员工的积极性和自尊心，最终落得出力不讨好。多举无一得的结果。所以，安全工作上要约束自我，要发挥更多人的智慧和能量，这样才能把安全生产搞得更好。

（3）公共角色定位——超越自我。在公共角色定位上要超越自我，主要是发挥两个作用。一是发挥"自由人"的作用。每个班组虽然都制定了安全工作职责和办事规则，明确了每个人的职责，但制度和规则大多是普遍适用的原则性规定，不可能也无法做到在制度中使任何一件具体的安全事项都一一对应。也就是说，在班组内部的一些细节或环节上，必然存在着许多职责不明、分工不细的公共领域。在这种情况下，如果仍然墨守成规、生搬硬套规则。那么在安全工作中必定会出现真空地带，很容易发生相互推诿现象。这时，班组长应当义不容辞地充当"自由人"的角色，充分发挥主观能动性，主动补位，使安全工作运转保持连续高效。二是发挥"参谋长"的作用。作为一个优秀的班组长，要坚定不移地执行上级精神，在贯彻落实上级安全生产部署中大胆创新，并将执行中遇到的问题转化为意见建议，向上级报告，以便在今后的安全工作中加以改进和完善。事实上，无论是企业领导还是班组长本身，都容易忽视参谋作用。一个班组的整体安全工作要创新、要完善，其实践依据的主要来源就是班组长的安全工作建议和反馈。班组长所处的地位，决定了其具有熟悉决策层意图，了解工作层现状的优势，他们所提出的意见和建议具有较强的现实性、针对性和可行性，对于改进和完善班组的安全工作制度，提高安全工作效率，具有十分重要的现实意义。所以，班组长在公共角色上恰到好处地超越自我，不仅能够实现自身最大的价值，而且可以促进班组整体安全生产运行的稳定、和谐与高效。

㉞ 班组长安全工作的"加压"与"降压"

提起压力，人们往往谈虎色变，避之唯恐不及，这是由于人们只看到了压力的负面作用。其实，压力还有积极的正面作用。适度的压力不但对人的身心健康有益，而且对工作效率的提高也有很大的促进作用。因此，班组长在安全工作中要正确认识和科学运用压力，这既是班组长高超领导艺术的具体体现，也是调动下属安全工作积极性，提升班组长领导效能的一种有效方法。

（1）程度适当是科学施"压"的基本前提。被称为压力研究大师的美国著名心理学家汉斯·塞莱博士提出了正压力（也称为正应激）的概念。这种正压力表现的是一种积极愉快的体验，可以加深人的意识，增强人的心理警觉，还会促进人的高级认知与行为表现，从而推动个人成长与职业发展。从事20多年压力研究的美国学者杰夫·戴维森在《应对压力》一书中指出，假如存在一个数字1～100的光谱（以此作为人的不同压力水平，100代表的压力水平最高），当一人处于80以上时，整个人就会很有压力，智力和体力均无法正常运转；当处于30或者以下时，就会很平衡、放松，很少会出现兴奋状态；而当处于40～70工作效率会最高。基于此，班组长在安全生产中对下属施加压力时，要使其安全工作压力水平处于 40～70，当下属的安全工作压力水平处于 30 以下时，基本没有压力感，就很容易出现那种"人无压力轻飘飘"的状态，还容易导致下属产生班组长对自己不够重视的错觉，安全工作的积极性、主动性、创造性也难以发挥。而当下属的安全工作压力水平处于 80 以上时，下属的压力就会很大且处于一种高度紧张状态，需要调动全身的智力、体力去应对短时间的应急还可以，一旦时间较长，人就会由于长时间精力透支而疲惫不堪，导致安全工作难以继续，一定程度上还会影响身心健康。

（2）真诚关爱是科学施"压"的重要保证。班组长在安全生产工作中要做到科学施"压"，仅仅在技术层面上做到程度适当是远远不够的，还要能够做到对下属真诚关爱。班组长的真诚关爱会赢得下属的高度信任和更多理解，使下属相信班组长对安全工作的安排是出于对班组乃至企业全局的考虑。更为重要的是，即使在完成某项安全生产任务有一定难度的情况下，下属也会始终相信，班组长是在为自己的成长进步创造条件和机会，从而能够站在班组长的角度考虑班组长的难处，自觉努力工作，与班组长共同分担安全生产压力，从而激发安全工作的主动性和创造性。鉴于此，班组长要不断加强自身修养，提升领导亲和力，切实做到从生活到工作各个层面为下属排忧解难，为下属的前途发展提供机会、搭建平台，努力营造一个团结、公正的上下级关系氛围，使下属切实感到班组的关怀和温暖。同时，班组长向下属布置安全作业任务尤其是有一定压力的任务时，要杜绝简单粗暴、命令式的"我说你做"的做法。当下属存在畏难情绪时，要动之以情、晓之以理、行之以范，向下属讲清这项安全作业的重要性，及时肯定下属的成绩，可采取及时表扬、增加待遇等办法，避免下属产生抵触情绪和逆反心理。

（3）及时释放是科学施"压"的关键所在。班组长在安全工作中对下属施加压力的同时，还要通过多种途径及时缓解释放下属的压力，这也是达到科学施"压"效果的必不可少的环节。要教会下属掌握自我缓解压力的具体方法。可以聘请心理专家为班组全体员工举办一些压力方面的知识讲座，组织压力方面的专题学习，使下属正确认识压力并掌握一些简单易行的深呼吸法、肌肉放松法、运动锻炼法、自我暗示法、呐喊法等自我释压的方法，在安全生产工作中及时进行自我释压。要通过营造良好宽松的环境来释放下属的压力。良好的环境有利于人们放松释压。要营造公道正派、团结向上的人文环境，及时解除下属的后顾之忧，减少下属由对不正之风的反感而引发的压力。

总之，班组长要采取多种措施，使下属的安全工作压力得到及时释放，从而以更多的感情和更积极的姿态投入到安全工作中去，始终保持较高的安全工作效率。

35 班组长要巧解员工的思想疙瘩

在企业班组安全生产工作中，员工的思想疙瘩如同河流中的淤泥、身体中的肿瘤，处理不好，不仅会影响正常的工作和学习，而且容易造成不良后果。解思想疙瘩具有很强的艺术性，班组长只有掌握好这门艺术，才能有效地解开员工头脑中的疙瘩。结合工作实践，以下方法可以巧解思想疙瘩。

（1）乘机快解。在班组实际安全生产中，有些思想疙瘩解决起来难度很大，需要暂时放一放，但是，在大多数情况下，员工一旦产生思想疙瘩，就需要抓住时机，尽快解决。如果拖延下去，就有可能使简单的问题复杂化。如何乘机解决呢？首先，要尽快抓住思想疙瘩的要害。对待有思想疙瘩的员工，要耐心听取意见，不要摇头否定。要注意观察能见别人所未见、闻别人所未闻，从小见大，以近知远，见微知著。这样才能及时发现思想疙瘩的症结所在，为思想转移工作做好准备。其次，要及时妥善处理，避免拖延。解决员工的思想疙瘩要善于抓住时机，一旦时机成熟，就要"快刀斩乱麻"，速战速决，一举成功。

（2）避让缓解。在班组安全工作中，当一个员工有了思想疙瘩时，就很容易冲动，常常讲话尖刻。班组长遇到这种情况时切莫暴跳如雷，感情用事，也不应该以怒制怒，否则会产生严重的后果。此时，班组长的情绪应富有"弹性"，要让对方情感的"冲击波"缓冲一下，待对方强烈的情绪"降温"后，再晓之以理。这样才能收到"以静制闹""以安降急""以柔克暴"的功效。只有当对方的思想情绪平稳下来，才能通过谈心方式使他们畅所欲言，把心里话讲出来，从而提高认识，进而解开思想疙瘩。

（3）疏通调解。疏通是调解的前提，调解是疏通的延续。员工的思想疙瘩是由某些方面错误的或片面的认识纠结而成的，具有一定的稳定性，一时很难解开。这就要求班组长把疏通和调解巧妙地结合起来，做到"循循然善诱人"，这样才能使思想疙瘩逐一被解开。有思想疙瘩的人，一般在言行上大多有所表露，甚至无所顾忌。因此，正确的疏通应真正奉行"言者无罪，闻者足戒"的原则，充分创造条件，让员工广开言路，这样才能找准思想疙瘩的"结"，才能使调解工作有的放矢。同时，要在疏通中做好调解工作。疏通是为后面的顺利调解做准备的，调解工作要渗透到疏通工作的全过程，坚持疏通一点、调解一点，从而循序渐进地解开员工的思想疙瘩。

（4）区别分解。在班组安全工作中，员工产生思想疙瘩的原因是复杂的，有时是多种因素形成的，是各种矛盾的综合体，没有一个人的情况是同他人完全相同的。班组长要善于区别哪些是属于工作上、业务上的思想疙瘩，哪些是属于个人关系上、利害上的思想疙瘩，善于把由工作、业务而产生的思想疙瘩与由个人利益、感情而产生的思想疙瘩区分开来，不要把它们搅在一起，使问题复杂化。是什么问题就解决什么问题，这样，思想疙瘩就会被简化，从而变得容易解开。不同的人有不同的个性，班组长要根据存在不同思想疙瘩的不同工作对象的特点采取不同的解决方式。如对个性开朗直率的，要单刀直入，阐明事理；对自尊心强的，要点到为止，正面引导；对心胸狭窄的，要典型引路，开阔胸怀；对粗暴急躁的，要避开锋芒，坚持疏导；对沉默寡言的要耐心细致，多讲道理，等等。

（5）迂回巧解。迂回巧解主要应采取两种方式：一是迂回说理，有些员工的思想疙瘩比较棘手，正面"强解"难以奏效，因此应避其锋芒，采取迂回说理的方式，理直何须气壮。二是间接传导，就是充分发挥中间环节的媒介作用。可借助工作对象的家庭成员、老乡、同事、战友等进行规劝，让其分清是非。诸如此类的方法还有很多，只要班组长用心研究，选好突破口，再难解的思想疙瘩也会轻而易举地被解开。

36 班组长赞扬下属"三忌"

众多研究与实践证明，赞扬是激励下属的重要方法之一，因为在班组安全工作中，班组长的赞扬既是对下属的某项安全工作成绩的肯定，也是对下属的关心和信任，良好的赞扬方式和赞扬内容既有利于提高下属的安全工作效率，也有利于融通班组长与下属的关系。不过，在班组现实安全工作中，并不是每一位班组长都懂得如何赞扬下属的，有些班组长由于没有掌握好赞扬下属的内容和方法，往往适得其反，弄巧成拙。通常情况下，班组长赞扬下属有"三忌"。

（1）忌横向对比式的赞扬。赞扬与批评是班组长惯用的激励手段。很多班组长喜欢采用横向对比法，如利用公布排行榜、表彰大会等方式激励下属竞赛，从而提高安全工作效果。当纠正某一下属在安全工作中的不良行为时，常常采用赞扬其他下属的方式进行对比式评价。这种在下属之间进行横向对比的赞扬，只会导致下属之间的关系紧张。因为，班组中每一位下属都渴望得到班组长的认可，班组长在众多下属面前赞扬某一下属会刺激到别的下属，导致下属之间关系不融洽，处理不好，甚至会导致某些下属之间的互相拆台，唱对台戏。更为严重的是，会导致某些下属越来越气馁。因为，"山外有山，人外有人"，你干得再好，但由于某种原因或某个条件的限制总是比不过你的同事。为了谋求心理上的平衡，他们就放弃努力，自暴自弃，消极怠工。而对于被赞扬的下属来说，他们也会由于班组长的赞扬而招致其他同事的嫉妒，造成人际关系的紧张，进而影响到安全生产工作。因此，班组长只有注重从下属自身的纵向发展过程来评价下属、赞扬下属、激励下属与自己竞争，不断超越昨天的自我，才能避免其他下属的嫉妒，才能为下属的安全生产工作注入更多的活力。

（2）忌不真实的赞扬。班组长在安全工作中赞扬下属，贵在真实。所谓真实，一是指班组长对下属的赞扬要真实，应发自内心，不是为了某种功利性的目的；二是指班组长所赞扬的下属的安全生产成绩要真实，不能随意地夸大或缩小；三是指班组长赞扬下属的表现要真实，要具体化，而不是笼统、概括式的赞扬。首先，班组长赞扬下属要发自内心。只有发自内心，才能打动人心。有些班组长为了密切与下属的关系，为了赞扬而赞扬，导致下属感觉到班组长是在做表面文章，对自己赞扬是违心的，从而对班组长的人格产生怀疑，对班组长赞扬的意图进行猜测。班组长与下属之间的关系也会由于不真实的赞扬而产生隔阂和不信任，这就违背了班组长赞扬下属的初衷。其次，班组长赞扬下属的工作要真实。任意贬低下属的安全工作成绩，就会打消其安全工作的积极性，影响今后安全工作的成效；同时，还会使下属怀疑班组长做事不公平，不适当地拔高下属的安全工作成就，既会导致下属盲目自大，丢掉努力奋斗的精神，更严重的是，还会导致其他下属产生不公平感。这样做既离散了下属之间的凝聚力，又削弱了班组长的号召力。再次，班组长要赞扬下属的具体安全工作，而不是笼统概括性的总结。班组长只有针对下属的某项具体安全工作进行赞扬，才能让下属感觉到赞扬的真实性。否则，笼统的、总结式的赞扬，既让下属感到不安，又让下属感到不真实。针对某项具体安全工作进行赞扬，下属还可以体会到班组长的懂行与关切，也会因此而更加尊重班组长。

（3）忌重复式赞扬。如果说，从方式上班组长要忌横向对比式的赞扬，从内容上班组长要忌不真实的赞扬，那么，从数量上，班组长要忌重复式的赞扬。在班组安全工作中，班组长赞扬下属是必要的，但一定要掌握好度。因为，赞扬过多也能成灾。从经济学的角度来看,如果班组长的赞扬是稀缺的,下属对班组长赞扬的期望值就高,得到班组长赞扬满足感就强。反之,过多的赞扬只会导致下属习以为常,根本起不到激励的作用,而且下属一旦得不到班组长的赞扬,就会对班组长产生较大的怨气。多次重复式的赞扬不仅起不到激励的作用,反而会导致下属产生逆反心理。针对这种情况,首先,班组长要珍惜自己的赞扬权。对下属在安全工作中应当做的事情,不应该给予赞扬,因为那是下属的本职。当然,班组长也不能走向极端,吝啬对下属的赞扬,而应赞扬的当其事、当其时。其次,班组长要善待自己的赞扬权。少数的班组长热衷于被下属歌功颂德,也热衷于对下属大加赞扬。从人性的弱点来看,大家都愿意被赞扬。为了营造一个良好的班组安全生产氛围,避免整个班组员工群体效仿班组长只说赞美话,形成不敢讲真话、说实话的作风,班组长就要慎用赞扬权。在对下属的安全工作进行赞扬时,既要看到下属的优点,也要看到下属的不足之处;既要说赞扬的话,也要说批评之言,在赞扬的同时要有批评,不能只赞扬不批评。再次,班组长要多学习,提高自身的素养,尽可能多地掌握赞扬下属的方式方法,努力做到每次赞扬的内容和方式都不重复,使下属对班组长的赞扬永葆惊喜和新鲜感。

37 做一个"零授意"的班组长

在企业班组经常会看到这样的现象,有的班组长在给员工布置安全工作时,总是千叮咛万嘱咐,又是作业程序,又是注意事项,恨不得自己亲自干才放心。其实这并不是科学的领导方法,因为当班组长给出具体的安全工作思路时,就束缚了员工的创造性,实际上也就是授意下属按照自己的想法和思路去完成安全工作任务。我们知道,一个人的思路再缜密,反应再敏捷,也不能穷尽事物所有的可能性,尤其是在飞速发展的现代社会,个人作用的局限越来越大。况且,就算班组长有这个能力,也没有这份精力。这正如管理思想家华伦·贝尼斯观察到的:我们之中没有任何个人的智慧能与大家的集体智慧相比。所以，"零授意"的管理理念就应运而生了。所谓"零授意"管理，其实质就是在给下属安排工作时，只提宏观的要求，不给具体的操作方法，下属在工作中充分发挥自己的才华，从而创造性地完成工作。这样"零授意"的领导方法在现代安全管理工作中的作用已经越来越明显了。那么，在班组安全生产中，怎样才能成为一个"零授意"的班组长呢？应要做好以下两个方面的工作。

（1）改变班组长的站立点。改变班组长的站立点就是转变领导工作的理念，具体来讲，就是把班组长领导工作的重点从具体安全生产任务的执行上转变到全局战略的谋划上，其核心思想是改变对下属安全工作的领导方法，激发下属的安全工作积极性和灵感性，发挥下属应有的工作能力和水平。客观地说，这种领导观念的转变确有一定的难度，尤其在我国传统文化的氛围中更是一件比较困难的事情。因为长期控制型、指挥型的领导作风根深蒂固，不可能一下子改变，在改变过程中甚至还会有人认为，领导不说详细点好像是对工作的不重视，领导的权威性也不能充分体现。班组长要克服这种思想，改变站立点，就要注意两点：一是班组长要认识到即使是自己的一个小小的授意，也会使下属想方设法地按领导的意图去解决问题，这既不利于发挥下属的安全工作能力，也不利于提高安全工作效率。二是班组长要意识到自己绝对不可能亲自做好每一件事情，必须实现职能转换，把自己的职能定位由完成具体的安全工作任务转变为放手由下属完成具体工作。

（2）激活下属的兴奋点。在班组长的站立点转变过来以后，紧接着就是要激活下属员工的兴奋点。这可以从以下三个方面入手。

首先，树立为下属搭建平台的意识。"零授意"管理，从某种意义上说就是为下属施展才华提供机会。通过实施"零授意"，可以从思想深处唤起下属对安全生产当事业干的使命感，使下属感到班组长安排安全工作是展示自己能力和水平的平台，从而激发下属创造性地做好本职安全工作的积极性。

其次，坚持以人为本的理念。坚持从人的全面发展，也就是下属自我价值实现的角度来改进安全工作方法，如多用鼓励性的话语激活下属的创新思维，对下属的工作及时给予肯定等，从而使下属感到班组长既充分信任自己，又认可自己的价值和工作能力。

再次，营造和谐的安全工作环境。环境既可以激发人的灵感，也可以禁锢人的灵感。如今，人们对和谐的工作环境要求越来越高了。所以，根据安全工作性质和任务，营造适应班组特点和性质的民主安全工作氛围，以激发下属的创造性，也是"零授意"管理应该注意的事情。

38 班组长安全工作中信任下属有"四忌"

信任下属是班组长有效开展安全工作的前提条件之一，但班组长对下属的信任应把握一定的度，适可而止。班组长如何把握对下属的信任度，需要认真对待。对下属的信任，应当有"四忌"。

（1）忌情感之私屏蔽公明。信任是欣赏、是动力、是资源，要科学区分不同情况，恰当把握信任度，不挥霍，也不吝啬，不为情感所蔽。在班组安全工作中，班组长对下属信任的基础是情感。人的本性是情绪优先，理性次之。企业中大多数班组长都是性情中人，是爱憎分明的。但情感有时并不可靠，因为情感一旦游离理智就容易形成偏私。班组长对那些平时好感多一些，缺点不太明显而又在安全生产中做出成绩的下属，往往会褒奖多一些；而对那些平时好感少一些，缺点明显而又在安全工作中失误的下属，相应地会态度冷一些，批评多一些。这里的关键在于，看一个下属，应看其表现是不是与其安全工作成正比，是不是与其安全创新精神相伴生。有些人喜欢夸大自己的成绩，掩盖自己的失误。有些人埋头苦干，干好事多，得罪人多，敢于创新，失误也多，再加上不善于汇报表现自己，就注定不招班组长喜欢，受批评、冷遇就在所难免，这样一来，就容易背上思想包袱，甚至受到伤害，结果原本的长处也发挥不出来，渐渐萌生消极懈怠、怨情不平之气，挫伤安全工作积极性。

（2）忌宠信成戏反被愚弄。现代著名诗人卞之琳有一首诗："你站在桥上看风景，看风景的人在楼上看你。明月装饰了你的窗子，你装饰了别人的梦。"短短四句，却揭示了人与人之间的相互解读、相互装点的哲理关系。班组长时常处于员工的关注之中，有时候出于无意的一句话，可能就会被人反复琢磨，作为解读班组长内心世界的一把钥匙。作为班组长，班组员工簇拥在你的周围，变着法子哄你、逗你高兴，无形中把你推向前台，把你从一个识人、用人的主导者变成一场游戏中的主角，被愚弄的对象，趁机探测你的喜好、倾向、观点、意见，借题发挥，大做文章；更有甚者，打你的旗号，借你的虎威，最后达到不可告人的目的。班组长在安全生产工作中忌宠信成戏反被愚弄。

（3）忌以偏概全限制发展。在班组安全工作中，有的班组长用人，信任成了取舍的凝固点，只要用的顺手，就不放手，不管这个人还有其他什么潜质，只取其自己认可的这一点，哪怕这个人其他方面的潜质有比这一点更大的使用价值，更大的能量，一概视而不见，束之高阁。不管这个人还有其他什么发展趋向，只限定在这个范围，哪怕其在此之外有更广阔、更适宜的发展空间。有的班组长用人，信任成了一种惯性，把所信任的人当作"万金油""救火队"，哪里需要就塞到哪里，看似重才，实则害才，因为人才在频繁的变岗中，难以经受专业所需的系统学习、磨炼和考验，难以提高水平，担当安全生产重任。

（4）忌倚重承诺超越制度。中国文化具有深厚的诚信传统。《论语》一书中，"信"字出现达 38 次之多，除"人"和"礼"两字以外，其出现频率比"善""义""勇""耻""诚"等其他与道德相关的字也都要高。中国人向来欣赏"一诺千金"，鄙视言而无信。但是这种"信"的传统只是个人道德，而非社会制度。此种人文传统的局限，不可避免地制约着班组长的用人气魄。现代管理有一整套科学制度，但在制度信任与人格信任之间，有些班组长还是难以挣脱传统观念的束缚，宁可倚重于人格信任，倚重与口头承诺。在某些地方，下属安全工作搞好了当然会获得班组长的信任，搞不好，原有的信任仍然可以在一定程度上作为挡箭牌，制度在此显得可有可无；在某些生产岗位，选拔使用员工时，对有的员工没完没了的考察，但班组长印象好的员工都可以不经考察上岗，制度在此显得形同虚设；在某些时候，对新人物新作为，不仅没有一个简便适用的信任评价系统，反而评价考核举措失当，用死框框套活人，制度在此又显得碍手碍脚。这些都促使班组长从社会学的角度审视：我们为什么信任？信任谁？我们对每一位下属的信任是在什么背景之下产生的？信任怎样融入制度考核？信任里面有哪些理性的成分？把这些问题想明白了，相信在班组安全工作中，班组长在制度和信任之间会有一个适当的把握。

39　班组长安全工作中要做到"五个善于"

班组长作为企业里一个班组的"领头羊"，岗位十分重要，责任十分重大。在新的形势下，如何履行好班组长的职责，在班组安全生产中，如何能执行好上级的决策和管理好班组员工，要做好"五个善于"。

（1）善于理思路。在班组安全工作中，班组长的重要职责就是出主意、想办法、理思路。理思路既是调查研究、认识问题的过程，也是科学安全决策、解决安全问题的过程。

① 要审时度势。首先，要把握时势，知国内安全生产的大政方针，知企业的安全发展方向；其次，要把握地势，知本班组的安全工作环境和客观实际，准确把握本班组安全发展的优势、劣势、潜力和机遇等基本情况；再次，要把握民势，知民心向背，掌握全班组员工的安全所愿所求。只有把时势、地势和民势三者结合起来，才能够预测班组的发展变化，为指导班组安全生产工作提供依据。

② 要超前思考。要使班组安全决策更科学，思路更加符合实际，必须充分发挥主观能动性，想别人所未想，知别人所未知。班

组开展每一项安全工作，实施每一项安全决策，都要做到心中有全局，手中有典型，行动有预案，居高望远，见微知著，窥一斑知全局，多角度、多层次地观察安全问题和分析安全问题。

③ 要博采众长。在班组安全工作中，班组长坚持民主集中制是理清安全工作思路、科学安全决策的基本原则，班组长应只出题目、不设框子、不定调子，让班组员工充分发表意见。要善于捕捉正确的苗头性和倾向性的东西加以引导，从肤浅片面的意见中汲取可资借鉴的营养，把正确的安全工作意见集中好，把分歧的安全工作意见统一好，把否定的安全工作意见说服好。

④ 要敢于决断。在快速发展的现代社会，竞争十分激烈，机遇稍纵即逝。只有机智沉着、善于决断，达到"静若处子，动若脱兔"的境界，才能有所作为。在班组安全生产中，首先，要有主见，不人云亦云，不屈从于不正确的公众舆论和压力，要抓住时机陈述自己的见解，善于坚持正确的意见。其次，要果断，凡是看准了的事，即使有不同意见，也不能议而不决，更不能不了了之，要大胆拍板定案，不盲目追求满意安全决策，但求最优安全决策。再次，要有坚定性，要注意收集安全决策反馈信息，虚心听取各方意见，以灵活务实的态度不断修正安全决策，千方百计排除干扰，坚定不移地抓落实，直到抓出成效，达到预期目标。

（2）善于带班子。能否带好一个班组班子，是班组长管理能力和领导水平的重要体现。所以，班组长必须把带好班组班子作为自己的重要职责，努力把班组班子带成团结协作、风正气顺、干事创业的班子。

① 要率先垂范。要带好班组班子，关键是班组长要以身作则，发挥好模范带头作用，真正做到靠工作立身，靠德才服人，把自己的一言一行都落实到"安全第一，安全发展，安全建设"上来。一要做勤政廉政的表率。清清白白做官，堂堂正正做人。二要做爱员工为员工的表率。班组长应立戒官僚主义，工作再忙，也要注意密切联系员工，经常深入员工，真正和员工打成一片，时刻把员工的冷暖放在心上。三要做勤奋学习的表率。"敏而好学，不耻下问"，

努力做一名学习型班组长，进而带动大家，使班组班子内部形成浓厚的安全学习风气。

②要容人容事。班组长要抛弃个人是非恩怨，"以直报怨，以德报怨"。在安全工作中，只要不是原则问题，就应坦然处置，大度容人容事，先容他人不容之事，后成他人不成之事，于无声处让员工们自我反省、自我纠正，以最大限度地减少班组班子内部的对立面。

③要公平公正。班组长对待班子成员一定要一碗水端平，公道正派，不搞亲亲疏疏，不搞"小圈子"，待人处事一个标准，不因人因事而异。只要做到这一点，在安全工作中，班组班子内部就能形成讲正气的风气。大家在安全生产中尽职尽责，在荣誉面前相互谦让，班组长的亲和力、感召力和权威性必定增强。

④要放权放手。班组班子内部分工一旦确定，该谁管的事谁管，该谁办的事谁办，班组长则应该放手处且放手，该授权处且授权，该担责时且担责，该推动时且推动，充分调动班子成员的安全生产积极性，靠集体的力量和智慧完成各项安全工作。只有这样，班组长才能举重若轻，驾驭全局。

（3）善于用员工。一个称职的班组长，在安全工作中不仅要多谋善断，带好队伍，还必须知人善任，注意挑兵选将，把那些靠得住、有本事的员工选派到重要生产、操作岗位，从而充分调动全班组在安全生产中干事创业的积极性。

①要确立导向。要确立导向就是解决好在安全工作中用什么人的问题。有什么样的导向，就有什么样的风气，只有确立正确的安全工作导向，才能使员工队伍风正气顺。确立安全工作导向的依据就是严格按照"安全第一，预防为主，综合伦理"的方针和"安全发展"的理念，坚持公平、平等、竞争、择优的原则，真正把开拓进取型、敬业实干型的员工选配到重要生产、操作岗位，使那些愿干事、会干事、干成事的优秀员工得到重用。

②要严管厚爱。在班组安全工作中，用员工的一个有效方法就是恩威并重。一方面，班组长带兵要爱、管兵要严。对员工工作

上爱护，生活上关心，可以增强用人者的亲和力，使"仁者不忧，知者不惑，勇者不惧"。另一方面，也不能因为下属在某项安全工作中有功劳而一味偏袒，对下属员工在安全工作中出现的苗头性问题，要提前打"预防针"，防患于未然。要留意下属员工的生活圈和交际圈。当下属员工有不健康倾向时要及时提醒，以免其在负面影响下，滑向错误的深渊。对下属员工从严要求，意味着关心和爱护。

③ 要注意帮带。"授人以鱼，不如授人以渔"。班组长帮助下属员工解决具体安全问题，不如帮他们理清思路，掌握有效的安全工作方法。要及时纠正下属员工脱离实际、重点不明、措施不力、超越政策、损害全局的思路。当前，企业正在转型发展、跨越发展，在班组安全工作中普遍存在"老办法不顶用、新办法不会用、硬办法不敢用、软办法不中用"的情况。对此，班组长必须拿出自己的耐心、经验和智慧，给员工以鼓励、指导和帮助，提高他们分析安全问题、解决安全问题的能力，使他们及时破解安全生产难题，增强干好安全工作的信心。

（4）善于创环境。环境是发展的外因。环境就是信誉度，就是形象，就是生产力。在班组安全工作中，抓环境就是抓发展，就是抓效益。班组长要树立科学的安全发展观，紧紧抓住第一要务，努力营造企业无事故、员工无违章、岗位无隐患和员工最安全、创业最宽松、企业最文明的环境。

① 要营造发展氛围。在班组安全工作中，关键是做好三个方面的事：一是在千头万绪的安全工作中，要咬定安全发展不放松，抓住安全发展不放手，快速安全发展不停步。二是在错综复杂的利益分配中，要坚持让利于员工，激活安全发展主体。三是在安全生产执法上，要硬起手腕，坚决惩治事故责任者。

② 要弘扬一方正气。一个班组风气的好坏，与班组长有很大的关系，班组良好的安全生产风气能影响、带动企业风气的好转，进而带动社会风气的根本好转。因此，班组长要时刻注意弘扬正气，努力营造一方"小气候"。

③ 要确保班组稳定。安全发展离不开和谐、有序的社会秩序，人的安全是生产者、经营者对所处环境的起码要求。作为一名班组长，必须正确处理改革、发展、稳定的关系，要理顺员工的情绪，消除员工的怨气，将安全问题化解在萌芽状态，把员工的创造力引导到安全发展上来。

（5）善于抓落实。安全决策是安全行动的先导。安全决策的目的的付诸实施，尽快转化为经济效益和社会效益。所以，推进班组安全决策落实往往比做出安全决策更为困难，也更为重要。

① 要建立机制。促进班组安全工作落实必须建立一套有效的机制。要建立安全目标责任制，实行定性、定量、定人管理，配之以科学的安全考核办法和严明的奖惩。班组长应当强化督查工作力度，构成上下贯通、纵横协调的抓落实网络，形成领导抓、抓领导的安全工作格局，确保安全决策取得实效。

② 要解剖典型。抓典型既是一种安全工作领导艺术，也是新形势下推进班组安全工作的重要方法之一。在班组无论干哪项安全工作，都要注意培育典型、狠抓典型、解剖典型，用典型推动安全工作。要使班组每一项安全工作都有一些可信、可看、可学、可比的典型，用典型塑造安全工作形象，用典型展示安全工作水平。同时，也要注意反面典型，如重大事故典型案例、重大事故责任者，用反面典型促使员工接受教训，举一反三。

③ 要注意协调。班组安全决策在实施的过程中难免会遇到这样或那样的阻碍，不少安全问题都需要决策者亲自出面解决。作为班组长，一靠说服教育；二靠因势利导，找准矛盾的症结点、权责的平衡点和利益的切割点；三靠法律法规；四靠底层突破。

④ 要持之以恒。在班组安全工作中，班组长要敢于正视困难，用科学的态度对待困难，用正确的方法克服困难，在解决困难中加快安全发展，在加快安全发展中解决困难。坚持一张蓝图绘到底，克服形式主义、急功近利等不良行为，真正扑下身子、挽起袖子、放下架子，努力当好班组长，用好手中权，办好安全事。

40 班组长安全工作中用权要有"分寸感"

班组长在班组中处于核心地位，起着关键作用，负有全面责任。而班组长用好手中的权力，发挥好关键作用，两个字最重要，一个是"道"，一个是"度"。"道"是指方向性、原则性的东西；"度"是指分寸尺度。万物均为毒药，万物又都是良药，关键是看用多少。适度用权，是一种游刃有余的大气，而非捉襟见肘的局促；是一种从容不迫的成熟，而非急功近利的幼稚；是一种目光远大的驰骋，而非孤注一掷的盲动。班组长在安全工作中有分寸感，对"度"的问题悟得深、把得准、用得好，就能使"道"得到全面贯彻落实，唱响"主旋律"，架起"连心桥"，倡导"齐步走"，克服"左右左"，增强向心力，从而实现主观与客观、动机与效果的统一。

（1）在安全决策过程中，当好"主管"不"主观"。在班组，任何一项正确的安全工作决策，都是集体、经验、智慧、知识的结晶。由于班组领导班子中各成员的地位、职责、阅历、能力等诸多因素的不同，对各种安全工作决策预案往往会出现仁者见仁、智者见智的情况，这就要求班组长在安全决策中当好"主管"，发挥协调各方、整合信息、正确集中的作用。现在的问题是，少数班组长把重大安全决策中的"主管"作用发挥到了极致，变成了"一言堂"，搞个人说了算，陷入"主观"的误区。当好"主管"，又避免"主观"，最关键的是要尊重安全决策的客观规律，寻求实现主观认识符合客观实际的最优化途径。要真正吃透上情、摸透下情、掌握外情，就要充分吸纳班子成员的意见和建议，全面、准确地获取反映客观事物本质属性的信息，并在此基础上整合安全信息资源，权衡利弊得失，科学分析比较，严格按照少数服从多数的原则，依靠集体智慧决定重大安全问题，以增强安全决策的可行性，使班子做出的安全决策都能成为上策。

（2）在安全决策实施中，善于"总揽"不"独揽"。一个班组的安全生产工作虽然涉及方方面面，但都囊括在班组长总揽全局的责任范畴之中。然而，负总责、负全责，并不意味着班组长可以对每一项安全工作等量齐观、平均用力，而是要抓关键、抓要害、抓主要矛盾。如果班组长把权力紧紧抓在自己的手里，什么都要自己说了算，就会使班组员工迈不开步、走不动路、欲干不能、欲罢不忍。到头来，班组长就会成为孤家寡人，什么事都办不好。班组长负总责、负全责，就要根据班组的情况和实际安全工作需要，逐级分解职责和权力，使班组员工职责分明、权利适当，有职有权，形成明确、适当的权责体系。授权后就要让班子成员独立思考、独立工作、独立解决矛盾，不插手、不干扰，充分信任和依赖班组成员和全体员工。在安全决策实施过程中，班组长对碰到困难的班子成员要鼓励帮助，对遇有紧急情况或重大安全问题来不及请示报告的要谅解；对他们决定的问题、处理的事情，只要不是有原则性、方向性的问题，就不要轻易否定；需要改正的也要引导，让其发至内心地重新决定；班子成员在安全工作中出错时，要主动为其担担子，承担责任，一起总结失误的经验教训。

（3）在解决安全矛盾时，处事"果断"不"武断"。企业的生产是复杂多变的，在安全生产中各种矛盾层出不穷，产生一些突发、危急和疑难事件在所难免。班组长接触、处理这些问题应果断而不武断，要善于在偶然性中发现必然性，把握突发事件发生的规律性，掌握处理突发事件的本领，提高安全工作领导效能。首先，必须总揽事件的全局，通过精细快速地调查了解，尽快摸清事件的全貌和种种原因。其次，对现象和原因进行分析梳理，透过现象和员工情绪，准确地弄清事件的性质、趋势及发展后果。再次，根据对事件的原因及性质的把握，找出解决问题的办法，迅速地做出安全工作决策，不能犹豫不决，贻误时机。要做到快刀斩乱麻，有魄力、有主见，既广泛地听取各方面的意见和建议，集中多数人的智慧进行决断，又不能纠缠于细枝末节，被一些现象和闲言碎语所左右；既要雷厉风行，抢时间争主动，不使事态进一步扩大，又要慎重从事、周密分析，不能有丝毫粗心大意。

（4）在日常相处中，宽容"大度"不"无度"。班组长要有宽容的气度，大度才能容人，才能团结班组员工一道工作。不但要团结与自己意见一致的人，而且要团结那些反对过自己并被实践证明是反对错了的人一道工作。要在安全生产工作中能容人小错、容人大短、容人唱反调，同时还要掌握好宽容的"度"，对班组员工要做到政治上充分信任，工作上尽力支持，生活上热情关心，又要做到信任不放任，爱护不祖护，绝不能回避问题、逃避矛盾。班组长和班子成员之间要做到：互相支持不争权、互相信任不猜疑、互相尊重不拆台、互相配合不推诿。要在安全工作目标一致的前提下，配合默契、形成合力、患难与共，无论在什么处境下，都能结成齐头并进的和谐整体，让上级领导感到放心，让班子成员感到舒畅，让下属员工感到满意。

41 班组长在安全工作中要善用发散思维

发善思维是指领导主体从不同方向、角度、层次进行思考，以寻找解决问题的各种办法的思维过程。对班组安全工作来说，班组长的发散思维具有多维性、变通性和创造性等特点。班组长思维对象的多性样，决定了发散思维在领导思维中是一种具有普遍性的方式。发散思维在安全工作中的运用，主要表现在以下几个方面。

首先，从发现安全问题的角度来看，班组长思维的发散面越广、发散量越大，就越能敏锐地发现安全问题和提出安全问题。安全问题是思维的起点，只有发现了安全问题才能提出班组长领导思维课题，确定班组长领导思维方向。如果在班组安全工作中连安全问题都找不到，有价值的安全思维活动就无从提起。一个在安全工作中思维封闭的班组长往往很难发现安全问题，即使发现了安全问题，也往往是些无关紧要的或人所共知的小事情、老问题。有的班组长总是把班组的现在和过去进行比较，把自己的优点和别人的缺点进行比较，总觉得现在比过去好，自己比别人强，沾沾自喜、洋洋自得、不思变革、不思进取。而在安全工作中持有发散思维的班组长则不同，他们不只是把现在与过去进行比较，而且同未来比，同周边比，同国内国际比，这样就容易发现安全问题，明确班组安全工作的方向和任务。

其次，从解决安全问题的角度来看，班组长思维的发散面越广、发散量越大，解决安全问题的办法也就越多，有价值的办法出现的可能性也就越大，从中选优，就可以筛选出解决安全问题的最佳方法。当班组长遇到安全问题时，如果打不开思路，将思维禁锢在陈规陋习、条条框框中，只有极少的解决安全问题的老办法，那就没有择优的余地，也就无法进行比较。如果班组长采用发散思维，就能拓宽思路，找出多种可行的解决安全问题的方案，就有比较和选择的余地，办法越多，可供选择的余地就越大，也就越能选择出有价值的办法来，从而为取得最佳的安全工作思维效果提供可能。

再次，从总结安全经验的角度来讲，班组长思维的发散面越广，发散量越大，总结的安全经验教训就越全面，就越能正确指导今后的安全工作，减少安全生产中的失误。一个具有发散思维的班组长在总结安全思维成果时，不只是看成绩，还看差距和不足。这样，他就会不满足于现有的成绩，就不会把取得的安全工作成绩只归功于自己，而是归功于班组和员工，这样的班组长才能永远不自满、不骄傲、不停步。

最后，从创新安全思维的角度来讲，发散思维是班组长安全工作中创新思维的一种重要形式，没有发散思维就没有班组长安全工作的创造性。可以说，班组长的思维创新，几乎都是运用发散思维的结果。在班组安全工作中善用发散思维的班组长，不迷信任何偶像和一切不适应现实情况变化的旧观点，善于吸取旧事物、旧观念中的合理因素，在继承的基础上进行创新，提出自己的新观点、新思想。

当然，在班组安全工作中班组长思维的过程中，如果思维一味向外发散，信马由缰而无法收拢，也就难以正确发挥发散思维的作用。只有在发散思维的基础上进行复合思维，从各个方面把安全工作思想集中起来，才能取得最佳的安全工作效果。

42 班组长要善用赏识

赏，欣赏；识，识别发现。顾名思义，赏识是尊者或领导者对他人或下属表现出的认可、欣赏的态度。赏识犹如爱美之心，是认识、评价他人的一种本能的心理活动。赏识是管理活动中抹不去的心理元素之一。管理活动中的赏识一般来自三种动机：一如"对镜"，即见君如见己，对于自己有某些内在相似者的自然亲切感；二如"赏花"，对才能或美德的由衷喜爱、欣赏；三如"舐犊"，对优秀人才的关心、关爱，特别是对有潜力的年轻人尽快成长成才的殷切期望。班组长对下属的欣赏往往是一种动机为主导，多种心理共存。多样的心理共存，为赏识的普遍存在提供了土壤。在组织中，只存在欣赏谁或不欣赏谁，只存在谁被欣赏或者谁不被欣赏，而不存在与欣赏无关的人。无论是领导者或被领导者，概莫能外。

（1）欣赏是把双刃剑。纵览古今，成于赏识者不胜枚举，败于赏识者亦大有人在。齐桓公对管仲的慧眼识英雄成就了齐国霸主的地位，乾隆对和珅的错爱酿成了清王朝走向衰败的贪腐悲剧。揽才既不能完全依靠赏识，又不能没有赏识。赏识之道的确不可不察。

在企业班组，赏识可以成为优秀人才成长的快车道。从一定意义上讲，善于欣赏是班组长的一种智慧，善于获得赏识是班组成员的一种能力。其一，班组长善于赏识是选人用人传统而重要的渠道之一。选任制、考任制是人类迄今为止发明的两种主要的选人用人方式。选任制的历史和适用范围较之于考任制要久远、广泛得多。在古代，大部分官吏的擢升都是采用选任的方式，通过科举直接考出来的官员是少数。即使在公务员招录制度重大改革的今天，考任制的适用范围依然很有限。只要有选任的地方就有欣赏的影子。而且随着干部选拔任用民主程度的不断提高。群众说话的分量越来越重，赏识的范围从以前领导的单纯赏识，扩大到现在群众、领导、组织的共同赏识，赏识在选人用人仍或隐或显地发挥着重要作用。

其二，善于获得领导和群众共同赏识是优秀人才展示自我、脱颖而出的方式之一。在人才资源为第一资源、人才竞争已经深入到社会的每一个领域的今天，"好酒不怕巷子深"的传统箴言日渐式微，如何通过合理、积极地展示个人的真才实学，获得组织上下的共同赏识，为组织揽才多提供一个选项，为自身成才成长多争取一分机会，已经成为人才工作值得研究的新课题。

然而，赏识也可能降格为讨好取巧、藏污纳垢的厚黑术。班组长在班组安全工作中对下属的赏识本身是"只可意会不可言传"的，标准不明、弹性过大，班组长的情绪心理都可能造成用人上的判断失误。特别是一些处心积虑的下属会将私心自用的班组长当做靶子，醉心于心术揣摩、伪装自己，背弃原则地一味迎合班组长的口味，投合班组长的需要，赏识就会脱变为权力资源分配中暗箱操作的寄主，引发任人唯亲、用人不公一系列并发症。这也是今天防治用人不正之风的一个重要方面。

(2) 如何运用好赏识。赏识有三种境界：赏识于利，赏识于艺，赏识于心。于利，处于私心，贪图厚利，是赤裸的权力交易；于艺，看重技能、技艺，是用人一技之长；于心，赏识的是品行、能力以及综合素质，是识才、爱才、惜才的最高境界。

班组长要追求高境界的赏识，采取趋利避害的理性态度，既不能把赏识作为人治的象征完全否定，也不能片面夸大它的正面作用。班组长在班组是一面旗，班组长的一举一动是下属言行的风向标。班组长的赏识取向往往影响着下属寻求赏识的动机和行动。建立良性的赏识与被赏识关系，班组长是关键，班组长需要具备科学的赏识观和艺术的赏识法。

① 把准方向。首先，赏识体现用人导向。在班组安全工作中，班组长赏识一个人才会激励一大片，赏识一个庸才会挫伤一大群。班组长要树立正确的赏识观，坚持正确的用人方针，特别要把德才兼备、以德为先、业绩突出、群众公认作为赏识人才的根本指南。其次，赏识反映个人修为。坚持用人标准，其实也是坚持做人标准。班组长欣赏什么样的下属，折射出班组长自身的德行、素养、

格调。所以，班组长要将公道、正派、无私的做人标准贯穿到对下属的赏识之中去，也要在班组安全生产过程中识人、察人，反省自身的做人标准，从而促进自身的进步。

②潜显兼重。在赏识上，班组长应做"吝啬鬼"，不应轻易赏识什么人。在坚持大原则的基础上，还应有严格的标准。德才兼备永远是品评人才不可遗弃的重要标准。德主要看行动，才主要看业绩。然而在现实的班组安全生产中，行动和业绩往往不是像小葱拌豆腐一清二白地展现出来的，既有外显的，又有潜隐的，只有全面了解，才能准确识才。首先，关于行动。行动总是有实有虚，虚的在于掩饰或传递信息，实的才反映真实、体现德行。班组长全面了解下属，既要看一时的行动，也要看长期的坚持；既要看安全工作中的表现，也要看在生活休闲中的志趣；既要看和班组长在一起的态度，也要看和同事、员工在一起的做派。其次，关于业绩。在没有制度引导约束的情况下，人们都有采取短期行为的冲动。对于立竿见影的政绩工程，大家趋之若鹜，而对于利在将来的长期事业，则鲜有人问津。既要看到显绩，又不能忽视潜绩，才会对下属的安全工作业绩、才能有全面客观的评价，才有助于纠正下属以不计成本的"政绩工程"邀功请赏的投机行为。

③软硬兼施。赏识犹如品茗，是一门软功夫。班组长的个人能力决定着识人用人的水平，班组长的个性和偏好影响着识人用人的"口味"。但是个人判断难免会走偏，有时这些偏好还会被利用，正如《清圣祖实录》里记载康熙教育后代时所讲"一有偏好，则下必投其所好"。主观性过强为偏赏错实留下了隐患，所以还需要硬办法来适当中和软功夫，这就是制度化的选人用人办法。一是加大公开选拔、竞争上岗力度，扩大选人用人视野，让优秀人才能够通过制度化的渠道脱颖而出。二是完善考核管理制度，做到年度考核和平时考核相结合，细化考核项目，量化考核指标，使考核成为能够真实全面反映员工安全工作情况的一个重要渠道。三是建立定期恳谈制度，班组长深入到下属中间，了解在安全工作中的思想动态等多种情况。

④ 明暗有别。赏识包含着丰富的领导艺术，它既是发现人才的途径，也是激励人才的手段。班组长在安全工作中有效地运用赏识，可以发挥不同的激励效果和管理作用。其一是"明赏"。即在一些公开场合直接激励下属，本人及周围人都感知到赏识的存在，这种赏识法既能对下属产生强烈的激励，也能帮助下属树立威信，起到在班组中树立榜样、激发竞争的作用。其二是"暗赏"。即并不以任何方式向任何下属表明赏识的存在，而是在暗中赏识，暗中培养。这种方式对于竞争比较激烈的下级关系是稳妥的，避免了"明赏"可能引起的相互排斥、恶性竞争，有利于维护下属成长的良好环境。其三是介于前两者之间，即只让赏识对象知道赏识的存在，是对前两种方式特点的折中。每一种方式都有优缺点，要视班组环境、下属间关系、下属的个人特质综合考虑，权变运用。

⑤ 重在培养。班组长的成就看下属。只追求自己进步的班组长，算不上合格的班组长。班组长的一项重要职责就是培养下属、促进新任成长、选好可接班的人。赏识不是单纯的欣赏，而是带有甄选重点培养对象的目的，最终要落在具体的培养行动上。没有培养的赏识，是"只浇水，不施肥"。赏识年轻下属，就要给他加任务、压担子，把他放到班组的多个岗位、艰苦环境中历练，使其经验丰富、视野开阔；赏识下属，就要对他大胆放权，小心问责，放到处理复杂问题、重点工作的挑战性强的岗位上锻炼，增强驾驭、统领能力。

总之，为政之要在于用人，用人之要在于善赏识。在班组安全工作中，班组长没有正确的赏识，就不会有人才脱颖而出。历史上几乎每一位成功者身后都能寻找到伯乐的影子。新时代的人才观需要我们抛开对赏识的传统偏见，更需要对赏识的观念、方法进行科学化的重塑，从而将旧时的宫廷权术净化为新时代的科学管理。

43 班组长要善于优化下属成才的安全工作环境

在班组领导工作中，必须调动下属的积极性。班组长是否有水平，自身的能力发挥只是一个方面，关键在于能否把下属的能量充分发挥出来。在安全生产工作中，要充分发挥下属的能力，就必须善于优化下属成才的安全工作环境。

（1）对下属要真知深知。古语说："知己知彼，百战不殆。"知的目的在于对下属知的越深，下属的作用就发挥的越好。班组长在安全工作中对下属的了解可以分为三个层次：浅层次的"知"是了解下属的基本情况，以便凭经验按常规安排使用。在这种情况下，用人具有较强的主观性。中等层次的"知"是对下属的安全工作能力、人品、习惯、优缺点及主要想法都了如指掌，在用人上根据情况量才使用，能做到客观公正，人尽其才。高层次的"知"是在前两个层次的基础上，进行心与心的交流和沟通，这种"知"不再是一般意义上的了解，而是从了解变成了知己，达到了高度信任的程度。这种"知"不但是领导了解下属，下属也了解领导，当下属在安全工作中遇到挫折或困难时愿把埋葬在心里的秘密向班组长倾诉，有事主动找班组长汇报，安全工作中的主动服从命令、听从指挥、乐于吃苦，甚至冲锋陷阵，这就是古人说的"士为知己者死"。这是"知"的最高境界。

（2）对下属要敢用善用。班组长在安全工作中一是出主意，二是用人员。广义的用人员就是用人才。什么是人才？有的人认为只有才能出众的才算人才，其实有用之人就是人才。作为班组长，会用人才的只能算称职，会用偏才的仅是懂得一点门道，会用庸才的才算掌握了用人的真谛。班组长在安全工作中用人就是要短中见长，庸中见智。一是要学会用人之长。用人贵在用其长，一流人才当三流人才用，他也许还不如三流人才干得好。班组不同的岗位需要不同的人才，班组长用人应该因事设人，量才录用。二是要注意发挥人才的整体效益。一个班组的安全工作不是靠一两个人的努力就能干好的。班组长在安全工作中用人的根本目的，归根结底就是尽可能提高人才的整体效益。要根据每个人的特点和安全工作的需要，创造条件让大家密切配合，形成最佳的组织结构，产生最佳的安全生产效益。三是用人要以安全工作任务为牵引。用人的目的是为了完成安全生产任务，班组长要根据任务用人。给任务要因人而异，既要看能力，又要看人品，而且布置的安全生产任务还要不断变化。一个人长期干一项工作会厌烦，会缺乏激情，要定期对人员或工作进行调换，即使不调换，在安全工作中也要提出新的标准，进行再刺激。四是要重用优秀人才。虽然每个有用之人都是人才，但只有重用优秀人才才能既使安全工作产生巨大的效能，又起到导向作用，使更多的优秀人才脱颖而出。总之，在用人问题上，既要重用优秀人才，又要让每个人在安全工作中都发挥作用。只有敢于用能人，善于用众人，班组长才有水平，安全事业才有希望。

（3）对下属要注重培育。一个班组要想有诸多的安全工作人才出现，必须抓紧培育人才。培育人才要做到四个结合：一是重点培养与集体培训相结合。对一些安全工作急需的人才，很有发展潜力的人才，要抓紧时间重点培养。可有意识地进行个别指导，传帮带、交任务、压担子，或外派培训。对班组里所有员工，也要有计划地组织安全学习，进行培养，不能抓了少数，丢了大家。二是离职培训与在职培养相结合。对一些潜人才要离职培养，让他们走出去拓宽思维，开阔眼界，利用专门的时间静下来进行安全知识学习，思考问题，系统总结。这样他们就能在较短的时间里产生新的飞跃，然后，发挥好他们的酵母作用，通过他们的进步带动大家。同时，更重要的是抓好在职安全学习。离职安全学习培训的人毕竟是少数，岗位学习是多数，是长期的任务，必须有计划高质量地抓好。三是安全工作能力培养和安全素质培养相结合。在培养下属的时候，应该是集中抓安全工作能力的提高，经常抓安全素质的养成，这样培养出来的人才应变能力强，功底扎实，用起来才得心应手。四是理论培养与实践锻炼相结合。一个员工如果没有一定的安全理论水平作支撑，他的安全观念就会陈旧，安全思维就会僵化，看问题就会站不高、看不远、想不透，很容易固执己见，自我陶醉。如果只重安全理论，不善于与安全实践相结合，就会变成书呆子，解决不了具体安全问题。因此，只有把安全理论和安全实践结合起来，才能做到具体问题具体分析，进而具体解决。

（4）对下属要关心体贴。关心体贴就是为下属创造良好的安全工作环境，让下属以积极的心态投入安全工作。一是必须让下属心情舒畅。情感在很多时候会超过理性和真理，比如，本来能干好的安全工作，如果员工情绪不好，安全工作效果就会大打折扣，因此有人说："带着烦恼情绪上岗就是事故隐患。"怎样让下属用最好的心情、最佳的精神状态去干安全工作，这是文明和细心的班组长必须重视的问题。二是要善于创造一个奋发向上的安全工作环境，人的追求是多层次的，而安全工作是人们实现追求的一种方式。因此，安全工作要讲回报，安全工作的回报必须与追求的安全目标一致，员工在安全工作中才能充分施展自己的才华。作为班组长，当下属的目标需求或待遇尚不满足，有意见的时候，就要进行解释和耐心的教育，并在可能的情况下给予调整和改进。如果下属太知足了，又必须注入竞争机制，提出新的安全工作目标，以调动班组员工的安全生产积极性和工作热情。

44　直觉决策：班组长安全工作决策的重要方式

决策是领导者的重要职责。科学决策不仅需要程序化决策，也需要直觉决策。但在班组安全生产实践中，不少班组长偏爱程序化决策，认为只有依靠逻辑思维，按照一定的程序进行安全工作决策，才是科学可靠的；而对直觉决策缺乏应有的认知和重视，把直觉决策简单地理解为跟着感觉走，认为直觉决策缺乏科学性，自觉不自觉地排斥直觉决策，更不重视直觉决策能力，面对程序化决策解决不了的安全问题束手无策，影响了科学决策的质量，降低了班组安全生产工作领导效率。直觉决策是科学决策的重要方式，深化对直觉决策重要性的认识，把握直觉决策的本质特点，不断提高直觉决策的能力，是保证班组安全工作直觉决策效果，进行科学决策的必然要求。

（1）深化对直觉安全工作决策重要性的认识。

① 直觉安全工作决策是科学决策的重要形式。决策是班组长

对未来安全行动方案的抉择。人们在长期进化的过程中，不仅形成了利用逻辑思维对事物进行分析、判断，按一定程序决策的程序化决策能力，而且形成了不需要分析、抽象、归纳、推理，凭借自己的直觉、洞察力对事物进行准确判断，从而进行直觉决策的能力。班组长安全工作直觉决策能力的形成，是以人在进化过程中形成的右脑具有的直觉判断功能为基础的。班组安全生产的实践证明，直觉决策和程序化决策一样能够对事物进行科学准确的把握，是科学决策的重要形式。就其正确性而言，直觉安全工作决策并不亚于程序化决策。

② 直觉安全工作决策是解决紧迫安全问题的必然选择。在班组安全生产实践中，有些遇到的日常安全问题并不紧急。这些问题对班组发展中所起的作用比较缓慢，或经过一段时间后才会发生作用。对这些安全问题，今天可以解决，明天解决也不迟，不会因为拖延到明天解决就造成事故的发生。而有一些安全问题，对班组的安全生产影响是迅速的，对班组长来说必须立即解决，否则就失去了解决的时机，甚至发生事故给企业带来难以挽回的损失。对这些紧急安全问题的处理，必须不失时机地适时决策。而程序化决策需要收集足够的信息，需要较长的时间。显然对于班组安全生产紧急事件来说，往往因为解决的时间紧迫而无法采取程序化决策方式来进行。而直觉安全工作决策可在瞬间或较短时间内做出决断，因此，班组解决紧迫安全问题运用直觉决策更具一定的优势。

③ 直觉安全工作决策是解决模糊安全问题的客观需要。班组长在安全生产中通常面临的问题有一些比较简单明了，有些事物内在本质的信息暴露比较充分，人们根据已有的技术、知识、经验可以掌握足够、准确的有关判断事物本质和发展趋势的信息。而有些安全问题错综复杂，人们对其认识还比较模糊。程序化安全工作决策需在充分把握信息的基础上，依据充分的信息推理事物的发展趋势，找出问题的症结，提出解决的对策。因此，程序化安全工作决策的前提是拥有充分全面的反映事物本质的信息。对于复杂模糊的安全问题，由于对其信息的把握不够充分，因此难以通过程序化安

全工作决策进行分析决策。而直觉安全工作决策根据有限的信息就可以对事物做出直觉判断、做出决策。因此，直觉安全工作决策成为班组解决模糊安全问题的惯用方式。

④ 直觉安全工作决策是解决相似安全问题的快捷方法。在班组安全工作中，有些安全问题会经常出现、反复发作，也有些安全问题尽管不完全相同，但在本质上属相似的问题，由于这些安全问题属同一类问题，在本质上是相同的，在运行发展过程中，遵循基本相同的规律。因此，如果对相同或类似的安全问题再进行程序化决策，既没有必要，也是一种资源浪费。班组对于相同或类似的安全工作决策、相同或类似安全问题采取相同或类似的对策本身就是一种直觉安全工作决策，直觉安全工作决策是班组解决相似安全问题快捷简便的有效形式。

（2）把握直觉安全工作决策的本质特点。

① 直觉安全工作决策的特点。直觉安全工作决策是人们根据直觉进行行为选择的一种决策方式。直觉安全工作决策有如下特点：一是直觉安全工作决策是一种非程序化的直觉思维。它是人类在长期进化的过程中，通过种群基因信息积聚遗传下来的，是人们在生产生活及社会实践活动中基于环境和经验的非理性思维方式。在直觉安全工作决策中，无需分析和推理，也没有像程序化安全工作决策那样基于逻辑思维的程序。对直觉安全工作决策而言，我们感觉到的，只有直觉安全工作决策的结果，而不是直觉安全工作决策的过程。二是直觉安全工作决策基于经验。在班组安全工作过程中，人们积累的大量丰富的经验，成为直觉安全工作决策的前提和基础。三是直觉安全工作决策简易快捷。做直觉安全工作决策的人，在接受到需要解决安全问题的相关信息刺激后，能迅速快捷地做出决策反应。比如，一个人在面临突如其来的飞车时，会快速做出躲避反应，而不会也来不及考虑躲不躲、向哪个方向躲等问题。四是直觉安全工作决策受情绪的影响。情绪与直觉安全工作决策同属意识运行的神经系统，其运行是自动进行的，情绪可以帮助人们无意识地对信息进行过滤。五是直觉安全工作决策获取信息的渠道

比较多。可以获取事物包括气味、颜色、形状等信息。直觉安全工作决策不需要反映事物的全部信息，只要有反映事物的"片段"信息就可以产生直觉判断。

②直觉安全工作决策的本质。直觉安全决策的机制是：人们通过内隐学习，将大量安全生产实践中"问题—对策"信息储存在大脑中，形成经验系统，一旦被需要解决安全问题的信息激活，就会根据以往"问题—对策"经验，对需要解决的安全问题进行判断，做出反应，提出对策方案。其一，内隐学习是直觉安全决策的前提。所谓内隐学习，是指员工无意识获得安全工作实践中的具体知识经验的过程。员工在安全生产实践中进行内隐学习的次数越多，"问题—对策"信息储存的便越牢靠。其二，经验系统是直觉安全决策的基础。经验系统是员工通过内隐学习，储存在大脑中的安全信息积累，是直觉安全决策的基础。直觉安全决策需要在问题信息的刺激下把经验系统激活，找回相应的"问题—对策"信息。经验系统储存的信息越少，经验越不丰富，就越不容易做出直觉安全决策。相反，经验越丰富，经验系统储存的信息越多，越容易做出直觉安全决策。其三，安全问题信息的刺激是直觉安全决策的条件。直觉安全决策与程序化安全决策一样，都是针对安全问题并解决安全问题的。相关安全问题的信息成为直觉安全问题的刺激源。直觉安全决策针对什么安全问题做出决策，取决于安全问题信息。直觉安全决策的准确性同样取决于反映安全问题的本质的相关安全信息，取决于人们对这些安全问题的信息的认识。如果人们所掌握的反映安全问题的信息能反映事物的本质，对预测事物比较重视，人们就能做出较为准确的安全决策，否则，相关安全信息就可能被过滤掉。其四，通过经验系统对安全问题进行直觉判断是直觉安全决策的关键。我们已经清楚地知道，对安全问题的直觉判断与经验有关。经验让我们面对眼前发生的事能快速地做出应对。在直觉安全决策中，当安全问题信息出现后，储存在人的大脑中的安全经验知识被激活，人们便根据这些安全经验知识对安全问题进行判断，做出对策性选择。

（3）提升直觉安全决策能力。

① 勇于实践，积累经验。安全经验是直觉安全决策的前提，直觉安全决策是源自安全经验的必然结果。勇于决策，善于决策，在安全生产实践中积累经验是提升直觉安全决策能力的重要途径。因此，班组的领导者一定要把平日的安全生产工作当成是锻炼而不是负担。安全经验来自于安全生产实践，只有勇于实践，敢于实践，把安全工作当机会，才能逐渐通过实践进行内隐学习，不断丰富自己的安全经验系统。班组长一要围绕安全工作提升自己的直觉安全决策能力，还要围绕提升自己的直觉安全决策能力而工作。二要主动接受经验丰富的员工的指导。别人在安全生产实践中积累的丰富经验可以作为自己的间接经验。通过经验丰富的员工的指导，可以使自己少走弯路，尽快丰富自己的安全经验系统。三是在安全生产实践中形成的正反经验。分析这些典型的正反两方面的安全决策案例，可以丰富人们安全决策知识和经验。四是丰富阅历。直觉就是经历的汇总，丰富的安全工作阅历能使人们做出合理的安全决策。阅历丰富，能够提升人们在不同的安全工作领域发现相同模式的能力，这方面的阅历可能有利于为另一方面提供安全决策依据。

② 平衡情绪，增强自信。直觉安全决策反映了决策者的自信。直觉安全决策往往发生在危急关头，决策者没有时间权衡各种方案、观点的得失，计算出各种结局产生的概率，仅凭自己的直觉进行判断，做出决策。因此，直觉安全决策不仅体现了决策者的自信，而且必须保证决策者拥有自信。一个人如果不相信自己的直觉，就难以利用直觉安全决策解决安全问题。所以，班组长要提高直觉安全决策能力，必须增强自信心，要相信自己的直觉，并通过直觉安全决策本身较小的出错率来培养自己的信心。同时，直觉安全决策容易受情绪的影响，过激的情绪和情绪贫乏都不利于直觉安全决策。因此，班组长要提高直觉安全决策能力，必须善于把握自己的情绪，控制自己的过激行为，避免在情绪激动时进行直觉安全决策。

③ 自我检查，经常反馈。一要自我检查，克服过度自信的倾

向。没有自信无法进行直觉安全决策，但过度自信往往给直觉安全决策带来潜在的破坏性。有一项实验表明，有超过90％的人对自己过于自信。许多调查都发现，人们几乎在一切事情上都高估了自己的能力，包括自己的直觉安全决策能力。为了防止过度自信带来的直觉安全决策失误，班组长们必须学会自我反省、自我检查，不断提高自我意识能力，力求对自己有一个较为客观的认识。二要集思广益，将直觉安全决策与程序化安全决策结合起来。由于受自身经验、学识、能力、角色、看问题的视角等的影响，班组长们个人的安全决策往往具有理性的局限性。为了减少直觉安全决策缺陷，必须征求他人意见，集中大家智慧，形成更加科学的直觉安全决策。另外，可以将直觉安全决策与程序化安全决策有机结合起来，对一些可能发生的突发性事件，利用程序化安全决策制定出预案，一旦突发性事件发生，在预案的基础上再利用直觉安全决策进行果断处置。三是及时反馈，不断对直觉安全决策做出调整。任何安全决策都是主观见之于客观的东西，都有一定的局限性，加之组织始终处于不断的变化之中，因此，班组长很快做出的直觉安全决策不可避免地会出现偏差，或直觉安全决策随时间的推移而过时。这就需要班组长根据事态发展的需要，及时对直觉安全决策进行反馈和修正，尽量避免失误出现。

45 班组长提高危机处理能力初探

班组长担负着重要的安全生产任务，具体到岗位操作、作业过程。就是要应对和处置多种危机事件，而要圆满完成安全生产任务，最关键的是要拓展班组长的指挥素质，提高其应对和处置多种危机的能力。

（1）充分认识提高班组长危机处置能力的重要性和必要性。危机处置，历来是班组长指挥素质的重要标志和试金石。古代兵书《六韬》中讲，识别将帅德才有"八征"，其中，"穷之以辞，以观其变""告之以难，以观其勇"这两条讲的就是指挥员应对和处置危机的能力。美国管理专家诺曼·奥古斯丁认为："一次危机既包含了导致失败的根源，又蕴藏着成功的种子。"决定危机发展结局的中心环节就是指挥员的危机处置能力。在新的形势下，企业的班组长就是班组安全生产工作的指挥员，他们在生产作业操作过程中危机处置能力的重要性和必要性更加凸显，可以从四个方面来看。

① 班组安全生产中危机处置趋向多样。如在化工生产的班组工作中，因化工生产的特殊危险性，使危机处置呈现多样性，既要防火灾、爆炸、中毒，又要防高温、高压、深冷、负压造成的危害，还要防止粉尘、噪声、热辐射等职业危害，需要班组长进行认真的思考和研究。

② 班组安全生产中危机处置趋于常态。随着现代化的推进，在企业的生产过程中越来越呈现出大型化、集群化、智能化的规模，越来越多地使用新工艺、新技术、新方法、新材料。在现有条件下，由于班组成员的安全素质、安全文化、安全认知没有跟上，由于受科学技术发展的约束和装备的限制，由于班组安全生产管理的滞后，危机和事故已经逐步呈现常态化的特征。应对危机事件的现场——已经成为班组长指挥、组织、处置能力的特殊战场。正如美国前国防部长麦克纳马拉所说："今后，战略可能不复存在，取而代之的将是危机管理。"

③ 班组安全生产危机处置更加复杂。随着经济全球化进程，科学技术的迅猛发展，安全问题的综合性、关联性、整体性和突发性明显上升，加大了危机处置的复杂程度。如化工生产中，防止中毒的问题不仅仅是简单地会使用防毒面具，而是涉及装置的稳定运行、设备的可靠性、管道阀门的严密性、自控仪表以及 DCS 的准确性、供电用电的安全性等诸多问题。这对班组长危机处置的韬略、艺术等，都提出了新的更高的要求。

④ 班组安全生产危机处置成为重要职责。班组在安全生产中应对多种事故威胁，完成多样化安全防范任务，确立了班组安全生产能力建设的新标准。但在以往，班组更多地或者习惯于把生产以外的各项安全工作当成一项义务来看待，当作是特殊情况来处理。

在新的安全发展的年代，班组要从履行安全生产使命的高度，把安全工作纳入班组的重要职能范畴，把提高多种危机处置能力作为班组长的职责所系和分内之事。在大力提高应对各种事故隐患、指挥生产的同时，还要注重研究各种安全生产危机处置的特殊性要求，进一步拓展指挥素质，提高处置多种危机的能力。

（2）准确把握班组长处置危机的能力素质要求。应对和处置班组安全生产中的危机，对班组长的能力素质要求是多方面的。从当前的情况看，有以下六条要着重把握好。

① 要着眼于政治，把握全局。安全生产危机的出现从来不是孤立的，它与政治、经济等有着不可分割的关系。因此，必须着眼于政治，把握全局，从安全稳定的大局入手，这样才能登高望远，从大看小。同时，作为中国特色社会主义的企业，对生产中出现危机处置的本身也带有较强的政治属性。班组长在危机处置中，要始终站在政治层面和战略全局的高度来想问题、定决心、做安排。凡事多想稳定问题，多想酿成的后果，多想造成的影响，准确把握和坚决贯彻党和国家"以人为本，安全发展"的决策意图，确保政令畅通，确保人的生命安全。

② 心中有数，快速反应。在班组安全生产的危机事件中一个共同特点就是事发突然，不动则已，动则至急，对展开行动的时效性要求高，可以说，快速反应就是能力，争分夺秒就是胜利。尤其是一些突发事故、灾难事故和公共卫生事件等，无先兆、不确定、难预料，必须随时准备，以备应变，一有情况即能快速反应，快速处置。

③ 敢于负责，果断决策。敢于负责是班组长在突发事件面前必备的基础素质，是忠诚使命的集中表现，也是处置危机、果敢决策的前提条件。"用兵之害，犹豫最大；三军之灾，生于狐疑"。班组长要本着对党和人民高度负责的精神，临危而不乱，以稳重、稳妥的风范和智慧稳定局势，稳住人心；临乱而不草莽，准确判定形势，科学分析态势，迅速理清应对处置的思路办法；临难而不畏缩，勇于承担责任和风险，简化程序，特事特办，敢于拍板；临险

而不迟疑，行动坚决，迅速有效地控制事态，防止危机扩大、升级或转化，牢牢掌握危机处置的主动权。

④ 拓展知识，科学指挥。现代危机处置的专业化、协同化要求很高，知识的作用越来越突出，指挥协调的任务越来越重。如化工生产中突发的爆炸事故，就综合了爆炸、燃烧、有毒有害气体泄漏和工艺处置等多门专业知识，涉及到企业的消防部门、安监部门、职业健康管理部门、环境保护部门以及工艺技术管理部门等多方面的协作。因此，作为发生爆炸事故班组的班组长必须注重拓展知识结构，学习掌握处置多种危机所需要的相关科技知识，注重发挥专业队伍的作用，为危机处置提供科技和知识支撑；注重量情用人、科学用人、科学协调、随机协调、随时周密部署和精心组织，确保危机处置行动统一、有序、高效。

⑤ 广纳信息，掌握局面。情况是决心的依据，情况明才能决心大。掌握局面必须了解情况，有了情况才能掌握局面。班组长掌握局面，一要了解企业的安全方针政策和上级的安全决策意图。准确把握危机处置的原则要求。二要了解当时、当地、当班、当岗的情况，时刻关注事态的发展变化。三要了解员工的愿望，始终掌握舆论信息。要按照上级统一口径及时公布事实真相，让真相跑在谎言前面，主动报道危机处置时的进程、面临的困难等，争取员工的理解和支持。四要加强信息管理，防止涉密信息泄露，防止负面信息扩散，防止个别媒体不负责任的报道，使整个危机的局势始终处在掌握之中，并以此做出正确的判断、决心和处置。

⑥ 站在一线，模范带头。处置危机，班组长必须深入一线，靠前指挥，身先士卒。这样做，一方面有利于掌握情况，随机决策，正确指挥；另一方面也能够以自身的良好形象来感召员工，激发士气。

（3）提高班组长危机处置能力意识。

① 强烈的危机意识。危机意识是一种前瞻意识，也是一种忧患和责任意识。居安思危，才能保持头脑清醒；未雨绸缪，才能防患于未然。班组长在安全生产工作中要始终保持对危机的敏锐和警

觉，善于观察、见微知著，对可能面临的各种危机，要想得多一点、重一些、难一些，提前做好相应的准备，确保一旦有事，能够快速反应，不辱使命，避免仓促上阵，"临时抱佛脚"。

②勤于学习研究的意识。学习是提高能力的基本途径。"兵之有法，如医之有方，必须读习而后得"。班组长要进一步提高危机处置能力的责任感、紧迫感，钻研安全工作创新理论，努力提升思维的层次；全面了解本班组、岗位的实际情况，研究判断可能出现的危机；准确掌握有关的法律法规，严格依法办事，提高处置危机的政策水平，抓紧学习安全科技知识和相关的专业技能，补齐安全科技短板，改善知识结构。

③加强实践磨炼的意识。实践出真知、长才干。在处置危机所需的多样化能力中，指挥素质具有基础性、通用性和主导性。班组长要利用平时工作中处置一般性危机和组织指挥抢修、重大操作活动的时机，强化意识，自我磨砺，着重搞好"四练"：练意识，处变不惊，遇险不慌；练作风，谨慎从事，坚毅果断；练指挥，随机应变，掌控局势；练协同，顾全大局，密切配合。还要善于从"战争"中学习"战争"，注重总结反思，达到举一反三，不断提高的目的。

④搞好预案及其演练意识。"凡事预则立，不预则废"。所谓预，一是有预案，二是要训练。作为班组危机处置指挥员的班组长，要根据可能面对的危机，结合班组的职责特点，制定科学的危机处置预案。要坚持一种情况多种方案，一个方案多种措施，使预案具有较强的适应性和灵活性。同时，还要按照预案切实搞好真练实备，不断熟悉预案，加强协同，完善预案，不断提高班组长危机处置的综合能力，增强班组执行危机处置任务的快速应变能力。

46 班组长在安全建设中"压担子"的艺术

在企业的班组里，每个成员都蕴藏着巨大的安全生产潜力和能量，都希望能遇"伯乐"而成为"千里马"。但在现实的生产、生活中，班组经常有人因为自身作用得不到充分发挥而抱怨生不逢时，自暴自弃，整日一幅落魄的样子，而一旦被委以重任，就会变了个人似的马上精神抖擞起来。由此可见，在班组安全建设中，善于"压担子"对于人才的成长和进步，以及对于盘活班组，推动安全生产工作向前发展都有重大意义。作为担负着班组安全建设重任的班组长，要发挥好员工的作用，必须掌握"压担子"的艺术。

（1）在权力的自由度上多"放"。在班组安全建设中，班组长用人就要用到"实处"，既要给部属适当的职务，更要给其相应的权力，这样才能使其充分发挥才智。被用者最大的愿望就是能够得到领导的赏识和器重，使所怀才技得到最大程度的施展。班组长如果紧抓权力不放，大事、小事都去过问，甚至包办代替，员工的安全工作积极性就不会很高，这是班组长用人的大忌。我国春秋时期巫马期和宓子贱先后出任单父这个地方的地方官。巫马期执政时，披星戴月，废寝忘食，昼夜不闲，亲理各种政务，政绩不错。宓子贱执政时，就没有那样繁乱，经常弹琴唱歌，把单父治理得也很好。当巫马期向他讨教时，他说："我的做法是善于把权力下放，依靠人才；你的做法是亲自劳作，只靠自己的智力。"只靠自己当然辛苦，而依靠人才当然安逸。这就是历史上著名的"鸣琴而治"。由此可见，在班组安全建设中，班组长应该学会"劳于用人，逸于治事"的辩证法，不要紧抓权力不放，走入事必躬亲的误区。

（2）在责任的明晰度上划"细"。在一个班组，从班组长到每一位员工，都要岗位明确、具体，达到有其人必有其岗，有其岗必有其责，人人有任务，层层抓安全，使安全生产真正成为"千斤重担大家挑，人人头上有指标"。这种阶梯形的责权细化与监督模式，可以让每个人都从自身职责出发，发挥自身能量，把安全建设中的困难和问题化解在萌芽状态，实现合二为一或一分为二的辩证法效应。这样做，很多安全问题等到反馈到班组长那里时，往往都成了捷报，而且能更好地发挥班组每个成员的主观能动性，为班组长的安全管理提供便利。

（3）在工作的难易度上近"高"。在班组安全建设中，高难度的安全工作往往更能激发员工的内在潜能。许多科学家的成功经验证明，一个人碰到高难度的事情并下定决心做成时，他的精神会更加亢奋，神志会更为清醒，精力会更加集中，凭借着意识的驱动和潜意识的力量往往能够跨越前进路上的重重障碍而达到最终目的。可见高难度的安全工作，不但有利于磨炼人的心智，而且有利于提升人的工作水平。因此，班组长在班组安全建设中，任何一项安全工作都要做到高标准、严要求，从而激发班组全员齐心协力，高质量地完成安全生产任务。

（4）在开展工作的衔接上趋"频"。趋"频"不是打疲劳战，让员工永无休闲之日。趋"频"是指在有张有弛、劳逸结合的前提下做好各项安全生产工作的衔接。有些班组一年四季围着车间部署干工作，车间叫干啥就干啥，车间没任务就休息，安全生产工作没有一点创新，员工没有一点成就感。这样的班组长在员工的心目中是没有威信可言的。因此说，保持班组安全工作的衔接度，鼓励创新，让班组全员总有安全工作可做，比让大家闲着没事干要好得多，有些即使忙得有些过头，班组员工也会精神抖擞。

要想使以上"压担子"的举措达到预期效果，要遵循以下几项原则：

① 刚柔并济原则。古人说，聪明的将帅总能刚柔并用，懂得软硬兼施的艺术。这也是高明的班组长必须掌握的处事原则和领导艺术。事实证明，在班组安全建设中，班组长威严和温和的态度交互使用，能使班组员工的心态发生很大变化，刚柔并用往往能使部下焕发出旺盛的安全工作斗志，挑着担子也虽苦犹甜。

② 赏罚分明原则。先秦兵书《六韬》指出"凡用赏者贵信，用罚者贵必"。意思是说奖赏要坚持信用，惩罚要坚决执行。班组安全工作的奖与罚，实际上都是对人的一种处置，直接关系到下属的荣辱，不能有半点马虎。公正的评判，能让下属看到成绩，找到差距，让人服气，受到激励，促进安全生产良好竞争氛围的形成。因此，班组长必须严格依据安全生产规章制度，奖所当奖，罚所当罚，把工作做深做细，把安全生产道理讲清楚，真正使奖罚对象和

广大员工心服口服，把安全工作中奖赏的激励和惩戒的功能充分发挥出来。

③ 公平公正原则。在班组安全建设中，作为班组长，在处理与下属的关系时，要一视同仁，同等对待，不分彼此，不分亲疏。不能因外界或个人情绪的影响，表现得忽冷忽热。一定要坚持公平公正的原则，让下属感到人人都是平等的，机会都是均等的，只有这样，他们才会在安全生产中奋发努力。这样做，对做出成绩的人来说，有助于他们戒骄戒躁，不断进取。对成绩平平的人来说。有助于他们学习先进，迎头赶上。

47 班组长管好班组难管之人三策

在企业的一个班组，都会有个别特殊之人，是班组长比较难管之人，这些人就像烫手的山芋，弃之可惜，但是不弃，又会经常让人难堪，甚至影响班组的安全生产，如何管好这些人成了班组长一个头痛的问题。

在班组难管之人身上，有以下共同特征：一是他们都有一定的安全工作能力和经验，并在班组有一定的资历；二是他们在小范围内有一定的号召力和影响力，有一定的群众基础；三是个性使然，他们经常会和班组长公开顶嘴，甚至散布一些消极思想和言论，产生极为不好的影响；四是爱表现自己，自由散漫，眼高手低，不拘小节，讲义气，认人不认制度。

分析一个班组出现难管之人的原因，主要有以下几个方面：其一，前任或前几任班组长一再迁就，任其骄横，养成了习惯；其二，班组越级管理现象严重，高层领导（车间）对其有重用之意，让其像有了"尚方宝剑"一样，目空一切；其三，自认为自己属班组中流砥柱一样，班组没人敢动他；其四，曾经当过班组领导，但却不能客观认识自己的不足，对班组某些安全问题的处理很有意见，心中不服，认为升职无望，不求上进，破罐子破摔，等等。

在管理学中有一句名言——永远没有不好的员工，只有不好的领导。一个班组永远不可能没有一点不同的声音出现，否则，就只会是一言堂，少数负面的反对声可以让班组长适度地冷静，避免极端个人主义，但作为班组长，绝不能让难管的员工肆无忌惮，对他一点办法都没有，否则，自己的领导威信就会受到影响，安全生产工作成绩就会大打折扣。班组长在适当的时候必须给他们念一念安全工作的"紧箍咒"，让他们始终处于你的管控之中，然后慢慢引导、交心、沟通，促其发展和进展。只有这样，才能让其服从你的管理，为你所用。在具体的"对阵"过程中，班组长可以从以下三个方面人手。

（1）在使用他们时，辩其志、用其能。按照社会心理学的性格论分析，班组难管之人多属"理论志向型"，他们擅长理性思维，对事物好坏的辨别一般比较敏锐，喜欢挑毛病，并且一旦看出来就会毫不留情地讲出来，常常使人丢面子；他们即使得到班组长某种程度的赞扬，也不会像一般人那样受宠若惊，并对班组长感恩戴德；他们对事物一般不轻信，很少有盲目崇拜心理，更喜欢的是求实、较真、平等。所以，在班组安全生产工作中，要管理好难管之人，班组长首先在安全工作的某一领域或某些方面是行家里手，这样可以在心理上获得他们的认同。其次，以德才兼备、技有所长为基础，诚心诚意地对待他们。班组长要多为他们提供服务，多替他们着想，从思想上、工作上、学习上、生活上关心他们，维护他们的正当权益。他们在安全生产工作中即使有差错，在情况弄明白之前，也要暂且视为"无辜"，尽量多表扬，少指责；如果真的出了差错，即使责任都在他们身上，班组长也要主动做出检讨，切不可推过诿责，甚至抓他们的"小辫子"。再次，尊重他们，多向他们请教。班组难管之人大多有自己独立的见解，自尊心较强，不喜随声附和，这就要求班组长应有良好的民主意识和开明的作风，在作某一项安全工作决策时，尽可能地与他们多交流，并虚心向他们咨询，广开言路，不耻下问。尤其要注意尊重他们的首创精神，即使他们所提意见有偏激之处，甚或完全错误，也应采取积极的态度，耐心倾听后再作取舍，切不可不加分析地予以"封杀"。最后，合理配置，使他们人岗相适。要根据他们的性格、专业、爱好等不同特点，将他们合理配置起来，以便使他们之间相互补充、相得益彰，以更好地发挥班组安全工作整体最佳效应。

（2）在批评他们时，顾于情、达于理。班组难管之人大都对批评比较在意，他们很爱面子，一些人还有较强的虚荣心，这就要求班组长在批评他们的时候要掌握一定的艺术。概言之，一要点到为止。班组难管之人一般都比较敏感，在很多情况下，批评他们只需旁敲侧击即可，而不能直截了当，否则往往适得其反。二要选择场合。批评最好在私下、单独的场合进行，切不可在大庭广众之下揭其短处，指其不足，这样只能引发他们的逆反情绪。三要语言缓和。最好用协商的口吻，摆事实、讲道理，拿出充分的依据来证明他的所作所为是不妥的，而不能暴跳如雷、生硬指责，这只会使其从心眼里瞧不起你。对于如何更具体地批评班组的难管之人，美国时代——沃纳公司前总编辑多诺万曾提出过一个总的原则，他说："成功地批评单位难管之人必须使其感受到你的三点意思：第一，你能干得更好，事实上有些工作你已经干得很好了，我只是希望你能将其余的工作干得同样出色；第二，对你的同事也是以同样的标准来衡量的；第三，希望你和其他人都以这些标准来要求自己。"当然，对于班组安全生产中的大是大非问题、原则问题，也不能排除"爆发式"或者"冷处理"的解决办法，此当别论。

（3）在评价他们的工作时，得之理、处之公。班组难管之人的劳动成果是不好明确量化的，这与他们所从事的工作性质有关。因此，在评价他们的工作时要尽量注重公论，着眼实绩，避免主观臆断和偏颇，以使评价结果及过程科学公正，让他们心服口服。此外，在评价方法上也要有所讲究，一般来说，采取民主与个人鉴定相结合，定性与定量相结合，研究成果与实际效果相结合的方法，多方位、多侧面、多层次地进行考评，有利于衡量班组难管之人的安全工作成效。对在班组安全工作中做出重大贡献的难管之人一定要予以重奖，使他们受重视的心理得到极大的满足，从而主动配合班组的安全生产工作。

总之，在知识经济、低碳经济、可持续发展日新月异的今天，真正的财富和资源是人的知识和创意，毋庸置疑，要管理班组难管之人，无疑从素质上、业务上以及管理方法上对班组长都提出了更为严格的要求。与难管之人和谐相处并把他们管理好，并不是一件轻松的事。但正如我国古代思想家墨子所言："良弓难张，然可以及高入深；良马难乘，然可以任重致远；良才难令，然可以致君见尊。"因此，班组长感到班组有难管之人或管之不好的时候，应先问一问自己，是否具备了管难管之人的能力和素质，是否找到了管难管之人的有效方法？如果答案是"否"，那么班组长应从这些方面入手，切实提高自己的安全管理水平。

48 班组长要善于开发和获取安全信息

现代社会已进入信息社会。一个称职的班组长，必须树立强烈的信息意识，善于开发和获取信息，才能提高领导水平和工作效率。那么，在新的历史条件下，班组长怎样才能开发和获取安全信息呢？

（1）班组长要把安全信息工作列入重要议事日程。作为班组长，要在班组制定一套制度和方法，对安全信息工作要经常过问、指导，并做调查研究，获取安全生产的第一手资料，以便取得领导班组安全工作的主动权和发言权。要特别注意收集那些与本行业、本企业安全生产密切相关的信息，把握全方位安全信息服务的机遇，既要重视纵向的安全信息传递，也要加强本行业、本企业横向的安全信息联系，尽可能捕捉和收集创见性的安全信息、超前性安全信息，以便指导自己班组的安全工作。

（2）开发和获取安全信息要掌握科学的方法。班组长在开发和掌握安全信息时，要尊重事物特征的客观性，反映事物变化的真实性，一切从实际出发，不人为地夸大、缩小或过分地修饰。要从不同的角度和侧面看出问题的实质，多层次多侧面地显示事物，增强安全信息的可信度。紧紧抓住收集、加工、筛选、反馈四个环节，使安全信息迅速转化为生产力，转化为财富。

（3）班组长要把握信息现代化的机遇。科学技术的迅猛发展，给信息工作带来了新的机遇。国家安全生产监督管理总局安全信息网，各省、自治区、直辖市安全生产监管部门均已开通安全信息网，各市、县安监部门也及时通报各种安全信息，为班组长掌握现代安全信息提供了机遇，开辟了施展才华的平台，掌握和获取安全信息正是最佳时期。

（4）要广开安全信息源利用信息载体获取安全信息。员工的安全生产实践是安全信息的资源，社会舆论是安全信息的蕴藏地，安全书报、杂志、资料、广播、电视、网络等都是安全信息的载体，图书馆、资料室、展览会、网络间等场所是安全信息的积存地。这些都是班组长开发和获取安全信息的重要渠道。

在一定意义上讲，班组长在工作中安全决策的过程实质上就是安全信息收集、加工、利用的过程。因此，班组长在获取并利用安全信息的过程中，还要注意以下几点：

① 去"假"。从信息的特征看，它可以传递、转换、再生、压缩、扩充。在这诸多环节中，往往容易出现失真现象，班组长要善于辨别其中的真伪，防止鱼龙混杂，以假乱真，对安全信息尤其如此。

② 弃"旧"。信息的使用价值会随着时间的流逝变得一钱不值。班组长要善于在变化中摄取新鲜的信息，掌握主动权。

③ 忌"多"。当精确的信息和模糊的信息混在一起，真实信息和失真的信息聚集在一起时，那些劣质信息有时反而容易掩盖真实有益的信息。因此，班组长在开发和获取安全信息时，绝非多多益善，而要突出为"我"所用。

总之，安全信息是安全活动所依赖的资源，安全信息是反映人类安全事务与安全活动之间的差异及其变化的一种形式。安全科学的发展离不开信息科学技术的应用。班组安全管理就是借助于大量的安全信息进行管理，现代化水平决定于信息科学技术在班组安全管理中的应用程度。班组长只有充分地发挥和利用信息科学技术，才能使班组的安全管理工作在社会、生产、现代化的进程、全面建设小康社会中发挥积极的指导作用。

49 班组长怎样抓住协调安全工作关系的结合点

班组安全工作主要是人的工作，做人的工作要靠良好的人际关系和严格的科学管理，两个方面缺一不可。在现实的班组安全管理工作中，有的班组长只注重严格的科学管理，不注重人际关系的培养；而有的班组长片面追求人际关系的协调，漠视严格的科学管理制度的落实，认为只要"关系融洽"就"一切好办"，使人际关系庸俗化，这是企业班组长们在安全工作中应该走出的两个误区。班组长协调安全工作关系的关键在于把握好事物发展的"度"，寻找科学管理与人际关系这对矛盾的最佳结合点。

（1）大事小事讲原则，小事小节讲风格。作为班组长，掌握着一个班组的生产、安全、质量、环保、消防、卫生等工作，因此，必须制定一套严格的科学管理制度来约束人们的行为，使每个人都有相应的职责和权力，围绕一个共同安全生产目标努力工作，这是大是大非的原则问题。谁不按原则办事，就要按照制度处罚谁。但对于那些非原则性问题，只要不影响全班组的安全工作，就应宽宏大量，允许存在不同意见和做法，能让人处且让人。在大的安全问题上要严格把握，而在具体工作上大胆放手，为部下创造一种开放、和谐的安全工作环境，这样才能调动人的积极性。

（2）管理之中讲服务，服务之中讲管理。班组长是领导，领导就是服务。班组长具有一定的管理权，但管理权要与责任、服务有机地统一起来，于管理与服务之中。班组长抓安全工作也是服务，在服务内容上要因人而异，针对各人的不同需要，提供不同的服务内容，从工作上、生活上、精神上满足员工的合理需要。只有在优质服务中，班组长的权力才会得到巩固，权威才能树立起来，管理才能高效有序，安全生产才能得到保障。

（3）工作之中讲理智，工作之余讲情趣。班组长不仅应是班组安全工作的专家，而且也应是处理人际关系的高手。如果一个班组长成天忙于工作，缺少生活情趣，那么他在员工心目中就是一个只知道工作的"机器人""工作狂"，而不是一个有血有肉的"社会人""情趣人"，员工会尊重他，但绝不会喜欢他。因此。在紧张的工作之余，要处理好人际关系，重要的一条就是要富有情趣，有人情味，让下属喜欢你，做到工作时严肃、紧张，工作之余与员工打成一片，与员工交朋友关心员工的成长与生活和心理变化。

（4）执行政策讲坚定，具体操作讲策略。在班组安全工作中，班组长经常碰到一种情况比较难处理。一方面，要执行上级的安全工作政策；另一方面，如果执行不当或有欠缺，极易遭到一些员工的反对。为了协调好这对矛盾，就必须在坚持原则的同时，讲究策略。因为上级制定的安全工作政策一旦确定，就是对下级的行为指令，下级必须无条件贯彻执行，否则，政策就难以落实。这就要求班组长在贯彻实施上级的安全工作政策时，要善于根据实际情况，提出创造性的方法策略，以避免产生矛盾冲突。

总之，班组长在实际安全工作过程中，协调安全工作关系的结合点很多，只要勤动脑子，多谋善断，就一定能把全班组的安全工作关系协调好，从而取得安全发展的佳绩。

50　班组长如何对待下属的"老毛病"

一个作业班组，其个别成员由于受工作和作业环境中不良习惯的影响，日积月累，便会形成一些老毛病。诸如：在安全工作中，办事粗心、拖拉现象严重；为图省事不戴安全帽；高处作业不挂安全带；电工不穿绝缘鞋等。一般情况下，这些"老毛病"虽然说不上是什么大的安全原则问题，不会在较短的时间内很明显很直接地给班组带来什么大的影响和损失，但日久天长，也会无形中影响到一个班组的安全形象和整体安全工作效率，产生不良的后果。因此，班组长在对待这一问题上，既不能听之任之，也不能过于苛求，而要宽严适度，正确对待。

（1）暗语相示巧点醒。在一个生产作业班组，每一个下属都有自身的优缺点。而有些缺点在很多时候不会引起人们的注意，或者是习以为常，认为是无伤大雅的正常现象，属于那种上挨不着违反安全原则的边，下靠不着犯安全错误的沿的问题。对待这一问题，班组长如果予以苛求，或者是采取"高压"政策来迫使下属改正，那样往往会被下属认为是小题大做，是班组长借故找碴儿，成心和自己过不去，从而产生逆反心理和不良情绪。在这种情况下，班组长可以采取暗语相示的办法，不失面子和威严地点醒下属，引导他们去改正。一是可以给那些下属一个失望的眼神，一声无声的叹息，让他们察言观色，反思自己的行为，然后进行自我反思和改正；二是可以通过一些幽默的解嘲或调侃来对待那些办事拖拉、粗心大意的下属，既给他们施加一种无形的思想压力，同时也给他们一个台阶下，使他们去认识和改正自己的"老毛病"；三是可以采取"放一放"式的冷处理，让那些因"老毛病"经常影响安全工作的下属尝尝被冷落的滋味，让别人暂时替代他们的工作，然后迫使其改正。

（2）直言相告善批评。既然是"老毛病"，有时候就具有较强的反复性，如果班组长点醒后不能促使其提高觉悟或改正，那么就应该采取批评的办法来解决，但前期应是一个"善"字。因为，善意的安全批评可以更好地使下属认识到自己在安全工作中的不足，进而增强安全工作的积极性和主动性。否则，一味地认为批评是公事公办，那么就不易把握分寸。安全批评不到位，无济于事，安全批评重了，容易引起反感，出现事与愿违的结果，挫伤下属的安全工作积极性和自尊心。因此，班组长在进行安全工作批评时，首先，开诚布公、直言相告。通过"老毛病"分析安全工作，分析利害，动之以情，晓之以理，并热情地为其指明改正的方向。其次，抓住要害，有的放矢。对那些安全生产中所犯错误性质比较严重的下属，可当众点名批评，限期改正，以观后效，但不能泛泛而批，影响整体情绪。再次，要把握分寸，适可而止。不能因为下属有"老毛病"就大会"批"，小会"点"，那样不仅不利于班组长正确处理与下属的人际关系，而且会让下属认为班组长度量狭小，不能容人，进而影响班组长的形象和工作。

（3）强化管理严奖惩。俗话说"千里之堤溃于蚁穴"。如果下属在安全工作中的"老毛病"长期得不到有效的改正，那么就极容易引起新的安全矛盾和问题，最后铸成大错发生事故，影响到整个企业的安全生产。这一问题存在的根本原因，很大程度上与班组长的管理不善有着密切联系。因此，强化班组安全管理是解决这一问题最直接、最有效的固本之举。一是要根据本班组的实际情况和现状，建立健全各项安全工作制度。只有靠制度来约束下属，消除"老毛病"存在的温床，才能有效防止"老毛病"给班组安全生产带来的危害。二是班组安全管理要有针对性和灵活性。可根据班组实际情况和职责任务，明确指出在安全生产中禁止什么，反对什么，提倡什么。紧贴实际，让下属能自觉接受，但也不能过于宽松，让有些人钻空子，以致达到不可告人的目的。三是要制定适当的奖惩措施。在班组安全工作中给予那些顽固的下属一定的经济处罚，让他们体验到另一种切"肤"之痛，并记住教训，更好地去干安全工作。

总之，班组长在安全管理中，对下属的"老毛病"以及习惯性违章的纠正，要讲究方式方法，巧点醒、善批评、严奖惩实为可行之道、得力之法，班组长们不妨去实践一下。

51　班组长应学会不要面子

面子在一定意义上代表了人的尊严、地位和名誉，爱面子、保面子，甚至争面子本是人之常情，但在特定的场合和时机也往往要为求全、求存而不得不丢掉面子。班组长在班组中因其位高权重更视面子为生命。但为了班组的团结，为了班组的安全生产顺利进行，也不能一味为了面子而去保面子、争面子，而要适时学会不要这个面子。

（1）不为争面子而排斥批评。班组长为了维护尊严或保护威信往往喜欢别人服从自己，一旦有人提出与自己不同意见或对自己进行批评时，就会表现出一种不满，甚至排斥的态度。尤其是一些班组长已经习惯了批评别人的角色，更听不得别人批评自己，即使是上级的批评，也会让他们想到有失面子，接受不了。他们甚至会为挽回一点点薄面而按捺不住火气，出言反驳，为自己辩护。如果这时上级领导也不够冷静就有可能争吵起来，使矛盾或误会加深。这种争面子的行为不仅保不住自己的面子，还会使上级丢面子、下不了台、丧失威信。因此，在上级领导批评时，特别是上级怒火中烧的时候，班组长一定要保持沉默，即使有理也不要给予争辩，避免火上浇油，激化矛盾，从而为事后进一步向上级领导陈述理由和辩解留下余地。这就要求班组长在批评面前要不为自己争面子，要懂得听的艺术、沉默的价值和冷处理的实效，不急于争辩，不为争面子而强出头，要有海纳百川、豁达大度的气量和宠辱不惊的修养，能够为保护上级的权威和班组的安定而牺牲自己的一点点面子。

（2）不为保面子而回避矛盾。对于班组同事之间的矛盾和分歧，一些班组长却为了保面子，总是认为："大家都是一样的班组长，凭什么让我低头退让，向你认错。"还有一些班组长认为："自己的妥协就等于自己的失败、怯懦和耻辱，会遭到外界的指责和嘲笑，这种丢面子的事情是千万不能做的。"因此，发生了安全工作矛盾就消极地坐等对方先退一步，结果在对方不退让的情况下使形势陷入僵局，致使安全工作矛盾越积越深。不仅严重影响班组内部的团结稳定，而且使班组成员无所适从，无法正常开展安全生产工作。因此，在矛盾面前，班组长不要为保面子而故步自封，要有维护大局的意识，要有容人之量和虚怀若谷的将帅风度，不相互猜疑，不相互为难，出现矛盾诚恳交谈，及时化解，并作自我批评，不能坐等他人道歉。只有出了问题开诚布公，有了矛盾及时化解，才能增强班组安全工作的凝聚力和创造力。

（3）在下属面前淡化面子。班组长不要在下属面前摆谱，要时时尊重下属的人格和尊严，放下架子，及时与下属沟通。一方面，利用一切可利用的时间和场合与下属同工作、同娱乐，缩短与下属之间的心理距离，建立健康和谐的上下级关系，减少误解产生的机会；另一方面，在班组安全工作决策前后，采取座谈会或个别交流的方式认真听取经验丰富的下属的意见，诚恳地接受下属的批评，避免安全决策失误的发生。这就要求班组长做到虚怀若谷，容得下下属的牢骚和批评，不要为面子而丢人心。

（4）不为面子工程而搞虚伪政绩。有些班组长为捞取个人的名利地位，视政绩为个人升官发财的捷径，为早出、快出、多出政绩，不择手段，在班组成员面前大搞面子工程。这种虚伪的政绩只能在一时给班组长的脸上贴金或带来仕途上暂时的顺利，但终究经不起实施和时间的考验。那时，不但你的仕途会受到影响，而且你还会成为历史的罪人。因此，政绩只能是班组长靠真才实学、勤奋苦干创出来的，不是靠虚报浮夸、瞒上欺下搞出来的。在政绩面前，班组长只有心系员工、体恤民情，全心全意地为企业的经济发展服务，为员工的安全健康服务，才能有所作为。

（5）在错误面前不护面子。有的班组长在安全工作中犯了错误，第一反应就是没有面子，懊悔不已。往往会为了保面子而遮遮掩掩、躲躲闪闪，不向上级和下属说明情况，讲明原因，隐瞒事实和结果，或者因没有勇气承担责任而把本应由自己承担的责任推给下属。但是"纸终究是包不住火的"，一旦真相大白，不仅会引起上级和下属的反感和不满，而且会造成周围的人对其人品的怀疑和鄙视。因此，在安全工作错误面前，班组长不能为一时的面子满足而丧失长久的领导威信，以至于得不偿失。应该开诚布公地向上级和下属说明情况并勇敢地承担责任，这样不仅会得到上级和下属的理解和原谅，而且还会令大家更加敬佩。

俗话说："小不忍则乱大谋""忍一忍风平浪静，退一步海阔天空"。在班组安全工作中，没人愿意和架子大的人交往，无人甘心和心胸狭窄的人为伍。因此，班组长要长久地赢得别人的尊重和拥护，要营造团结向上的氛围，必须懂一点"忍"学，有一点宽阔的胸襟，适时放弃一些要面子的思想。这样班组的安全生产工作就会顺利进行，安全发展的步伐就会加快。

52 班组长要善于给下属留面子

在一个班组工作，人人都想受到同事的尊重，得到班组长的认可。下属处于被领导的地位，其面子一方面要靠自己挣，另一方面还要靠班组长给。班组长在安全工作中要善于给下属面子，不但能给下属带来莫大的鼓励，使下属更加奋发工作，而且还会增加自身的非权力影响力，使下属更加敬重班组长，从而投桃报李，还班组长的面子。那么，班组长怎样恰到好处地给下属面子呢？

(1) 在放手使用中给面子。领导科学研究认为，如果班组长能在安全生产工作中放手让下属开展工作，充分给职、给权、给责，特别是在关键时刻能把下属作为重点对象点名使用。下属通常会产生一种受到领导信任和肯定，甚至认为自己最重要的感觉，从而感到自己脸上很有光彩。确实，班组长放手、放权，给下属压担子、交任务，一方面是对其安全工作能力素质的充分肯定，另一方面也是对其本人的一种信任和赏识。同时，下属在挑安全工作重担的过程中，不但能增强自己的安全责任意识，也可以提高自身的安全能力素养。

当然，班组长在向下属交待安全生产任务、给下属面子的同时，还应注意以下几点：一是加强对下属的培养。故人云："养兵千日，用兵一时。"要在"一时"有人用，首先还得平时多"养"，全面提高下属各方面的安全工作能力。二是加强对下属的了解。平时在班组日常工作中要注意观察下属在哪些方面有特长，在哪些方面有不足。只有对各个下属的特点了如指掌，在用人时才能做到使下属各得其所、游刃有余。三是要充分用其长。只有用其所长，才能用得其所。

(2) 再适时推介中给面子。每一个有上进心的下属，都希望自己在班组树立起良好的形象，得到班组长和同事的认可。所以，如果班组长能在公众场合对下属的优点长处加以宣传推介，不但能让更多的人了解下属，而且一定会让下属觉得领导很给自己面子。

在公众场合推介下属，其前提是要善于捕捉下属的闪光点。在充分发挥下属的优点和长处的同时，推介还要努力做到以下几点：一是毫不吝啬地推介。不要担心充分肯定了下属的优点而会遮盖自己的光辉。因为，一方面，下属与班组长本身所处的地位不同，他人不会拿下属与班组长作比较；另一方面，"强将手下无弱兵"，人们普遍认为下属安全素质好是班组长安全能力强，会带兵的结果，所以推介下属不但不会贬低自己，反而会给自身的形象增色。二是实事求是地推介。如果大家都了解某一下属不具备某一方面的优点，班组长偏偏说某下属在这方面如何出色，就容易给人以溢美之嫌，不但弄得下属难堪，而且会给自身的形象带来负面影响。三是充满感情地推介。只有在对下属真正赏识的基础上的推介，说出来的话才会有感染力，才能取得他人的认同。

（3）在尊重关怀中给面子。心理学研究表明，每一个人都希望得到别人的尊重。班组长在安全工作中若能尊重下属，与下属平等相处，不但能营造积极向上、团结和谐的人际关系和安全生产环境，让下属心情愉快地工作，而且还会让下属觉得有面子。班组长对下属的尊重、关怀具体体现在以下几个方面。

① 虚心听取下属的意见。在班组安全决策过程中，要主动征求下属的意见，让下属有平等参与安全决策的机会。因为当下属的意见和建议受到班组长的重视时，他会产生一种受到了班组长的尊重，自己的价值得到了体现，脸上很有光彩的感觉。所以，班组长对下属提出的安全生产意见要慎重对待。一忌自己的视野、固有的思维格式、有限的安全知识和经验来判断下属的安全意见正确与否；二忌下属的安全工作意见和建议不符合自己的口味而置之不理，甚至蔑视、排斥；三忌把下属提意见和建议当做是与自己作对，从而耿耿于怀，甚至粗暴地以言治罪。

② 鼎力帮助下属解决困难。当下属生活上遇到困难时，班组长要能对其给予深切的同情和安慰，并亲自前往提供帮助；当下属

受到挫折，精神萎靡不振时，班组长要能主动找其谈话，帮助其总结经验教训，鼓励其竖立工作和生活的信心和勇气。这些往往能使下属感到班组长的情谊，感到班组长对自己的关注。班组长鼎力帮助下属解决困难，不但能给下属以很大的激励，而且会让下属觉得很有面子。

③ 在生活和工作中给下属面子。比如碰到下属的父母或其过去的同事和朋友，班组长要先敬几分；在众人面前，特别是在下属的徒弟面前，即使是下属有过错，也应当另找单独场合进行批评教育，不要恶语指责，无视下属的承受能力和人格尊严；在下属遭到尴尬时，班组长要以自己特有的身份帮其圆场；当下属受到众人的误解、遭到非议时，班组长要出面说清事实的真相，力排众议。

总之，班组长在安全生产工作中给下属的面子是多方面的，班组长在放手使用中给面子，在实施推介中给面子，在尊重关怀中给面子，不失为有效的方法和手段，每一位班组长都应为此而努力。

53 班组长如何强化安全控制力

在一个班组中，班组长处于领导权力的塔顶。班组长能否在全力运作中有效行使控制力，特别是安全工作的控制力，关系到政令能否畅通，班子是否具有战斗力、凝聚力。所以，强化班组长的安全控制力，增强班组长驾驭班组、处理复杂安全问题的能力，具有十分重要的意义。那么，班组长怎样强化安全控制力呢？

（1）一个好汉三个帮，从班组安全建设中强化控制力。其一，构建气质互补、结构合理的班组领导班子。要通过各种有效形式，抓住有利时机，尽可能调配成精诚团结、密切协作的班组领导班子，形成富有生机和活力的班组领导层。当然，有时对班组领导成员的构成，班组长在一定程度上可能没有决定权。那么，怎样把气质各异、特点有别的班组成员团结在一起，驾驭班组安全生产全局，则是班组长需要认真研究的。其二，建立良好的权力分工与集中机制。在班组安全建设中，要实行集体领导、分工负责，班组长负总责。要坚持重大安全问题、重要安全工作，班组长要敢于决策、善于决策。班组长当然不能独断专行，但也绝不能强枝弱干，使班组班子成员权力过大，更不能让分管副职把分管的业务当成自己的小天地，使班组长形同虚设。其三，求同存异、善于扬弃。班组长要有较强的包容精神和识才用才的气度，调动一班人，使用一班人，在保持安全生产大目标的前提下，使勇者尽其力、智者尽其谋、谏者尽其言，思者逞其辩，并力求从安全思想观念上做到不求全责备，用其长、避其短，并能化短为长，最大限度地发挥每个成员的安全生产积极性。其四，对那些安全素质较差、明显不配合的成员及时调整。苗有良莠、人有贤愚。班组领导班子中出现在志趣、性格、思想上格格不入，或者出现极个别安全素质不高，拉山头、搞内耗、谋私利，甚至侵权枉法者，就要运用有利的时机，把其分离出去。宁思一时之痛，不受百日之痒。

(2) 分清主次抓重点，从工作运转中强化安全控制力。其一，要胸怀全局、一张蓝图绘到底。要分清班组安全工作的着重点，合理使用人力、财力和精力。对重要的安全工作，要敢于大手笔做大文章；对面上的安全工作，也要合理谋划，不能掉以轻心。其二，要注意热点、难点、突发事件的处理。要慎重适时地处理解决这些安全问题，防止矛盾激化，焦点烧热，热点烧糊，影响全班组甚至企业的安全生产。因此，对一些敏感安全问题必须高度警惕，绝不可麻痹大意，应时刻掌握着安全控制权。其三，要注意从班组安全生产薄弱环节抓起，从易见成效处突破。对一些长期难以奏效、不易控制的安全工作领域，要认真分析形成的原因、存在的症结，从最薄弱的环节去突破，渐进式地控制局面，增加安全工作影响力。其四，要适当运用放权艺术。安全控制，并不是死抓。班组有些安全工作有抓有放、有所控有所不控，才能收到最佳安全效果，有时抓住了，但不懂得放，可能就抓死了。所以，抓和放是辩证的统一，班组长应娴熟掌握运用。

（3）善聚众智巧运筹，在安全决策过程中强化安全控制力。其一，事前协商，寻求共同点。事前协商是一个长期酝酿、隐性微妙的过程，班组长要善于协商。借上级的安全工作指示精神予以贯彻；借上级领导的鼎力支持，减少阻力，增加优势；借全班组员工的拥护，夯实基础。对有明显安全意图的安全决策，班组长在协商时，应该提出实施安全决策的依据，选择安全决策的合法性、合理性；如果同时还有其他安全决策可供选择，则要明确选择安全决策的独特性、优胜性、排他性。对没有明显意图的安全决策，则必须充分听取各方面的意见，博采众长、达成共识。不管是什么样的安全决策，班组长都要注意协商气氛的融洽，态度的诚恳，在协商中强化感召力、控制力。其二，事中决断、追求瓜熟蒂落。事前协商多是幕后的、非正式的；事中决断，则是正式的。如果事前协商是春风化雨的话，那么，事中决断就应是沛然雨下了。所以，班组长在安全决断时要尽可能做到水到渠成、瓜熟蒂落。当然，安全决断时各抒己见是民主集中制原则赋予每个成员的权力，也是班组安全工作追求的一种集思广益、科学决策的理想效果。班组长绝不能扼杀这种民主，绝不能搞个人专断、唯我独尊。但是，能形成一致安全决策，仍然是班组长追求的最佳效果。其三，事后沟通，坚决不留后遗症。不管安全决策时是春风化雨还是电闪雷鸣，安全决策后的沟通都至关重要。有些班组安全决策形成了，但很难避免一些成员有异议。他们虽然在安全决策时附和大多数，或持保留意见，但心里的想法并未消除。所以，班组长要把握有利时机，做好疏导、解释和安抚工作，避免因一次安全决策的意见相左或思想不同而留下后遗症。那些自恃高人一等，不把其他成员当回事，不把班子成员的不同意见或心理感受当回事的班组长，看似抓住了控制权，实际上丢掉的是控制的基础。其四，未兆先谋，增强安全工作的预见性。对于很多安全问题，班组长应该比一般成员先想一步甚至几步，把安全工作问题解决在初始阶段或萌芽状态，增强安全工作的前瞻性，班组安全生产工作早部署、早运筹、早决断、早解决，做到防患于未然、治之于未乱，从而避免矛盾加深或冲突加剧，以此增强安全控制力。

54　班组长如何驾驭"摆老资格"的下属

在班组安全生产工作中，总能看到有那么一些人，因为种种原因，加之仗着在班组工作时间长，混得人人脸儿熟，生活上懒散疲沓，安全工作上勉强应付，话语中夹枪带棒，行事上不明不阳，交往中拉帮结派，动不动就与班组长讨价还价、提要求，个人利益稍微受损，就撂挑子、闹意见。这种人在班组中习惯上称之为"摆老资格"。搞好对"摆老资格"下属的安全管理，可以增强班组的凝聚力和战斗力。反之，则会"一粒老鼠屎坏了一锅粥"，牵扯班组长的工作精力，影响班组安全决策的贯彻落实。那么，班组长如何驾驭"摆老资格"的下属呢？

（1）要积极靠近，大胆管理。班组中"摆老资格"的下属，应该说是一种很正常的现象。"摆老资格"的下属大都在一个班组工作的时间比较长，常常自以为见多识广，对任何事情都满不在乎。对班组长的安全工作指令、要求、安排等往往是听归听，做归做，个别的还会给班组长出各种难题，与班组长唱对台戏。有时候还因其资历较深而自然产生的感召效应，影响班组其他员工的言行。因此，班组长必须以积极的态度，对"摆老资格"的下属积极靠近，大胆管理。切不可因为不愿管、不敢管、不会管等，而对其疏于管理。当然，管理"摆老资格"的下属，会分走班组长部分工作精力，但管理好了他们，不仅教育转化了其本人，还会产生连带效应，教育引导其他下属。

（2）要保持相应的距离。"摆老资格"的下属拗劲很大，一部分是仗着在本班组待得时间长，上上下下人都很熟，碍于面子，大家都不愿意"撕破脸皮"给他难堪。因此，班组长在日常生活和工作中，要有意地与"摆老资格"的下属保持一定的距离。与他们讲话要语调严肃，无论是向其交办安全工作公事还是个人私事，都不可靠的太近，更不可轻易接受他们的馈赠。只要首先在心理上让其感到班组长的一身正气、一派威严，才能在以后的安全生产工作中使其在安全行为上有所检点。

（3）对其批评要做到有准备。"摆老资格"的下属由于经历较丰富，对班组的情况比较熟悉，因而无论是有意给班组长"出难题"，还是无意中做错了事情，往往都会强词夺理，寻找种种理由为自己的过错辩解。如果班组长"不管三七二十一"地对其进行批评，没有抓住其错误的要害和关键，往往很难达到批评教育的理想效果，甚至有时还会造成自己安全工作上的被动。因此，班组长在对他们进行批评的时候，一定要事先对批评的方式、言辞、内容、场合等做好准备，切不可在气头上冲动地做出决定。一定要做到批评得有理、有据、有力，只有用重锤敲才能使他们警醒。

（4）及时培养班组的安全骨干。"摆老资格"的下属对班组长还有一个常用的招儿，就是给班组长撂挑子，以为自己在安全这一块儿业务没有人能替代，以此来要挟班组长，提出不合理的要求。因此，班组长必须在安全工作业务上的各方面注意培养一些骨干，迅速提高他们的安全业务能力，以便其在执行重大安全任务等关键时刻能召之即可来，来之能胜任。这样，一方面有利于提高本班组的安全业务工作水平，提高班组的整体安全工作效益；另一方面又能使"摆老资格"的下属撂挑子的招法失去效用。

（5）对其难处要动之以情。在安全工作和个人生活上遇到难处，是班组每一个人都会有的经历，这个时候，也是他最需要人伸手援助之时，"摆老资格"的下属当然也不例外。作为一名班组长，觉悟应该高人一等，应该有容人之过的度量。因此，当"摆老资格"的下属遇到困难时，班组长应该对其与对其他下属一样，及时伸出热情之手，帮助他顺利渡过难关。切不可因为以前的事而记恨下属，对困厄之中的下属不闻不问、不理不睬。"摆老资格"的下属也是讲感情的，自然能够体会到班组长的真诚和关心，以后在安全生产工作中自然会有好的表现。

55　班组长要善于影响和改造"老油条"

在企业的班组中，"老油条"多指那些玩世不恭、油腔滑调、不求进取，且具有一定资历的人。多数班组都有那么几个"老油条"，班组长不可能置"老油条"式的下属于不顾，不与他们打交道，因为他们虽是少数，但他们的能量却不小。班组长在安全工作中如何与"老油条"们打交道，往往会在班组形成一种导向。如果关系过于密切了，容易被"老油条"同化；过于迁就了，容易影响班组绝大部分成员的安全生产积极性；过于苛求了，又容易激起"老油条"们的强烈反感。由于"老油条"们在班组里有一定的资历，有的人缘还比较好，有一定的影响力，如若与他们的关系处理不好，很可能成为班组长行使领导权力时较难跨越的绊脚石。班组长与"老油条"们打交道，应当从以下三个方面努力。

（1）要容得下"老油条"。一个班组里之所以产生"老油条"，自然有其滋生的适宜土壤和环境。他们之所以称得上是"老油条"，自然是经过长时间"油炸"，具备了"弃之不能，食之无味"的资历。因此，班组长在与"老油条"们打交道时，先要有容人之量，切忌操之过急。首先，要容得下他们独特的为人处世习惯。表面上"老油条"们对所有的人都很恭敬，但实际上，他们往往对班组长不够尊重，对同事玩世不恭，对安全生产工作不够重视，对生活也懒懒散散，内心深处是对班组长权威的漠视。对此，班组长要明白，班组长对下属只不过是分工不同，不能要求下属都必须对班组长唯命是从、恭敬有余，尤其是对"老油条"们更是如此。因此，作为班组长要有良好的心态和宽大的胸怀，容纳"老油条"们独特的为人处世习惯。其次，要容得下他们的缺点。人无完人，每个人或多或少都有缺点，不同的是，绝大多数人尽量遮掩或者抑制缺点，"老油条"们却放任缺点或有意放大缺点。其结果是，绝大多数人的缺点被隐藏了，而"老油条"们的缺点却毫无遮掩地凸显在班组长面前。假如班组长特别在意这些缺点，真正要上纲上线地当做问题去处理，却又多半查不出相关依据。否则，他们就不能算作"老油条"了。因此，班组长要正确对待"老油条"们的缺点，只要不是原则性安全生产问题，就要多包容。

（2）要积极影响"老油条"。容得下"老油条"是班组长改造"老油条"的基本前提，但真正要改造"老油条"，还需要一个循序渐进的过程。这个过程中必不可少的一环是：以班组长的人格魅力影响"老油条"。一是要放下班组长架子，真心实意地与他们交朋友。"老油条"们本身就不是很在乎班组长，对班组长权威提出了挑战或"软抵抗"的架势。作为班组长，放下领导架子，主动与他们交流，真心实意地与他们做好朋友，就会起到事半功倍的效果。"老油条"们虽然表面上圆滑、世故、无所求，但绝大多数还是重友情、讲义气、讲原则、讲大局的，只要班组长真正做到以心换心，以真情对待他们，在政治上、工作上、生活上对他们给予真正的帮助，不摆官架子，不要领导威风，就一定会赢得他们的认可。二是要适当保持距离，树立班组长权威。要容得下"老油条"并不等于对"老油条"们的缺点和不良习惯表示认可，与他们真心实意交朋友也不等于可以放弃安全生产原则，完全融入到"老油条"队伍里面。譬如"老油条"们可以不拘小节，可以犯一些小的错误，但是，班组长绝不能"同流合污"，而要与他们保持一定的距离，使"老油条"们在真切地感受到班组长的真诚、亲切的同时，也感受到班组长的威严。三是要积极修身养性，处处以身作则。"其身正，不令而行；其身不正，虽令不从"。班组里产生"老油条"，虽然有"老油条"们自身的原因，但也与某些班组的班组长不能以身作则有关。"上梁不正下梁歪"，因此，班组长要有坚定的政治修养修炼、良好的安全道德品质、严格的安全纪律观念和较强的安全工作能力，要求"老油条"们不做的，自己首先不做。不揽功、不诿过，以良好的人格魅力去影响"老油条"。

（3）要善于改造"老油条"。"老油条"与道德品质低下、生性顽劣者不同，道德品质低下、生性顽劣者难以在班组内长期立足，而"老油条"在班组里却如鱼得水、进退自如。因此，聪明的班组长要不遗余力地改造"老油条"。一是分析"老油条"的成因，从根本上去改造。成为"老油条"的原因很多，有的是因为自认为仕途无望，感到成就一番事业很难，有的是因为遭受了多次挫折的打击，有的是因为长期在一个班组工作产生了惰性，有的是因为思想认识问题等。班组长要认真分析他们之所以成为"老油条"的原因，多教育、多帮助、多关心、多理解、多支持，对症下药，从根本上给予帮助。二是铲除"老油条"生长的土壤，从环境上改造。在一个班组中，"老油条"毕竟是少数，班组长除了以身作则影响他们以外，还要善于团结和激励大多数员工，弘扬正气，打击歪风，形成积极向上的安全生产氛围，利用身边的同事帮助和改造"老油条"。三是去除"老油条"的条件，从制度上改造。班组建立相应的安全生产规章制度、安全工作责任追究制、安全奖罚激励制等。在制定这些制度时，要广泛征求班组员工的意见和建议，特别要征求"老油条"们的意见和建议，充分发扬民主。安全制度一旦确定下来，就要坚决执行，绝不手软，使"老油条"们在严格的安全制度管理下，增强安全生产责任感和紧迫感，自觉去掉身上的"油气"。这样，班组的安全工作就顺理成章了。

56　班组长怎样使用有个性的下属

　　在一个生产班组，总有些有个性的下属，有个性的下属通常是指那些有棱有角、个性较强、不大好驾驭的人。这些人由于具有某一方面的能力或优势，往往不太容易驯服，容易与班组长"较劲"，甚至偶尔给班组长制造点"麻烦"，令班组长颇感棘手。在班组安全生产工作中，班组长如何驾驭有个性的下属，扬其长，避其短，使他们服从管理、听从召唤、为班组所用、为安全发展所用，是摆在每个班组长面前的一个难题。那么，如何破解这个难题呢？

　　（1）把握个性，给有个性下属一片天。有个性的下属在安全生产工作中，优点和缺点都比较明显，一方面，他们很少人云亦云、言听计从；另一方面，又具有一股傲气，往往表现为我行我素、自以为是。当班组长的一定要摸准有个性下属的性格、脾气，洞悉他们的心态、情感，明确他们的愿望、要求，在此基础上采取相应的对策。一要尊重顺应。有个性的下属往往服软不服硬，在他们不被驯服时，班组长不能训斥压服，颐指气使，要注意"顺毛"。安排安全生产任务时多用商量的口气，给他们以尊重感；平时多沟通交流，密切关注安全思想感情，掌握他们的安全思想脉搏，有的放矢地做好安全生产工作。二要宽容、包容。对有个性下属的"冒犯"要有容忍之心，对他们的安全工作失误要有宽容之心，对他们在安全生产中的缺点有包容之心。要有惜才、爱才之心，重才、用才之量。用信任感化他们，用真情打动他们，用人格赢得他们的尊重和信任。三是多加帮助。有个性的下属由于性格上的原因，在安全生产工作、班组内的人际关系上可能会遇到许多难题，产生诸多的麻烦。作为班组长要关心、体贴、爱护他们，主动帮助他们克服性格上的缺陷和心理上的障碍，多为他们说话、作解释，使他们拥有融洽的人际关系。四是积极引导。对有个性的下属既不能以权势使他们屈服，也不能一味迁就，由着他们的性子来。要做好诱导工作，属于脾气上的问题要尽量容忍，属于性格上的问题要引导他们克服，属于品性上的问题不能迁就，该批评时绝不含糊，但要注意方法，把他们的性格脾气与人品区分开来。

（2）用其所长，让有个性的下属多露脸。有个性的下属在安全工作上往往"有一手"，思想上有主见，不唯唯诺诺，渴望有用武之地。作为班组长，要善于用其所长，为他们施展才干创造机会、提供平台。一要大胆放手。有些班组长因担心有个性的下属"捅娄子"而把他们晾起来，因害怕他们不服管而冷落他们，这是不明智的，也是导致许多有个性的下属"怀才不遇"，对班组长产生抵触情绪、埋怨心理的重要原因。作为班组长，要排除非议，重用他们，多给他们压担子，放手让他们独当一面，出了问题要勇于替他们担担子，使他们无后顾之忧，从而增强他们的配合意识和服从观念。二要量才使用。班组长要根据有个性下属的性格、脾气、特长把他们放到合适的岗位上，让他们崭露头角、各显身手。三要留足面子。有个性的下属大都争强好胜、好发表见解，难免在工作上、为人上、说话上出现一些纰漏。作为班组长，要保护他们的安全工作积极性，不能因为他们在安全工作中爱提意见、发牢骚、"顶牛"而疏远他们。要做到在工作上信任、生活上关心，多鼓励、少指责，多正面引导、少动辄得咎，以增强他们的安全生产自信心。

（3）满足要求，使有个性的下属有盼头。班组的每个成员都有自己的欲望，但欲望有合理和不合理之分。对有个性的下属提出的要求，班组长既不能置之不理，也不可一一答应。要认真分析，区别情况，尽量解决。一要关怀爱护。有个性的下属最大的愿望是渴望成才，发挥自己的才干，实现人生价值，得到企业的认可。班组长要在成长上帮助他们，在待遇上关照他们，在提拔上想到他们，使他们感到有奔头。二要解决问题。帮助下属解决思想、工作、生活上的实际问题，既是班组长的应尽之责，也是赢得下属信赖的重要因素，更是驾驭下属的"润滑剂"。对他们的正当合理要求要尽量予以满足，以激发他们的安全工作热情；对一时解决不了的要做好解释工作，消除他们的怨气；对无理的个人要求理直气壮地拒绝，断绝他们的非分之想。三要铺平道路。有个性的下属一般不愿意与班组长套近乎，有时甚至经常与班组长的意见相左，有些班组长便认为他们不听话、不服管而让他们"坐冷板凳"，这是非常不合适的。班组长要消除偏见，为有个性的下属当好铺路石，搭好成才的台阶，使他们感到干工作有盼头。四要经常敲打。对有个性的下属要及时提醒，防止其忘乎所以，使他们时刻保持清醒的头脑，从而正确对待自己和他人，摆正自己的位置，增强服务意识。

总之，班组安全生产工作中，班组长使用有个性的下属是一门很大的学问，要想方设法使有个性的下属能够扬其长、避其短。把握个性，给他们一片天；用其所长，让他们多露脸；满足要求，使他们有盼头。是比较切合班组安全生产实际的方法，班组长们不妨一试，在安全工作实践中检验其效果。

57 班组长要有效调控成员之间的纷争

班组成员是班组长开展安全生产工作的主要依靠力量。但是，由于各种原因，班组成员往往容易产生一些纷争，这种纷争如果得不到有效的控制，很容易使班组成员之间的安全生产力量相互抵消，影响安全工作目标的实现，这种情况是班组长不愿意看到的。因此，班组长必须采取各种方式有效地调控成员之间的纷争。纷争产生原因的复杂性，决定了调控纷争方式的多样性。班组长首先应掌握调控纷争的一些基本原则，再通过对这些原则的具体运用，从而达到调控纷争的目的，为班组的安全生产打下坚实的基础。

（1）产生纷争的原因。班组成员之间的纷争从总体上看对班组的安全工作是不利的，但从一定意义上讲，适度的纷争并非一件坏事。一方面，它可以使班组长通过纷争观察到班组各个方面；另一方面，它可以使成员在纷争当中相互启发，激发出成员的某种安全工作创新。但是，班组长也应该在成员之间的纷争面前保持清醒。因为纷争一旦激化为安全工作上的冲突，就会破坏或阻碍安全生产的正常运行。因此，班组长要有效地调控成员之间的纷争，要想成功地调控纷争，就必须对其产生的原因作客观的分析。一般来说，班组成员之间产生纷争的原因有以下两个方面。

① 主观原因。班组成员之间的纷争主要是通过安全认识上的分歧表现出来的。这种认识上的分歧如果得不到有效控制，最终会演变成为一种安全工作上的冲突。那么，安全认识上的分歧是怎样产生的呢？一是由成员的既得利益的不平衡和对利益的期望引起的。当班组成员认为彼此之间的安全利益存在不合理差异的时候，就会产生追求利益平衡的愿望，而这种愿望往往会转化为成员在安全认识上的分歧。二是由个人经历、知识、经验、位置的差别引起的。这些差别会使班组成员对同一个安全问题的看法出现天壤之别，而且这些看法站在自己的角度来讲都是有一定道理的。这样，在安全认识上的分歧就不可避免。三是班组成员在性格、生活习

惯、安全价值观等方面的差异也会造成认识上的分歧。

②客观原因。班组成员之间的纷争，主要是由客观原因引起的。主要有：一是班组内部安全工作分工不明确，事实上存在着任务、权利和责任的交叉。在这种情况下，成员之间一遇到问题，就可能出现彼此推卸责任甚至相互指责的现象。二是班组长在工作中不能公平地对待自己的下属。人都想要追求公平和希望得到别人尊重。班组长如果不能客观地评价和公正地对待自己的下级，厚此薄彼，不仅会引起班组长与成员之间的冲突，还会使成员之间发生纷争。三是班组安全信息渠道不畅通。安全信息问题是人们之间相互信任和相互理解的桥梁。在班组内部，如果安全信息渠道堵塞，或者部分畅通部分堵塞，就必然会造成班组成员之间的相互猜疑和分歧，从而导致纷争的产生。

（2）控制纷争的原则。班组长要有效地调控成员之间的纷争，重要的不是对具体方法的思考，而是要对一些重要原则进行思考。因为原则是解决问题的准绳，是具体方法赖以产生的理论依据。探讨调控纷争的原则有一个重要的前提，就是班组长对班组成员之间的纷争要进行适度调控，即把纷争控制在合理的范围内，以成员之间的纷争不能对班组安全生产目标形成严重障碍为准，而不是企求纷争的完全平息。因为纷争是客观存在的，旧的纷争平息了，还会产生新的纷争。那么，班组长要有效地调控成员间的纷争，主要应掌握哪些基本原则呢？

①求同存异的原则。求同存异的原则源于矛盾的同一性。矛盾是斗争性和同一性的有机统一。斗争性是事物发展的动力，而同一性则为矛盾双方提供了由此及彼的桥梁。班组长要有效调控成员之间的纷争，重要的不是看他们之间的分歧是什么，而是要看他们之间的共同点是什么。如果着眼于他们之间的分歧，班组长很有可能陷入他们的矛盾之中，导致纷争的激化；如果班组长着眼于他们之间的共同点，就能有效地协调好他们之间的矛盾，使纷争得以化解。那么，纷争双方的共同点是什么呢？最根本的就是共同的班组安全生产目标。只有纷争双方立足于共同安全生产目标来思考问

题，才能消除纷争对安全生产目标的实现所可能产生的消极影响。

② 双赢的原则。所谓双赢，就是指班组长在调控成员之间纷争的过程中，要以纷争双方都能接受的方案作为思考问题的出发点。因为，成员的纷争大多数不是因为原则性问题，而是在根本利益一致的基础上产生的，是对一些具体利益或认识的分歧。这一特点决定了纷争双方存在着一定的协调空间。班组长要坚持双赢的原则，就是指对这个空间的公平而充分的利用，并借此达到调控纷争的目的。如果班组长不是这样来考虑问题，而是把立足点放在维护一部分人的利益上，肯定会导致另一部分人的不满，挫伤其安全生产积极性，结果会使纷争演变成为工作冲突，影响班组安全生产目标的实现。

③ 换位思考的原则。坚持这一原则，就是要求班组长在调控班组成员之间纷争的过程中，不仅站在自己的角度考虑问题，而且要分别站在纷争双方的立场上、站在纷争双方对对方的要求上考虑问题，依次来确定纷争可否调控和究竟采取什么样的方案或方法才能使纷争双方接受自己的调解以达到最好的效果。否则，班组长就很容易把自己的意志强加于成员，即使成员勉强接受了，也会引起他们的不满，造成班组安全工作上的被动。

④ 选择关键调控点的原则。班组成员之间的纷争可能是有多种原因造成的，纷争的范围也很广。因此，班组长要有效地调控成员之间的纷争，不可能也没有必要对造成纷争的原因及纷争的范围进行全面的分析，只要能够准确地选择出一些关键点进行调控，就可以达到调控纷争的目的。关键调控点的选择：一是在时间上，要尽量把纷争控制在萌芽状态，不给它蔓延的机会。当然，还要看调控纷争的条件是否成熟，不能急于求成。二是在空间上，要抓住纷争双方争论的焦点问题或薄弱环节，不能面面俱到，以免分散精力。三是在纷争所涉及的人员上，要关注有一定影响力的人员，先做好他们的工作，或削弱他们的支持力量，促使他们的认识朝着有利于调控纷争的方面转化。

（3）控制纷争的对策。班组长要有效地调控成员之间的纷争，在掌握基本原则的基础上，还必须对具体的调控对策进行探讨和选择，结合工作实际，主要从调控纷争的过程来探讨这一问题。

① 把安全文化转化为班组成员的价值观念。调控纷争首先要从班组成员的思想上进行调控，而良好的班组安全文化在这方面有着不可替代的作用。班组安全文化的内涵是很丰富的，在这里主要是指班组的安全生产目标、安全价值观念、安全管理理念、安全管理制度、安全行为规范等。班组安全文化的建立及其在班组成员中的渗透，是形成优良团队的基础，它一旦成为每个成员的自觉意识，就会使班组成员的安全思想和安全行为自觉地服从于企业安全发展的大局，尽量减少或避免纷争的产生。所以，班组长为了使班组成员之间的纷争减少到最低限度，或纷争一旦出现，成员就能自觉地自行解决，就一定要着眼于企业安全发展大局，积极构造班组安全文化，并运用各种手段使之转化为成员的安全价值观念。

② 构建控制纷争的机制。构建班组安全文化能够使班组成员之间尽量不发生纷争，其作用是使班组成员之间不愿发生纷争。如果把它看作是调控纷争的"软对策"的话，那么，就必须有与之配套的"硬对策"，使班组成员之间不敢发生纷争。要做到这一点，班组长就必须从建立科学的调控纷争的机制入手。这个机制应该是一个系统，并且能够封闭。主要应包括两个方面：从作用上讲，它包括激励和约束两个方面，使顾全大局的成员得到褒扬，使制造纷争的成员受到惩罚；从程序上讲，它包括各个环节上的责、权、利，使成员做到在其位、谋其政、行其权、尽其言、获其利。

③ 建立有效的安全信息沟通机制。有效地调控班组成员之间的纷争是班组安全稳定和发展的重要前提。任何纷争的加剧和扩大都会严重制约班组安全的稳定和发展，现代社会的一个重要特征是信息量的不断增多和信息交流速度的不断加快。能否保证安全信息渠道的畅通已经成为人际关系是否密切的基础。一方面，班组成员间的很多纠纷与信息的无法交流、沟通不无关系；另一方面，班组长能否有效地调控成员之间的纷争，也与安全信息沟通是否及时准确密切相关。如果安全信息沟通不及时、不准确，成员之间的纷争

就势必加剧。因此，班组长要积极构建安全信息沟通机制，疏通安全信息沟通渠道，使安全信息的有效传输成为调控班组成员之间纷争的重要手段。

④ 营造在合作基础上的竞争氛围。合作与竞争是矛盾的两个方面，没有合作的竞争，就会使班组安全工作陷入无序状态，发生无谓的纷争；没有竞争的合作，则会使班组安全工作失去应有的活力，存在着潜在的危机。由此看来，如何通过合作竞争的相对平衡保证班组既有活力又有秩序，是班组长有效调控纷争必须面对的两难问题。如何实现合作与竞争的相对平衡呢？一方面，班组长要把竞争限制在合作的范围内，凡是不利于合作的竞争，都要加以规范和限制。否则，竞争越激烈，对班组合作的破坏就越大；另一方面，合作要以竞争为保证，竞争实质上是个人优势得以发挥的动力，只有个人优势得以显现，才会使班组在扬长避短中优势互补，在这个基础上的合作，才是真正意义上的合作。

58 班组长如何驾驭顶牛的部属

在班组日常安全工作中，不少班组长都遇到过与自己顶牛的部属。面对这种情况，如果处理欠妥，很容易把班组长与部属的关系搞僵，甚至激化矛盾，影响正常安全生产工作的开展。如果班组长讲究一点策略，对顶牛的部属采取先"观"后"引"再"牵"的方法，则很容易驾驭他们，并能进一步赢得他们的信任。

(1) 观"牛"——看清顶牛部属的来势，辨明其顶牛的原因，以便对症下药。造成部属与班组长顶牛的原因是多方面的，作为班组长，对此一定要头脑冷静、仔细观察、认真分析。一是查找班组长自身的原因。不管是安排安全生产任务还是总结安全生产工作，班组长都可能在不注意中伤害个别部属的自尊心或者引起个别部属的误解，甚至班组长在某种场合漫不经心的态度、表情和言谈举止都会引起个别部属的不满而导致与班组长顶牛。二是查找部属的原因。部属与班组长顶牛是由于对某个问题有看法，从而想与班组长理论；有的是由于对某事有特殊的要求，但没有达到目的，而故意找碴儿；有的是由于在家中或社会上受了委屈，无处发泄，与班组长谈话时恰恰是话不投机，从而与班组长顶牛；有的是性格使然，部属本身就有一张刀子嘴。如此种种，都很容易使部属与班组长顶牛。这就要求班组长在遇到与自己顶牛时，首先，要反躬自省，仔细检查一下自己处事是否有失公正，工作态度是否倨傲，语言表达是否欠妥。其次，要认真听取部属的陈述，冷静、客观地分析一下部属与自己顶牛是出于何种心态。再次，要换位思考，把自己置于部属的位置去考虑问题，分析一下顶牛的部属是怎么想的。这样一来，就不难找到降"牛"的办法了。

（2）引"牛"——避其锋芒，减缓对方的狂躁情绪。使之逐渐平息怒气，为其接受自己的安全教育和工作安排创造有利条件。首先，要负责不指责，即使与自己顶牛的部属出言不逊、言辞激烈，也不要突然打断他的话或者不让其把话说完，更不要冷嘲热讽，进行过分的指责，而要以自己认真的态度给顶牛的部属一个负责任的印象。其次，顺气不赌气。对顶牛部属的不良表现和故意顶撞行为，班组长不要太在意，与之赌气；相反，要善于运用沉默艺术，让顶牛的部属先宣泄一番，否则，针尖对麦芒，势必两败俱伤。只要宽容地对待顶牛的部属，先顺其气，才能有效地进行规劝和引导。再次，要耐心不灰心。作为班组长，要有博大的胸怀和足够的信心，对顶牛部属的合理建议要予以肯定，正确的意见要表示予以采纳，以便尽快缩短与他的感情距离，通过自己耐心细致的工作为下一步的"牵"打好基础。

（3）牵"牛"——抓住最佳时机，针对顶牛部属的不同态度和存在的思想问题进行教育，使之转变认识，提高觉悟。一是动之以情。对由于班组长自身原因而导致部属顶牛，班组长要勇于承认错误，要尽快讲明情况，消除误解。对由于部属的原因而导致其与自己顶牛的，要弄清情况，区别对待。譬如，对在家庭中或社会上受了委屈而与自己顶牛的，班组长要予以理解和同情，甘当出气筒，以自己的满腔热情引起部属感情上的共鸣，从而感化顶牛的部属。

二是晓之以理。对由于在对自己有片面的看法和不正确的认识而与自己顶牛的部属，要对其摆事实，讲道理，剖析其思想根源，并有针对性地进行教育而不能一味迁就。要使其明白，有一定的想法可以理解，但要梦想成真，必须靠骄人的安全生产业绩，从而使其认识并改正错误。三是导之以行。面对顶牛的部属，作为一名班组长要以坦荡的胸襟、高尚的情操和模范的言行在具体的安全工作中做出表率，使顶牛的部属对自己的行为有所悔改。对待顶牛的部属，班组长不但不能挟嫌报复，而且还应以采纳其正确意见、广开言路的方法变被动为主动，化解与部属之间的矛盾。

总而言之，班组长面对顶牛的部属这把"锁"，开启的"钥匙"就在班组长自己手中。只要班组长在冷静观察、泰然处之中认真分析、巧妙对待，就一定能驾驭各种各样的"犟牛"，使班组形成一个团结战斗的集体，班组的安全工作一定能搞好，并为企业的安全发展注入新的活力。

59 班组长激发下属安全工作潜能的方法

潜能是一个人潜在的能力，它需要一定的环境和条件才能充分释放出来。高明的班组长不仅能把下属的显能用足用好，而且还善于通过各种途径发现和开发下属身上存在的各种安全潜能。是否善于激发下属的安全潜能成为衡量一个班组长领导艺术水平高低的重要因素。而要激发下属的安全潜能，就需要班组长掌握激发下属安全潜能的几个必要条件。

（1）提供合适的位子。俗话说"有为才能有位"。但"有为"也需要"有位"。班组长要激发下属的安全生产工作潜能，首先要为下属选择合适的位子，把下属放在最能发挥其特长的岗位上，通过岗位锻炼去激发下属的安全工作潜能。有的员工平时在班组里是个不起眼的人，看不出有什么能耐，但在被选到了一定的岗位、担任了一定的职责之后，某一方面的安全能力就会得到充分的展示，安全工作开展得有声有色。平庸多半是被放错了位置。班组每个员工都有各自的长处和不足，关键是班组长如何扬其长避其短，通过平时的接触了解，发现下属在某些方面的安全潜能，并根据每个下属的特长安排合适的位子，把其放到最能发挥安全生产能力的岗位上去。另外，一个人在一个岗位待久了，势必产生惰性，其思维方式和工作思路容易模式化，创新的激情会下降。这时，班组长要适时把下属放在新的工作环境中去磨炼，用不同的岗位锻炼下属的安全工作能力，从而激发下属安全创新意识，也为班组培养一专多能人才创造条件。

（2）设置明确的目标。用安全工作目标激发下属的安全潜能就是经常给下属压担子、交任务、提要求，通过设置阶段性的安全工作目标，使下属工作有压力、奋斗有目标。适时给下属下达安全生产任务，提出安全工作思路，规定完成的时间和质量标准，下属就会感到有事干，工作满负荷，有一种充实感。不过，设置的安全生产工作目标要适当，要切合实际。目标过高，下属经过努力还是达不到，就会产生放弃努力的想法，要制定的目标应该是"跳起来能摘到桃子"；如果过低，就起不到应有的激励作用。班组长的职责是出主意、用好人，要善于调动下属的安全生产积极性，不能什么事情都"一竿子插到底"，抢了下属的"活儿"。班组长要有意把一些该放手的安全工作交给下属去办，比如，请下属代替自己主持"安全活动日"，让下属出面解决某个棘手的安全问题，由下属独立完成某项安全操作任务，故意设置一些难题考验下属解决实际安全问题的能力等。在企业里经常发现这么一种情况：有些班组长一天到晚忙忙碌碌，下属却闲得要命，班组长自己累不说，下属也变成"传话筒""留声机"，也有怨言。如此班组长，又怎么能充分发挥下属的安全工作潜能呢？

（3）创造宽松的环境。一个人安全潜能的发挥主要靠主观努力，但也离不开外部条件的激发，而信任、理解和宽容是最好的激励措施。班组长要开明，善于放手，充分信任，多让下属放"单飞"，为下属提供更多的自由空间。有创新就会有失误，对下属在安全生产工作中的某些不足，班组长要持宽容态度，要有为下属揽过的胸怀，让下属针对班组安全工作现状大胆发表真知灼见，鼓励下属冒尖，宽容下属某些不违反安全生产大原则的失误。对有关针对下属的不当非议要及时给予说明和抵制，以消除下属安全创新的后顾之忧。班组长的信任能激发出下属持久的安全生产工作热情，使他们心甘情愿地为班组的安全生产效力。有的班组长对下属这也不放心，那也不满意，总是担心下属干不好、干不了，那样，下属就永远不会有发挥安全工作潜能的机会。

（4）营造竞争的氛围。在班组安全工作中，其实，下属之间也需要有竞争对手。班组成员之间在和对手的竞争较量中，沉睡的安全工作潜能更容易发挥出来。班组长要善于为下属培养安全生产竞争对手，营造竞争的氛围，让下属在安全生产工作中既有压力，又有动力。有些班组由于缺乏竞争的氛围，下属长期处于"衣食无忧"的环境之下，慢慢滋生了一种依赖和惰性心理。随着岁月的流逝、时间的推移，不仅许多安全工作潜能未能发掘，就连一些显能也渐渐消磨掉了。这不仅仅是班组成员的悲哀，也是班组长的悲哀。

（5）巧用逆境之招。有人做过这样的试验：把青蛙放在沸腾的水中，青蛙立刻跳出来逃生了；但把青蛙放在冷水中，然后慢慢加热，青蛙开始在温暖的水中无动于衷，但等到感受到水热难耐时，已经丧失了跳跃的能力，直至最后被活活煮死。这个试验形象生动地启示人们：在许多时候，人的潜能是在遇到逆境、遭受挫折之后才激发出来的。在逆境中更容易锻炼人的品质、磨炼人的意志、增长人的才干、显露人的本色、考验人的品格。班组长要善于运用逆境来培养下属，有意识地把下属放到条件艰苦的地方去打磨，放在安全工作难度大的岗位上去锻炼，以此来开发下属的安全工作潜能。如当下属打开安全工作局面，取得一些安全生产成绩时，不忙于表扬，而要适当进行低调处理，看一看下属的思想情绪反应，就是有意把下属放到安全工作条件艰苦，如环境污染大、工艺过程复杂、安全控制要求严格的地方去工作，以检验下属的适应能力等。不过，用逆境来激发下属时一定要掌握好"度"，以不给下属造成思想负担、心灵伤害、信心丧失为前提和原则。

（6）建立赏罚机制。现在企业中的班组普遍存在着这样一种情况：干与不干一个样，干好干坏一个样，这样的机制只会培养庸才和懒汉。班组长要激发下属的安全工作潜能，必须建立一种有效的赏罚机制。做到：赏罚分明、赏罚及时、赏罚到位、赏罚公正。当下属取得安全工作成绩时，班组长要毫不吝啬地在众人面前夸耀自己的下属，在精神和物质上给予奖赏，以增强下属的安全生产自信心和自豪感。当下属出现安全工作失误时，班组长要认真分析缘由。属于客观方面的原因，班组长要及时进行安慰，主动为下属承担责任，帮助下属走出失败的阴影；属于主观方面的原因，班组长也不能一味地批评，而必须区别对待。若是安全素质问题，班组长要帮助下属找准症结，多方面进行鼓励，少责怪挖苦，以重新燃起下属的信心，避免其犯重复性的错误。对那些不思进取、做一天和尚撞一天钟、失职渎职的下属则要给予处罚，甚至是重罚，绝不能姑息迁就，以起到"杀一儆百"的效果。这样，久而久之，下属就会产生强烈的荣辱感、紧迫感和事业心，而这也是下属发挥安全工作潜能的必备条件。

60　做一名善于沟通的班组长

班组安全工作中，班组长与下属之间存在地位、语言、心理、认知、环境和文化水平等方面的差距，这些都可能造成一定的沟通障碍，影响到方方面面的关系，并且使安全生产工作受到损失。因此，班组长一定要提高沟通能力，掌握沟通艺术，做一名善于沟通的班组长。

（1）调整心态，以诚相见。人与人只有在互相尊重、互相信任的基础上，才能做到真正意义上的沟通。班组长要明白自己与下属之间虽然有职位高低、权力大小的差别，但在人格上是平等的，都有维护自尊的强烈心理需求。因此，绝不能在沟通中摆出一副"长官"的架子，否则，必然会招致下属的不满，对你敬而远之，甚至恨而避之。沟通时要做到坦诚相见，说真心话，用真感情，绝不能说那些言不由衷的空话、大话、套话和假话，更不能用不冷不热、矫揉造作的伪感情对待下属。只有这样，在沟通中才能敞开下属的心扉，达到沟通的目的。

（2）换位思考，求同存异。要准确地理解他人，采取换位思考的方式极为重要。只有站在对方的位置和立场上来思考问题，才能够更准确地理解对方的想法和心理状态，才能真正找到沟通的结合点，增强沟通的针对性。班组长若只强调自己的感受而不体谅下属的想法，就很难走入下属的内心世界，很难被下属接纳。另外，在沟通过程中，要善于发现双方的共同点，以这些共同点作为谈话的切入点，并不失时机地加以强化，一旦达成了共识，双方便容易产生亲近感，沟通就容易达到一个新境界。当然，这里的换位思考和求同存异并不等于迁就错误，坚持原则是搞好沟通的前提。

（3）注意态度，控制情绪。班组长在沟通时一定要注意情绪的控制，不要将自己的不良情绪带到沟通中来。要尽可能地在平静的情绪状态下与下属进行沟通，这样才能保证良好的沟通效果。同时，要注意莫误用体态语，要把握好身体语言的尺度，尽可能不让下属感到紧张和不舒服，让其在轻松的状态下说出真实感受。身体语言在沟通过程中起着非常重要的作用，有50%以上的信息可以通过身体语言来传递。班组长的眼神、表情、手势、坐姿等都可能影响沟通，班组长专注凝视、低头皱眉或是左顾右盼都会造成不同的沟通效果。因为不少下属在与领导沟通的过程中注意力都非常集中，善于从班组长的一言一行、一颦一笑中捕捉信息，揣摩班组长的心思，因此，班组长不当的体态语必定会对下属产生误导。

（4）主动询问，善于倾听。在沟通中，班组长要做好引导工作，当下数默不作声或欲言又止的时候，班组长可用询问的方式引出下属真正的想法，了解其对此项安全工作的立场、需求、愿望、意见和感受，这样一方面可以为要说的话铺路，另一方面还可以营造比较自然的说话氛围。除主动询问外，班组长还要乐于倾听。班组长积极的倾听，给下属以自我表现、成就自我的机会，可使下属产生一定的归属感，配合意识和参与沟通的积极性便会明显增强。同时，在沟通过程中，下属在意的不是班组长听了多少，而是听进去了多少。因此，班组长不仅要乐于倾听，还要善于倾听，要让下属知道你真的在意他说的话，否则，沟通效果甚微。

（5）注意细节，莫辞小善。班组长与下属沟通中的很多细节往往会影响到下属对班组长、对班组以及对具体安全工作的看法，如果班组长忽视了这些细节，往往会影响沟通的效果。班组长在与下属的沟通与接触中"莫因善小而不为"，因为下属有时会非常在意一些小事情，常常会从一些细节和小事上来评价班组长、分析班组长，来确定自己的位置。如果班组长能够勤于在细小的事情上与下属沟通感情，经常用"毛毛细雨"去滋润员工的心灵，最终必然会结出丰硕的果实。

（6）把握时机，情理交融。时机是影响沟通效果的一个非常重要的因素。班组长在同下属沟通之前要选择好恰当的时机，对沟通的内容、时间、地点等要有一定的计划，尤其是对批评教育等针对性比较强的沟通活动一定要慎重。那些不讲场合、不讲对象、不选择内容的沟通是失败的沟通，不但达不到预期的效果，甚至会事与愿违。同时，谈话是沟通的桥梁，一定要注意谈话的艺术。在谈话时，班组长要根据谈话对象的文化素养、性格特点、习惯爱好等，使用不同的语言，做到情理交融。对性格内向的，使用的语言要柔和一些，使话语像春风细雨那样句句入心；对直爽开朗的，要一针见血指出问题；对文化层次高一点的，语言可以文雅一点；对文化层次低的，语言应该朴实一点；对工龄长、资历深的员工，谈话时哲理可以深一点，以理说事；对年轻识浅、思想单纯的员工，可以多用朴实、通俗的语言，深入浅出，以理明事。

61　班组长如何巧治部属的懒散作风

目前，在企业的一些班组中，得过且过、懒散懈怠、办事效率低下、做一天和尚撞一天钟、打发时光混日子的某些员工，在安全工作中表现得较为突出。那么，班组长如何巧治下属的懒散作风，做到有令必行、有禁必止，有效地开展安全工作呢？根据班组现状，有如下工作方法。

（1）定岗位。一个班组，如果岗位设置不合理、不科学、职责不明确，尤其是在安全工作上互相扯皮、互相推诿，好事抢着干，难事无人问，或者干好干坏一个样，就会极大地伤害下属的安全生产积极性。因此，班组长在精简人员大趋势的基础上，根据实际设置工作岗位，因事设岗、因岗择人、一人一岗、一岗一责、一个萝卜一个坑，做到岗岗不虚设、人人有事干、事事能干好。班组长在班组设置工作岗位时，切忌心血来潮，凭意气办事，要在深入调查研究，广泛征求意见的基础上，果断决策，慎重行事。要注意把握几个原则，一要总揽全局，岗位设置科学合理；二要减政精兵，讲求实际工作效率；三要因事、因人而异，既要扬长也要避短；四要分合适度，讲统筹，讲兼顾；五要立足长远，具有前瞻性眼光。

（2）明职责。没有规矩不能成方圆。班组在科学设置工作岗位的基础上，要因岗定人、因岗定责、责任到人。对安全生产工作职责要力求明晰、细化、量化，其安全目标、安全要求、安全考核、安全奖罚等诸要素做到一目了然。其指向性、针对性要做到明确到位。安全生产工作职责明确了，就大致规定了下属工作的范围、内容以及完成此项工作的时间和质量要求等，使之有章可循、目标明确。

（3）勤督查。"秋后算账"尽管痛快淋漓，但到那时班组成员的许多差错、欠缺、不足已成事实，且无法扭转。因此，班组长要想医治下属在安全生产工作中的懒散作风，最好的办法就是对他们实行跟踪控制，实行过程管理、随机管理，做到警钟长鸣、勤于督查，把问题消灭在萌芽中。班组长在勤于督查的过程中，可以见微知著，及时发现下属安全工作中各个环节上的成绩或纰漏。好的要加以肯定，及时通报表扬，或给予奖励；错的要及时提醒，善意地帮助下属改进，避免出现重大失误，真正体现班组长对下属的关心和爱护。在班组的成员中，人总是有惰性的，这种懒散懈怠如田间的杂草，潜滋暗长，纵容不得。事实上，不同个性的人在不同的阶段、不同的环境中都会产生不同形式和程度的懒散懈怠行为。因此，班组长要突出重点、有的放矢地开展督查工作。一要靠以身作则，率先垂范的人格力量感染下属；二要靠营造班组良好的安全生产小气候影响下属；三要靠岗位安全责任制的督查，及时纠正偏差；四要靠行政手段的制约，让安全生产激励机制发挥作用。但更重要的还是要因人而异，做好细致的安全思想教育工作，敲开每个下属的心灵之锁，使每个下属都能放下包袱，心情舒畅地、创造性地开展安全生产工作。

（4）重奖罚。每个班组在安全生产工作中都执行奖勤罚懒制度，班组长在执行这个制度中要不折不扣，坚决兑现，绝不能敷衍了事。班组长要有"曾子杀猪"的一诺千金，也要有"孔明挥泪斩马谡"的义无反顾。安全工作奖罚要多形式、多层次、各有侧重。如在评选先进、入团入党、岗位调整、职务晋升、奖金分配、晋级加薪、休假疗养等诸方面可不同程度地有所体现，论功行赏，视过施罚，赏罚分明。班组安全生产工作中，奖勤罚懒是一个复杂的过程，要严格把关、不出差错、不出纰漏。其基本要求是：一要建立和健全科学的考核评估机制，坚持实事求是，然大家心服口服；二要以发展的眼光看问题，特别是对班组中少数懒散懈怠者根据"惩前毖后，治病救人，循序渐进，循之善诱"的原则，做好引导工作；三要善于总结经验教训，不断完善安全生产考核评估机制，减少偏差，减少纰漏，做到科学、合理、公正、公平、公开。

总之，班组在安全生产工作中，成员的懒散作风是存在的，要消除或杜绝这种作风，关键在于班组长的工作方法。班组长们如能很好地运用"定岗位、明职责、勤督查、重奖罚"这十二个字的方法，班组成员在安全生产工作中的懒散作风是可以克服的。

62　班组长如何赢得下属的支持

班组长主要是依靠下属的支持和具体工作来实现安全工作目标

的。赢得下属支持的方式方法很多，但核心问题是赢得下属在安全智慧和安全感情方面的支持。这不仅可以使下属给班组长安全工作的领导提供智力支持，还可以使下属对班组产生归属感，这两个方面是相辅相成的，归根到底表现为下属心甘情愿地干好安全生产工作。因此，班组成员在安全生产工作中必须着眼于安全工作目标的实现，通过各种方式，在下属安全智慧得以充分释放的同时，不断增强班组对下属的安全工作凝聚力。

（1）让下属充分地表现自我。每一个人都有表现自我的欲望。究其原因，就是下属试图通过施展才能，在证明自己的价值的同时，得到社会、企业和领导者的认可。并且，下属也只有在表现自我的过程中才能使自己的智慧转化为推动安全工作的力量。但是，下属表现自我需要自身的主观努力，更需要各级领导，特别是班组长为其提供施展才能的舞台和机会。

为下属提供自我表现的条件主要包括三个方面：一是建立合理的用人机制；二是努力挖掘下属的安全工作潜力；三是给予下属适度的安全责任和权力。

下属自我表现的过程实际上就是帮助班组长实现班组安全工作目标的过程。因此，班组长在主观上要有为下属创造条件的自觉意识。一是要有正确的用人意识。班组长只有把班组的每个成员都当做人才来对待，才会积极地去发现每个人的长处并使之得以发挥。二是下属努力工作就是对班组长的最大支持。班组长只有借助于下属的力量才能把安全生产工作搞好。三是着眼于班组持续安全发展的大局意识。伴随着班组进一步安全发展的要求和下属安全素质的不断提高，下属对扩大自我表现的空间也日趋强烈。班组长只有从班组安全发展的大局考虑这一问题，才会主动地为下属制造施展才能的空间。

（2）满足下属的合理要求。人的行为是动机支配的，而动机是由需要决定的。从这个意义上讲，人的需要就是人的行为的动力，而需要的满足则成为其工作的重要目的。班组的安全生产工作亦如此。因此，班组长必须对下属的安全需要有准确的了解和把握，并努力满足其合理需求。

在如何满足下属合理安全需要的问题上，班组长应注意以下问题：一是把对下属的安全需要和对下属的安全激励有机地结合起来。人的需要具有多样性和层次性的特点，并不是所有需要的满足都对人有激励作用。在有些情况下，对下属某些需要的满足并不能调动其安全工作积极性。因此，班组长在充分考虑下属需要的同时，更应该考虑哪种需要的满足能最大限度地对下属起到安全激励作用。只有做出正确的判断和选择，才能达到安全激励的目的。二是班组长不要轻易对下属许诺，许诺的一个重要特点就是必须兑现，只有这样才能对下属产生安全激励作用。因此，班组长的许诺必须适度，即在现在或将来的条件下能够兑现。如果超过了一定的限度，一旦兑现不了，就会挫伤下属的安全生产积极性。三是要善于在沟通过程中取得下属理解。在任何条件下，下属的需要不可能都得到完全满足，虽然这其中有些需要带有合理的成分，但现实不具备满足的条件。这就需要班组长给予解释和说明，使下属理解班组长的难处，并放弃某些需求。

（3）公平地对待每个下属。公平是人际关系的黏合剂。特别是班组长对下属公平与否直接关系到下属的情感因素能否转化为积极的安全工作动力。从下属比较普遍的心理来看，既希望班组长坚持公平原则，同时又能偏爱自己。这就给班组长提出了要不要坚持公平和如何坚持公平的问题。作为班组长固然知道坚持公平的重要性，但是，在现实的班组安全活动中，有些班组长受下属这种心理的影响，往往会将感情因素带进工作关系中，自觉不自觉地偏爱部分下属，结果会使另一部分下属感到不公平，由此导致他们对待安全工作的态度不积极，甚至逃避安全工作。特别是在下属之间发生安全生产矛盾的时候，班组长如果不能坚持公平，不仅会加剧下属之间的矛盾，而且班组长和下属之间也会产生矛盾。在复杂的矛盾关系中，人际关系紧张，班组安全生产的凝聚力和向心力就会大打折扣。因此，班组长要使下属心甘情愿地安全生产，就必须公平地对待所有的下属。只有这样，下属才会形成安全工作合力，安全生产目标才能顺利实现。

从班组长对待下属的态度来说，公平主要指班组长在客观评价下属的基础上，对安全生产工作的安排和利益的分配都能依据下属的能力和贡献的大小，做到一视同仁。具体说，一是对下属安全生产工作岗位的安排有利于其安全能力的充分发挥，即因岗设人，而不是因人设岗。二是为所有的下属提供平等的安全工作条件，使他们能够在同一起跑线上进行竞争。三是利益的分配要依据下属对班组安全生产的贡献，体现出应有的差别。

班组长坚持公平应注意以下问题：一是把下属作为相互联系的群体来对待。二是让下属在成员差别的前提下感受公平。公平是相对的，不公平是绝对的。因此，班组长坚持公平，不是要否认下属之间的差别，如安全工作能力、安全生产贡献等，而是要使他们看到和承认差别。只有这样，下属才能通过主观努力缩小差别，实现公平。三是班组长要特别严格对待自己身边的人（在情感上或工作上关系较近的人）的要求。客观地讲，班组长和下属之间的感情并不是毫无差别的。但为了实现公平，班组长绝不能以感情作为评价和激励下属的依据，尤其是对自己身边的人，更要严格要求，否则，一旦陷入感情的误区，就会加剧不公平，导致部分下属产生消极的安全行为，贻误班组安全生产工作。

（4）适度承担下属安全工作失误的责任。一般来说，下属都有干好安全生产工作的良好愿望。但是，由于主客观条件的限制及其复杂性，下属在安全工作中难免出现这样或那样的失误，使安全工作结果与主观愿望和安全生产目标之间存在一定的差距。安全工作失误本身会给下属带来巨大的心理压力，甚至会使下属丧失干好安全工作的信心。在这种情况下，班组长如果能够及时地帮助下属查找失误的原因，并适度承担一定的责任，不仅会使下属在比较宽松的环境里对失误进行认真的反思，还会使下属感受到班组长的关心与爱护，更加积极地做好安全生产工作。

所谓适度地承担下属安全工作失误的责任，并不是让班组长承担全部责任，而是指班组长从领导的角度去分析下属安全工作失误的原因。这就是说，下属的失误固然有下属自身的原因，但作为班组长是否存在着工作不到位的问题呢？这包括在安全决策上有无不科学的方面，如安全决策目标是否符合安全工作实际；安全作业方案是否切实可行；在安全工作指导上是否为下属提供了应有的帮助；特别是下属在安全工作中遇到困难时，班组长能否为其排忧解难，提供指导；在下属安全工作过程中班组长是否实施了安全监督和安全检查，做到了发现问题并及时地解决问题等。班组长如果能够认真地从自身进行检查和反思，不仅不会损害班组长的威信，反而会使班组长更具有凝聚力和向心力，也会使下属在减轻心理压力的状态下，以更加努力的安全生产工作回报班组长。

但是，班组长适度承担下属安全工作失误的责任，应该注意以下问题：一是避免错误归因心理的影响。这种心理主要表现为把安全工作的成功归因于主观能力和努力，把安全工作的失败归因于客观环境的不利。班组长在帮助下属分析安全工作失误原因时，只有避免这种心理的干扰，才能查找到真正的原因，以便对症下药。二是帮助下属制定解决问题的方案措施。安全工作失误肯定会给班组安全生产带来消极影响，为了使影响减小到最低程度，班组长要针对安全工作失误原因帮助下属制定切实可行的方案措施。但是，班组长不能越俎代庖，否则，会使下属因对方案措施理解的不彻底而出现新的安全工作失误。三是对下属安全工作失误要做出处理。班组长适度承担下属安全工作失误的责任，并不意味着班组长要迁就下属，或者为下属推卸责任找借口。为了使下属能够接受教训，班组长必须依据下属安全工作失误给班组安全生产造成消极影响和损失的程度对其做出必要的处罚。

（5）塑造下属信赖的领导形象。赢得下属的支持，班组长的形象是至关重要的因素。对于下属来说，班组长的形象就是班组的一面旗帜，它代表着班组的未来和希望。从这个意义上说，下属对自己安全工作的选择，就是对班组长形象的选择；下属对待安全工作的态度，取决于其对班组长形象的认可程度。这是因为，值得信赖的班组长形象，由于其接近下属的期望，对下属也就拥有凝聚力和吸引力，下属也就会心甘情愿地工作。如果下属不认可班组长的形象，安全工作热情就会大打折扣，甚至还会寻找其他的发展空间。因此，班组长必须根据下属的期望来塑造自己的形象。

班组长必须把握值得下属信赖的形象的基本特征。概括起来主要有三个方面：一是责任心。班组长对班组和下属要有高度的责任感，让下属切身体验到班组长的每一项安全决策或安全决定都是从维护企业和班组利益及下属利益的角度出发的，而不是为了其他什么目的。二是可靠性。班组长要使下属在这个班组安全工作中有一种安全感，认为班组长不仅能够创造出和谐的人际关系，而且还能保持班组的稳定和发展。还会使下属产生安全感、幸福感，有了安全感、幸福感，就自然会产生归宿感。三是预知性。预则立，不预则废。班组长对班组未来安全发展的设想和规划，要体现出前瞻性，让下属十分明确他们所努力实现的安全目标是充满希望的，是能够带来巨大成功的。

那么，班组长如何塑造自己的形象呢？一是不断提高自身综合安全素质。安全素质是班组长树立良好形象的基础。特别是随着下属安全素质的不断提高，对班组长形象的要求也越来越高。班组长只有不断提高自身的安全素质，才能够使自身的形象日趋接近下属的安全期望。二是保持自己鲜明的个性特征。塑造班组长形象是班组安全活动主体（班组长）和客体（班组成员和活动环境）相互作用的过程。班组长固然要考虑下属的要求，但班组长如果完全放弃自己的个性特征，其形象同样不会为下属所喜欢。没有个性的班组长肯定缺乏应有的魄力。三是努力做到表里如一。班组长要塑造下属喜欢和信赖的形象，就应该做到襟怀坦荡、表里如一。如果班组长当面一套，背后一套，就会使下属产生被欺骗的感觉，其结果是不言而喻的。

63 班组长被成员误解之后

近年来，在企业的班组，一些不负责任的乱告状现象比较普遍。一些本来没有什么问题的班组长，也可能一不留神被个别心术不正的员工误解。班组长被班组成员误解，尽管在人格和尊严上受到了一定的伤害，但却不能头脑发热，感情用事，否则，就可能在成员面前"输理"，从而给自己带来更大的不利，同时还会使班组长与成员之间的矛盾进一步激化，把问题变得越来越复杂。那么，班组长应怎样去对待和处理这类问题呢？

（1）克制情绪，保持常态。被成员误解，对班组长来说无疑是一件难以接受的事情。一些心理承受能力较弱的班组长很容易在情绪上产生较大的波动，一旦头脑不冷静，很容易产生过激行为，如扬言报复、胡乱猜疑、工作撂挑子、不去管理班组等。这些过激行为容易在成员中造成一定的负面影响，导致班组长的信任危机。因此，当问题出现后，班组长一定要克制情绪，保持常态，该干什么干什么，以坦诚的心态去面对一些别有用心的成员的误解，甚至是诽谤。当被成员误解时，班组长要做到"三个不"：一是不惊慌。俗话说，"身正不怕影子斜"。班组长只要站得直、行得正，就不应当被谎言所吓倒。要相信班组多数成员的眼睛是雪亮的，即使个别人用"污水"弄脏了你的形象，多数成员也会帮你擦干净，还你一个清白，所以，当"污水"向自己泼来的时候，要沉住气、不惊慌，用事实来证明自己的清白。二是不猜疑。被成员误解，要依靠企业各级组织和班组多数成员把问题澄清，而不能凭个人主观臆断对班组成员乱猜疑，更不能把不满情绪带到工作中去，特别是带到安全生产工作中去，要知道，带着情绪上岗是最大的安全隐患。任意对班组成员的发火和训斥都是班组安全生产的大忌。三是不报复。对恶意陷害自己的成员，可以开展批评教育，可以给予纪律处分，也可以依法进行惩办，但绝不能挟嫌报复。

（2）冷静反思，查找原因。任何事情都不是没有原因的，班组长被成员误解，虽然不排除有个别人无事生非、恶意为之的可能，但班组长在安全工作中言行不当，使成员对其产生不满也是一个重要的原因。因此，班组长看待问题不能片面、绝对，一概地归咎于成员，而无视自己存在的问题。正确的态度应是冷静反思，多从自身找原因。一般来说，应从以下方面去反思：一是安全生产工作是否做到了尽职尽责。想想自己在安全工作标准、安全工作作风、安全工作方法上有什么问题，通过与班组其他人员的比较，看看自己是不是一个标准高、作风实、能力强、干劲足和对班组安全建设负责的班组长。二是在安全工作中用权是否公道正派。想想自己在用权上是不是坚持原则，秉公办事；是不是发扬民主，公道正派；是不是严格自律，不谋私利，检查自己在行使权力上有没有问题和漏洞。三是做人是否品行端正。想想自己是不是一个讲道德、守信用、尊重人、关心人、心胸宽、有涵养的班组长，查找自己在为人处事上还有哪些不足之处。四是对成员是否关心爱护。想想自己对成员的态度如何、感情怎样，是不是心里装着每一个成员，是不是对他们真正地关心爱护，分析自己还有哪些方面做得不够好。只有认真地反思和查找自身原因，才能防止片面地看问题，从而给予成员宽容和谅解。

（3）贴近成员，加强沟通。班组长与成员之间缺乏思想交流和情感沟通，是导致成员误解班组长的一个重要原因。要避免这一问题重复出现，理智的班组长应当迅速摆脱烦恼，消除顾虑，主动贴近成员，与成员加强思想交流，用宽阔坦荡的胸怀和真诚友好的态度去获得成员的尊重。首先，要诚恳地征求成员对安全工作的意见。特别是在重大安全作业的项目，班组长要虚心接受成员的某些建议甚至批评，本着有则改之，无则加勉的态度。对成员给自己提出的问题要认真剖析原因，及时、认真地加以改正。其次，要时常与成员谈心、交心。班组长要敞开心扉、开诚布公地与成员交流安全思想，交换安全工作意见，在了解成员安全思想的同时，也把自己对班组安全工作、对人生、对事业的看法，真实客观地袒露给成员，从而拉近与成员的距离，增进彼此间的感情和友谊，让成员更加理解、信任和支持自己。再次，要真诚地关心成员。班组长在与成员的交流沟通中，要认真细致地了解成员的实际困难，并想方设法去帮助解决。班组长对成员做出的承诺，要牢记在心，并且要切实兑现，绝不能向成员开空头"支票"，否则，不仅不能赢得误解自己成员的理解和支持，而且还会失去其他成员的信任。

（4）坚定信心，勇往直前。在企业安全生产这个崇高事业的征途上，人不可避免地会遇到这样那样的障碍和阻力。一个对安全生产工作认真负责、原则性强、敢抓敢为的班组长，容易遭到一些安全生产思想落后成员的误解和反对。当个别成员因受到安全批评、安全处罚或者个人目的没有达到时，往往会把原因归罪于班组长，以致采取诬陷的手段去报复班组长，发泄心中的不满。被误解的班组长，虽然需要在安全工作方法上加以改进，但绝不能因此消磨掉自己的锐气，更不能退缩不前。正确的态度和方法是认准目标，坚定信心，克服阻力，勇往直前。一是要大胆工作、敢于负责。一个有志向、有抱负的班组长要敢于蔑视困难和阻力，不怕闲言碎语，不怕恶毒攻击，以对班组安全工作高度负责的态度和开拓进取的精神，大胆工作，不畏艰难。二是要坚持真理、毫不妥协。凡被实践证明是正确的安全思想、正确的安全理论、正确的安全规章制度、正确的安全工作方法都要毫不动摇地坚持好、维护好、落实好，在任何人面前、任何情况下，都不能妥协让步。三是改进方法、减少失误。只有减少班组安全工作失误，才能得到成员更多的支持。而要减少安全工作失误，就必须加强学习，提高综合安全素质，经常不断地改进安全工作方法和领导策略，使之更加科学合理，更易于被成员接受。

64 老班组长要防止三种不良风气

企业里有些班组长任职时间多则七八年，甚至更长。应该说，在一个班组任职时间较长的班组长，绝大多数都能讲原则、讲道理，履行自己的职责，充分发挥自己经验丰富的优势，认认真真地工作。但也有少数老班组长在一个班组任职时间一长，就放松了对自己的要求，忘记了身上的责任，一些不良风气也自觉不自觉地在工作生活中显露出来。

①"老气"。一时一长、年龄增大，提职无望，于是"老气横

秋"，特别是在安全生产工作中，凡事以老自居、倚老卖老，凭老经验、老办法办事，轻视年轻员工，对年轻人创新的思想和行动有抵触情绪，生怕威胁到自己的"老"地位。不去总结自己的安全工作经验教训，不去学习别人的长处，不去学习安全新知识，不注意改进自己的工作，嘴里天天喊"与时俱进"却没有行动。凡事当"和事佬"，从保住自己的"位子"处发，对一些制约班组安全发展的痼疾和症结心里虽然清楚，但却不愿多说、不愿暴露矛盾、不愿下决心去解决，使班组的安全活动死气沉沉，没有活力。

②"骄气"。一些班组任职时间较长的老班组长，自认为自己对本班组出了不少力，吃了不少苦，"劳苦功高"，于是，骄气顿生，图安逸，讲排场，比阔气，不愿再吃苦受累。一门心思放在利用权力谋取和创造舒适的工作、生活条件。当苦、脏、累的活儿分配到自己班组时，不带头组织，推给下属，当下发安全奖金时，自己总拿第一份；当危险性大的作业涉及安全问题时，总是能推则推，不能推就让车间创造安全条件，自己不去创造条件，甚至不过问安全工作，以致引发事故的发生。"骄气"的产生，使这些老班组长以工作忙为由不参加班组安全学习，不组织班组安全活动，也不认真研究部署本班组的安全生产工作，当下属提醒时，还打心眼儿里看不起他们，认为他们"事多""无知""不懂事"。

③"霸气"。班组长任职时间一长，自然就会关系熟、路子野。对上，能利用老资格从车间获取优惠的奖金，能把别的班组该得的荣誉争取来；对下，有一帮自己培养起来的、对自己俯首听命的"嫡子"，依靠他们，刻意打压"异己"，谋取个人私利。于是，他们的脾气见长，在班组里一手遮天、霸气十足。办事不按规矩、规程，不经民主协商，想干什么就干什么，在安全生产问题上，想当然拍脑袋走捷径，该办理的安全票证不办理，该进行的分析化验不分析，登高该挂安全带的不挂，电工该穿绝缘鞋的不穿，不尊重下属，对持不同意见者轻则指责，重则横加打压，弄得班组人人自危、乌烟瘴气，其结果是事故频发，人心不稳，严重影响了安全生产，落了个"事故班组""事故大王"的称号。

事实证明，班组安全建设止于班组长的"老气"，事故发生始于班组长的"骄气"，安全发展毁于班组长的"霸气"。因为这些班组长任职时间长而在身上所形成的不良风气，不仅会危害班组、危害车间，还会危害企业，也会危害其班组长本人。由于这些不良习气是逐渐形成的，要防止和杜绝这些不良风气，除了老班组长们加强安全学习，严格要求自己外，最根本的还是企业各级组织要保持警惕，坚持安全督查，经常给这些任职长的老班组长"吹吹风""敲敲边鼓""拽拽袖子"，甚至适时地换换"位子"，争取把问题消灭在萌芽之中。如是，则是班组、车间、企业以及老班组长本人的幸事。

65　善解人意是班组长一种重要的安全领导方法

善解人意是中国人优秀的传统美德。孔子说："仁者爱人。"孟子也说："仁者爱人，有理者敬人，爱人者人恒爱之，敬人者恒敬之。"这些思想对中国历史的影响十分深远。"爱人"用今天的话来说，就是尊重人、理解人、关心人，就是要善解人意。同理，在班组的安全生产工作中，班组长同样也要做到善解人意。这是春风化雨式的领导艺术，也是搞好班组安全思想教育工作的针对性、有效性的重要途径。做到善解人意要注意把握好以下几个方面。

（1）深入员工，理解人。"做官先做人，万事民为先"。班组员工的安全思想如何？最关心的安全生产问题是什么？只有深入员工调查研究方能知之。在我国企业转变经济发展模式和企业转型发展处于关键时期的新的背景下，经济成分和经济利益的多重性、社会生活方式多样性、社会组织形式多维性、就业岗位和就业形式多向性，给班组员工安全生产工作带来了大量的新情况、新问题、新挑战。班组长要时刻注意社会转型对班组员工安全思想的影响，善于从苗头中看到潜在的危机，从一些症候中料到可能产生的后果，从渐变过程中预料到突变的可能，从个别现象中看出带有倾向性的问题，从"正常"表现中发现不正常的安全思想动机。因此，班组长要经常置身于员工之中，通过广泛地与员工接触、交流，真正了解员工、了解班组安全工作实情。

（2）关心员工，体贴人。员工的安全思想问题相当一部分是由他们的实际问题引起的。善解人意就是要求班组长要设身处地地为员工着想，急员工之所急、帮员工之所帮、解员工之所困，关心员工生活，体贴员工疾苦。班组长要注意克服那种重安全思想教育轻解决实际安全问题，或者只注重解决实际安全问题而忽视安全思想教育的倾向。在班组实际安全工作中，要处理好讲道理与给利益的关系、大道理与小道理的关系。对员工安全生产工作中的实际问题还要具体分析区别对待。对于正当合理、亟需解决而又能解决的安全问题要尽快解决；对于应该解决而暂无条件解决的安全问题要及时解释原因，教育员工顾全大局，并积极创造条件，逐步加以解决。这样善解人意地关心员工、体贴员工、帮助员工，员工就会深切地感受到班组长是自己所在群体中的一员，而不是凌驾其上的"官老爷"；是自己的朋友，而不是外人；是自己的"靠山"，而不是"对头"。这样员工和班组长的关系越和谐，心理距离就越小，班组长所做安全生产工作的效果也就越佳。

（3）尊重员工，爱护人。每个班组员工都希望受到他人的尊重和理解。善解人意就是要尊重理解他人、平等待人。现在，企业里的一些班组长，往往用"我说你听，我指你干"的态度对待员工，有的在安全生产工作中甚至以罚代教、以罚代管、门难进、脸难看、事难办，粗暴地对待员工。这种做法不仅难以解决员工的安全思想问题，而且会伤害员工的自尊心，造成严重的情绪对立，失去员工的信任。这样一来，即使你的道理讲得对，他也听不进去。因此，班组长一定要增强平等待人的观念，绝不能用工作上的隶属关系代替人格上的平等关系；要努力做员工的贴心人、知心人，与员工建立起相互信任的关系，架起友谊的桥梁。在与员工相处时，要通情达理、以理服人、以情感人，在情理结合上求平等；在处理班组安全问题时，既要讲原则性又要讲灵活性，在循循善诱中求平等。特别是对有过安全工作过失和错误的员工，更要爱护尊重、直陈利害、促其觉悟。只有情真才能理通，才能提高班组安全生产工作的效能，才能促进班组安全发展的步伐。

（4）信任员工，帮助人。信任也是一种力量，它能引起人与人之间感情上的共鸣。善解人意就是要求班组长在与员工接触时，要坦诚相见、以诚待人、相信员工、依靠员工。毛泽东同志曾经说过"待人以诚而去其诈，待人以宽而去其隘"。诚能如此，则苟非别有用心之徒，未有不团结一致。只有信任员工，才能使员工敞开心扉、袒露心迹，班组长才能掌握其安全思想动态，了解真实安全生产状况，班组安全工作才能有的放矢。

（5）依靠员工，激励人。善解人意就是要求班组长们必须树立正确的群众观，依靠员工、发扬民主、广开言路，真诚听取员工的安全工作意见，最重要的是要接受他们的意见，做到对合理的意见认真采纳，对偏激的意见不求全责备，对错误的意见能正确引导，使每个班组员工能按正常的渠道反映自己的意见和要求。对能讲真话、敢于直言的员工，绝不能打击报复，否则，员工在安全生产工作中有意见不能提、不愿提、不敢提，必然会伤害员工的安全生产积极性，失去员工的拥护和支持。

总之，善解人意要坚持以人为本，坚持疏导的方针，坚持以正面教育为主的原则。班组长在安全工作中，靠真理教育人，靠人格感染人，靠亲情关怀人，取得员工的信任，带领班组员工努力实现企业安全生产的总目标和班组安全发展的目标，实现安全建设的目标。

66 班组长安全工作"五看法"

班组安全工作的方法多种多样，没有固定的模式，各班组因各自的生产特点、作业因素、人员素质、环境条件等不同，安全工作方法也各异。班组长在安全工作中实行"五看法"具有普遍意义。

① 点名看情绪。每个班组的员工在上班时，班组长都要点名，

看人员到齐了没有，同时在点名的过程中，察看每个成员的情绪变化。看是否有不顺心的事，从情绪中发现危及安全生产的因素，进而在分配工作时，有针对性地对情绪低落的成员分配安全系数高的工作；或者同情绪高的人员搭配工作，使情绪高的人起到安全监护的作用。

② 交接班看程序。班组长在检查交接班过程中，看交接班的程序是否有序、完好，主要控制指标是否交接清了，是否心中有数，是否危及安全生产。如发现交接班程序混乱、数据不清，就要特别关照接班的成员注意什么、调整什么、监控什么，这样有利于安全操作。

③ 班中看作业。班组成员在生产作业过程中，是否有"三违"现象，是否有隐患存在，包括心理上的隐患，是否有不安全的死角，这都是班组长安全监控的重点。如发现了"三违"现象，要及时制止，发现了隐患要及时消除，发现了不安全死角要及时采取措施。班中看作业是班组安全工作的关键，切不可放任自流、任其发展。

④ 班后看效果。本班工作结束后，要查看工作效果。比如工艺指标是否波动；设备运行是否平稳，是否给下班创造了良好的安全生产条件；对检修班组看检修工作是否做到了"安全第一、质量第一"，是否做到了工完料净场地清，是否做到了沟见底、轴见光、设备见本色，是否做到用户满意、试车良好。

⑤ 全程看控制。每个班组从一上班到工作结束下班，这个过程安全控制的好与坏，反映在工艺指标控制、质量产量高低、设备运行状况、故障发生情况、员工精神面貌等方面，体现一个班组的安全生产水平。要求班组长在全程工作中按程序走、照规程办，全面预控、全程控制，不仅有利于安全生产，也是培养高安全素质员工队伍的重要途径。

总之，这"五个看"是班组长安全管理的重要手段，具有普遍的意义，如果每个班组长都能做到这"五个看"，那么班组的安全工作就能走上快速安全发展的轨道。

67 把失误变成成功的"酵母"

在班组安全工作中，失误在所难免。面对安全工作上的失误，班组长怎样才能变被动为主动，把安全教训变为安全财富，成为一名成熟的班组长呢？只有有效地解决失态、失真、冒失、失效问题，失误才会起到"酵母"的作用，成为一名班组长走向成功的催化剂。

（1）失误要防止失态，及时调整好心境。班组在安全工作中一旦出现失误，必然会使人们的情绪产生很大的波动，这是正常的心理反应，但不同的班组长在情绪迁延的过程中会有不同的表现。有的长吁短叹，束手无策，心灰意冷，一蹶不振；有的喋喋不休，对在安全工作失误的责任上推下卸，怨张怪李；有的自责有加，深刻反思，及时找出对策加以弥补，并总结经验，以鉴今后。对班组长而言，必须具备后一种健康的心理行为，及时调整好心态，不能因为失误而失态，乱了方寸。一是要看到安全工作失误在班组正常工作中是不可避免的，防止灰心。一个优秀的班组长不会没有失误，但他能迅速地纠正失误并从那些失误中吸取教训，改正自己的行为，使之适合于安全生产规律。二是把安全工作失误看作是走向安全工作成功的铺路石，增强自信心。《伊索寓言》中有这样的一句话——"人们的灾祸成为他的学问"。爱迪生也说过——"失败也是我需要的，它和成功一样对我有价值，只有在我知道一切做不好的方法以后，才知道做好一件工作的方法是什么"。因此，在班组安全工作失误时，要看到失误对成功的意义和作用。三是要把经历失误堪称是完善自己人格的试金石。经过不断磨练，一个善于学习、勇于进取的班组长就会不断地反思，修正自身各种不正确的安全思想行为，并最终形成个人的高尚人格。

（2）失误要防止失真，尽快掌握实情。面对班组安全工作失误，情急之下，有的人不知该怎么办，急不出智。因此，面对失误，班组长首先在听、看、问、想四个方面下工夫，迅速掌握失误的实情。一是要迅速了解全面情况。安全工作发生失误后，班组长要迅速找到有关人员，听取汇报，了解失误发生的过程，分析各种主客观因素的影响。二是要坚持实地查看。失误的现场对班组长正确地判断有着极其重要的作用，可以增强感性认识和直观感觉，发现原先安全工作中遗漏的问题，培养自己务实、缜密的安全工作作风。三是对重大疑点及时询问。无论是在听汇报还是看现场时，对发现和思考到的问题要及时了解清楚，不放过一个疑点，不忽视每一个细节。四是总揽全局。在听、看、问的基础上，对应有的材料、资料进行全面的回顾和梳理，仔细分析原因，透过现象看清本质，把握失误的要害，切实找准对策，做到有的放矢，真正做到"四不放过"。

（3）失误要防止冒失，努力按规矩办事。班组安全工作中有了失误，班组长总想尽快弥补失误的影响，把失误造成的后果限制到最低限度，控制在最小范围。要达到这一目的，班组长必须克服不良心理障碍，理性地按规矩办事。一是要克服侥幸心理，防止以错纠错。有的班组长一旦遇到失误便开始害怕，怕传出去在员工中影响不好，在同事中丢掉面子，在上级领导面前难堪，影响政绩。因此，在处理安全工作失误时，急于纠正，而不管采取的措施是否合乎规定，合乎程序和法规。二是克服短期行为，防止拆东墙补西墙。有的班组长面对失误，一事当前，先从眼前着想，而不管长远，甚至"寅吃卯粮"，乃至竭泽而渔。在全班组安全工作范围内，一条线上出现安全工作失误，便采取"调控"的手段不计后果地从其他线上寻找补救措施。三是克服狭隘心理，防止以局部代替全局。为了消除安全工作失误带来的影响，有的班组长不顾大局，违反大局的总体安全要求，甚至以牺牲安全工作大局的利益来弥补局部损失。对以上三种不良行为，班组长们应当坚决予以克服和纠正。

（4）失误要防止失效，深刻总结检验教训。班组安全工作失误并不可怕，可怕的是对失误不能科学地总结，不能充分地吸取经验教训，这也是一个高明的班组长和平庸的班组长在日常安全工作中的一个重要区别。因此，要成为一名优秀的班组长，必须善于在安全工作失误中提高自己。一是善于总结，"吃一堑，长一智"，摔一跤，要回头看一下弄个明白。安全工作有了失误，一定要学会总结，在回顾中找准主客观原因，找出事物发展的规律以及解决矛盾过程中的主要做法。二是善于归纳，举一反三。不同的安全工作失误，有不同的安全工作教训，许多失误是有规律可循的。因此，要善于归类分析、分块总结、找出共性、提出对策。三是善于联想，把别人的失误当做自己的教训。别人的教训对自己来说是间接的经验，拿来为己所用是一种不花成本的东西。同时，班组长还要避免消极吸取"教训"，把安全工作失误总结为"多一事不如少一事""不干事不出事"的错误思想行为。

总之，在班组安全工作失误中，要把失误变成成功的"酵母"，是班组长的明智之举、智慧之策，为班组安全工作渗入理性的思想，实乃班组长安全工作之道。

68 从成员中汲取安全工作智慧

一个班组长，即便优点再多，能力再强，在班组安全工作中也不可能毫无缺陷，样样都比成员强。所以，在教育成员和领导成员的同时，还要注意和善于学习成员的优点，以弥补自己的不足，从而不断丰富和提高自己，使自己成为一个让成员更加信任和敬佩的班组长。

（1）转变观念，正确对待成员的优点。在班组实际安全工作中，有不少班组长缺乏向成员学习的精神，其主要原因在于思想观念和根本态度不正确。有的班组长对自身估价过高，认为自己什么都比成员强，没有必要去向成员学习；有的班组长不能正确看待成员的优点，把成员在安全工作中的突出表现看成是"出风头"；还有的班组长对优点较多、能力较强的成员，不是以应有的尊重，而是嫉贤妒能，给以打击和压制等。由于种种不正确的思想和不健康的心理作怪，在一些班组，班组长与个别能力较强的成员之间就产生了较大隔阂。由此可见，班组长要增强向成员学习的意识，必须转变观念、端正心态。首先，应正确地估价自己。要克服高高在上、自以为是的思想，自觉把自己摆到成员中去，经常拿自己和成员比一比，看自己有哪些问题和不足，在哪些方面不如成员，哪些方面需要加强和提高等，从而居安思危，增强学习的紧迫感。其次，应正确对待成员。当看到成员的长处和优点时，要保持健康和良好的心态，既不要持轻视的态度，也不要有自卑心理；既不要盲目吹捧，也不要有嫉妒心理。凡是成员比自己强的地方，都应当积极主动地去学习借鉴。

（2）注意观察，善于发现成员的优点。由于每个成员的性格特点、处事方法、工作作风等各有不同，其自身的优点也有不同的表现方式。有的直率外露、便于发现；有的含蓄内敛、不便发现。班组长要想准确掌握成员的优点，就必须经常接近他们，用心去观察了解。一般来讲，应做到：一是多"看"。班组长要经常深入到成员中，观察其言谈举止，看其平时的表现；部署一项安全工作任务后，要注意观察每个成员在完成任务过程中的表现；与某个成员单独接触时，要注意观察其在班组长面前的表现等。通过"看"，了解每个员工的安全工作作风、安全工作态度、安全工作效率、安全工作实绩等。二是多"问"。要善于利用与成员谈心交流的机会，探测成员的安全知识理论水平、安全思想认识水平及分析判断安全问题的能力等；还可以通过个别交谈和会上发言，了解成员的口才及表达能力，了解成员的安全思想见解、安全工作思路、安全思想抱负等。通过多"看"、多"问"、多"听"，既可以全面了解每个成员的基本情况，又能够及时发现每个成员的优点和特长。这样，学习起来也就有了具体的目标。

（3）放下架子，虚心学习成员的优点。一是自觉向优点突出的成员看齐，班组长的缺点和成员们的优点都会随着时间的推移，在相互接触和了解中逐步暴露在对方的面前。当看到自己在安全工作的某些方面不如成员时，班组长应自觉地向成员看齐，要体现在行动上，并要让成员感到你在不断地贴近成员又不断地高出成员。二是虚心向安全工作经验丰富的成员请教。班组长在安全决策之前和实施过程中，要采取座谈或者个别交谈的方式，认真向阅历较深、经验较丰富和点子较多的成员请教，虚心听取并积极采纳他们的正确意见，不断改进自己的安全工作思路和方法。即使是某些方面毛病较多的成员，也要认真听取意见，而不能因其毛病多就否认了其优点。三是诚恳接受成员的批评。作为班组长，应当虚怀若谷、宽宏大量，能够容得下成员的牢骚，听得进成员的批评。当在安全工作中出现问题和失误时，要诚恳地接受成员的批评。不管是正确的批评还是错误的批评，不管是当众的批评还是私下的批评，都应当冷静对待、诚恳接受，而后认真反思，属于正确的意见就虚心接受，属于错误的意见就引以为戒。

69 消除班组成员安全逆反心理的方法

许多人感叹，班组安全工作难度大，难就难在班组成员存在的安全逆反心理。而安全逆反心理产生的原因十分复杂，表现的形式五花八门，造成的危害也多种多样。消除班组成员的安全逆反心理，有以下几点工作方法。

（1）明理法。"理"是对客观事物本质规律的认识。人的正确思想不是先天就有的，班组长要将安全工作理论的灌输、思想上的引导和行为上的要求，用民主的方法、批评的方法、说服的方法，通过摆事实，讲道理，诉真情，使班组成员知道什么是错的，什么是对的，哪些事情该做，哪些事情不该做，应该提倡什么，应该反对什么，从而达到以理服人的目的。

（2）融情法。消除班组成员安全逆反心理，不是一件容易的事，它往往取决于班组长和成员之间的感情是否融洽，心理是否相容。在班组生活中常有这样的情况，同样的道理，不同的班组长去讲，成员接受的程度就不一样。所以，班组长要把关心人、理解人、尊重人、体贴人作为安全思想教育的感情基础，做到说理与关心相结合，教育与服务相结合，尽可能地帮助班组成员解决工作与生活中的实际问题。

（3）身教法。古人云："人不率，则不从；身不先，则不信。"做好班组成员的安全思想工作，一靠真理的力量，二靠人格的力量。从某种意义上说，人格的力量显得更为重要。诸多班组的实践已经反复证明，班组长的表率作用就是最有效的安全思想工作。因此，班组长要从自身做起，为人师表，用自己的人格力量感召员工，在员工中树立起遵章守纪、勤政为公的公仆形象，这样才有可能增强安全工作的说服力，才能以自身的模范行为实践安全思想教育工作的职责。

（4）适度法。只有坚持实事求是的原则，班组安全工作才有吸引力、说服力和生命力。班组长要力戒"假大空"，做到讲真话、讲真事、讲真理，不说绝话，不言过其实，更不能凭空捏造，虚构典型。尤其是批评成员时要注意时机和场合，能个别批评的尽量个别批评；能不批评的不过多指责；更不能为一些摆不上桌面的小事喋喋不休，以致引起心理隔阂。很多时候，班组成员的安全逆反心理是由于班组长说服教育的方法简单生硬造成的，只要注意改进方法，讲究技巧，就能有效地消除成员的安全逆反心理和抵触情绪。

（5）参与法。班组长在安全工作中，所进行的安全活动都要尽可能地让班组成员参与，并在活动中让他们唱"主角"。好多班组的实践证明，让班组成员自己提问题，自己解答问题，自己开展演讲、答辩等丰富多彩的群众性自我安全教育，最容易调动他们参加和接受的积极性，在潜移默化中安全逆反心理就会自动消失。

总之，防止和消除班组成员的安全逆反心理是一项艰巨复杂的工作，需要班组长不断探索，创造出更多更好的办法，每一个班组长都应为此做出积极的努力。

70 班组安全工作要善于增强亲和力

班组安全工作主要是人的工作，而人是有思想、有感情、有丰富语言交流的高级动物，越是在民主和法制的社会，越是要求班组长具有较强的亲和力。班组安全生产工作中，班组长是否具有亲和力，是一个班组长能否为成员公认的一个重要方面。增强安全工作亲和力，以下问题值得注意。

（1）学会尊重。人常说，"你敬我一尺，我敬你一丈"。尊重他人绝不能以获取别人的尊重为目的，更不能为获得尊重而故意讨好献媚。尊重是相互的，班组长与成员在安全工作上虽然有明确的上下级关系，但并不意味着相处时就可以压人一头、高人一等。要赢得成员发自内心的尊重，班组长必须首先尊重班组每一位成员。在现实班组安全生产工作中，人人都希望得到别人特别是班组长的尊重、理解和关心，班组长对成员的尊重就是对他们最好的奖励。因此，班组长一定要放下架子，不能人前摆谱，更不能在成员面前摆谱，要平易近人，时时处处尊重和维护成员的人格尊严和正当权益，切不可自高、自傲、自大，以"一览众山小"的态度蔑视人，让成员敬而远之。其实，只要班组长在日常安全工作中和生活中能对成员多一点宽容、多一点理解，有时甚至是一句善意的玩笑，就能拉近彼此的距离，融入彼此的感情，使成员多一份自尊。在日常安全工作和生活中，当自己的意见和成员发生分歧时，首先要尊重成员提出的意见，认真考虑一下成员的想法。否则，一是于己不利，因为如果成员的意见对了，可是你又没有听取，那就得不到正确的信息，也就无法获取正确的信息。二是伤害了他人，因为没有听取成员的意见，也就伤害了成员的自尊心，造成人际关系上的负面影响，更何况每个人都不可能时时正确、事事通晓。因此，一定要虚心听取成员的意见。如果确信是成员错了，也要得理让人，不可向其他人声张，应该像什么事都未发生一样，默默地、巧妙地按正确的去做。

（2）学会关心。班组长要学会真诚地关心成员，只要你真正关心成员，才能赢得成员的注意、帮助与协作。关心成员要通过具体的行动表现出来。凡涉及班组成员关注的热点、敏感问题，不仅要关心，还要做到秉公办事、不徇私情、不搞特权，以自己的表率行为带动成员树立良好的安全道德风尚。关心成员同其他人际关系原则一样，必须出于真诚。不仅对付出关心的人是这样，对接受关心的人也理应如此，这是一条双向通道，两者兼受其益。因此，在班组安全生产工作过程中，班组长要达到激励人的目的，就必须坚持并恰当地运用情感，充分发挥情感的作用。

（3）学会放弃。当你一直沿着向上的箭头前进时，你要学会放弃，放弃升迁的机会，放弃荣誉，放弃报复诽谤过你的人，放弃支配的欲望等。放弃了这些，就会得到成员的敬重与信任，就会得到成员的感激与报答，就会赢得人心，并展示出班组长为人的博大胸怀和做事的恢宏气度。这无形中也就把自己塑造成了具有高尚安全道德和品格的优秀班组长。作为班组长，要有容才之量，这是学会放弃的前提。宽容地保持缄默，远比怨天尤人、批评、责怪或抱怨有益得多。容人之量就是能容人之短、使长短各得其宜；能容人之长，甘为人梯，举荐更多栋梁之才；能容人之嫌，以德报怨，厚施薄望，吸引众多优秀人才；能容人之仇，用宽阔的胸怀、远大的眼光、高尚的品质以及对人的深刻了解，对成员产生极强的震撼力和感召力。放弃是把良机留给别人，放弃是把困难留给自己，但是不能放弃安全生产责任心、安全工作热情、安全生产开拓进取的信心，更不能放弃安全生产原则。

（4）学会认错。"人非圣贤，孰能无过"。在与成员意见发生分歧时，有的班组长常自以为是，而有的班组长却先考虑一下成员的想法。作为班组长，如果有错就应该立即承认；如果存在分歧，及时承认考虑不周或认个错。只有如此才能平息争论、争吵，甚至是告状，也才能使成员可能重新考虑存在的分歧。要敢于承认错误，不要为自己的错误辩护。认错不仅能使自己获得一种好的结果，而且也能给成员一个良好的印象，如果能在成员对你形成看法之前认错，就会收到很好的效果，并给人一种尊贵高尚的感觉，成员就会对你采取宽厚、原谅的态度。这是班组长宽容大量和高尚品格的体现。

（5）养成良好的工作习惯。人并非生来就有某些恶习和不良习惯，而是后天慢慢养成的。当然，良好的工作习惯也是在不断克服杂乱无序、不分轻重、懒散怠慢、属于协调的过程中逐步形成的。首先，办公室要保持有序。办公桌上不能总是堆满文件、资料、报告、备忘录等，乱七八糟的办公桌时常令成员为你担忧，给人的感觉也总是万事待办却无暇办理，不仅让人感到你不可托付，还会让人感到你不能胜任目前的职位。其次，安全工作要分轻重缓急。这可体现在你有较强的独立思考能力和妥善处理问题的能力，每天都计划好当天要做的工作，让人相信你有果断处理突发事件的能力。再次，不要将安全问题搁置不理，而是马上解决或做出决定，这样能有效地提高安全工作效率。最后，要精于协调，会组织、会授权、会督导。这样能给人留下靠得住、有能力、会干事、想干事、能干成事的感觉。

71 被下属误解怎么办

受个人阅历、个性、思想方法以及角色的制约，班组长和下属之间对事物的认识会有一定的差距，班组长一时被下属误解也是难免的。能否成功地消除下属的误解，关系到班组长安全工作绩效的大小，也关系到班组长威信的树立。因此，班组长必须正确地对待下属的误解，尽快消除误解，建立和谐的上下级关系。

（1）冷静思考，弄清下属误解的原因。下属之所以误解班组长，并不是无缘无故的，都有自己的理由。总体来讲，不外乎以下三种原因：一是个别个人主义思想严重，凡事先替个人和小团体利益考虑的下属，对班组长安全生产决策中威胁到自身利益的地方不理解、不支持，认为班组长做出那样的安全决策是在搞亲亲疏疏，有意"整"自己，因而对班组长产生误解；二是当班组长的安全决策或意见不够完善、不够科学时，一些能力较强、较有主见的下属会根据自己的理解提出不同的意见或建议。如果班组长从个人角度出发，拒绝接受他的建议，下属就会认为班组长对自己不重视，自己没有施展才华的机会，从而产生了班组长不重视人才的误解；三是班组长在传达上级指示时，没有考虑到下属的接受能力，认为自己理解的东西下属也一定能理解和接受，忽略了耐心细致的安全思想工作，导致下属产生认识上的分歧和误解。无论何种原因导致的误解，都会造成下属与班组长离心离德，影响安全工作任务的完成和班组整体安全效能的发挥。因此，班组长必须对症下药，针对不同原因造成的误解，采取不同的对策，尽快消除下属的误解，营造积极向上的安全工作氛围。对待个人主义严重的下属，要注意加强引导，做好说服教育工作，要教育他们一切从安全生产大局出发，以企业利益为重，摒弃个人名利思想，从班组荣誉中获取更大的心理满足。当单纯的说服教育工作不能奏效时，要对其进行严厉的批评，促其警醒，使其认识到自己的错误，自觉地执行班组长的安全工作决策。对能力较强的下属，要尽量为他们提供施展安全才华的舞台，满足他们实现自我价值的需要。对因没有采纳他们的安全工作意见而使其产生误解的下属，要向他们解释清楚不采纳其意见原因，属于自身认识局限的，班组长要勇于承认错误。在下属面前树起宽宏大量、知错能改的良好形象。对由于安全思想工作做得不够而造成的误解，要吸取教训，在今后的安全生产工作中避免发生类似的误解，对已经造成的误解，要寻找适当的机会，通过召开班组安全会议等形式与下属做进一步的沟通，消除误解。

（2）加强沟通，把准下属思想的脉搏。下属对班组长产生误解，有许多是由于班组长高高在上，缺少与下属的沟通，不了解下属的所思所想，一味地靠长官命令、权力实施而引起的。因此，班组长要经常和下属谈心，多听取下属的安全生产意见和建议，多了解下属安全工作和安全思想状况。做出安全决策时，要多考虑下属的承受能力，避免不切实际地盲目安全决策。即使一时被下属误解，也要避免面对面的冲突，而要在私下里与其进行沟通，弄清缘由，消除误会。有的班组长被下属误解时，心急气躁，认为下属扫了自己的面子，不问青红皂白，就对下属横加指责，这样只能加剧下属的对立情绪；有的班组长虽然认识到自己的失误，却碍于自己的身份和面子而不敢承认，一味地找理由为自己辩解，有的甚至在事后伺机报复、有意刁难，给下属"穿小鞋"。这样，不仅不能消除下属的误解，还会使问题更加严重。只有沉下身子、放下架子与下属主动沟通、坦诚相见，解开下属思想上的疙瘩，才能真正得到下属的支持和拥护。

（3）营造宽松的舆论环境，让下属的误解有处诉说。有时下属对班组长存在误解，班组长并不知道，还一如既往地按照自己的方式处理安全问题，结果导致旧的误解难以消除，新的误解又不断产生。之所以出现这样的问题，一方面是因为有的班组长心胸狭窄，容不得下属对自己有反对意见，时间久了，下属心中有看法也不敢告诉他；另一方面是因为信息反馈机制不完善，下属心中有意见难以通过正当渠道传达到班组长那里。常言说，"不平则鸣"。下属对班组长有意见，当然要通过一定的渠道发泄出来，当没有正规的渠道可以发泄时，下属就会在私下里发牢骚，以表达心中的不满。这样的小道消息传得多了。不但有损于班组长的形象，不利于班组长威信的树立，而且在已经走样儿的消息传到班组长那里时，班组长将会迁怒于或许本无恶意的下属，不仅会使班组长对下属产生偏见，还会影响下属的前途和发展。因此，班组长一定要努力提高自身素质，培养自己海纳百川的宽广胸怀，建立上下顺畅的信息反馈机制，为下属营造宽松的舆论环境，用自身良好的形象和健全的机制来消除下属心中的误解，形成上下一致、齐心协力的安全工作氛围。

72 做好岗位安全蹲点指导工作

安全蹲点是指班组长到班组某一岗位，参加实际安全作业工作，进行安全督导和调查研究。从广义上说，安全蹲点和安全调查研究是同一个问题的两个方面，安全蹲点是搞好安全调查研究的前提和基础，是安全调查研究的一种必要形式。从狭义上讲，安全蹲点是指导岗位安全工作的一种基本方法，是督促安全工作落实的一种有效手段，是密切班组长和班组成员的一条重要途径。

应该说，对于安全蹲点的必要性和重要性，每一位班组长的认识都是明确的。但在班组实际安全生产工作中，往往在落实和质量的要求上有打折扣的现象。下不去、蹲不住、看不出、抓不实的问题普遍存在。多数班组长喜欢跑面上工作，即使安全蹲点，也是身入心不入，乐当局外人。有的是正班组长靠副职，副班组长下，正班组长不下。结果是副班组长没有权威，下去解决不了安全问题。致使安全蹲点指导没有实际效果、流于形式。有的是下得去，却蹲不住。人是下去了，一有临时任务就抽回来了，实际在岗位待不了几天。有的班组长甚至打着安全蹲点的幌子，端着"领导"的架子，摆不正位置，弯不下身子，不仅起不到应有的作用，而且耍特权，形象不好；岗位反应较大，不受欢迎。在去向上也是厚此薄彼，条件好的岗位去得多，条件差的，尤其是有毒有害岗位去得少，即使去了，也待不住、蹲不长、帮不实。这些问题都说明，强调班组长落实安全蹲点指导，提高安全蹲点质量，讲求安全蹲点实效是十分必要和紧迫的。

下去安全蹲点干什么？首先，要从打基础入手，端正指导思想，树立全局观念，把立足点放在传帮带上。客观地讲，岗位员工很辛苦，也做了大量的安全生产工作，但也存在不懂不会、遇到什么抓什么、干到哪步算哪步，主动性、预见性、计划性不够的现象。蹲点的班组长对此要少指责多指导、少批评多鼓励、少埋怨多传授。就是要传安全生产经验、传安全防范措施、传安全知识技能，要帮弱、帮难、帮急。具体讲要做到"十个帮"，安全指导思想有偏差，帮正位；安全工作思想不清，帮理顺；日常安全工作不扎实，帮落实；发现倾向性安全问题，帮治理；安全作业招数不多，帮传授；安全工作出现滑坡，帮"会诊"；安全争先劲头不足，帮鼓励；遇到安全棘手难题，帮解决；岗位成员有隔阂，帮疏通；岗位员工安全思想消沉，帮谈心。

其次，安全蹲点班组长要当好导演、参谋，起到引导和指导作用。安全蹲点班组长不能包办代理、乱插手、帮倒忙，不能干预岗位的敏感问题，不能随意否定岗位做出的安全决定，更不能轻易提出不成熟的安全意见和建议。

再次，要克服害怕艰苦、不愿动脑子做深入细致安全工作的思想。生产岗位条件相对来说比较艰苦，有的班组长怕吃苦，把到岗位安全蹲点当成苦差事，不愿蹲、蹲不住；有的硬撑了几个班，感情上还没有和岗位融为一体，就拔腿走了，导致安全蹲点之后，岗位没变化，面貌依旧，甚至前脚刚撤，后脚就发生事故。说到底就是安全蹲点班组长把蹲点当成出公差，没有做艰苦细致的安全工作，致使安全蹲点走了过场。因此，要提高岗位安全蹲点指导质量，就必须树立艰苦细致的安全工作作风，从感情上与岗位融为一体。

要从根本上解决班组长岗位安全蹲点指导绩效问题，必须建立和完善相关制度。一是建立派遣制度。要按照科学合理、精干高效的原则，派遣班组长。抽调有一定岗位安全工作经验、作风扎实的班组长进行岗位安全蹲点。蹲点的班组长既要能看出岗位的安全问题，又要会帮助解决安全问题，更要善于指导岗位安全工作。二是建立协作制度。要突出重点方向，以小、远、散、直和安全问题较多的岗位为主。坚持哪个岗位有安全问题需要解决就到哪个岗位，哪个岗位安全问题突出就到哪个岗位。并本着谁去蹲点谁负责的原则，针对岗位不同类型的安全问题，拿出解决安全问题的具体对策和办法，蹲下去面对面地指导，实打实地帮助，做到不解决安全问题不撒手，不见安全成效不收兵。三是建立培训制度。岗位安全蹲点班组长下去之前，要根据岗位安全蹲点指导实施方案和情况，进行必要的培训和安全生产政策法规学习，使班组长在掌握岗位安全蹲点指导的程序、步骤、解决安全问题方法的基础上，重点提高班组长按岗指导的能力，发现安全问题、解决安全问题的能力。四是建立汇报制度。岗位安全蹲点指导结束后，实事求是地向车间汇报，着重从帮助岗位发现和解决的主要安全问题、目前还存在哪些安全问题等方面写出岗位安全蹲点汇报材料，提出解决岗位安全问题的建议。对一时解决不了的安全问题，由车间集体研究解决、梳理归类，拿出具体的办法和措施。五是建立档案制度。班组长要亲自填写岗位安全蹲点指导档案，准确规范地建立岗位安全蹲点档案资料，确保岗位安全蹲点指导的连续性。六是建立责任制度。要把安全蹲点的岗位的变化进步与安全蹲点班组长的政绩、奖惩、晋升挂钩。蹲点期间或蹲点之后岗位发生安全问题的，应追究蹲点班组长的连带责任。班组长的岗位安全蹲点指导情况，要作为车间年度安全生产工作讲评的一个必要内容。

73 优化班组成员执行安全决策的环境

　　作为一名优秀班组长，除了要重视安全工作科学决策之外，更要重视安全决策的执行环境和执行效果。班组的任何一项安全决策，在没有实施前，都是一种理想化的东西，与安全决策目标之间有着很大一段距离。因此，要想保证正确的安全决策能够顺利实现，并取得好的效果，优化安全决策执行的环境是非常重要的。优化班组成员执行安全决策的环境必须做到以下几点。

　　(1) 授权要到位。权力是安全决策有效实施的保证，任何一项安全决策没有权力作保障是实施不下去的。因此，作为班组长一定要授予执行安全决策成员一定的权力，这样既能体现班组长对安全决策实施的重视，又能体现班组长对安全决策实行者的信任与关心，安全决策执行者也会满怀信心地充分发挥自己的能力和主观能动性，把安全工作做好。作为班组长，授权主要应体现三个方面，一是代表自己行使职权。任何一项安全决策的执行都要涉及多个人，要想使多个人都围绕安全决策实施开展安全工作，安全决策执行者必须能够进行有效的组织，这种有效的组织就是：安全决策实施过程中无论需要哪个人的支持，都要授予安全决策执行者权力，就是要保证在安全决策实施的关键时刻，任何个人都能像班组长在场一样，听从安全决策指挥者的指挥。二是临时处置权。在安全决策实施过程中，可能会遇到这样或那样的事情，有时是意想不到的突发性事件，如果按正常程序，一级一级汇报后再处理，可能会酿成重大事故。在这种情况下，要使安全决策能够继续有效实施，安全决策执行者应当有权做出应急处理，待事情得到妥善处理后再汇报。三是安全决策修订建议权。班组任何一项安全决策，即使经过科学的论证，在实施的过程中也可能发现它的一些缺陷，此时必须对安全决策进行进一步的修改和完善，以保证达到预期的目的。因此，安全决策执行者要拥有对安全决策的修改和完善发表个人意见的权力。

（2）舆论要强大。班组任何一项安全工作的开展，舆论都应是先导。没有舆论的支持是很难汇集各方面的力量，组织各方面的人士对安全工作的开展进行有效的支援的。尤其是在一项安全决策实施初始阶段，更应当积极宣传安全决策的实施目的及制定过程，以求得各方面人士的理解和支持。这不仅是安全决策实施的需要，而且是对安全决策执行者的支持和鼓励。作为班组长，给班组成员执行安全决策提供舆论上的支持应着重体现在三个方面：一是善于造势。就是能够把握住时机，对安全决策进行及时有效的宣传。既要宣传该决策的重要性，也要讲清实施该决策的目的，同时还要讲清会收到一个什么样的效果，让与决策执行相关的人感到这是一项好决策，利民、利己、利企，从而主动支持决策的实施。二是善于借势。即就某项安全工作失败的教训，或某些安全生产过程中存在的问题，给予深化宣传。从事情的另一方面说明现在的安全决策的现实重要性，使员工感到执行此项安全决策很有必要，应从各方面给予支持和援助，从而使安全决策得以顺利实施。三是善于论证。主要是在两个阶段进行，首先是安全决策考虑阶段，通过有目的的"跑风漏气"，进行一种无声息的民意测验，看班组员工的反应；其次是在安全决策实施前一两个阶段，就安全决策的正确性、科学性、实用性，再进行一次公开的民意测验，看班组员工的反应，看安全决策执行的难度和最终的效果。

（3）措施要得力。班组中任何一项安全决策的实施都有风险。要确保安全决策顺利实施，一定要制定科学合理的实施预案。预案一般包括：备用方案、应急手段、应急人员组织、应急物资储备等。就安全决策的风险来讲，一般有两种：一种是可预见性的。这种可预见的风险主要来自安全决策本身，可能是理论上的缺陷造成的。对于这种风险，安全决策者和安全决策执行者都应当有所准备，就是要针对理论缺陷，事先制定一些应急补救措施。另一种是不可预见性的。这种风险主要来自安全决策实施的环境，如人文因素、地理因素、政策因素等，都可能使一项班组安全决策的执行发生变化。如何应对突变，安全决策者班组长也好，安全决策执行者班组成员也好，都要做到"不怕一万，就怕万一"的思想和行动准备。就是要针对安全决策实施过程中可能出现的意外问题，事先制定一系列应对措施。这些措施对于安全决策的执行来说，是保证、保障，更是一种有利的环境。此外，作为班组安全决策者的班组长，在优化班组成员执行安全决策的环境时，还要考虑安全决策风险的责任，出了问题要勇于担责任，不推不卸，以使安全决策执行者真正卸掉思想上的包袱，轻装上阵。

总之，优化班组成员执行安全决策的环境是搞好班组安全生产工作的重要一环，班组长们要努力做到授权到位、舆论强大、措施得力，那么，班组的安全工作决策就能落到实处。

74 巧妙调整部属的不良安全工作情绪

在一个班组总有人会因主观或客观原因，在搞好班组安全工作中产生思想消极、情绪懈怠，在安全作业中"只是推磨，不是出面"，甚至悲观失望、自暴自弃，不仅影响他人，影响班组安全生产，而且也影响到其个人的前途。因此，班组长平时要善于把握部属的各种心态，当有人出现不良安全情绪时，要能及时洞察，并巧解其思想疙瘩，帮助其理顺情绪，化消极为积极，变阻力为动力。

（1）多谈心，弄清原委。部属在安全工作中出现懈怠情绪总是有原因的，有的是受到了不公正的待遇；有的是年龄偏大，认为自己船到码头车到站，工作没有了动力；有的是认为自己没能被放在适合自己发挥特长的岗位上，有一种怀才不遇的感觉；有的是在一个岗位上干的时间太长，产生了混日子的思想等。对此，班组长首先要通过谈心，搞清楚下属产生不良安全情绪的原因，然后，对症下药，理顺其情绪。在谈心时要做到以下几点：一是要放下架子，平等相待。班组长要以平等、和蔼、商量的口气与部属谈话，让其在被尊重的感觉中消除隔阂。二是要态度诚恳，注意倾听。班组长只有抱着对部属负责的态度，诚恳实在、愿听真话、真心解决问题，才能赢得部属的信任，听到部属的心声，弄清问题的原因。三是要有的放矢，以理服人。弄清了部属安全情绪消极的原因，班组长就要在适当的时间、适当的地点选择适当的方式做好安抚工作。对受到不公正待遇的，要还其一个公道，或给予适当的补偿；对认为自己船到码头车到站的，要进行说服教育，使其认识到自己的职责，站好最后一班岗；对在一个岗位工作时间太长产生混日子思想的，要晓以大义，阐明利害，做好安全说服教育工作。

（2）多关心，消除症结。在班组安全工作中，存在懈怠情绪的部属，不少是因为得不到班组长的重用，长期受到班组长的冷落所致。对待这种情况，要调动他们的安全工作积极性，班组长只有多给他们一点关心照顾，拉近与他们的距离就够了。具体来讲，就是在政治上多关心、生活上多照顾、感情上多亲近。政治上多关心就是要关心部属的政治生命和政治前途，该推荐时要鼎力推荐；该提拔时要及时提拔；有锻炼的机会时要将其放在合适的岗位上进行锻炼，促其成才。生活上多照顾就是对部属的生活困难、家庭难题要心中有数，能解决的及时帮助解决，能照顾的多给点照顾，能调解的出面进行调解。总之就是要把关心和爱护渗透到部属生活的方方面面。部属一旦觉得班组长对自己关怀备至，自然会在心理上产生亲近感，也会对班组长言听计从，为班组安全生产倾力工作。

（3）树信心，给其动力。让班组安全工作中情绪懈怠的部属振作起来，一个重要的步骤就是帮助其重树信心、重振精神。具体应做到三个方面：一是充分信任。班组长在交给部属特别是安全情绪懈怠的部属某项安全工作任务时，要给予充分的信任，多说几句"我相信你一定能把这项工作干好""班组相信你一定能完成任务"，这样能充分调动部属的安全工作积极性和激发他们的安全潜能。二是放权支持。班组长对部属的信任不能仅仅停留在口头上，而且要落实在行动上，即要支持部属在职权范围内放开手脚、大胆工作。作安全决策时，涉及部属职权范围内的事应听取、征求和尊重部属的意见，正确的予以采纳，不能采纳的要解释清楚；对部属所进行的安全工作，既要关心进展情况，及时进行督促鼓励，又不可具体参与、干涉过多；在部属安全工作遇到困难时，要帮助解决，安全工作有了成绩时，要及时肯定。三是妙用"激将法"。人或多或少都有争强好胜、想干一番事业的天性，安全工作中情绪懈怠的人只是由于某些原因暂时压抑了这种本性而已。如果对某些部属运用前两种方法不能唤起其安全工作热情，班组长就要转换思路，反其道而行之，做出认为其一无是处，连一些简单的安全工作也搞不好的姿态，给其以当头棒喝，促其猛醒，从而激发部属潜在的斗志。

（4）定任务，给其压力。对于部属尤其是存有安全懈怠情绪的部属，有时光给信心动力还是不够的，必要的时候还要给其施加一定的安全工作压力。作为班组长，可以在一段时间内给其制定一定的安全工作目标，并规定安全工作目标完成的标准，以及完成工作目标所得到的益处和完不成安全工作目标所要受到的惩罚。在其完成安全工作目标的过程中要适时进行督促检查，在安全工作目标完成以后及时兑现奖励。另外，在其完成阶段性安全工作目标期间，还可以视其安全工作态度，临时给其布置一些硬性的安全生产任务，让这类安全工作目标任务迫使其不敢懈怠也没有机会懈怠。当然，给部属施加安全工作压力要把握好度，不能无视部属的实际安全工作能力及一些客观条件的制约，而一味地让部属干这干那，如果你所布置的安全生产工作任务超过了部属的承受能力，或者让部属整天忙得晕头转向，不但不能使其有一个良好的安全工作状态，反而会使其产生安全逆反心理，认为班组长是在故意"整"他，从而引发出更强烈的安全懈怠情绪。

总之，调节部属的不良安全情绪，是一门管理艺术，每个班组的环境不同，每个员工的情况各异，处理这类问题，没有统一的模式。但有一条恐怕是通用的，那就是做好"人"的工作。在班组安全建设中，在推动班组安全发展中，每位班组长要掌握好做"人"

的工作的尺度。"以人为本"抓安全是班组安全工作的大型智慧工程。

75 让下属感到自己重要

在班组的安全工作中，让下属感到自己重要是班组长用人的一门艺术。这里面的学问很多，其中最重要的是班组长对下属要做好：委以重任、用其所长、采纳意见、原谅过失、适时褒奖。

(1) 委以重任。班组的大多数人都有完成安全工作的能力，都有自己的一技之长，都有自己的闪光点，关键的问题是看班组长能不能信任他，会不会用他。人的潜能很大，只要你看准了，敢于任用，用其所长，他就敢干，而且有时干得比你想象的还要好、还要漂亮、还要令人满意。这首先是你把一种信任交给了他，使他想到了自己的价值和出色地完成安全工作任务的荣誉感。在这种情况下，他考虑问题的角度就不再是从自我出发，而是把个人变成班组整体中重要一员，使出浑身解数，想尽所有办法做好安全工作，完成安全生产任务。

(2) 用其所长。古人云："骏马能历险，力田不如牛；竖车能载重，渡河不如舟，舍长以就短，智者难为谋；生才贵适用，慎勿多苛求。"因此，班组长用下属必须扬长避短，安排适合他干的安全工作，赋予适合他履行的安全任务，把他安排在最佳位置上。这样不但有利于他发挥特长，还有可能让他因班组长的英明而感到欣慰，提高安全工作积极性，从而更加尊重班组长，坚定完成班组长所交安全工作的决心。相反，如果让善攻的去防守，用多谋的去硬拼，派性格鲁莽的去战智勇双全的，必然是"乔太守乱点鸳鸯谱"，损兵折将、事倍功半，让下属充满情绪，一肚子怨气。

(3) 采纳意见。班组长要适时让下属有机会表达自己的安全工作意见。如一项重要的检修或抢修任务下来，在制定安全措施的时候，召开参战人员会议，让大家集思广益，发表自己的看法和意见，对不正确的耐心听其讲完，可不作表态；正确的要坚决采纳，让他感觉到班组长对他的尊重。对下属来说，他提的意见被采纳了，或者班组长吸收、综合了他的部分意见，他心里就会有一种成就感，就会感觉到自己的价值，他对班组的安全工作当然就更有参与、支持的热情。因此，要想让下属充分感受到自己的重要性，并积极支持班组的安全工作，千万别忘了倾听并采纳下属的意见。

（4）原谅过失。下属在某些安全工作中的过失只要不是原则性的，作为班组长，都应该予以宽大处理。这样一来，下属就会觉得"领导没批评我，没有多责难我，说明领导相信我能够自己认识错误，改正自新，给我留着面子，这说明我在领导心目中是有分量、有地位的，我更要以实际行动来报答领导的信任"。这样一箭双雕，既给了下属自我重要的感觉，又给了他改正错误，做好安全工作的决心。

（5）实施褒奖。在下属取得安全工作成绩时，要及时表扬和鼓励。大戏剧家莎士比亚曾说过，"赞美即报酬，它具有建立个人自信心的神奇功效"。从一般情况来看，当一个人经过艰辛的劳动之后，总希望自己的劳动成果能及时得到承认。班组长的称赞尽管有时只有一两句话，但对下属来说，也是一种莫大的荣耀和幸福，因为这可以说明自己的汗水没有白流，自己的劳动得到了承认。另外，从行为学角度来讲，如果一种行为和对这一行为激励之间的时间间隔过长，就不能收到很好的激励效果。因此，班组长对下属要"赏不逾时，罚不迁例"，一旦发现下属安全工作中有了成绩，就及时表扬、奖励，不要等到年底再一起褒奖。

76 班组长应巧用"发火"的艺术

班组长一般是在企业第一线工作的最基层领导干部，特别是在班组安全生产工作中经常会遇到各种各样不顺心的事，而对这些事情，有些班组长能够保持清醒的头脑并采取冷静的办法妥善处理；

有些班组长则因难于控制自己的情绪而大动肝火，采取强硬的态度，结果事倍功半，既失去了自身的威信，又失去了人心。由此可见，能否使用好发火的艺术，适时地控制自己的情绪，以慎重的态度处理各种安全生产问题，是班组长磨炼领导技巧的一个重要方面。那么，班组长怎样才能使用好发火的艺术，使班组安全工作更有成效呢？

（1）不怒而威，冷静面对。班组长要时刻控制住局面，沉着冷静，适时调整自己的情绪，使自己不受周围环境的影响。冷静息怒是班组长安全工作之本，也是为人处世之道。不怒而威是班组长安全工作之要领。

（2）抓住关键，因情而异。对于下属无意造成的安全工作失误，班组长最好不要轻易发火，否则只能使下属更加慌乱，把事情办得更遭。班组长发火应针对那些不应该发生的、下属屡教不改的、如果不及时解决有可能给班组或个人带来更大损失的事情。即使对这类事情发火，也应抓住问题的关键，不能任性而为。特别是当班组长怒火旺盛时，如果不加以遏制地任意发泄，必然会出言不逊，产生一些负面影响。这种不冷静的行为，往往会给自己的人际关系带来难以弥补的影响。

（3）避免越级发火。原则上，班组长不能越级发火，这是因为班组长越级管理，打乱了企业安全管理体系的正常运行秩序，容易造成安全管理混乱。同时，班组长的越级发火也会令被批评的下属不明就里，摸不着头脑，收不到批评教育的效果。

（4）控制自己，适时发火。针对那些胡搅蛮缠、无事生非、无理取闹的人，班组长应理智地抑制住自己的情绪，如"火"势在必发时，也一定要发在点子上。当下属在安全工作中的所作所为令大家非常气愤，班组长对其说服教育无效时，不妨适当发火，或许能产生一些意想不到的效果。此外，班组长发火时，还要注意自身的特殊形象，力图通过适时发火，塑造令人敬畏的领导者形象。

（5）即使发火也要留有余地，不能把话说死。当面斥责，不给下属留一点面子，特别是当着下属的徒弟的面斥责下属，往往会严重地挫伤下属的自尊心。这样不但不利于促使下属认识错误、改正错误，而且还有可能导致下属产生强烈的安全逆反心理，一味地跟班组长硬顶硬拼，不予配合，使班组长的发火达不到应有的目的。所以，班组长发火要掌握好度，给下属留下反思的余地，切忌一味训斥而不顾下属的心理承受能力。

（6）注意善后处理。班组长与下属之间除了工作上是上下级关系外，在人格上是平等的。无论什么原因、什么问题，班组长发火总是会伤人感情的，有时甚至会影响到班组内部的团结。为此，班组长在发火后，首先要注意使用刚柔相济的工作方法，及时进行善后处理，与下属进行必要的感情交流。进行善后交流应区别对象，因人而异，一定要看准时机。一般情况下，要选择对方情绪稳定时进行交心和劝导。

根据性质特点来分，下属不外乎三类。一类是大大咧咧、事过即忘型，这类下属的情绪往往能及时稳定下来，不快的心情很快就会烟消云散，能一如既往地投入安全生产工作中去；第二类是心细谨慎、通晓达理型，这种下属相对来说能正确认识班组长发火的原因，也能正确对待，与他们交流也能正常进行；第三类是量小气盛、软硬不吃型，这类下属就必须采用日久见人心的战略，逐渐感化他。

班组长对自己的发火进行善后处理时，也必须注意分寸。必须明白发火后的感情补偿不等于班组长低三下四、无原则地退让，也绝不是什么悔过改辙，不能推翻自己所维护的安全工作内容。必须明白班组长发火后与下属进行谈心是一种必要的感情融合，而不是安全政策松动或安全措施的让步。因此，在这个过程中，班组长必须掌握好一个适当的度和明确的界限。另外，班组长要加强自身安全素质的提高。协调人际关系是班组长安全工作的主要内容之一，班组长与下属的感情交流最忌平淡无味。有发火、有批评、有交心、有沟通才能真正体现出刚柔相济的领导艺术，而这种领导艺术在班组实际安全工作中的成功运用，离不开班组长自身安全素质的提高。一个善于稳定情绪，能够应对各种事件，不断磨炼自己安全工作领导技巧的班组长，才能团结下属共同面对各种考验，才能发挥班组集体的智慧和力量，这样在班组安全工作中就能无往而不胜。

第二章 班组安全工作方法 ▼

在班组安全建设中，重要的是用好各种安全工作方法。班组的安全工作方法是多种多样的。由于各个班组生产任务不同、班组成员的构成不同、生产过程的危害因素也不同、班组员工的安全素质不同、班组长对安全工作的认知不同、班组成员的安全工作能力不同等因素，决定了班组安全工作的方法不尽相同。但在班组这个企业的最小组织中，安全工作极为重要，某些安全工作方法也大同小异，因此，我们着重介绍一些通用的或用得比较普遍的班组安全工作方法。

在本章中，笔者给出了28个班组安全工作方法，其目的也是通过这些方法的介绍，能给从事班组安全管理工作的同志提供一些思路。涉及班组安全基础工作，班组安全目标管理，班组作业安全质量标准化，班组安全检查工作，班组安全思想、安全责任、安全典型等方面的思路和方法。希望能对广大企业员工在安全工作中有所帮助。

敬请注意：

（1）基础工作是班组安全工作的基石。

（2）岗位安全责任制是班组安全之魂。

（3）班组安全管理的重点在生产现场。

（4）班组安全工作重在抓落实。

（5）班组安全也要筑牢第二道防线。

（6）抓典型是班组安全工作的常用之法。

（7）群体动力理论在班组安全工作中很实用。

（8）问题管理是班组安全工作的重要方法。

77 班组安全目标管理"三分法"

安全目标管理是促进安全工作落实的重要方法，目前已在企业的各个班组普遍实行。但是，在具体运用过程中，一方面，班组领导者离不开它；另一方面，这一方法又难以尽如人意。离不开它，是因为目前还没有更有效的方式可以统一量化和评价班组的安全工作实绩；难以尽如人意，是因为班组安全工作确实是一项复杂动态的管理工程，要全面、准确、公正、客观地制定和实施一个周全的考核奖惩办法绝非易事。所以，近年来安全目标管理工作在企业不少班组中年年在进行，但年年在修改，年年员工有意见。为此，这里提出班组安全目标管理的"三分法"构想，供企业的班组领导参考。

（1）安全目标管理"三分法"的基本思路。所谓安全目标管理"三分法"，就是在安全目标管理的设计上，将总体安全目标分为当年的重点安全工作目标、例行的一般安全工作目标、创新的特色安全工作目标三块，并设定一个总分值，再将总分值分解到三块安全工作目标中，分别采取给分、减分、加分的计分方法进行安全目标管理。具体思路如下。

① 重点安全工作实行给分制。重点安全工作是指围绕企业、车间的中心工作和上级包括主管部门重点要求并结合本班组安全生产实际，确定的应重点完成的关键性安全工作。重点安全工作实行给分制，就是针对每一项重点安全工作给一个起点分，同时确定一个封顶分，在分值范围内，按安全生产任务完成情况给分，根据完成安全生产任务的比例确定考核分数。

② 一般安全工作实行减分制。一般安全工作，主要指除重点安全工作以外的常规安全工作和临时交办的安全工作。这种安全工作范围太宽，若采取列举方式列入考核，会导致内容太多太杂，所以针对每一项安全工作失误采取减分制。所谓减分制，就是给一个

固定分值，没有达到要求的扣减分数。如化工企业班组的常规性安全工作涉及安全教育培训、安全检查及隐患排查、安全活动、安全作业、安全操作、劳动保护、防尘防毒、消防卫生等 10 多项，这些项目里又包含若干小项。车间或有关领导可能随时交办一些涉及安全生产的临时性工作，如果一一列入安全目标考核内容，太庞杂；不列入，又不全面。如果常规性安全工作归纳总结为三个大的方面，确定总分值为 30 分，并分解到三个大的方面，只要出现一次安全工作失误或者未达到安全工作要求的现象，就扣减安全目标管理对象相应的分值。这样能有效避免一一列举安全工作细则太庞杂、难穷尽的现象。

③ 特色安全工作实行加分制。所谓加分制，就是基本分零点起，制定一个封顶分，根据创新特色安全工作的影响和实效，统一评定给分。对特色安全工作实行加分制是激励安全目标管理对象创造性地开展工作。一般而言，特色安全工作分值不宜太高，因为重点安全工作是一个班组在一定时期内的关键工作，一般安全工作是一个班组基本安全生产职能职责，如果特色安全工作分值过高，容易导致重点安全工作完不成，基本职能职责不到位，通过特色安全工作去冲抵而得到较高分数的本末倒置状况。

(2) 安全目标管理"三分法"的比较效应。班组安全目标管理"只有更好，没有最好"，所以"三分法"同样不可能解决安全目标管理中所有的难点问题，但较之传统的方式，有以下几个优点。

① 将总体安全目标分为三块，框架清晰，便于记忆。班组安全目标管理项目越来越多，要求越来越细，是每个岗位的现实。但无论是考核者还是被考核者，即使是专门从事安全目标管理的人员，也一时记不住这些考核细项，更不要说领导了。连安全目标管理项目都记不住，在实际工作中就不可能真正围绕安全事项去展开工作，安全目标管理的实效也会因此被大大削弱。将总体安全目标分为三块，只需要记住重点安全工作就可以了，而重点安全工作项目不会很多，是便于记住的。常规安全工作一般是一个班组的基本职能，只要不失职，不出现违反制度的现象，就不会被扣分，这样

也很方便记忆。对于特色安全工作，是被考核班组自己确定的安全管理创新事项，肯定能时刻记住。

②　对不同板块采取不同计分方式，切合实际，覆盖广泛。如上所述，目前班组安全目标管理细项太多，而精简起来又太难。难就难在哪项工作不重视都不行，不纳入安全目标管理，在上级和员工心目中就有不重视之嫌，一旦出了问题就可能被问责。而实行安全目标管理"三分法"，既能突出安全工作重点，又能激励安全工作创新，更能覆盖班组安全工作各个方面。因为实行常规安全工作减分法，有效避免了列举安全工作难以穷尽和即使能穷尽但太冗杂的弊端，切实做到了班组安全目标管理的全覆盖。同时，由于安全工作是个动态过程，在一个年度时段，经常有新增加安全生产任务的可能。如果每增加一项安全工作任务，就去强调年初制定的安全目标，既麻烦又增加了管理成本。实行安全目标管理"三分法"后，可以把临时增加的安全工作任务纳入不完成就减分的范围，使操作简便有效。

③　在刚性要求中融入柔性，刚柔相济，利于安全工作创新。传统的安全目标管理方式，都是上级给下级规定必须完成什么，下级很难有自我发挥的空间。实行安全目标管理"三分法"，重点安全工作和常规安全工作是"规定动作"，特色安全工作是"自选动作"，这样体现了安全目标管理的刚柔并济，使下属能充分发挥能动作用，做到"规定动作"不走样，"自选动作"有新意，变被动完成任务为主动创造性工作。同时，在刚性要求中融入柔性，也能避免传统安全目标管理方式难以照顾班组差异性和班组安全工作非全面性的弊端。因为不同班组的安全工作则重点、安全工作基础、安全工作环境存在差异，若采取一个标准、一个尺度进行考核，就会失去安全目标管理的公正性。实行安全目标管理"三分法"，实行安全目标管理对象可以根据班组实际的比较优势，形成特色，创造安全生产业绩。

（3）实行安全目标管理"三分法"的操作要点。

①　分值确定要灵活。所谓分值确定要灵活，意思是要针对不

同班组、不同岗位、不同工种的工作特点，确定"三分法"中的分值权重，而不能简单地"一刀切"，一把尺子量到底。

②日常安全管理要精细。所谓日常安全管理要精细，意思是领导部门特别是具体从事班组安全目标管理的专门部门和人员，在日常安全管理中要注意收集与班组安全目标管理相关的信息，为年度目标考核提供准确、翔实的依据。特别是对实行减分法考核的班组常规安全工作，安全目标管理部门的管理人员要主动与其他部门和人员加强联系，对大到工作失误，小到开会迟到等情况熟悉掌握。

③创新评价要科学。所谓创新评价要科学，意思是对什么是真正的安全工作创新，对安全工作创新价值大小的认定要力求科学、客观、准确。目前，在班组安全目标考核和对安全工作创新的评价中，有几种倾向值得注意：一是以某领导的指示为标准，看是否得到了哪一级领导的批示；二是以媒体的报道为准，看是否在哪一级媒体宣传过；三是以会议交流发言为准，看是否在哪一级会议做过经验交流；四是以各级的表彰奖励为准，看是否得到了哪一级的表彰奖励。得到批示、宣传、交流、奖励的安全工作是否就一定是真正的创新姑且不论，问题是以这些为标准并不具有可比性。比如，有的分管领导喜欢批示，有的班组没有笔杆子，有的班组不喜欢召开经验交流会，所以得不到表彰。如果简单地以前述标准去衡量给分，再有创造性的安全工作也难以得到较高的考核分数。

总之，班组安全目标管理"三分法"在安全考核中，已经发挥了一定的作用，并取得了一定的考核成效，企业的班组在安全目标管理中不妨一试。

78 无因管理在班组中的培育和构建

所谓无因管理，是指对无因行为的管理。无因行为是指那些未被制度预设和领导者预料的行为。无因行为导致管理意外，对无因行为的管理就叫做无因管理。显然，发生无因行为并不是指人们的行为产生缺乏原因和动机，而在于组织的管理存在漏洞。可见，无因行为其实是有原因的，只是原因在制度和意料之外。既然很难预知，所以产生无因行为的原因也是多种多样的。比如，在班组安全生产管理中职责不清、分工交叉、制度缺陷和班组领导的预见性不强等，都可能导致无因行为。既然无因行为不可能杜绝，我们就在班组中培育一种无因管理机制，用来治理无因行为，减少无因行为造成的损失，增强班组安全管理的严密性。

（1）及时封闭制度漏洞，建立健全制度体系。班组安全管理制度的安排有一个科学性的问题，如果制度之间相互矛盾，就容易造成安全管理漏洞，所以，安全管理制度的建立要讲体系。增强制度的体系功能，一是要讲封闭。班组安全生产管理中发生了无因行为，肯定可以找到制度上的漏洞。一旦发现，就要及时补漏，用新的安全制度封闭住这个缺点。否则，已经发生的无因行为会因失去制度的约束而被更多的人模仿。二是要讲刚性。虚设的安全管理制度必然造就管理漏洞，所以，班组安全管理制度不能虚设，要让它发挥"火炉效应"，谁触犯了安全管理制度，就要被"火炉"烫伤，就要受到制度的制裁。安全管理制度的刚性越大，反作用于无因行为的弹力也就越大。三是要讲密度。班组的各个岗位，都应该定期加强安全管理制度建设，对制度进行补充完善，确保安全管理制度体系有一定的密度，能起到过滤无因行为的作用。否则，安全管理制度太疏，无因行为就会从制度的缝隙中生成。

（2）班组领导要注意观察人，增强对无因行为的预见性。班组领导要想获得治理无因行为的主动权，就要通过观察员工，对人的行为增强预见性。显然，这种预见性和主动权是有关系的。主动权的有无，决定于班组领导预见的正确与错误；而主动权的大小，则决定班组领导预见的正确程度。用观察的方法增强对无因行为的预见性，可以从三个方面入手：一是班组领导要尽量留心每一个成员的生活、学习、工作和社交方面的言谈举止，看其安全工作觉悟高低、安全工作作风好坏和安全工作能力大小，以此来判断其做出无因行为的可能性；二是班组领导要看员工结交什么人，敬重和仰慕什么人，鄙弃什么人，根据同类相聚、同气相求的原理，判断其品格高下和行为走向；三是在相互比较中观察员工，看他们在一些安全问题上的态度和做法，从中发现可能做出无因行为的人群。高明的班组领导还可以根据人的个性特点、人性的弱点和人性的假设等理论与方法预见无因行为。

（3）培育泛责任意识，构建事事有人管的机制。泛责任意识是责任意识的一种延伸，是对职责和责任的宽泛理解。在一个班组中，每一个人都有具体的安全职责和安全责任安排，但作为安全职责和责任的主体，人们都愿意在更窄的层面上去负责。认为少做事就少犯错误，这就使得班组设计好的安全职责和责任不能到位，导致无因行为有机可乘，无因行为的空间无端扩大。所以，班组不仅要使这种已经分配好的安全职责和责任横向到边、纵向到底，还要做适度的扩展。怎么扩展？这里可以引进职责隶属度的概念来说明。任何一次职责的构成，都有其主体部分和边缘部分，如果边缘是模糊的，构不成明显的边界，那么，职责就可以延伸进去。通过这种延伸，把本是无因的行为纳入到延伸的职责中去，变成有因行为，让负责者担当起管理职责。通过延伸，扩大职责半径，尽量做到事事有人管。

（4）重视衍生工作的管理，防止在这块工作上产生大面积的无因行为。在一个班组，总有一些人厌恶公共事务，对政治学习和一些义务活动，事不关己高高挂起。有些班组领导对这类工作也不重视，说起来重要，行动上应付。这块工作紧不起来，就会使班组纪律松散，导致无因行为发生。比如，有些员工无故不参加集体活动，有些员工在集体活动中散布消极言论，有些员工出勤不出力。个人在班组中工作的含义是丰富的：一是本职工作，这是构成工作的主体，员工的行为来源于职责，是有因行为。二是派生工作，这是本职工作的延伸，附着在本质工作上。三是衍生工作，员工都非常重视本职工作和派生工作，如生产和安全工作，认为这是自己应尽的义务和责任，但对衍生工作则比较懈怠，认为是额外任务，习惯于敷衍了事，有的员工干脆采取不配合的态度，影响了班组整体效能，扰乱了班组的生态，不良风气由此而生。衍生工作对个体虽然显得多余一些，但对班组却是重要的。因此，班组领导应该把衍生工作纳入到工作考核机制中去，防止在这块工作上发生无因行为。

（5）增强全员安全自觉，在班组中建立分工不分家的合作机制。现代企业班组的分工越来越精细，不仅条块交叉，结构复杂，而且专业化程度也很高，妨碍了沟通和协调。员工虽然在同一个班组工作，但因分工精细，对于其他岗位的事不甚了解，是一个相对"外行"。这种情况导致班组内部产生割据，分工变成了分家。由此，许多处于各岗位结合部的安全工作，便变成了无因行为。这个问题有体制设计上的原因，但更重要的是安全理念自觉问题。为此，必须增强班组全员的安全工作责任自觉性。这里有三层意思：一是在班组中确立分工不分家的理念，用总体观念看待分工问题。在班组中，任何岗位都是总体的部分，任何分工都是服从于整体的，考虑任何问题的立场都是从班组整体安全出发，而不是倚重于岗位和分工。只有这样，才能对全体班组成员都好。二是要认识到班组中的任何一个岗位和员工，都是其他岗位存续的前提。有些无因行为虽然与己无关，但是在一定程度上也会影响到自己，因而整个班组和每一位员工都在安全工作中必须增强合作意识。三是每一个岗位和员工都要扩大安全知识面、业务面。专业化分工往往让员工安全知识趋于狭隘，立场、观点、方法的局限性增加，导致相互配合弱化而产生无因行为。因此，必须在班组全员层面上扩大安全知识面、业务面，防止自己的行为成为别人发生无因行为的依据。

（6）鼓励个人介入无因管理。班组里存在安全管理真空，发生了无因行为之后，在"第一时间"发现问题的往往不是班组领导，而是接近这个行为的员工。因为员工在第一线、在岗位、在现场，他们是最先感受无因行为的人，所以，管理无因行为要依靠员工，而不是依靠领导。依靠员工就是让员工介入无因管理，使他们不至于因参与管理、敢于批评、纠正错误而吃亏，不仅这样，还要激励他们的安全生产积极性。否则，谁发现了问题，就埋怨谁不尽义务，那么就没有人去管"闲事"了。正确的管理方法是：谁发现了班组安全管理漏洞，谁阻止了无因行为，谁挽回了经济损失，谁就应该得到车间、企业的奖励。这样做有利于增强员工介入无因管理的积极性。这不仅能减少无因行为，也能减少经济损失，增进班组全员的主人翁意识。

79 新时期班组安全工作要增量

提高班组安全工作的满意度和公信度，是企业班组开展"以人为本，安全发展"活动需要解决的最突出问题。自觉运用科学安全发展观统揽班组安全工作，全面拓展班组安全工作新领域，着力改善民生，保障民生，倡导公正，树立威信，才能推进班组安全工作的科学创新发展。

（1）树立人本观，提升服务员工的"含量"。"民惟邦本，本固邦宁"。以人为本是科学发展观的核心，民生稳定是和谐的基石。班组安全工作要以服务员工为价值取向，主动融入"以民生为本"的和谐社会建设中，把服务员工作为常态的制度化的工作来抓，在关注员工安全、保障员工健康、改善员工生活上身体力行。要恤员工情，要怀爱护员工之心，忧员工生活之疾，带着感情责任，放下架子，俯下身子，进岗位，下现场，与员工倾心谈心，及时了解、解决员工现实生产生活中的困难和问题。要重员工生，要把员工的生存和意图当做安全工作决策的依据和衡量安全生产的标尺。在利益抉择时多想，决策决断时多听，服务员工时多谋，为员工维权时敢言，做到不利于员工的板不拍，有损员工利益的事不为，伤害员工的话不言。要以"富员工惠员工，利员工便员工"为班组安全工作的出发点，树立正确的班组安全工作新理念，把班组安全工作的功能作用定位为为员工排忧解难，把班组安全工作的资源和力量释放到为员工谋取利益之中，切实发挥班组组织、沟通、协调作用和在服务员工体系中的作用，引导班组全员常思、善思为员工之策，乐于、勤于富员工之举。

（2）拓宽工作面，扩大服务员工的"容量"。改革开放是时代的最强音，班组安全工作要强化开放意识。开放的时代、开放的事业，要求班组安全工作走出"体内循环"，向市场经济、社会系统、国际社会全方位开放，要求班组安全工作眼界宽、思路宽、胸襟宽。要调整与开放不适应的思维，更新与开放不相符的观念，改革与开放不合拍的做法，疏通与社会同频共振的渠道，以开放的思维与精神审视、谋划班组安全工作，将其与建设和谐社会融为一体，使之更好地服务于大开放、大转型、大跨越、大发展。

（3）增加公信度，提高公平的"分量"。"为政之道，莫若至公"。班组安全工作的生命是公平公正，班组要真正成为员工温馨和谐之家，最核心的是要保持公平公正。班组安全工作中要以改革促公正，以协调保公平，把公平公正作为立身之本，为人之道，处事之基，坚持对事公平不倾斜，对人公正不护短，心存公道不藏私。首先，班组安全工作要公道。公道是"以公灭私，民其允怀"。要公道识人、选人、用人、为人，正确对待有争议的员工，对受到不公正待遇的员工，要敢于为其撑腰打气，不让其感到寒心；对违反安全工作制度的行为，要敢于坚决查处，不让员工感到窝心。其次，班组安全工作要平等。"衡之于左右，无私轻重，故可以为平；绳之于内外，无私曲直，故可以为正"。要对上不卑不亢，对下不疏不离，对亲不偏不倚，做到"待人掏出一颗心，处事端平一碗水"，严格按照党和政府的安全生产方针政策办事，不看脸色行事，不随风向做事，真正使广大员工有心里话愿意对班组说，有问题意见愿意向班组提，有困难困惑愿意找班组帮，使公正力得于己，外施于人，广布于政。再次，班组安全工作要自律。廉洁和公正是一对"孪生兄弟"，不廉洁必然导致不公正，班组领导要做到常思贪欲之害，常除非分之想，严律己、慎交友、勤自省，保持平常之心、平实之风、平淡之欲，始终堂堂正正做人，规规矩矩做事。

（4）提高威信，增大诚信的"度量"。诚信，是立身之本；威信，乃领导之要。班组安全工作要提高威信力，最根本的是班组领导要带头讲诚信。故人云："自谋不诚，则欺心而弃己；与人不诚，则丧德而增怨。"可见，班组领导个人的威信往往建立在个人诚信的基础上。一要不失诚。"诚之所感，融处皆通"。安全工作一枝一叶总关情，班组领导要想人之所想，急人之所急，与员工主动联系，多沟通交流，由相轻到相敬，化误解为谅解，变挑剔为宽容。要甘当绿叶，真诚地关心人、理解人，维护好员工的正当安全权益，提高非权力影响力。二要不失信。失信就是失败。班组领导要守信，旗帜鲜明地坚持正确的安全生产原则、态度和导向。对班组中心安全工作，该抓的要抓实，不说空话；对班组突出的安全问题，该管的要管住，不放"空炮"；对员工的安全要求，该兑现的要兑现，不表空态。三要不失言。唯实是处，唯实制胜。四要不图虚名。克服形式主义和官僚主义，摒弃弄虚作假、急功近利，树立"愚公移山""庖丁解牛"那样求真务实的作风，坚持往细里想，往深里做，往实里干，真正把时间和精力用在抓好安全工作落实上，办好实事，出好实招，真正做一个实干家。这样班组的安全生产工作就抓到了实处，也就能见到实效。

80 应对突发事故的"三个第一"原则

　　班组安全工作是维护企业稳定运行，构建和谐企业的基础，必须切实抓紧、抓好、抓出成效。对班组安全生产工作不断增强预见性，对事故苗头上手早、化解快，采取切实有效措施，将事故消灭在萌芽状态，就能取得安全生产的显著成绩。

　　(1) 关注"第一信号"，构建预警体系。班组的安全生产实践证明，绝大多数事故发生前都有征兆，班组长以及岗位员工做到见事早、预测准，就能牢牢掌握安全生产的主动权。为此，班组注意采取多种措施，多层次疏通信息渠道，多方位收集动态信息，及时做好预警预防工作。

　　① 优化沟通平台，把事故苗头解决在萌芽状态。要掌握"第一信号"，首先要贴近班组每位员工，无间隙沟通。主要在企业、车间、工段、班组四个层次优化沟通平台和机制。如，企业这一层

次实行厂长（经理）安全接待日制度，企业领导每月 15 日、30 日轮流到各个班组参加班组"安全活动日"活动，对平时班组发生的事故苗头，对班组员工反映的安全生产问题及时布置处理，并要求按期办结，提高班组员工对企业领导的信任度。对于其他层次也一样开展一些沟通的方式方法。

② 主动下班组倾听，把安全生产问题解决在班组、岗位、现场。企业领导、车间领导、工段领导每周都要下到班组，了解工艺运行指标，设备运转状况，员工思想情绪，以及需要解决的实际困难和问题，树立稳定生产就是稳定社会、稳定员工就是稳定企业、解决问题就是保障安全、关心员工就是送去温暖的观念。这样既密切了干群关系，也掌握了班组安全生产实情。

③ 加强排查化解。将班组安全生产的矛盾平息在敏感时期。采取每周排查，重大活动和敏感期集中排查等方式，在每个班组深入开展事故隐患排查工作，对排查出来的隐患，实行包干到人，集中时间、集中力量、妥善化解，确保安全、稳定、长周期、满负荷、连续运转。

（2）抓住"第一时间"，提高快速反应能力。班组事故隐患处理的时效性很强，不及时处置很容易使事态扩大，进而引发事故。针对这一特点，班组必须建立快速反应机制，及时传递各类事故隐患信息。对收集到的隐患信息做到"三个高度重视"：其一，高度重视首次发现的隐患，认真研究、判断并及时处理首次发现的隐患。其二，高度重视涉及全厂利益和能影响企业整体安全生产的隐患。对这一类重大隐患，一般来说都是对隐患的初始阶段处理不力，不及时、不到位而引起的。为此，班组必须做到问题不解决不丢手，解决不到位不丢手，员工不满意不丢手。其三，高度重视需上级处理的隐患。对需要上级如车间、企业处理的隐患，以最快捷的方式，立即报告车间或企业有关部门和负责人，以便使上级部门和领导及时掌握情况，及时拿出处理方案，迅速组织力量赶赴现场，把影响安全生产、影响全局的安全隐患彻底消灭之。

（3）筑牢"第一防线"，加强就地解决机制。

① 筑牢"前沿阵地"。班组是企业安全生产的"前沿阵地"。虽然班组是企业的细胞，但细胞是躯体的生命力，要巩固这个"前沿阵地"，延伸"前沿阵地"的安全工作窗口，积极开展"安全生产进岗位、进脑子"活动，要做到"三有"：员工有地方反映安全生产问题，班组有人员处理隐患问题，班组有一套长效安全工作机制。

② 创新安全工作机制。在班组安全工作创新活动中，通过抓点带面、现场推进等方式，以班组隐患分析排查会、安全活动调查会为抓手，实实在在解决班组安全工作问题。建立"三员"制度，即班组兼职安全员、工会小组劳保员、安全信息通报员；开展"三创"活动，即班组无事故，岗位无隐患，个人无违章；达到"三无"，即班组无重大隐患，个人无安全情绪，岗位无安全死角。通过落实"三三制"，就能夯实班组安全工作基础。

③ 充分挖掘班组安全工作潜力，增强综合安全发展效益。增强班组安全工作实力，就要充分挖掘班组每个成员的安全工作潜力，真正做到"千斤重担大家挑，人人头上有指标"。只有班组全员动员起来，形成强大的安全工作合力，全班组成员的高位安全势能，定会筑牢企业安全生产的"第一防线"，使企业安全生产永远立于不败之地。

总之，班组应对突发事故，一是关注"第一信号"，构建立体预警体系；二是抢抓"第一时间"，提高快速反应能力；三是筑牢"第一防线"，加强就地解决机制。只要班组抓住了这"三个第一"的原则，并把这"三个第一"落到实处，那么，班组的安全生产工作和应对突发事故的能力就牢牢掌握在自己的手中。

81 把握班组安全"评优评模"活动的正确导向

岁末年初，企业的各个班组大多要在总结安全生产工作的基础上开展"评优评模"活动，这无疑是树先进、学先进、促后进、促工作，弘扬新风正气，推动科学发展的好形式、好做法。但在调查研究中发现，以往个别企业的个别班组在"评优评模"活动中不同程度地存在一些问题，突出表现为：有的班组领导不重视，组织不严密、标准不全面；有的班组领导强调政绩，不重品行，致使品质较差、口碑不好的人也成了安全生产的模范；有的班组领导不注意充分发扬民主，不坚持群众公认原则，只搞班组领导"内定"了事，所评安全生产模范公信度差；有的班组搞"轮流坐庄"，不能评选出真正的安全生产优秀员工和模范。由于评选过程存在着这样或那样的问题，有的班组出现了"问题模范"，不仅亵渎了"模范"的光荣称号，给在安全生产中积极工作的员工泼了冷水，还有损企业和班组的声誉。难怪有人发牢骚说："这类活动还不如不搞。"

班组在安全工作"评优评模"活动中出现问题的多种原因，其中主要是由于某些班组领导同志对该项活动所产生的正反导向作用认识不足、重视不够、谋划不周、把关不严造成的。有失公正、难服众心的评选结果对一个班组所产生的负面效应绝不能低估。班组在安全工作中"评优评模"活动所评出的模范若当之无愧，必然是激励员工群众高举旗帜、科学发展、奋发向上、努力工作的重要作用；反之，若出现滥竽充数者，将会挫伤努力工作的员工的积极性，不仅起不到推动安全工作的目的，还会影响班组的安全建设和发展。要搞好"评优评模"活动，就要牢牢把握"评优评模"活动的正确导向。在班组安全工作"评优评模"工作中，应着重把握以下几个基本原则。

（1）充分体现"时代性"。班组开展安全工作"评优评模"活动，不能偏离企业的中心工作孤立地去搞，而要将之放到国家和企业的大局中，站在时代的高度去认识、谋划和开展。事实上，每个时期的安全先进典型与模范人物，无不带着那个时期鲜明的时代特征。班组开展安全工作"评优评模"活动，理所当然地要以科学发展观为统领，所选先进和模范，必须是那些在安全生产工作中积极践行科学发展观的有为者、安全工作业绩显著者、堪称"安全、文明、务实"的优秀工作者。要通过评选活动，更好地促进科学发展观在安全生产工作的各项任务中深入贯彻落实。这是班组开展安全工作"评优评模"活动的政治前提和方向。

（2）充分体现"先进性"。保持先进性是我们党和国家对每一名党员和公民的基本要求，在一个企业，一个车间或一个班组，所评的安全工作模范相对来说应是在安全生产中表现最好、工作业绩最为突出的先进人物。作为安全工作先进人物，必须具有安全生产的先进性，这也是由于党和国家充分代表着广大人民的根本利益这一先进性质决定的。正因为如此，班组安全工作"评优评模"活动才更应公平公正，理直气壮地排斥和拒绝滥竽充数者混入模范队伍。要依靠德、能、勤、绩等要素，制定并落实好评选标准，充分体现先进性的要求。这是班组开展安全工作"评优评模"活动的本质和关键所在。

（3）充分体现"认同性"。体现认同性，就是要坚持将所评出的模范必须是绝大多数班组成员认可、赞同的人，班组安全工作"评优评模"活动的结果与人的发展前途和物质利益息息相关，所以人们非常关注，竞争激烈。因此，开展班组安全工作"评优评模"活动必须全程阳光操作，公开透明，自觉接受群众监督、组织监督、舆论监督、社会监督，坚决遏制干扰活动公开公正开展的种种不良行为，做到充分发扬民主与实行正确集中相结合，不搞领导层"内定"和少数人说了算。同时，要全面衡量考察，做到好中选优。被选者是班组领导的，还应征求车间领导或企业领导的意见。总之，要通过加强领导、严格标准、严密组织、严格程序、严格把关，把工作做实做细，确保公平公正、群众公认和上下满意，实现干部群众高度认同，力争把这项活动搞成民主和谐的"示范性工程"，为班组其他活动、其他安全生产工作树立"样板"，以更好地影响、调动员工群众的安全生产积极性。这是班组开展安全工作"评优评模"活动的基本途径。

（4）充分体现"严谨性"。要突出一个"严"字，用严格的纪律作保障，使班组安全工作"评优评模"活动搞得严谨而科学，上下都满意。要加强领导，认真研究出台有关意见方案，提出严格要求，严肃评选纪律，并对入选者严格把关，确保把那些深入贯彻落实科学发展观，从事安全工作业绩突出、勤廉兼优、得到广大员工认同的人评为模范、树为标杆，并对他们予以大力表彰和奖励，这是班组开展安全工作"评优评模"活动的基本保证。

总之，班组安全生产工作是个系统工程，在这个系统工程中，年头岁尾或重大安全工作告一段落，班组一般都要对安全工作进行总结、评比，在"评优评模"活动中牢牢把握活动的正确导向，体现"时代性"是该项活动的前提和方向；体现"先进性"是该项活动的本质和关键；体现"认同性"是该项活动的基本途径；体现"严谨性"是该项活动的基本保证。只要我们在活动中紧紧抓住这"四个性"，班组安全工作"评优评模"活动就能取得理想的效果。

82 班组安全建设基础工作的重要性

俗话说："万丈高楼平地起，企业兴衰在班组。"班组工作搞好了，企业的工作就有希望了，特别是安全生产工作更是以班组为基础、为先导、为前提。企业所有的班组都做到了安全无事故，那么，企业就是一个"无事故工厂"。对于化工企业的班组来说，基础安全工作有如下内容。

（1）班组安全教育教材。班组安全教育教材是班组进行安全教育的基本条件。有一个针对性准、操作性强的教材，可起到了解安全生产状况、规范安全操作行为、传递安全生产信息、吸取安全生产教训、总结安全生产经验的作用。如今对班组安全教育教材，相当多的班组认识模糊，表现在不规范、内容空洞、操作性差、针对性弱的特点。多数班组用了一、二级安全教育的内容（厂级和车间级），甚至连班组岗位的任务、作用、特点、设备、安全装置、安全规程、防护用品、事故教训都没有搞清楚，根本起不到班组安全教育应起的作用，为编教材而编教材实不可取。

（2）班组安全生产制度。班组安全生产制度是要求班组成员共同遵守的，按一定程序办事的规程，是班组成员在安全生产中的行为规范。原化工部在创建"安全合格班组"中规定，一个班组最少应有：安全责任制、岗位责任制、岗位安全操作规程、交接班制、巡检挂牌制。这五项制度是对一个班组安全生产的最基本要求，不是凭空臆想出来的，而是安全生产实践的总结。在验收安全合格班组中，制度都建立起来了，并且装在镜框里挂在墙壁上，从内容到形式都表现较好，但关键是宣传、贯彻、落实。问班组成员一些安全生产制度，说不出来者较多，问班长也答不全面，怎能谈得上落实呢？制度不是应付检查的，制度是行为规范、行动准则，制度落实的好与坏，体现在有无"三违"现象，有无各类大小事故。

（3）班组安全建设台账。班组安全建设台账是班组安全工作的真实记载。针对企业的实际情况，如山西天脊煤化工集团有限公司，在"安全合格班组条件"中规定应有6种台账：事故台账、缺陷登记表、安全奖罚台账、安全教育台账、安全活动台账、事故分析记录。这6种台账也是对一个班组安全工作最基本的要求。在验收安全合格班组中，相当多的班组长抱着应付差事的态度填写台账，没有认识到台账是本班组安全工作的真实记载，表现在：缺陷登记只记查出多少缺陷而忽略整改记录，教育台账只记教育人数而不记教育内容、时间和考试成绩；事故分析记录简单甚至不记录。追其原因解释说本班组无事故，不明白本班以外，本厂、本行业、本国、外国的事故均可分析，均可吸取教训，均可变为财富。安全活动记录只记几个字："学习上级文件"，而无具体内容，给人有应付的感觉。安全奖罚台账对奖罚原因说不清，奖罚多少不记录等弊病时有发生。这些现象都是对班组安全台账认识上的误区，必须彻底改正。

（4）教材、制度、台账的关系。笔者认为，在班组安全建设过程中，基础工作是关键。教材、制度、台账一脉相承，联系紧密。教材是提高职工安全意识、优化职工安全技能、夯实职工安全基础的钥匙。制度是规范职工的安全准则、要求职工的安全纪律、引导职工的安全标准。台账是职工安全工作的记载、安全活动的集合、安全水平的体现。它们既互相联系，又各有侧重，互为因果，缺一不可，三者形成了班组安全建设基础工作的共同体，呈现出扭合共进、螺旋上升的班组安全管理功能。

总之，班组安全建设，创建"安全合格班组"是企业安全工作的基石，在企业的安全工作中占有突出的地位，决定着企业安全生产的水平，左右着企业安全工作的成败。因此，班组安全建设一定要加强，创建"安全合格班组"一定要高标准，严要求，高质量，细检查。唯有如此，才能起到真正意义上的创建；唯有如此，才能促进企业的安全发展。

83 推行班组安全目标管理应注意的几个环节

为了发挥班组安全目标管理的功能，实现企业安全生产经营目标的良性循环，必须注重安全目标的制定、分解、实施、考核、保证五个环节。

(1) 安全目标的制定。安全目标的制定要切合实际，要在企业总目标的指导下，形成个人向班组，班组向车间，车间向企业负责的层次管理。

① 直接目标。根据车间或企业下达的产量、质量、安全、环保、工艺指标、设备完好率等来确定安全直接目标。

② 相邻目标。根据工作中上道工序和下道工序，以及其他部门班组的业务联系和服务要求来确定安全相邻目标。

③ 文化建设目标。根据企业有关部门的布置，拟定遵章守纪、文明礼貌、行为规范、文化教育等方面的安全文化建设目标。

(2) 安全目标的分解。安全目标的分解要着重于展开，逐个落实。使企业、车间对班组的各项安全管理工作度能够简便化、统一化、正规化地全面展开。

具体目标做到量值数据化。班组的安全管理、安全教育、安全活动、隐患整改都要用数值反映，用定量为主的数据指标代替定性为主的形式内容，使班组安全目标反馈出的各种数据真实、清晰、完整、准确。

(3) 安全目标的实施。安全目标确定、分解以后，就必须着重加强相互间的责任感，激发班组全员潜在的积极性、主动性、创造性，努力实现班组安全管理方法的科学化、内容的规范化、基础工作的制度化。

① 以安全责任制促进安全目标的实施。把考核个人的主要经济技术指标与安全工作目标纳入岗位安全责任制中，以百分制或其他方式进行考核，其内容应该是公共性指标和班组安全方针目标相结合。

② 以小指标单项竞赛促进安全目标的实施。运用激励的方法，组织班组成员开展比学赶帮超活动，如增产赛、降耗赛、连运赛、岗位练兵、安全合理化建议、消除隐患、封堵漏洞等。

(4) 安全目标的考核。安全目标的考核要和责任制挂钩，要避免重硬轻软的倾向，更不能以硬指标掩盖或取代软指标。

① 安全检查。即每月对安全目标进行检查，由车间组织专人查，或班组工会小组长牵头查，或班组长组织班组兼职安全员参加检查。

② 安全考核。在考核中，一是要从严从实；二是要认真把关。对于经济技术指标和班组安全管理指标，严格按照定量要求进行考核，做到不降标准不漏项目；对于安全文化建设方面的定性指标，则要特别注意考核知识技能、进取精神、劳动态度、团结协作等。

(5) 安全体系的形成。班组必须有坚实的安全保证体系，即组织网络保证、物质措施保证和安全资金经费保证等。

① 企业各级领导要充分认识班组在安全工作中的地位和作用，把心沉下去，一头扎入班组，树立为生产一线、为班组服务的思想。

② 要有一个高度事业心和责任感的班组长。班组长既要懂生产、精技术、通安全、熟管理。又要有一套灵活的工作方法。同时，企业各级领导要注意在政治上关心他们，使他们真正有职、有责、有权、有利、有为。

总之，班组安全目标管理是整个班组安全建设中的主要组成部分，只有把班组的安全目标做好，使每个班组都实现了各自的安全目标，企业的安全大目标才能实现，企业的安全生产基础才能夯实，才能在安全生产中显示出"细胞"的强大生命力。

84 作业标准化是班组安全的保障

所谓作业标准化，就是对在作业系统调查分析的基础上，将现行作业方法的每一操作程序和每一动作进行分解，以科学技术、规章制度和实践经验为依据，以安全、质量、效益为目标，对作业过程进行改善，从而形成一种优化作业程序，逐步达到安全、准确、高效、省力的作业效果。班组作业标准化是预防事故、确保安全的基础。它的主要功能有以下几种。

（1）能有效地控制人的不安全行为。班组生产作业过程中，主要控制的对象是人、机、料、法、环五要素。而这五要素中，必须有效地控制自由度极大的人。因为人是客观事物的主体，人的不安全行为是诱发事故的主要原因。作业标准化能把复杂的管理和程序化的作业融为一体，能有效地控制、约束、规范人的失误，把可能发生的事故降到最低程度，也就是人们可接受的程度。

（2）能有效地控制"三违"现象的产生。从数理统计可看出，企业中所发生的事故有90%发生在班组，班组中有80%的事故是由"三违"现象引起的。班组作业标准化把企业各项安全要求优化为"管理标准、技术标准、工作标准"，并在作业单元上严格规定了操作程序、动作要领。把整个作业过程分解为既互为联系，又相互制约的操作程序、动作标准，把人的行为限制在动作标准之中，从根本上控制违章作业，特别是习惯性违章作业，保证了班组作业人员上标准岗、干标准活、交标准班。从而制约了侥幸心理、冒险蛮干的不良现象。

（3）能有效地控制物的不安全状态。物和环境的不安全因素，往往是诱发事故的又一重要原因。班组作业标准化把生产现场管理的标准化作为前提，使安全装置齐全，物流有序，通道畅通，照明亮度充足，消防、防护用品满足，检测检验仪器完善，构成一个良好的安全作业环境，有效地控制物的不安全状态。班组作业标准化还把生产过程中的危险源、危险点作为重点，有针对性地制定一套行之有效的标准化操作方法、检修要领，使之处于有序的控制之中。

总之，作业标准化是班组安全生产的有力保障。其目的是在班组推行一套完整的、科学的、严密的安全管理程序，优化生产现场安全管理各要素，规范操作者的安全行为，从而促进班组整体安全素质和综合安全水平的提高，为企业安全发展奠定坚实的基础。

85 岗位安全责任制是班组安全之魂

岗位安全责任制，就是对企业中所有岗位的每个人都明确地规定在安全工作中的具体任务、责任和权利，以便使安全工作事事有人管、人人有专责、办事有标准、工作有检查，职责明确，功过分明，从而把与安全生产有关的各项工作同全体员工连接、协调起来，形成一个严密的、高效的安全管理责任系统。

（1）岗位安全责任制的意义。主要意义在于：

① 是组织集体劳动，保证安全生产，确保安全管理的基本条件；

② 是把企业安全工作任务，落实到每个工作岗位的基本条件；

③ 是正确处理人们在安全生产中的相互关系，把职工的创造力和科学管理密切结合起来的基本手段；

④ 是把安全管理建立在广泛的群众基础之上，使安全生产真正成为全体职工自觉行动的基本要求。

（2）岗位安全责任制的要求。主要要求是：

① 必须贯彻安全技术规程，严格执行安全技术标准；

② 建立以班组长和班组安全员为主体的安全领导小组，针对本班组的安全问题提出措施，发动班组全体成员，查隐患，查缺陷，开展技术革新，提出安全合理化建议；

③ 针对生产中的薄弱环节和重要工序，确立安全管理重点，

加强控制，稳定生产；

④ 班组组织群众性的自检、互检活动，支持专检人员的工作，达到共同保安全的目的；

⑤ 及时反馈安全生产中的信息，认真做好原始记录，对发生的事故按"四不放过"的原则认真处理。

（3）岗位安全责任制的作用。主要作用有：

① 可使班组各项安全工作程序化、条理化，使安全管理有基准，安全奖罚有依据；

② 可使班组、岗位每个成员，安全任务明确、安全职责清楚，使安全生产处于完善的、严格的互相促进、互相制约之中；

③ 能巩固岗位安全生产成果，能达到改进班组安全管理、提高生产效率的目的；

④ 能凝聚岗位人员的安全责任感，大家齐心协力共操安全心、共保安全岗，进而达到班组安全，为整个企业安全打下扎实的基础。

总之，岗位安全责任制最直接地体现了企业安全生产全员、全面、全过程、全天候的管理要求。我们在工作中体会到：哪个班组岗位安全责任制执行得好，安全生产就优，反之亦然。实践证明，岗位安全生产责任制是班组安全之魂。

86 班组安全管理的重点在现场

生产现场是职工利用生产资料和机器设备按照一定的工艺方法，生产符合质量指标的产品，创造出社会财富的工作场所。每个生产现场所分担的任务，都是企业生产总任务和总目标的一部分。搞好现场安全管理，必须把形成和影响安全生产的主要因素（即人、机、料、法、环）有机地结合起来，组合良好，使生产现场按预定的目标生产。因此，班组安全管理的重点在生产现场。

（1）班组现场安全管理的内容

① 生产现场环境清洁卫生，无脏乱差死角，安全卫生设施完

善，工作区域温度、湿度、亮度符合生产要求，"三废"排放、噪声等指标符合要求。操作室、交接班室、更衣室、卫生间等场所窗明壁净。

② 机器、设备、管道整洁，安全附件齐全，沟见底、轴见光、设备见本色。班组人员对本岗位的设备做到"四懂、三会"，严格执行设备巡回检查制度，及时消除事故隐患，及时消除跑冒滴漏。

③ 班组全体人员经安全培训教育合格，做到持证上岗，会正确穿戴和使用劳动防护用品，严格执行安全纪律、工艺纪律、劳动纪律，定时、定点、定线进行巡检，各种原始记录做到标准化、规范化，书写工整。

④ 材料、半成品、产品摆放整齐，各种工具、器材实行定置化，做到物流有序、安全标志齐全，安全色标醒目，重大危险源标示牌内容完整，卫生防护警示牌适用等。

⑤ 岗位工艺技术规程、设备维护检修规程、安全技术规程齐全，班组和岗位有安全规章制度，有安全生产责任制，重要岗位实行安全操作票制度。

⑥ 班组在生产现场要做好各种安全信息的收集、传递、分析、处理工作，及时了解安全生产情况，及时处理生产中反映出的问题。

（2）班组现场安全管理的作用。

① 确保安全生产。化工生产具有高温高压、易燃易爆、深冷负压、有毒有害的特点，危险性大，因此，加强现场安全管理，能最大限度地减少或杜绝各类事故的发生。

② 有利节能降耗。班组加强现场安全管理，能及时发现生产中的薄弱环节，及时采取措施，堵塞生产现场的能耗逸散，降低能耗和成本，并能保护环境，实行绿色生产、低碳生产。

③ 优化管理结构。班组把安全管理的重点落实到生产现场，能使生产现场管理更加科学、标准、规范，使班组安全管理的水平不断提高。

④ 改善厂容厂貌。班组加强现场安全管理，使生产条件不断

改进，作业环境不断改善，使班组成员心情舒畅，工作效率提高，安全感增强，也使企业面貌大为改观。

（3）如何搞好班组现场安全管理。

① 高标准，严要求。各班组根据实际情况，定出现场安全管理的标准和要求，现场安全管理不但要求制度全，而且要求标准高。标准高了，要求严了，才能逐步提高管理水平。

② 严执行，勤检查。健全的制度，必须严格地执行，才能发挥作用。班组成员只有自觉遵守现场安全管理的各项要求，才能保证各项安全工作落在实处。同时，还要经常检查，主要有企业的定期检查、车间的随机检查，班组的全面检查，对查出的不安全问题限期整改。

③ 奖罚明，考核严。班组应制定现场安全考核标准。每月班组长在考核中严格按标准进行，坚持实事求是，做到一丝不苟，达到奖优罚劣。

④ 态度正，关系顺。班组要理顺现场安全管理与各专业管理的关系，安全管理并不能包罗万象，不能取代各专业管理，而是要促进各专业管理的完善和深化。

总之，企业的一切生产工作任务都要在班组完成，各项规章制度都要靠班组落实，把班组安全工作的重点放在生产现场，是企业把整个安全生产目标转化为实施运作的有效途径。这样，班组的安全建设，企业的安全发展就有了源头之水，本质之木。

87　班组安全管理是个动态过程

所谓动态安全管理，是指在整个生产过程中，对生产的工艺流程和生产作业过程进行安全跟踪、预测预控，使安全生产在每时、每班、每个环节和角落都得到保证。对于企业班组来说，动态安全管理要做好如下五个控制。

（1）制度控制。班组动态管理必须有一套严密完备的规章制度作保证。当前，事故多发的重要原因之一，在于现行规章制度不完善，法律不健全。班组动态安全管理，就要在不断完善和充实规章制度上下功夫，建立一套符合本班组特点的安全规章制度。执行制度要严在贯彻落实上，严在动态管理上，严在事故发生前，使规章制度真正起到导向和制约作用。

（2）作业控制。数理统计表明，大量的事故多发生在作业过程和作业现场。因此，作业控制是班组动态安全管理的重要方面。作业控制就是经常分析生产工序中的危险因素，有针对性地采取控制对策，按班、按日检查落实情况，发现问题及时解决。作业控制最有效的方法，是依据工作性质的不安全状态和信息反馈的情况，把安全检查的对象加以分析，把大系统分成若干子系统，确定安全检查项目，再把检查项目按照大系统和子系统的顺序编制成班组安全检查表，每班对照检查。检查有规律，检查项目全，内容底数清，问题责任明，整改落实快，从而达到安全作业的目的。

（3）重点控制。对企业来说，安全重点就是危险部位、有毒有害作业场所、易燃易爆生产场所、立体交叉作业场所、高处作业场所、特种作业场所等。对于重点场所，要做到重点控制。重要部位必须配备各种醒目的安全标志和安全设施，做到"有洞必有盖，有边必有栏，有空必有网，有线必有杆"。重点控制是班组安全的有力保障。

（4）跟踪控制。最简便适用的办法是严格执行各种安全作业票证，把作业的每个层次、各种职责分工制度化，作业程序化，管理标准化，加强管理密度，实行集约和精细管理。对事故苗头狠抓不放、跟踪控制，从事故苗头中寻找失控点，制定控制对策，杜绝重复性事故发生。

（5）群防控制。班组动态安全管理是一种群体行为，只靠班组长和兼职安全员远远不够，必须采取宏观控制和微观管理相结合、专业管理和群众自主管理相结合，特别要注意发挥岗位工人的主人翁能动性。只有班组全员行动起来，在生产作业过程中努力做到个人无违章、岗位无隐患、班组无事故、过程无危险，才能实现班组生产安、稳、长、满、优。

总之，班组安全管理是个动态过程，事故的突发性、隐蔽性和多维性，决定了生产过程的系统性、动态性、群众性，只要班组把动态安全管理贯穿整个生产过程的始终，坚持以上五个控制，定会收到事半功倍的效果。

88 危险预知是班组安全之法宝

危险预知，简言之就是预先知道生产或作业过程中的危险性，进而采取措施，控制危险，保障安全。实践证明，班组开展危险预知活动是安全工作之法宝。

（1）危险预知应包括的内容。

① 班组长要对本班组管辖范围或承担的作业项目，先要明确无误，对重点、难点、危险点了如指掌，做到心中有数。

② 班组应对所承担的项目、任务，可能会发生哪种伤害，引发哪类事故，如触电、落物坠入、火灾爆炸、中毒窒息等，都要在作业前仔细预想，并运用因果图、事故树分析等方法，分别列出对策加以落实，防患于未然。

③ 让班组每个成员都清楚，从人、机、料、法、环几个方面细化分析，认真填写危险预知报告书，交班组长或有关负责人批准，并在作业前的准备会上做出交底。着重从作业状况、发生事故因素、潜在危险、重点对策、预防措施等方面下功夫，以此来提高自我保护能力和事故处理能力，达到危险预知大家清楚，危险报告人人会写，从而保证每次危险作业都能顺利、安全地完成。

④ 班组长要做明白人。班组长和员工之间、员工和员工之间，工作、生活、学习在一个特定的班组集体中，同志情、工友爱、师徒谊，组成一个共同体。班组长要通过"上班看脸色，吃饭看胃口，干活看劲头，休息看情绪"来发现班组成员的心理、体力变化，及时发现问题，采取措施加以解决。

⑤ 就每一作业具体项目而言，班组长都要按照"人员是否足够，素质是否适应，配合是否默契，方案是否可行"的要求，精心

组织，合理安排。

（2）危险预知关键是深化隐患检查整改。

① 加强巡检，发现隐患及时整改到位。班组长在班中巡检，要对生产工艺过程、设备运行状况、安全装置、个人防护用品的使用情况等进行巡检，每小时一次，对发现的问题要及时整改，如果本班组解决不了的要及时上报。

② 班组成员要进行"五查"活动。即查不安全装置、不整洁环境、不安全行为、不标准操作、麻痹凑合作业。并把查与不查、查粗与查细、查多与查少、查深与查浅列入班组各成员的业绩考核之中，与奖金挂起钩来。

③ 班组应建立缺陷检查、隐患整改台账。做到记录齐全、填写认真、情况真实、有据可查。

（3）危险预知的前提是提高班组整体素质。

① 强化班前危险预知安全讲话。班组长根据生产特点、作业内容，用安全讲话的形式，用正反两方面的事例说明安全作业要点、安全注意事项、预防事故的措施等。

② 开展事故案例教育。每月或每周，将历史上的这一月或这一周发生的事故案例列出，作简要的分析评论，达到以案说法、以案说责，杜绝重复性事故发生。

③ "练内功"提高全员素质。对班组成员要有计划地分期分批组织安全技术轮训，对检修班组要按时进行特种作业考核复证，也可进行多项技术培训、模拟常见的设备故障，找出安全对策，营造良好的班组安全文化氛围。

④ 深化"结对帮促"活动，班组成员生产水平不同，安全技术各异，必须建立安全监督岗，开展"结对帮促"活动。以此识别危险物质、识别危险能量、识别危险环境、识别危险行为、识别危险转化，通过"五识别"来深化"结对帮促"活动。

总之，班组安全工作要想扎实有效，就要开展危险预知活动，强化班组控制危险的能力，加快隐患检查整改频率，提高班组整体安全素质。为企业转型发展、安全发展、可持续发展提供基础保障。

89 班组安全工作打假十个方面

社会上一些弄虚作假的不良现象，也渗透到企业经营管理工作中来。在企业班组安全工作中，作假现象也较突出，它给企业的安全生产会带来负面效应。为此，现提出班组安全工作打假的十个方面。

（1）打假重视。主要表现在某些班组对企业、车间布置的安全工作，表面上重视，在班组会议上大谈其重要性，但会后做起来得过且过，安全工作毫无起色。对这种假重视必须切实加以纠正。

（2）打假传达。主要表现在对上级布置的安全工作、安全会议精神，不结合本班组的实际认真贯彻执行，而是照抄、照念、照搬，将上级对安全工作的要求仅机械地传达，不结合班组实际传达精神实质。这种以会议传达会议，以文件贯彻文件的"假"传达、"假"贯彻对班组安全工作无补。

（3）打假计划。年初岁末，班组对今后的安全工作都要有一个计划安排。某些班组的计划搞得头头是道，然而，安全工作计划上报下发后，也就万事大吉了。结果计划成了应付上级的一纸空文，起不到多大作用。

（4）打假动作。主要表现在有的班组对安全工作不是真抓实干，而是做表面文章，玩花架子。看上去轰轰烈烈，但都是供人看的，没有真动作。如上级来检查时，员工个个守岗，事事认真，检查人员一走，一切又是老样子。对这种假动作必须制止。

（5）打假检查。主要表现在对生产岗位和生产线安全检查不认真、不仔细地查看，搞形式主义走过场，甚至坐在家里随心所欲填写安全检查台账，搞一套虚假的东西。其结果是隐患依旧存在，仍然威胁安全生产。

（6）打假制度。主要表现在班组各项安全管理制度一套又一套，有的装订成册，有的上墙上报，但在实际安全工作中，根本没人执行。当抽查某一员工某项安全制度的内容时，一问三不知，怎么能谈得上执行制度呢？再好的制度不去执行也形同虚设。

（7）打假知道。主要表现在班组成员对党和国家安全生产方针、政策及有关法律法规一知半解，甚至根本不知道，却以什么都懂自居。对本班组生产状况、安全设施、安全重点、危险源点实际上"心中无底"，却假充十分了解。这种假知道危害很大。

（8）打假汇报。主要表现在向车间汇报安全工作时汇报假情况。常常以点带面，把点上的做法说成是面上的工作，以偏概全；把少数几个人对安全的反映当做多数人对安全工作的认识，以俊遮丑，报喜不报忧，报功不报过。

（9）打假查处。在班组安全工作中，对一些出现不安全问题的人和事，大事化小、小事化无，大责化小，小责化了。殊不知，放过事故责任者，是安全生产最大的隐患。

（10）打假资料。主要表现在班组为了应付上级检查，为了不让扣奖金，明目张胆地搞一些假安全工作资料。有的班组工作没有这么做过，但当你去检查时，他的工作方案、活动内容、会议记录、隐患整改、案例教育一应俱全，要什么有什么，实际上是班组"秀才"闭门造车造出来的，这非常有害于安全生产。

总之，企业班组安全工作中的假象五花八门、形形色色，虽然这只是个别班组，但这些假象对安全工作十分有害，必须给予打击。

90 筑起班组安全的第二道防线

班组安全生产的主力军是班组全体成员，这是毫无疑义的，家属亲情保安全，其作用也是显而易见的；正如抗洪中大堤是主体，但子堤也发挥了重要作用。由此可见，发挥员工家属协助做好班组安全工作，筑起班组安全的第二道防线，是搞好班组安全工作的又一重要方面。

（1）用亲情编织安全网络。安全生产工作是一项社会系统工程，搞好企业安全生产，员工家属是一支不可忽视的力量。班组员工情绪高低、班后休息好坏、家庭和睦与否等因素直接影响着员工能否做到安全生产。因此，用亲情编织安全网，用父子之情、母子之情、夫妻之情、兄弟姐妹之情凝聚安全生产的激情，形成安全自保、联保、互保网，是确保班组安全工作的明智之举。

（2）用真情筑起安全长城。在企业安全生产中，好多人都感到安全工作难做。其实，只要用真情真爱去做，以强烈的社会责任感去从每一件小事做起，安全工作肯定能做好。如山西天脊煤化工集团有限公司，把发动员工家属搞好安全生产工作当做一件大事来抓，在年度停车大检修前，为了确保大修安全，出版了《请寄山化——家属寄语汇编》一书，分为"希望之光""柔情蜜意""父母之心""赤子情深"等栏目。每一份"寄语"都有一个动人的故事，"前方后方"用真情筑起安全长城，确保了大修的安全。

（3）用感情营造安全环境。人是有感情的，用感情营造安全环境，把安全与家庭幸福、安全与伦理道德、安全与爱情婚姻有机地结合起来，是构筑班组安全防线的又一重要形式。如某企业生活区居委会组织开展的"三查五不让"活动，即查家属安全生产思想树得牢不牢、查家属安全公约执行的好不好、查家庭不安全情绪整改快不快，不让员工带气上班、不让员工班前饮酒、不让员工无故脱岗、不让员工违章作业、不让员工兴奋过度，取得了明显的效果。

总之，筑起班组安全生产的第二道防线，把亲情、真情、感情渗透到安全工作中，无论是深度还是广度都是行政管理和法律法规很难达到的。它必然为班组的安全生产注入新的活力，取得新的成就。

91　班组如何开好安全座谈会

座谈会，亦称调查会，就是根据一定调查题目，选择部分有代表性的人参加座谈，围绕中心，进行讨论，从而达到了解问题和解决问题的一种方法。开好班组安全座谈会，是加强班组民主管理、增强安全工作针对性、提高安全管理效果的重要手段。开好班组安全座谈会，应当把握好以下几个环节。

（1）确定主题，充分准备。首先，要确定安全座谈会的主题。围绕中心内容展开讨论，要达到什么目的，必须明确。其次，要制定安全座谈会提纲，既要有大纲，也要有细目，提纲最好能提前通知参加人员，使他们有充分的思想准备。再次，要掌握有关政策、文件精神和一些理论知识，以便在座谈中解答提出的问题。最后，要尽可能掌握一些参加安全座谈会人员的基本情况。

（2）规模适宜，定好人员。班组安全座谈会的规模和人员构成要根据内容和主持人的组织能力来确定。一般来讲，规模不宜过大，少则三五人，多则一二十人。但在人员的构成上一定要合理，到会者要有代表性，而且具备一定的安全文化素质、安全科学水平和语言表达能力，这样，可从不同的经历、不同的角度来认识安全问题，能比较全面地反映班组安全生产状况。

（3）正确引导，把握气候。座谈会开始时，主持人要首先把参加会议的人员介绍一下，彼此了解，然后扼要地讲清座谈会的内容和目的要求。在座谈中要采取讨论的方式，通过讨论，了解班组全面安全情况，得以集思广益，做出正确的结论。主持人要把握好会议的气氛，既不能过于严肃，使座谈陷入僵局，也不能过于随便，使与会者不予重视。一要克服"冷场"，二要注意"走题"，三要避免开小会，四要掌握争执。主持人要及时引导，调节气氛，防止把安全座谈会开成"说教会""表功会""牢骚会"。

（4）掌握时间，恰到好处。班组安全座谈会开得成功与否，掌握时间也是一个重要因素。时间太短了，使到会者有话说不尽；时间太长了，使与会者感到厌烦，影响效果。因此，主持人要把时间掌握好，有话则长，无话则短，做到恰到好处。

总之，开好班组安全座谈会也是搞好班组安全工作的有效形式，它能起到上情下达、下情上达、传递信息、交流经验、吸取教训、增长见识、改善管理的作用，但开不好就会适得其反。

92 严当头，精为先，情入手

班组是企业的最小组织单位，是安全生产的前沿阵地，也是反"三违"的直接领域。山西天脊煤化工集团有限公司热动厂锅炉车间运行一班，是一支生机勃勃具有战斗力的队伍，这支队伍在安全生产中，坚持念好"严""精""情"三字经，使班组管理迈上了新水平。

（1）严字当头。该班组狠抓安全基础建设，充分发挥班组自身作用，从健全班组各种安全制度，严格用制度规范全班成员的安全行为做起。明确规定，在制度面前人人平等，反复强调劳动纪律、工艺纪律、安全纪律是完成生产任务的保证。班长严于律己，以身作则，敢抓敢管，有职有责有权有为。安全生产实行责任制，分工明确，各负其责，做到了事事有人管，人人有事干。对全班管辖的设备，实行包机制，严格管理，严明纪律，严细要求，创造了两台225t/h 高压蒸汽锅炉达到平均运行 336 天的好成绩，超过了同类电站锅炉连运记录。

（2）精字为先。该班针对青工多，不愿学技术的现状，以精字为先，始终抓住一个"精"字，学习培训不走形式，不摆花架子。互相学习，取长补短，每季检查一次，并且记录在案。常年坚持利用副班时间每人都要讲解发生在自己身边的故障及操作成功的经验，在全班内进行认真分析、仔细讨论、深刻总结。在安全技术的掌握上要求全班成员做到精益求精、精雕细刻，做到从经验和教训中，提高全员分析判断处理事故的能力。班长"精"，精到技术全面开花，起到传帮带的作用，成员"精"，精到工艺细致、一丝不苟，"重视一伸手，严防误操作"，起到"师带徒，快出走"的技术能手效果。

（3）情字入手。该班在抓安全思想工作中，以"情"字入手，带着感情抓安全思想建设，把爱厂爱岗作为教育主题，将灌输引导与自我教育相结合，做到贴近实际、贴近员工、贴近生活，动之以情，晓之以理，情理交融，亲切可行。在每班的班后会上，班长都要讲解班中所发生的好人好事，用典型的经验引导人，用沉痛的教训说服人，全班形成了一个奋发向上的好风气。"情"出干劲，"情"出效益，"情"出团结，"情"出稳定。

热动厂锅炉车间运行一班，在安全生产中，严当头，精为先，情入手，使班组安全生产跃上新台阶，为完成企业的生产任务做出了突出贡献。1996年该班组被中华全国总工会授予"五一劳动奖状"先进集体光荣称号，班长也被企业授予"劳动模范"。

93　对班组安全员的素质要求

班组的安全员一般都是兼职的，如在化工企业一般都由副班组长兼职。这样做的好处是：第一，副班组长也是班组领导班子的成员，在班组决策中能参与意见，特别是安全工作意见。第二，副班组长兼职安全员，对班组的安全工作有一个全面的了解，知道危险性在什么地方，危险作业是什么工序。第三，安全员肩负着重要的安全责任，副班组长责任心较强，干事认真负责，是班组安全员的合适人选。既然班组安全员的位置如此重要，那么，对安全员的素质要求就要非常高。

（1）要有良好的政治素质。班组安全员要自觉服从企业生产经营大局，在工作中坚持正确的安全工作方向，坚持安全发展方向，在重大原则问题上要旗帜鲜明，服从、服务于安全生产大局。

（2）要有较高的安全理论素养。要求班组安全员在"用科学的理论武装人"的过程中，提高自身的安全理论水平，增强自己的安全理论素养，用以指导班组安全工作实践。

（3）要有广博的安全知识。安全工作涉及政治、法律、经济、社会、科技、文化等各个方面，要求班组安全员具有广博的安全知识，用以解决工作中的实际问题，更好地为安全生产服务。

（4）要有踏实的工作作风。班组安全员担负的工作责任大、任务重，他们必须有踏实的工作作风。一要调查研究，它是成功之基、谋事之道；二要联系实际，掌握第一手资料，探求解决问题的方法和途径。

（5）要有严明的组织纪律。班组安全员要成为遵守纪律的模范，要规范员工的安全行为，首先自己得带头遵章守纪，增强组织纪律观念，自觉执行各项安全规章制度，保证安全工作正常有序地进行。

（6）要有强烈的敬业精神。班组安全工作，从某种意义上讲，比较枯燥乏味，但工作任务却很繁重。因此，要求班组安全员必须具有强烈的敬业精神，安心和热心安全工作，具有从事安全工作的光荣感和使命感。

总之，班组安全员是班组安全工作的主要力量。他们安全素质的高低，左右着班组安全工作的水平，对他们安全素质的要求较高，每个班组安全员都要为此付出一定的努力。

94 班组安全员应具备的能力

既然对班组安全员的素质有较高的要求，那么，对班组安全员的能力也有较高的要求。一般来说，班组安全员应具备如下能力。

（1）观察能力。任何事物都有想象和本质的区别，班组安全员在安全工作面前必须具有较高的观察能力，要善于观察、勤于思考，要透过现象看本质，通过深入细致的观察，寻找安全工作的规律。

（2）分析能力。安全工作出现的任何问题，都是由多方面因素造成的，班组安全员必须具有一定的分析能力。通过调查、研究、分析，找出问题的症结，拿出解决的办法。切不可人云亦云，草率行事，轻易下结论。

（3）表达能力。班组安全员随时都要解答员工群众关心的一些热点、难点、焦点问题。这就要求他们必须具备一定的表达能力，来回答员工提出的问题，通过表述自己的观点，达到安全宣传、安全教育的目的。

（4）写作能力。员工中创造的安全工作经验，需要总结和推广，班组中涌现出的安全先进人物和他们的先进事迹，需要讴歌和传播，这就要求班组安全员要具有一定的写作能力，总结安全经验，宣传安全典型，使之在班组乃至在企业中尽快得到推广和学习。

（5）感召能力。安全生产方针政策需要贯彻执行，员工的安全愿望和呼声需要得到表达，这就要求班组安全员具有一定的感召力，使你所讲的和所干的让员工爱听、爱学并自觉接受，积极参与。

（6）协调能力。在班组的安全工作过程中，有些事情不是一个单位、一个部门、一个人能够独立完成的，它需要各部门的通力协作和广大员工的共同参与才能完成。这就要求班组安全员具有一定的协调能力，在安全工作中充分发挥班组骨干的作用，调动一切积极因素，齐抓共管、共同完成。

（7）创新能力。在改革开放、企业转型、安全发展、经济新常态、全面小康社会建设中，知识经济、低碳经济、绿色经济正在我们手中实现，班组安全工作中也有新生事物不断涌现，这就要求班组安全员具有一定的创新能力。要创造性地开展工作，开拓进取，圆满完成新形势下的安全生产任务。

（8）实践能力。理论联系实际是一大法宝，班组安全员要把安全科学理论用来指导安全工作实践，要求班组安全员具有一定的实践能力。在实践中解决安全问题，在实践中再达到安全理论的升华。

（9）适应能力。现代化建设、全面达到小康社会的新形势要求班组安全员具有广泛的适应能力。要刻苦钻研安全科学理论，广泛涉猎各方面的知识，接受新观念，不断更新和改善自己的知识结构。同时还要吃得苦，耐得"清贫"，乐于奉献，勤于服务。

总之，班组安全员的能力是班组安全工作的"晴雨表"，能力高则工作好，能力低则工作差，这是一条规律，每位安全员要保持清醒的头脑，在班组安全工作实践中不断提高自己的能力，去适应新形势的需要。

95　班组安全管理重在抓落实

抓落实，是实事求是思想路线在实际工作中的具体体现。从近年来班组在安全生产工作中反映出来的问题看，大多与工作不落实有关。因此，要抓好班组安全管理，重在抓落实，而要抓好落实工作，必须倾情、倾心、倾力。注意把握好以下几个问题。

（1）端正安全工作指导思想，增强自觉抓落实的责任感。抓落实，首先要从端正指导思想入手。一些班组之所以安全管理有漏洞，原因之一就是安全指导思想有偏差，重视程度不够，自觉性不强，责任意识差。对此，首先要确立"落实好就有收获"的思想，切切实实把班组安全工作的主要精力引导到抓落实，促管理上来。其次，要注意在抓落实中创新。一项任务布置下来怎样去完成好，一项制度确立以后怎样去执行好，都需要班组长积极地动脑筋、想办法，纯粹照搬是落实不好的，只有创造性地抓好落实，才能干出成绩来。另外，要强化"善始善终抓落实"的意识，在抓落实中求发展。班组安全管理工作要发展、要进步，就必须从落实中要有效益、出成果。一些班组长日常安全管理工作不落实的原因，不是水平问题，而是名利思想严重。有的不出问题就不抓落实，缺乏扎扎实实、艰苦细致、认真自觉的工作作风。

（2）严格组织纪律，做到令行禁止。当前，就班组安全管理而言，如果认真地反思一下就不难发现，下面的报喜藏忧，往往与上面的好大喜功相联系；下面的表面文章，往往与上面的浮漂作风相联系；下面的真情假报，往往与上面的赏罚不公相联系；下面的短期行为，往往与上面的制度不完善相联系。久而久之，一些投机取巧的人钻了空子，高兴了就落实，不高兴就不落实。因此，必须严格要求，严格检查。只要我们坚持督促检查，帮助班组发现问题，找出症结，研究解决办法，就没有落实不了和落实不好的工作。

（3）必须掌握科学的落实办法。客观地讲，一些班组安全管理制度落实不好，确实也存在不会抓的问题，工作方法不对。因此，在解决思想认识问题的同时，也必须解决好安全工作落实的方法问题。第一，做到主观符合客观，树立全面的辩证统一的观点，抓住主要矛盾开展工作，把科学的安全管理方法融于班组日常管理之中。第二，要大兴调查研究之风，在调查研究中提高抓落实的层次。第三，要发扬求实作风，形成讲真话、报实绩、求实效的良好作风。班组安全管理工作能否抓好落实，关键在班组长。能否抓好各项安全规章制度的落实，也是对班组长能力和水平的检验。这就要求班组长在下达命令和管理指挥中必须从实际出发，纠正形式主义，在政策导向、制度约束上防止片面性，从而保证班组安全管理工作有条不紊地健康发展。

96 班组安全员进行安全监督的原则

总结近年来的班组安全生产经验，要进一步做好班组安全监督工作，必须坚持"安全第一，预防为主，综合治理"的原则，必须坚持为员工服务、为生产服务的原则。在具体工作中，班组安全员还应当把握好以下几个方面。

（1）要出以公心。班组安全监督，安全员要站在企业的根本利益上，坚持对企业和员工负责的一致性。要着眼于帮助班组改进安全管理，解决安全问题，与人为善，满腔热情，不能只提问题而没有回音，要及时反馈处理结果，做到善始善终。

（2）要服务大局。班组安全监督，安全员要选择具有普遍意义的事例，抓典型，抓员工关注、领导重视、事关大局的问题，有的放矢。要精心处理安全与改革、安全与转型、安全与发展、安全与效益、安全与稳定、安全与创新的关系，做到安全监督"要帮忙，不添乱"。

（3）要事实准确。班组安全监督，安全员要深入调查研究，多方听取意见，充分掌握材料，把实事搞确凿，防止断章取义，以偏概全，夸大事实。要让事实说话，让当事人自己说话，请主管领导部门和负责人做结论。

（4）要以理服人。班组安全监督，安全员要以事实为依据，以党和国家有关安全生产的政策、法律为准绳，入情入理，客观公正，让人心悦诚服，切忌居高临下，盛气凌人，不能图一时痛快，感情用事。要充分考虑实际情况的复杂性，设身处地地深入分析，善意听取不同意见，防止主观武断，强加于人。

（5）要把好尺度。班组安全监督，安全员要坚持团结、稳定、鼓劲、正面教育为主，既要有质的把握，又要有量的把握。要掌握好数量和时机，把握好力度和密度，不能把个别现象的局部问题夸大为普遍和整体。点名批评时尤其要慎重。

（6）要遵守纪律。班组安全监督，安全员对涉及到的重大问题，应事先征求车间领导的意见，要遵守安全职业道德，自觉接受班组员工的监督。安全监督必须制定有关工作制度，重要事件要请领导批准，涉及亲朋好友要回避，不能以"安全处罚"威胁员工或敲诈勒索。

97 开展"信得过"活动，保障班组安全生产

班组安全活动丰富多彩，方法各异，但都是为了确保本班组安全生产。在班组开展"信得过"活动，可以实现班组成员从"要我安全"到"我要安全"的转变，从安全管理的客体到安全管理主体的转变，从而有效地发挥他们的主观能动性，以掌握班组安全生产的主动权。

"信得过"活动的开展，旨在使班组的生产过程、设备运行、劳动纪律、岗位操作都要做到心中有数，都要"信得过"。第一，要制定科学化、规范化的标准，以标准规范人的行为，干保险活，干放心活；第二，要开展全员、全面、全过程、全天候的控制，不管是任何时候，任何情况下都要确保安全生产"信得过"；第三，员工与员工之间，上道工序与下道工序之间，工艺过程与设备维护之间，前方生产与后勤服务之间，班组长与成员之间，安全生产与

质量保证之间都要实现"信得过";第四,改善了人与人、人与机的联系方式,使人与人互相理解,和睦相处,使人与机相互依赖,配合默契,全面达到"信得过";第五,"信得过"不是一句简单的口号,它包含着丰富的内涵和宽广的外延,它能营造良好的安全生产氛围,也能深化班组安全文化建设。

"信得过"活动的精髓是"以人为本"。人是安全工作的主体,任何管理措施都离不开人的参与。当前,员工素质参差不齐,思想脉络错综复杂,需要找出既被大家认同,又行之有效的管理途径。实践证明,班组开展"信得过"安全管理活动,是行之有效的基层安全管理模式。

总之,班组开展"信得过"安全活动,可以使安全生产进一步得到保障,改善人与人、人与机之间的关系,沟通班组成员之间的安全情感,你干的活我放心,我干的活你信得过。这样,班组的安全生产就会得到保障,班组的安全发展就有了一条正确的途径。

98 增强班组成员安全工作合力的辩证法

企业安全生产工作要想取得成效,必须要建立健全安全管理组织、造就安全素质高的员工队伍和具备扎实的安全生产基础。安全管理组织、安全工作队伍、安全生产基础,这三者构成了企业安全工作的核心,健全组织、提高素质和夯实基础又必须从企业安全生产的最小单元——班组抓起。因为班组是企业安全生产的细胞,是把可能的安全生产力变成现实的安全生产力的直接实践者。因此,企业安全生产要想取得实效,把思维定位在充分调动班组成员的安全工作积极性上,用辩证法增强班组成员的安全工作合力,就能使企业的安全生产步入良性循环的轨道。

(1)把握共性与个性的统一,为班组成员形成安全合力奠定坚实的思想基础。企业的每一个班组,都是由若干成员组成的,要在安全工作中增强团结,每个成员尤其是班组长必须正确处理好个体与整体的关系。

首先，个体离开整体不可能立身成事。班组每个成员都是处在与其他成员的相互联系中工作、生活的，个体价值的实现离不开集体的环境、条件以及同志间、工友间的帮助与支持。任何个人，即使能力再强，在安全生产中，如果摆不正位置，自持高明，离开整体而独断专行，那就既不能成事，时间久了也难以立身。

其次，整体力量离不开个体能力的发挥。在企业安全工作的每一个班组中，即使某些个体安全素质不是很强，哪怕弱一些，但"只要团结一条心，黄土也能变成金"，"只要思想不滑坡，办法总比困难多"，大家一条心，没有克服不了的安全工作困难，没有攻克不了的安全工作难关。相反，班组成员个体安全素质虽然都很强，但如果不团结，相互扯皮搞内耗，互相推诿踢皮球，形不成安全工作合力，整体上也会变成一盘散沙。

再次，个体与整体同荣辱、共命运。团结奋进的安全生产格局，成功发展的安全工作事业，会使个体价值得到承认，形成安全生产的命运共同体。相反，彼此不负责任的内耗，只能使事业得到损失，个体的价值也无从得以体现。许多班组安全建设的经验教训反复证明，班组成员尤其是主要成员之间如果"你争面子，我争面子"，最后总会没有面子，而相互补台，则安全工作"好戏连台"。班组每位成员只要深深懂得并身体力行这个道理，才会给团结以坚实的思想基础，这样，班组才会有事业，安全才会有发展。

（2）把握矛盾主与次两个方面，班组长要做团结的模范。唯物辩证法告诉我们，在解决安全工作矛盾时，要善于抓住矛盾的主要方面，一个班组的班组长与班组成员之间，由于个人的知识、阅历、经验、性格、位置的不同，在进行安全工作时，难免会产生一些矛盾。化解矛盾，增强团结，促使班组成员形成安全生产合力，作为班组长负有更为重要的责任。

① 要当班长，不当家长。要在班组中树立平等、民主、集体观念，在讨论决定安全问题时，都要坚持民主集中制原则，虚心听取其他成员的意见，善于集中大家的智慧，在综合大家意见时，要高人一筹，不要高人一头，靠智慧、公平使人信服，不以权高、言

重使人屈服。这样，才能在班组中形成人人敢于直抒己见的局面。

② 要豁达大度，不鸡肠小肚。想安全问题，办安全事情，作安全决策，要站得高、看得远，结合企业的安全工作目标，度量要大，不要在细枝末节上争你高我低，要能容人容事，虚怀若谷，有将帅气度，这一点对班组安全管理意义重大。

③ 要当团结的黏合剂，不当矛盾的催化剂。在一个班组中，成员之间不争执，不争功，不诿过。安全生产中出现了差错，各自主动承担责任，发生矛盾后，要诚恳交谈，及时化解，多做自我批评，不能坐等他人赔礼道歉。班组是一个生产的集体，成员在一起相处要有一种亲切感、依赖感、安全感，这样就增强了安全工作的向心力和凝聚力。

（3）把握矛盾的基本属性，从团结的愿望出发，开展积极的思想斗争。同一性和斗争性是矛盾的基本属性，班组在完成企业安全生产过程中，一定是成员之间团结合作，才能取得成就，为此，必须把握好以下两个方面。

一方面，在开展安全思想斗争时必须以团结的愿望为前提。离开这个前提而热衷于斗争，只能使矛盾激化、影响和破坏团结。即使对在安全工作中有错误和缺点的人开展批评时，也要从善意出发，以诚相待，以事论事，不能以偏概全，过火偏激，伤害同志、工友的感情。

另一方面，在强调班组成员团结时，必须注重开展积极的思想斗争，反对不见原则的一团和气。开展积极的安全思想斗争，不能仅仅满足说教，还必须融入和贯穿在对班组成员多渠道的严格约束和管理监督中。这样，既能减少因个别成员的随意性引起的不协调，又能使每个成员按照自己在安全生产中的权力职责各司其职，在整个班组中形成既讲原则又讲团结，既讲纪律又讲友谊的良好风气。

总之，增强班组安全工作合力的辩证法很多，我们在进行班组安全工作时，要不断地总结，用辩证的方法、原理、理念去处理安全问题，解决安全矛盾，班组的安全生产工作就会更加完善，班组的安全发展就会顺利进行。

99 班组安全工作抓落实的三个问题

解决班组安全问题的一个重要的内容就是求真务实，抓好落实。当前，班组在实际安全工作中，确有一些班组长不愿、不敢或不会在落实上动脑筋、下功夫、负责任。他们往往以会议落实会议，以文件落实文件；布置多，检查少；一般号召多，具体指导少；浮在班组多，深入岗位少。结果，表面上热热闹闹，实际上没有成效，甚至劳民伤财，导致形式主义、官僚主义蔓延滋生。因此，班组长要确保班组的安全生产，必须转变作风，狠抓落实，深入实际，调查研究，使落实真正落在实处。

（1）愿不愿抓落实是个态度问题。所谓态度，就是能否正确对待党和国家的安全生产方针，企业的安全生产决策能不能对职工群众的利益高度负责，并把对上负责和对下负责有机地结合起来。因此，态度问题实际上是安全思想认识问题。解决不愿意抓落实的根本途径就在于要切实加强安全理论学习，强化安全宗旨观念，提高安全素质和思想认识。一是要树立正确的安全生产世界观、人生观、价值观。二是要正确处理局部与整体、班组与车间及企业的利益关系，始终把个人服从班组、班组服从车间、车间服从企业放在安全生产工作的指导位置。只求暂时的局部的利益会搞乱大局，只有维护大局和整体利益，才能较好地实现局部和大局利益的和谐统一。三是树立强烈的安全事业心和安全责任感，克服不思进取、无所事事、得过且过的无为思想、懒惰习惯，能动地抓好落实。四是要正确处理眼前利益和长远利益的关系，克服名利思想和短期行为。从一定程度上讲，保持安全生产政策执行和安全工作连续性就是抓好了落实。

（2）敢不敢抓是个魄力问题。敢抓落实，首先要求班组长首先要有敢于拍板的魄力。要弄懂安全政策、解放安全思想、开启安全观念，在大是大非问题上目光敏锐、判断准确、果断决策，绝不能瞻前顾后、贻误良机。某项安全工作既以决断，就要大胆去干，就要干好。其次要有大胆负责的魄力。遇到安全问题和矛盾，要敢于牺牲局部利益、个人利益以及眼前利益；要以大局为重、以发展为重、以稳定为重、以最广大职工群众利益为重。再次要有造势聚力的魄力。团结全班组、凝聚合力、聚集体之力攻坚必定势如破竹。聚力的魄力来自班组长的作风过硬——说到做到、雷厉风行；来自班组长的率先垂范——要你做、我先做给你看；来自班组长对局势的驾驭——力量摆布合理，好的态势大胆鼓动、因势利导、排除障碍，向既定安全生产目标积极推进。最后要有严格安全管理的魄力。没有规矩不成方圆，有令则行，有禁则止，去浊扫清。班组长要在严管中树立自己的"官威"。"官威"就是班组长的影响力、感召力和威慑力。"官威"的形成源于班组长的公正从政、依法从政和廉洁从政。

（3）会不会抓落实是个方法问题。抓落实既是一个安全工作作风问题，又是一个安全工作方法问题。"实干＋敢干＋技巧"会使落实工作加快进度、提高效率、保证质量、事半功倍。这里说的"技巧"就是方法，就是如何善于抓落实的问题。

寻找班组安全工作抓落实的方法。第一，要学会灵活运用马克思主义的辩证唯物主义方法论。唯物辩证法是科学的世界观和方法论，用联系的、发展的、辩证的观点来分析和解决安全问题是现代安全管理的思想理论武器。运用马克思主义的观点和方法，关键是安全理论联系安全实际，在实践中不断积累，最终形成班组自己的"安全方法库"，应用时信手拈来。第二，要注意研究和把握"两头"精神，找准抓落实的切入点。"两头"就是党和国家的安全生产方针政策和职工的安全生产愿望。领会"上头"安全生产精神是目的，就是要知道自己该干什么、干得目的是什么，而不至于跑偏了道，脱离了方向；了解和掌握"下头"的安全需要、安全思想动态，就是要解决怎么干的问题。只有通过深入细致的安全工作调查研究，才能把"上头"与"下头"结合起来，才能善于发现安全问题，找准安全问题，从而针对这些安全问题用创造性的方法去抓落实。第三，要用超常规的思路思考安全问题，落实安全决策。不能机械地去落实，要跳出常规思路的圈子，解放思想，创造性地运用安全政策。只要有利于企业安全生产大局，有利于广大职工，就要大胆地去谋划，具体地抓落实。第四，要依法办事，善于运用法律手段推动安全工作。在眼下"老办法不能用，新办法不会用，硬办法不敢用，轻办法不管用"的情况下，拿起法律武器是必要之举，也是安全工作抓落实的必然途径。第五，要注意抓典型，靠典型去影响和推动安全工作。典型有正面和反面之分，正面的要大张旗鼓地宣传，真正起到示范推动作用，反面的要狠狠鞭挞，使人引以为戒。第六，要注意总结经验教训，摸索形成一套行之有效的科学的安全生产管理制度，靠制度来保障落实，一级抓一级，一层管一层、分工明确、各司其职、有赏有罚、纪律严明，靠机制来激发班组全员的安全生产积极性和安全工作创造力。同时，班组长要提高自身安全素质，提高安全理论水平，要扑下身子搞调研，密切与班组成员的感情，做好日常安全工作，为抓落实打好基础。

总之，班组安全工作抓落实，是解决安全问题的必由之路，也是班组安全工作的难题。愿不愿抓落实是态度问题；敢不敢抓是魄力问题；会不会抓落实是方法问题。当破解了这个难题之后，班组的安全生产就顺理成章了。

100　增强班组安全内聚力的思考

一个班组的安全生产内聚力主要包括：政治上的向心力、事业上的凝聚力和环境上的吸引力。增强这三个力并使之形成合力，关键在于人心。

（1）政治上的向心力。政治上的向心力是指班组领导通过思想政治工作的导向作用，把人心紧紧地团结在一起，从而使领导和员工心往一处想、劲往一处使。政治上的向心力能够使员工心甘情愿地把心和班组的工作贴在一起。那么，班组长要营造班组政治上的向心力，应从何处抓起呢？

① 用小道理说明大道理。对员工只讲大道理，不讲小道理，只讲理论，不讲实际，员工不易接受，反而会认为领导者只会夸夸其谈、不办实事。反之，班组领导如能用小道理去说明大道理，往往能起到较好的效果。比如，要让员工关心班组，就要把个人与集体的关系、个人的前途和利益与集体发展的关系讲深讲透，使员工认识到"锅里有了碗里才会有""没有集体就没有个人"，如此，就能使员工从小道理中悟出大道理，从而把员工引导到热爱班组集体的轨道上来。

② 用班组领导的表率作用引导员工。班组领导的政策水平、理论水平、工作能力、思想作风和工作作风对员工有潜移默化的影响。班组领导的表率作用，不但是班组领导人格魅力的充分体现，而且对员工有着强烈的感染力和无声的号召力。

③ 用班组领导良好的职业道德赢得员工的信赖。员工道德是班组领导素质结构的重要组成部分。班组领导公平、公正、公道地为员工办事，不弄虚作假、不任人唯亲、不感情用事，员工就会信任你、支持你，就会自觉自愿地跟随你，与你一道为班组安全建设出力。

（2）事业上的凝聚力。安全生产是企业班组的一项崇高的事业。事业上的凝聚力是指班组领导通过共同安全生产事业的纽带作用，把人心紧紧地凝聚在一起，使班组领导和员工为安全生产事业同奋斗、共进取。事业的成功是每个有识之士追求的目标。物质待遇本不优厚，但是也有发展，也会对员工产生凝聚力。

① 要积极塑造班组良好的外在形象。良好的外在形象不但能在感官上给人以舒服、愉快的感觉，而且还有催人奋进的作用。因为在条件优越、令人羡慕的环境中工作，员工的自豪感和荣誉感更易不被激发。

② 积极创造班组良好的内部环境。内部环境是班组员工干事创业的舞台。创造一个良好的安全工作环境，使员工在各自的工作岗位上充分发挥自己的聪明才智，能使员工感到本职工作有干头，也就能充分调动员工的安全生产积极性。

③ 注意工作方法。班组的安全工作方法多种多样、千差万别，但善于做人的工作是班组安全生产工作的切入点，人常说"士为知己者死"。平时员工在安全工作中有了成绩，班组领导能及时给予肯定和表扬；员工在安全生产工作中有了问题，班组领导能够善意地帮助纠正和解决；员工在生活中有了困难，班组领导给予热情帮助，为其排忧解难。能做到这些，就能缩短班组领导与员工之间的距离，使员工感到班组领导可亲、可信、可敬、可靠，从而使员工的心与班组领导的心紧密地贴在一起，真正把员工的心凝聚起来。

（3）环境上的吸引力。环境上的吸引力是班组领导通过环境的物化作用，把员工紧紧地吸引在班组的周围，一个班组安全工作环境的吸引力强，就可以做到没有人可以吸引人，有了人可以凝聚人，并能达到人心稳、事业成的目的。

① 要处理好精神与物质的辩证关系。一般情况下，如果班组在政治上的向心力和事业上的凝聚力较强，物质基础短期不足时，精神可以变物质，同样可以把员工引导到班组的周围。反之，精神因素不足，但物质条件优厚，物质也同样可以在一定情况下变精神。总之，精神因素与物质因素俱全是最理想的状态；两者俱其一，也能暂时把人心稳住，两者全无，人心就会浮动。

② 处理好重点工作和一般工作的关系。劳动保护用品、生产安全装置、工艺过程的本质安全度是营造安全环境、稳定人心的大事。班组领导应想方设法认真研究加以解决。但是每人每天看起来都是生活中无关紧要的小事，但处理不好，久而久之也同样会影响人心的稳定。

③ 处理好突击性与经常性的关系。对于面宽、问题多、比较复杂而又影响比较大的安全生产工作，应集中人、财、物进行突击性解决；对于经常性、服务性的工作，应随叫随到、随时随地服务到位。因此，要用周到的服务营造环境，赢得班组成员的安宁，从而把班组成员吸引在班组周围。

一个班组的内聚力如何，关系到一个班组的人才流向和人心向背，关系到班组的安全健康发展。只有按照科学发展观重要理念的要求，与时俱进，认真抓好班组内环境建设，增强内聚力，才能稳定人心，做好班组安全生产工作，开创班组安全生产新局面。为企业转型发展、绿色发展、安全发展提供基础保障。

101 安全先进典型班组在企业安全工作中的运用

典型，从哲学意义上看，它代表一般、反映一般，又高于一般。抓典型是一种常用的、有效的工作方法。典型抓好了，就能够起到"点亮一盏灯照亮一大片"的作用。企业在安全生产工作中有了典型，企业广大员工就有了学习的榜样，就有了奋斗的目标，就有了精神的动力。班组安全工作事关班组、车间、企业整体安全的发展和建设。它涉及面广、业务量大、工作内容多、要求标准高。只有善于运用抓典型班组的安全工作方法，树立和培养班组安全建设典型，抓点带面，带动企业安全生产工作整体上水平，才能取得事半功倍的效果，促进企业转型发展、绿色发展、低碳发展、安全发展。

（1）独具慧眼，发现典型。典型犹如深埋在深山中的宝藏，需要我们去发掘；又如隐匿在河畔中的珍珠，需要我们去甄别。在企业中安全生产搞得好的典型班组很多，关键是我们能够抱着对企业安全生产事业高度负责的态度去发现典型，总结先进典型的经验。在一个大型企业集团中，班组工作千差万别，安全先进典型班组也各具特色。安全先进典型班组的产生也不是一蹴而就的，它必然经历一个逐步发展的过程，起初只是新观念、新方法、新事物、新发展的萌芽，不注意是发现不了的。发现安全先进典型班组需要投入足够的时间和精力，需要用全新的观念和眼光。近年来，山西天脊煤化工集团有限公司，在安全生产系统中、在"百日安全无事故"活动中、在"双查一整改"过程中先后成立了热动厂锅炉车间运行一班。他们十几年如一日，精心操作，使安全连运水平超过国内同类电厂的水平。合成氨厂造气车间化工一班，他们在安全生产中，认真巡检，曾先后发现 1#、3#气化炉冲压管线堵，严重影响气化炉安全运行，组织人员及时疏通，避免了事故发生。曾在现场隐患排查中发现 2♯气化炉煤锁下阀油罐掉，及时进行处理，避免了停炉事故。仪表厂维修车间气化班把安全生产当做班组的头等大事，在安全检查中发现 Y/V1802PCL 控制柜红灯亮，底板出现故障，及时汇报并更换底板，避免了全系统停车事故。曾在安全大检查中 Y/V1802spec 失电，如不及时处理又会造成全系统停车，因为这个大机组是氧压机，是给气化炉送氧气的，没有氧气，气化炉就停车，气化炉停车就意味着没有原料气。电气厂维修二车间矿粉电工班及早编制好年度检修任务书，针对年长日久电气设备老化的特点，实行重点监控、重点检修，保证了电气设备的完好率，实现了电气设备的安全运行。这些安全先进典型班组的发现，并经过他们典型经验的介绍，推动了整个公司班组安全建设的深入开展。

（2）多方扶持，培育典型。先进典型代表着新事物的发展方向，但又不可能尽善尽美，因而需要关心、帮助、扶持和引导，而不是求全责备、吹毛求疵。培育安全先进典型班组是一个复杂的、循序渐进的过程。在培育过程中，要把一般号召和个别指导结合起来，具体问题具体分析。如对热动厂锅炉车间运行一班的培育，企业十分重视对这个安全先进班组进行再教育和再提高，使他们成为真正意义上的安全先进典型，通过有效的安全教育培训、事故案例剖析、先进操作方法优化，终获正果，荣获了全国总工会颁发的"五一劳动奖状"。这个安全先进典型班组的培育，是极有说服力的典型，起到了较好的示范带动作用。

（3）广泛宣传，推广典型。树立典型的目的是为了充分发挥典型的示范带动作用。要充分发挥典型的示范带动作用，就必须推广典型，让典型走下"神坛"、走进生活、贴近员工，用典型这个"点"创造的安全生产经验指导、推动"面"上的工作。在企业安全生产工作中，企业树立了热动厂锅炉车间运行一班，通过在全公司大张旗鼓地开展向他们学习的活动，邀请公司安全监理部门、机动管理部门、生产管理部门、企业管理部门为他们把脉会诊、出谋划策、建言献策，使他们这个安全先进典型班组真正成了全公司班组安全建设的亮点，成为各班组学习的样板和目标。

总之，抓好安全先进典型班组，对全面改进企业的安全生产工作，提高企业员工的安全生产责任心有重要的推动作用，对企业在新形势下改进安全工作方法，勇于开拓创新，全面实现安全生产的目标有重要启迪。在新的形势下，企业要进一步深入实际、深入班组、深入岗位，发现新的安全问题，研究新的安全情况，抓好新的安全典型。

102 慎重对待成员的安全执行"变异"

安全工作中执行"变异"，是指班组成员在干安全工作的某项事情时，没有按照或没有完全按照要求的部署计划去做，其结果或殊途同归，或使安全决策变了味、走了样。一般在安全生产工作中，都会遇到类似的情况，但不同的是班组领导对此却有不同的认识，会采取不同的态度。那么，怎样才是正确的、恰当的处理方法呢？

（1）正确认识是前提。班组成员在执行班组安全决策的过程中发生"变异"的情况是正常的，关键是看变异的程度和结果。有些班组领导在对成员的行为缺乏分析的情况下，会一味地感到不解、烦恼，甚至大为恼火，这是因为他们对自己的安全决策缺乏应有的科学认识。班组和班组领导的安全决策并不是绝对的正确、绝对的真理、绝对的权威，必然会受到安全决策的时间、地点、环境以及决策者看待安全问题的态度、角度和分析判断安全问题的能力等主客观因素的影响。如果班组成员把班组领导的安全决策部署作为"圣旨"或不可更改的"命令"，不对具体情况具体分析、具体对待，机械地、毫不走样地执行的话，不仅不一定能够达到班组领导所希望的效果，而且可能使安全决策很难执行下去。因此，面对班组成员的执行"变异"，班组领导不必大惊小怪甚至恼羞成怒，而要冷静思考、泰然处之。当然，并非说班组成员对班组领导的安全决策可以随意更改、擅自"变异"，甚至拒不执行，必须尊重和维护班组安全决策的权威性、严肃性，在根据实际情况对班组领导安全决策做出适当变通后，要及时向班组领导汇报，争取班组领导的理解和支持。

（2）深刻分析是基础。要正确对待和处理班组成员的执行"变异"，就要对"变异"产生的原因、执行者的情况、"变异"的后果等进行深入的分析。"变异"不外乎两种情况，即主观原因引起的"变异"和客观原因引起的"变异"。前者是指执行者处于对班组领导安全决策部署的不同认识、存在的不满情绪而形成的一种主观故意的"变异"；后者是指执行者在执行过程中因遇到意外的客观原因，而不得不对班组领导的安全决策部署进行一定的更改、变通，以使安全决策部署能够顺利执行下去。从"变异"的结果看，还存在优化"变异"和错误"变异"的问题。前者是指执行者出于对安全生产的负责心理，发挥主观能动作用，具体情况具体分析、具体问题具体对待，因时因地制宜地进行的主动性、创造性安全实践，使原来的安全决策部署更加科学合理，效果更好，对这种"变异"要积极提倡、大力支持。后者则是由于执行者能力有限或因主观故意而导致执行"变异"，以致造成不良后果，对执行者的这种行为应加以制止、批评教育甚至惩戒。

（3）慎重对待是关键。成员执行"变异"问题比较复杂、敏感，尤其是故意错误的"变异"更是如此。若处理不当很容易加剧上下级之间的矛盾，危害班组安全生产工作，于人、于己、于公、于私都不利。因此，在班组成员出现执行"变异"时，首先要本着"智者千虑，必有一失"的思想和"有则改之，无则加勉"的态度，认真冷静地审视、检查自己做出的安全决策有没有不正确、不科学、不便于操作的地方，如确实有，就要从有利于班组安全工作大局出发，抛弃过分要面子、要威风的不良作风，及时做出调整，必要时应做出解释，并恰到好处地对成员的做法给予肯定和鼓励，消除成员的担心和不安，赢得成员的理解和赞同。对那些故意歪曲或变相对抗班组领导正确安全决策的行为，要给予严厉的批评甚至必要的惩处，但也要注意把握好批评处理的度，给成员留"半个面子"。要着重向成员指出那样做的错误和危害，就事论事，而不要一针见血地把成员的内心世界揭露出来，这样既能维护班组领导安全决策的权威性、严肃性，又能给成员一个改正错误、完善自我的机会。如此，只要是明白事理、有一定安全素养的成员，就会乐于承认错误、改正错误，增强自省、自重、自警、自励意识，也会对班组领导平添几分尊重与敬佩。对那些因对班组领导的安全要求理解不透、把握不准而造成的执行"变异"的处理，要分两步走：第一步是询问成员对班组领导的安全决策的理解情况，弄清楚是自己交代不清楚还是成员的理解能力出了问题；第二步是采取补救措施，把安全决策的目的要求、注意事项尽可能地讲到位，便于成员执行。需要注意的是，对因班组领导交代不清而导致的成员之间"变异"要勇于承认，不能把责任推给成员，更不能拿成员当出气筒。如果确属成员的差错，也不宜过于严厉地批评指责，把成员说的一无是处，而要态度诚恳、语言平和，先肯定其好的地方，如"安全工作积极性高""认真负责精神强"等，再指出其错在哪里、应该怎么办、不能怎么办等，绝不能一棍子把成员打蒙，使其对自己的安全工作能力、水平乃至前途丧失信心，从此一蹶不振。

（4）科学安全决策是根本。要使班组成员少发生执行"变异"问题，根本的还是要提高班组领导的安全决策水平，避免外行领导内行，避免"拍脑袋安全决策"。要切实做到四点：一是加强学习，提高自身综合安全素质；二是注重调研，全面准确地掌握安全信息；三是发扬民主，群策群力；四是实事求是，不断修正完善安全决策。班组里的和企业里的安全决策都不可能一下子就做到十全十美，尤其是那些事关企业安全发展大局和班组长远利益的重要安全决策，更要在实施过程中不断修改完善，要鼓励和支持成员发挥主观能动作用，创造性地执行班组领导的安全决策。

103 群体动力理论在班组安全管理中的应用

安全是企业生产经营的头等大事，安全对生产起着保证、支撑和推动作用。大量的事故案例分析表明，90％以上的事故发生在班组，而80％以上的事故是由于班组员工的"三违"（违章指挥、违章作业、违反劳动纪律）和设备隐患未能及时发现和消除以及人的不安全行为引起的。究其原因，主要是由于班组员工自身没有从思想深处认识到安全生产的重要性，被动地对待安全生产工作，对班组进行的安全教育活动，仍然停留在"你教我念"的传统形式上，效果十分不明显。

（1）群体动力对个体安全行为的作用。企业员工的安全行为主要是在生产过程的群体中发生的，必然会受到其所在群体的群体行为和群体动力的制约和影响。群体动力对个体的安全行为有如下的作用。

① 当个人在群体中工作或有他人在场时，个体行为效率和安全行为的程度比单独活动时高，我们把这种现象称之为：社会助长作用。

② 由于群体规范的导向作用，使其存在不安全行为的班组员工回到正确的安全行为的规范准则上来，按照行为规范进行安全生产，这种现象我们称为"安全行为标准化倾向"。在安全生产中，群体行为规范有两种：一是由组织明文规定的安全行为规范；二是非正式的，由成员在安全工作实践中自然形成的安全行为规范，多表现为不安全的行为规范，如习惯性违章操作等行为。

③ 群体压力和从众行为对班组安全管理有双重作用，利用得当可产生积极作用。在班组生产中，当群体规范与班组安全生产目标一致时，群体活动的安全状况就比个体活动强，这就是群体支持作用。但在某些情况下，如果不能辩证处理安全与生产的关系，将片面追求生产效益作为群体的主要目标，可能使群体失去"安全第一，预防为主，综合治理"的原则，这是群体支持的不利状况。

（2）群体动力理论应用实践。班组安全目标及个人的需要，不仅要通过个人努力，而且要通过群体的整体作用的发挥，才能得以满足和实现。那么，如何有效地运用群体动力理论进行班组安全生产管理呢？应从以下几个方面入手。

① 建立良好的群体安全意识。现代企业安全管理由对人的管理转变为激发人参与管理，要善于倾听员工的不同意见，鼓励群体成员参与安全决策，通过群体安全决策，真正实现员工由"要我安全"向"我要安全"的安全意识转变。通过群体内民主评议，对安全工作献计献策，提合理化建议等活动，来激励群体成员的安全意识，采取各种手段强化"安全第一，预防为主，综合治理"的思想，树立良好的安全生产群体观念。班组可利用一系列的安全活动来强化群体安全意识。如开展安全征文、安全文艺节目演出、安全宣传板报、安全生产展览走廊、编印下发事故汇编、进行事故应急演练等多种形式，对员工进行安全教育。同时定期召开员工家属座谈会，利用"互保""联保"对"三违"人员实行亲情帮教，使安全教育广播里有声、电视上有影、会议中有题。人人讲安全，人人保安全。

② 建立良好的群体规范，发挥其对群体成员的约束和激励作用。群体规范是群体所确立的行为标准，这些标准为群体中的每个成员所接受并且遵循它们。有的是正式规定的，如安全法律法规、安全规章制度、安全标准规范等，但大部分规范是自发形成、约定俗成的，如安全文化、班组风俗、班组时尚、安全舆论等。它们潜移默化地影响着群体成员的行为和人格变化的发展，对成员的行为有导向作用。群体行为是受群体规范制约的，班组应把各项安全生产规章制度以及生产现场"5S"管理结合起来，融于群体行为规范之中，使之成为群体规范的一个重要组成部分，充分发挥群体规范对群体成员的约束和激励作用。

③ 提高群体内聚力，增强群体成员的团结协作精神。根据三隅二不二的PM问卷研究发现，在运用群体动力学预防事故时，仅仅单纯开展以群体决策为中心的小群体活动是不能取得很好效果的。这是因为引进群体决策法时，具有高度成熟性的工作场所群体是至关重要的。如果工作场所群体的人际关系紧张，工作士气低、协作性差，安全小群体活动就不能发挥有效的作用。这就涉及到群体内聚力的问题。群体内聚力是实现群体功能达到群体目标的重要

条件，群体内聚力高，其成员关系融洽、团结协作，能较顺利完成组织的安全生产任务；反之，成员之间关系紧张，相互摩擦，不利于组织任务的完成。

班组安全工作是人人有责、彼此密切相关的利益共同体。只有整个群体团结协作，安全工作才能顺利展开，反之就会困难重重。如班组开展的"我不伤害自己，我不伤害他人，我不被他人伤害，我保护他人不被伤害"四不伤害活动，就明确表达了群体中各个成员之间的密切联系，没有团结协作的精神，四不伤害是不可能做到的。当前，企业班组推行的安全文化建设手段，如"三群"（群策、群力、群管）对策、班组建小家、绿色工位建设、安全标准化班组建设等，其目的就是为了增强群体的凝聚力和战斗力，一些班组把班组中的正式群体与非正式群体的安全生产作用结合起来，采取劳动优化组合的形式，把非正式群体转化为正式群体，实行"将点兵、兵择将"的自由组合，由于这些人感情、志趣相投，价值观念一致，有利于增强群体凝聚力和向心力，对班组安全生产非常有利。

④ 优化班组内部人际关系，创造良好的群体环境。人际关系影响群体内聚力以及员工的身心健康，良好的人际关系是协调安全生产及其他各项工作的重要基础，是实现安全生产、文明生产、创优生产的重要条件。通过调查发现在班组，人际关系协调、分工合作责任明确、相互关心相互帮助的生产群体很少发生事故，反之事故则频繁发生，生产任务肯定完不成。因此，在班组内部，群体与群体之间、群体各成员之间、上下级之间，应增强相互交往。促使其形成团结、友爱、互助、合作、和谐、共赢的人际关系，创造良好的群体环境。这样就能使群体成员心情舒畅地工作，顺利开展各项安全工作，减少因人际关系紧张而造成的思想压力和心理障碍，提高工作效率，防止事故发生。

⑤ 善于利用从众心理，协调群体成员的安全行为。从个人角度看，一个人只有在更多的方面与社会的主导倾向取得一致，他才能够适应其赖以生存的社会，否则他将困难重重、举步维艰。群体

成员的行为通常具有跟从群体的倾向，当他发现自己的行为与群体不相一致时，就会感到心里紧张，从而产生从众心理，促使自己与其他成员保持一致。这种从众心理的前提是实际存在的群体压力，它不同于权威命令，不具有直接的强制性，但它是群体特有的，是一种群体舆论和气氛，它对个体心理上的影响有时比权威命令还要大，很大程度上会影响着人们的安全意识和安全行为的导向。因此，在班组安全管理中，应重视群体压力和从众现象，善于利用从众心理的积极作用，如通过班前会、班后会，统一大家的安全思想，就是利用从众心理的积极作用，对群体成员的不安全行为，给予适当的压力是十分必要的，但也要避免盲目从众。

⑥ 充分发挥非正式群体的积极作用，限制其消极作用。在班组内部往往存在着非正式群体（如老乡、同学、战友、爱好相同者、亲属等）。非正式群体具有很强的凝聚力、浓厚的群体意识，自然形成的核心人物、信息沟通灵敏和群体效率高等特点。它对班组安全生产及个人的安全行为，既可起到积极作用，也可起到消极作用。关键取决于非正式群体活动能否为达成正式群体活动的安全生产目标服务。对于班组安全管理者来说，首先，要认识到非正式群体总是存在的。其次，非正式群体与正式群体之间不一定是矛盾的，处理得好有利于正式群体的建设。再次，非正式群体对人的影响是很大的，甚至超过正式群体。因此，在班组安全工作中，对其非正式群体应特别重视，正确分析其双向作用，加强与非正式群体感情上的交流与沟通，纠正其错误的行为规范，积极引导他们向安全方向发展，因势利导，把非正式群体的活动，引导到正式群体安全生产目标服务的轨道上来，充分发挥其安全生产方面的积极作用，限制其消极作用。为班组营造良好的安全文化氛围创造条件。

总之，班组成员的安全行为，主要是在生产过程的群体中发生的，员工个体的安全行为必然要受到其所在群体的群体行为和群体动力的制约和影响。班组安全管理工作要想从传统的经验型向现代的科学型转变，需要认真研究班组生产中群体对成员个人安全行为产生的各种作用，仔细分析群体动力对员工安全行为的影响，为认真落实科学发展观，促进班组安全发展探索一些有意义的方法。

104　问题管理及其在班组安全工作中的应用

问题管理就是从当前现实的问题切入，通过查找问题、解决问题、预防问题，实现螺旋式上升或跨越式发展的一种管理理念。问题管理简单地说就是对问题进行管理。这是一种最普遍、最朴实、最现实、最实用的方法论。当前在企业实行的应急管理、危机管理等都属于问题管理的范畴。对班组日常安全工作中存在的问题同样需要进行管理。在班组安全工作中要不断增强问题意识，逐步养成管理问题的习惯，如此，才能使班组安全问题不发生、少发生、不重复发生。

（1）认识安全问题：打开安全思想"开关"。班组安全工作中认识不到安全问题是安全思想问题。思想是行动的总"开关"。班组安全工作中会遇到各式各样的问题，难的易的、发现的未发现的、已预防的未预防的、自己能解决的需要别人帮助解决的，等等。这就需要对问题的特性有一个全面的了解，这样才能有效增强安全问题管理意识。

① 断臂美学——问题总是存在的。维纳斯很美，但有断臂之憾，再完美也有不足。在班组安全工作中，不要满足或沾沾自喜于已有的成绩。安全工作再完美，与员工的要求、领导的期望对比，总是有差距的。

② 链条理论——问题会因小失大。链条能够承受的拉力不是由最强的而是由最弱的环节决定的。蚁穴可以溃坝，细节决定成败。在班组安全工作中需要关注和提升的不是个人的强项，而应是自己最弱的方面。

③ 青蛙效应——问题会因小变大。沸水煮蛙，青蛙定会跳出，温水慢煮，水沸而蛙不觉。班组安全工作中遇到的问题往往在我们浑然不觉中膨胀，由量变到质变。蔡桓工有疾，扁鹊三次提醒，他都置之不理，最后病人膏肓，无医能治。历史的经验值得注意，前

车之鉴是后事之师。

④ 破窗理论——问题会由少变多。环境可以产生强烈的暗示和诱导作用。一个人打碎一块玻璃，若得不到及时制止和修补，就会有更多块玻璃被打碎。在班组安全工作中，安全问题也有马太效应，若不及时解决，将会接二连三出现安全问题，使我们顾此失彼、应接不暇。

⑤ 门窗定律——办法总比问题多。即使上帝关上了所有的门，也会为你留一扇窗。在班组安全工作中，当安全问题产生的时候，也就同时产生了解决问题的办法。"只要思想不滑坡，办法总比问题多"，只要我们用心去发现，用心去思考，就容易找到解决安全问题的有效方法。

（2）发现安全问题：练就一双"慧眼"。看不出问题是最大的问题。在班组安全工作中缺乏的往往不是解决问题的方法，而是发现问题的慧眼。看不到的问题一般不外乎两种，一种是被忽略的，另一种是潜在的。因此，要发现安全问题，就必须练就一双"慧眼"，既要看到安全问题，又要看透安全问题。

① 提高敏锐性，看到容易被忽略的安全问题。这是对班组每位员工安全素质的要求。要看到安全问题，需做到"三强"：一是上进心要强。只有追求上进，才能不断自我加压，才能高标准、严要求，永不满足。二是责任心要强。不漂浮不虚夸，认真负责，才能正视差距，发现不足。三是自尊心要强。唯有自尊，对自身的不足才不会司空见惯、麻木不仁，才不会把批评当耳旁风，把标准要求当儿戏。

② 提高洞察力，找到潜在的安全问题。这是对班组每位员工的安全专业素质的要求。潜在的安全问题就是潜在的隐患，必须不断强化安全业务技能，增强安全工作的预见性和前瞻性，以便尽早发现安全问题。一是注意分析。可采取以下几种方法：观察法，随时随地留心，望闻问切，小中见大；计算法，数据分析，打分评估，模拟量化，做到心中有数；比较法，对照安全标准，明确差距；期望法，列出安全问题，找出工作困难。二是精于查找。细化

安全工作，明确安全标准，自我反思，早列标准晚查不足，日日找；盯着安全问题多发区，高度戒备，预见苗头，全程跟踪，重点找；敏感敏锐，小题大做，听风是雨，随时找；举一反三，由一点想一面，由一个想一串，同类找；今天的安全问题从昨天找起，下游的安全问题从上游找起；外部的安全问题从内部找起，工作的安全问题从自身找起，由表及里，系统找。三是善于用几种方法。比照法，可采用照镜法，以他人为镜，倾听意见；建议法，围绕一事一物，多方征询意见；对比法，让他人来做，找出差异；反思法，对照领导批评和要求，反思安全问题和不足。

（3）解决安全问题：找到过河的桥和船。解决不了安全问题是素质问题，方法比努力更重要。对于已经发现或面临的安全问题，关键是要有解决的思路和方法。

① 区分三类安全问题。班组安全工作中所遇到的安全问题无非有这么三种。一是曾经遇到过，当前又重复发生的老安全问题。老的解决方法当然还要用，但要与积累的安全经验和教训结合，与当前的形势变化结合，使老方法扬长避短。二是自己未曾遇到过但别人遇到过的安全问题。对这类安全问题，要善于拿别人的方法来用，但要结合实际，可模仿、学习、借鉴他人或书本中的方法来解决安全问题。三是自己未遇到过又无从借鉴的新问题。由于缺少先例，更富有挑战性，更需要想象力和创造力。对这类安全问题要深入分析，采用循环策略。经过反复尝试，逐步形成一些解决方法，并择优实施。

② 把握四对关系。俗话说"千难万难，方法对头就不难"。班组安全工作方法要对头必须注意四对关系。一是轻与重的关系。轻与重，也就是重点与非重点的关系。班组安全工作既要突出重点，重点工作重点抓，又要照顾非重点，不忽视非重点。非重点要服从重点的需要，解决重点安全问题也要有利于非重点安全问题的解决。二是缓与急的关系。缓与急，不仅指安全问题的态势，而且指处理安全问题时应有的态度和速度。急是缓的不良积累，是因缓而生的；缓是急的延伸，是应急的暂时结果。要把着重点放在"急"

字上，先求急变缓，成功应急，再求满意善后，纳入常规。三是紧与松的关系。班组安全工作中，不能因强调一件事的紧迫性而牺牲另一件事的重要性。要着眼于重要性，着手于紧迫性。紧急又重要的优先、紧急不重要的次之、不紧急重要的随后、不紧急又不重要的最后。换言之，紧迫性在一定意义上是非常要紧的，在时间要求上是首先要解决的。四是繁与简的关系。班组安全工作中繁与简是辩证统一的。繁杂的安全问题要分解成一个个小安全问题，细化成小项目，才有地方下手，解决起来才有效；简单的安全问题要考虑精细和周全一点，才能避免失去与遗漏。磨刀不误砍柴工，有备而来，复杂安全问题也会变得简单。坐等安全问题上门，被动应付，左支右绌，简单的安全问题也会复杂化。

③ 坚持五个步骤。在班组安全工作中，无论是老问题还是新问题，解决问题的过程都必须依照一定的步骤和程序。一是确认问题。了解安全问题的影响、发展阶段等特性，明确其是否属于安全问题。二是分析问题。收集安全问题方方面面的信息，查找安全问题的成因及其影响因素，为解决安全问题积累素材依据。三是制定多个解决方法。特别是对新的安全问题，要综合各方面因素，提出多个解决方案。四是评估选择方案。对已提交的各种解决安全问题的方式方法要进行比较，优中选优。五是实施中及时修正。在解决安全问题过程中，要根据安全问题的变化及解决效果跟踪完善解决方法。

（4）预防安全问题：从"亡羊补牢"到"曲突徙薪"。在班组安全工作中，安全问题重复出现是作风问题。解决安全问题的最好方法是不让问题发生。为防患于未然，避免"丢羊"，我们可以在羊有可能逃离篱笆前就将篱笆扎牢，或在羊逃离篱笆时将羊赶回篱笆，甚至在羊逃离篱笆之后，将已松动的篱笆扎紧，不让其他羊逃出篱笆。除"亡羊补牢"外，还有一句成语是"曲突徙薪"，说的是一家厨房上的烟囱是直的，旁边又有木材。有人提醒主人把烟囱改成弯曲的，移走木材，主人不以为然，结果真的发生了火灾。后人常用"曲突徙薪"比喻预先采取措施，防止祸患发生。这就告诉我们，要变被动解决安全问题为主动预防安全问题。

①　事前预防、居安思危、做好预案。如果烟囱安装有明确的作业指导书，建造时按照标准将其做成弯的，让没有燃尽熄灭的星星之火飞不出烟囱，这样肯定能避免后来的火灾。凡事预则立，不预则废。班组在进行任何安全工作前都要做好详尽的预案，预见并采取措施，防范问题的发生。日常安全工作中的标准化作业及应急预案等是未雨绸缪的具体体现，这是班组安全问题管理的有效途径和最高层次。

②　事中控制、关口前移、分级预警。如果听人建议，将烟囱改成弯的，再搬走柴草，同样可以避免火灾。尽早发现潜在的危险，堵住可能溃堤的"蚁穴"，防止其由小变大，将安全问题解决在初期，是班组解决安全问题的一个捷径。如对于产品的安全问题，如果在生产前发现，损失 1 万元；而在生产过程中发现，则会损失 10 万元；在投放市场后才发现，则会损失 100 万元。随着安全问题发现时间的拖延，损失是在成几何倍数增长。因此，班组安全工作必须防微杜渐，由一点想一串，对安全问题前建立预警机制，防止安全问题变大升级，努力将安全问题解决在萌芽状态。

③　事后回馈、查缺补漏、举一反三。在"曲突徙薪"的故事中，还说到火灾后主人专门设宴感谢救火的邻居，却没有请当初提醒他的人。其实更应该做的是总结火灾的教训：为什么不把烟囱做成弯的？为什么不把柴草移走？为什么听不进建议？其实在班组安全工作中对任何安全问题，当事人事后不仅应举一反三，总结经验和不足，标注注意事项，而且听闻者也应把别人的安全问题当成自己的安全问题来对待，进行认真总结。这样才能真正从中得到提高和借鉴。唯有如此，才能用解决安全问题的经验和教训指导今后的安全工作，使班组安全工作方法得到不断完善和提高，才能在应急预案中防范类似安全问题，且当类似安全问题出现时，才能有正确的应对策略。

第三章 班组安全生产激励

班组安全生产激励的首要源泉是安全工作目标，前提是告诉员工要做什么以及需要做出多大的努力。在制定班组安全工作目标时，恰当的目标是有诱惑力的，最好是"跳起来能摘到桃子"。也就是说，班组安全工作目标的难度要合理，虽然现代企业员工喜欢接受挑战，但由于严重超越自己的能力和客观环境条件的限制，完成目标的概率较低。

通过班组安全生产激励的方法，起到鼓舞士气，提升信心，达到安全期望值的作用。班组安全生产激励是个理论性和实践性都比较强的领导科学过程。激励有正激励和负激励。不管使用哪种激励方法，其目的是一样的，都是为了把班组的安全生产搞好，都是为了凝聚班组员工的安全工作激情，最终达到安全生产。

本章给出了 12 个方法，其目的是供班组领导在安全工作中参考，并在运用中不断完善，开创班组安全生产激励的新理论、新方法，见到新成效。

敬请注意：

(1) 班组长善于用安全责任激励是对人的最大激励。

(2) 运用安全奖励时应把握的"四性"对安全工作大为有利。

(3) 学会运用"负激励"是激励的一种好方法。

(4) 感情激励在班组安全管理中的作用是无可估量的。

(5) 信任是最大的安全激励，也是较好的安全激励方法。

(6) 善用不花钱的安全激励既经济又实用。

(7) 对员工进行有效安全激励的原则、形式和技巧，能使安全激励更具作用。

(8) 让班组的"闲人""动"起来，这也是安全激励的作用。

105 班组长要善于用安全责任激励

在班组安全工作中使用的激励方法很多，然而就保证安全生产目标的实现而言，安全责任激励更能激发班组成员的安全工作热情。班组长在赋予成员的安全责任，检查成员安全责任落实和追究成员安全责任的过程中，如果方法恰当，会产生意想不到的安全激励效果。

（1）善于赋予安全责任。实施安全责任激励的起点是赋予成员安全责任。把安全生产责任交给谁？何时给？怎样给？这三个层面，层层都有激励点。

① 明确安全责任的具体事项，认真说清安全责任。在班组中，每一个岗位的安全责任都是具体的。作为班组长，在赋予下属安全责任的时候，一定要说清责任。许多班组长在这个工作层面上存在认识误区，以为下属应该知道安全责任内容而不去强调。由此，既造成下属安全责任界限不清，也使授予和接受安全责任的过程显得轻描淡写，缺乏庄重感，从而使安全激励效果大大减弱。班组安全责任包含两个层次，并由此产生相应的激励点：第一，把下属分内应做的安全工作尽可能地说清说细。表述这些具体安全责任要求时，一定要伴之以对下属具体安全工作能力的肯定，这样会增添下属履行安全责任的自信，从而使其鼓足安全工作勇气。第二，要说明下属做不到应做之事时所要承担的过失责任和对其追究的形式。这些会给下属一定的压力，使其产生相应安全责任的危机意识，从而增强自己的安全工作责任感。

② 激发责任人的安全工作上进心，适当提升安全责任。如果说赋予安全责任和说清安全责任能对下属产生较高激励作用的话，那么班组长在交待安全责任的过程中善于运用语言艺术，适当地提升安全责任，则会增强安全激励效果，这也是衡量班组长是否善于运用安全责任激励的重要标准。第一，从谈话语气上提升责任，即放慢说话的速度，语气要气平生沉，以增加说话的严肃性，使对方

感受到你言之重要，从而认真掂量其所担责任之分量。第二，从理性分析上提升安全责任，即深刻阐述下属所负安全责任对全局的影响，对班组发展的作用和意义，让下属产生被信任和被器重之感。信任是对人的价值的一种肯定，信任也是一种奖赏。下属在受到安全工作信任后，便会产生荣誉感、激发责任感、增强事业感，从而激发更大的安全工作积极性。

（2）善于检查安全责任。赋予下属安全责任之后，要有步骤、有目的地检查安全责任的执行情况，使检查的过程成为再次安全激发的过程。主要应从以下三个角度对下属进行安全激励。

① 到岗之前要态度。在下属执行安全生产任务之前，作为班组长必须要求下属对其所负安全工作的责任作明确表态，并对表态的内容作如下的引导：你愿不愿意承担这个安全任务？为什么愿意？你所负的这个安全工作责任的意义是什么？你准备如何负好这个安全责任？通过这种面对面的表态，对班组长而言，一方面可以了解下属对安全责任的理解程度，承担该安全责任的真实态度，基本的安全工作部署和思路，如发现有不当之处，可以及时作进一步的引导（激励），使之走上正确的轨道；另一方面为班组长将来检查下属的安全责任执行情况做了一定的思想准备。对下属而言，表态本身就是一种安全承诺，更是一种誓言。言必信，行必果。这种安全承诺和誓言对责任者是一种巨大的安全自我激励，而下属的这种积极的姿态，就使他有更大的可能点燃执行好安全工作任务之初那三把火。

② 岗位之中要进度。在下属进入安全责任状态之后，班组长要告诉其安全责任检查的日期和安全责任检查的内容，并如期及时地对下属进行安全责任执行情况的检查。"岗位之中要进度"的检查，对下属而言具有两个安全激励作用：一是产生超前压力，当下属以一种随时接受检查的心态进行安全工作时，紧迫感和责任感会使其时时处于激奋的状态，奇迹有可能就在这种激奋的状态下产生；二是阶段性检查的结果都将使安全责任人因压力而加倍努力，扭转不利局面，若检查结果优良，则会使责任人深受鼓舞而使安全

工作更上一层楼。

③ 出现问题要稳住。阶段性地检查下属安全工作进度的过程也是帮助下属发现安全问题、解决安全问题的过程。因此，一旦检查出下属在岗位中存在安全问题，除非渎职，一般不要急于追究责任，应本着引导的原则，耐心地帮助下属找出存在安全问题的原因和解决安全问题的办法。这样会给下属带来两种安全激励：第一，榜样激励。班组长严谨的安全工作态度对下属是一种震撼，也是一种感召。这会让他们感到在这样的班组长手下工作，只有实打实地干，别无选择。第二，关怀激励。班组长对下属最大的关怀就是安全工作上的支持，这种支持所带来的激励远远超过其他的关怀。当班组长帮助下属解决安全问题时，会使下属在体会到关怀和温暖的同时，产生强烈的惭愧感，由此激发下属产生"不干出个样子无颜面对江东父老"的决心，从而焕发出高昂的安全工作热情。

（3）善于追究安全责任。不论是什么原因，只要下属没有如期完成其分内应做的安全工作，就要追究其安全责任。既是追究安全责任，就免不了有各种形式的安全惩罚。因此，这个工作环节最容易出问题，稍不注意就会使下属的安全生产积极性受挫。而作为班组长，面对下属时的核心工作就是激发他们的安全生产积极性，即使是追究下属的安全责任，也不能忽略激励这个主题，因为追究安全责任不是目的。这就需要班组长根据安全责任的大小，在分析造成履行安全责任不力原因的基础上，采取不同的追究形式，以保证被追究的下属少受一点挫折，多得一分鼓励。

① 是非曲直账上看——名追究。对于由于安全工作态度不端正造成履行安全责任不力，或造成的损失较大的责任人应采取名追究的方法，即在公开场合"清算"其失职所应承担的种种责任，宣布惩处的结果。此举的目的与其说是在警示该下属，倒不如说是为了告诫别人。班组长这种在大是大非面前的原则性，对在场的每一个人都是一种激励。需要注意的是，开诚布公的惩处必须要有理有据，使失职的下属和听众心服口服，以达到教育的目的。

② 曲径通幽心里明——暗追究。对于态度端正、工作努力，

但是由于受本人的能力限制，或由于种种客观原因而没能很好地履行安全责任的下属，适合采用暗追究，即让其本人在明白失职程度的前提下体面的下岗。比如，或把其调到更适合的岗位，或引导其自动辞职，或采用竞聘上岗等办法，使之离开这个岗位，由新人取而代之。这样的暗追究，会使下属在人前保留一份自尊，也多了许多重新振作的机会。班组长的这番苦心，足以令其受到感动和鼓舞，这种积极的心理体验，必将使其在今后的安全生产工作中更加努力。

③ 主动担责做表率——自追究。首先，不论下属不能履行安全职责的原因是什么，只要下属失职，班组长作为其上级领导，都要主动承担责任。这不仅仅是一种姿态，因为任何下属的安全工作失职，都有班组长用人不当、检查不严、监督不力的原因。因此，班组长进行安全责任自究是情理之中的事。其次，要在尽可能多的场合表达自责之心，尤其对失职的下属，要说"这里有我的责任"。面对主动分担自己安全责任的班组长，下属会感到一种安慰。另外，敢于承担属于自己的安全责任，是班组长人格完善的体现，班组长的这一优秀品质在此时起到了示范作用。因此，对于有安全工作过失的下属，班组长的安全责任自究是启发下属承认错误和承担责任的有效途径，也是帮助其发扬成绩、纠正错误、以利再战的有力武器，无疑会激励下属主动承担安全责任，弥补过失。

106 运用安全奖励时应把握的"四性"

现代安全管理学的一个核心问题就是如何最大限度地调动人的主观能动性，激发人的安全创造性，使人自觉自愿、心情舒畅地工作，这就需要激励。在班组的实际安全工作中，激励的方法很多，奖励只是其中最重要的方法之一，运用得好就会受益无穷，反之，就会产生副作用。笔者认为，运用安全奖励时，应把握"四性"。

（1）安全奖励的目的性。安全奖励的目的是发挥激励效能，而要使其真正发挥效能，至少需要具备三个条件。①奖励主体——班组的安全奖励方向，应该是为了使安全奖励客体做出更大贡献。②班组长能真正了解奖励的客体——班组成员的愿望，应该奖其所需。这是因为人的安全行为是基于安全动机而表现的，而班组成员个人的愿望与需要，也就是其行为动机。如班组长所采取的安全奖励措施能满足成员的愿望与需要，则表示成员的安全行为已达到目的，如此可激发成员产生更多层次的需要，在安全行为上表现为向班组提供更多的贡献，在安全工作上表现为获得更大的绩效。③班组成员受安全奖励的条件——当奖则奖。为激励而发奖不可取，安全奖励的动因应是安全工作成绩——突出的安全成绩。促进先进更先进、鞭策后进变先进，这才是安全奖励的目的。

(2) 安全奖励的适时性。安全奖励应当讲求时效性。目前西方兴起的"一分钟赞美法"，就是班组长经常用不长的时间赞美成员工作中的闪光点。这种适时奖励至少有两个好处：一是当事人的安全行为受到肯定后，有利于他继续重复班组长所希望出现的安全行为；二是使班组其他人看到，只要按安全规章制度要求去做，就可以立刻受到安全奖励，说明安全制度和班组长是值得信赖的，因而大家就会争相努力，以获得肯定性安全奖励。适时安全奖励不仅可以发挥激励的成效，还可以增加班组成员对安全奖励的重视程度。尤其是后进人员或正处于转变中的人员，他们有安全工作成绩时非常渴望班组长给予肯定。相反，过早或迟到的安全奖励，不仅会失去激励的意义，还会使成员感到奖励的莫名其妙，造成人们情绪低落、安全工作兴趣减弱等现象。

(3) 安全奖励的灵活性。心理学家发现下属之间不但有个性差异，且差异甚大。因此，每个成员的愿望与需要不完全相同。所以对成员的安全奖励方式也要灵活运用，因人而异，不可千篇一律，千人一面。当不同的成员取得同样良好的安全工作成绩时，为达到激励的目的，对其采用的安全奖励的方式不应完全相同。比如，对重视物质方面需要的成员可以给予物质的安全奖励。美国微软公司之所以能留住人才，就是因为老板比尔·盖茨给员工戴上了"金手铐"；对物质生活已获得适度满足的下属，可以给予精神奖励，对安全工作成绩优异者给予晋职、授予权力，使其为班组做出更大的贡献；对工作欲望强的成员，可让其参与安全工作计划的制定，满足其参与感。此外，在市场经济和知识经济条件下，安全培训也可以作为一种有效的奖励方式，因为安全培训是给予员工的最大福利。成员的愿望与需要有时并非只有单纯的一种，而可能同时存有两种以上的愿望与需要，遇此情形，也可以选用两种以上的奖励方式，如精神奖励与物质奖励相结合。

（4）安全奖励的弱化性。奖励效应的弱化是指安全奖励的实施并未达到应有的目的。实际班组安全工作中安全奖励效应弱化的原因很多，如安全奖励不公，导致受奖者愧疚，未受奖者不满；一奖了之，导致被奖者受奖后处于茫然状态，找不到新的安全工作努力目标，以长掩短，安全奖励评价的绝对化导致被奖者忘乎所以，以为自己真的高人一筹，而产生骄傲自满情绪等。班组长要客观地看待先进者的长处和不足，对其长处要积极肯定，并帮助其找出长处形成的原因，使其长处在理性的基础上进一步发扬光大；同时也要指出其缺点，帮其克服。如果为了保先进，对先进者有错误不指出，甚至遮遮掩掩，就会使先进者在过多的奖励面前飘飘然，造成先进者与成员之间的隔阂，失去榜样的吸引力。

总之，安全奖励是一门艺术，需要班组长尊重成员的愿望和需要，灵活运用各种安全激励手段来刺激并引发成员好的安全行为，并促其该行为以积极的状态表现出来，才能强化成员的主观能动性，推动成员的安全行为朝着有利于班组安全目标实现的方向前进，从而改造世界、创造世界，也改造人、创造人，促进人与社会的共同进步，促进人与班组的健康发展。

107 学会运用"负激励"

班组安全生产中，班组长的领导活动是引导和影响班组成员实现安全生产目标的过程。在这一过程中，班组长需要通过激发、鼓励等手段调动班组成员的安全生产积极性、主动性和创造性。但是，班组长仅仅会使用表扬、肯定、提拔、奖励等"正激励"是不够的，还要学会运用惩罚、批评，让成员感到危机、忧虑等"负激励"手段，以此作为"正激励"的有效补充，达到激发下属安全潜能，调动成员安全生产积极性、主动性和创造性的目的。

安全激励是班组长走向成功的钥匙，是调动成员安全生产积极性不可缺少的手段。"正激励"是一种非常有效的激励手段，但也不可避免地存在着一些局限性。我们常常可以看到这样几种情况：一个人在班组经常受到安全工作表扬，得到安全工作奖励，但这种表扬和激励对他已是一种负担，丝毫唤不起他加倍努力工作的热情；一个企业经济效益很好，员工每月都有数目可观的奖金，福利待遇令其他单位眼红，但该企业的员工却不以为然，工作照样拖拖拉拉、疲疲沓沓，甚至还经常为奖金增加不大而闹情绪；有些班组长上任后第一年看，第二年干，第三年就跑着要提拔，晚提拔几天就要说怪话、使性子，甚至撂挑子，好像企业亏待了他。为什么会出现这种情况呢？就是使用的激励的方法不对，使表扬、奖励等激励手段贬值，成为一种必然的行为，失去了应有的激发、鼓励的效力和作用。

要解决激励贬值失效的问题，就要改变激励的方式和方法，特别是在班组安全生产过程中，要善于运用"负激励"。要通过实行"负激励"激发、调动班组成员的安全工作热情，达到"正激励"所不能达到的效果。

（1）改变激励的方式、方法和手段，运用"负激励"的方法寻找新的"激励点"。运用"负激励"的方法，能寻找到新的安全工作"激励点"。因为一个人在安全生产工作中反复受表扬、得奖励，这表扬、奖励对他而言将逐渐失效，慢慢失去其激励作用。而班组其他成员因长期受不到安全生产表扬、奖励，也会逐渐失去奋斗热情，致使很难发挥其安全生产积极性、主动性和创造性。在这种情况下，不妨转而对其他安全生产工作优秀者、表现突出者实施表扬和奖励激励，使老先进受到一定程度的刺激，促使其看到自身存在的差距，唤起新的安全生产工作热情，确立新的安全奋斗目标，把成绩当成新的起跑线。对老安全先进的"负激励"，自然成为对班组其他成员的"正激励"，对调动班组广大成员的安全生产积极性有着不可低估的作用。

（2）激励必须有针对性、有的放矢，避免"通货膨胀"式的激励。"通货膨胀"式的安全激励，只能是廉价的，非贬值不可。这种安全激励方式一开始应该是有效的，但随着时间的推移，大家把这种高工资、奖金、福利，看成是人人都应当享受也必须享受的一种待遇，并且这种待遇必须不断提高。如果哪一年不提高或提高幅度不大，就会招来班组成员的不满、埋怨、非议，其至会造成消极怠工。这种方式滥用了安全激励，在不知不觉中使安全激励贬值，使安全激励失去其应有的效用，陷入了安全激励的误区。在这种情况下，可尝试实行"负激励"，或者让一部分在安全生产中表现好的成员奖金、福利提高，另一部分表现差的相应降低；或者大部分人福利待遇不变，只提高一少部分在安全生产中有突出贡献者的奖金、福利；或者实行末位淘汰制，让那些消极怠工者尝尝失去"金饭碗"的味道，不仅提高不了奖金、福利，连现有的他自己不满足、实则丰厚的待遇也可能丧失掉。这种"负激励"方式，可有效解决安全激励"通货膨胀"所带来的激励"贬值"问题，不用更多的投入，即可达到"正激励"所达不到的效果。

（3）"负激励"的运用关键是把握好度，把"正激励"和"负激励"有机结合起来。班组长上任后第一年看，第二年干，第三年跑提拔，这种情况可以说是目前班组安全工作中较为普遍的问题。之所以会出现这一问题，是因为企业人事制度，特别是考核制度、任免制度还存在某些弊端，或者是管理者没有正确把握激励这根魔杖。干了三年班组长，没有提拔，个人就发牢骚、提意见。五年不提拔，上上下下都鸣不平，"干了那么多年了，该提一提了，轮也轮到了"，这就把晋升不适当地演变成为一种待遇、一种激励。不给这种晋升、这种激励，本人不满、下级不平、上级不安。但是，如果引用"负激励"手段，情况可能会截然相反。如对班组长任职后的安全工作目标、安全工作实绩、安全工作态度每年实行严格考核，看其是否真正做到"为官一任，造福一方"，为班组留下了可圈可点的、实实在在的政绩。表现特别好的提拔，完成工作目标的留任，不胜任的就地免职。这样一来，就把导向放在了干好现在从事的工作上，放在了"为官一任，造福一方"上，让班组长们意识到干得不出色不仅不能提拔，而且也难逃下台的命运，这就是"负激励"的魔力。

108 感情激励在班组安全管理中的作用

马克思曾经说过："人的素质并不是单个人固有的抽象物。在其现实性上，它是一切社会关系的总和。"班组员工作为一个社会人，不仅有物质上的需求，更需要感情上的交流、关心和尊重。那种忽视人的社会属性，主张"有钱能使鬼推磨"，只讲物质激励或经济处罚，忽视精神作用的安全管理方法，实践证明是不可取的。它不仅会造成"一切向钱看"的拜金主义泛滥，导致"钱多多干、钱少少干、没钱不干"的消极后果，同时还会淡化班组成员的主人翁意识，削弱班组安全生产的向心力和凝聚力。从某种意义上说，情感纽带是维护班组内部团结一致的最重要的纽带。班组成员之间、上下级之间，只有具备共同的情感基础，才会形成共同的安全生产目标、共同的安全工作信念和统一的安全作业行动。

（1）要在班组内部形成团结和谐的人际关系和群体意识。首先，要注意发扬民主、平等待人。要尊重员工的人格、维护员工的合法权益、倾听员工的意见和呼声、尊重员工的首创精神，绝不能高高在上、唯我独尊、不讲民主，对员工动辄训斥。其次，处事要客观、公平、公正。特别是在分配问题上，要坚持"效率优先，兼顾公平"的原则，让那些安全思想作风好、安全技术水平高、对企业及班组贡献大的人得到较高的报酬，发挥榜样的激励作用。同时，对那些一时有困难的员工给予精神上的关怀和物质上的帮助，使他们感到企业、班组的温暖。再次，作为班组的领导者和管理者，要真心实意地为员工办好事、办实事，关心员工的衣食住行，在发展企业的同时，努力改善班组安全工作环境，减少和杜绝事故的发生。

（2）要把提高人的安全素质作为企业和班组安全发展的首要条件。要想取得好的经济效益，在激烈的市场竞争中取胜，关键在于消灭各类事故，消灭事故取决于员工队伍整体安全素质的提高。一个成功的班组不仅要重视少数高、精、尖安全人才，更要着眼于大多数普通员工，要为他们的全面发展提供良好的环境，创造必要的条件，使每一个员工都能成为具有较高的安全道德修养，掌握一定的安全技能，并创造性地进行安全工作的人。对待班组员工，特别是大多数普通员工，不能仅仅把他们当做劳动力来使用，更应把他们当做独立人格的社会人来看待。作为班组长，既要研究安全生产的规律，要运用各种方式对员工进行安全思想教育，增强他们的安全生产责任感和主体意识，使员工充分认识到自己在班组安全生产中的地位、作用、责任和利益，形成共同的安全价值观，并自觉地为实现班组安全生产目标而奋斗，使班组与员工形成休戚相关的安全利益共同体。

当今的社会已进入信息和知识经济时代，科学技术飞速发展，知识更新的速度越来越快。一个班组，只有不断地对员工进行安全技术业务培训，使员工的安全文化素质、安全技术能力、安全科学水平不断跟上时代的发展，始终站在安全科学技术的前沿，才能充满生机和活力，在激烈的市场竞争中长盛不衰。同时，对班组的员工而言，如果不注重安全学习，就可能被社会淘汰。因此，班组要把对员工的安全培训作为安全管理的重要内容，作为对员工的最大福利，为员工的全面发展创造良好的条件，使他们在完成本职安全生产工作的同时，实现个人的人生价值。

（3）要重视员工参与安全管理的作用，激发员工的主人翁意识。在深化企业改革的过程中，班组长更应进一步重视员工参与安全管理的作用，拓宽员工参与安全管理的渠道。应当看到，员工在班组中虽然分工不同，但都是班组这个大家庭中的一员。员工对班组安全管理参与得越深，主人翁意识就越强，与实现整体安全生产目标的要求也就越趋于一致，也就越能形成安全工作的凝聚力和向心力。

　　企业在深化改革、转型发展、安全发展的过程中，创造了许多员工参与安全管理的好形式，其中职工代表大会制度就是落实员工参与民主管理的主渠道。通过企业厂长（经理）定期向职代会报告工作，让员工及时了解企业生产经营状况、安全生产状况；重大问题包括重大安全问题提交职代会讨论，广泛征求员工群众意见；落实员工的知情权、建议权、监督权和决策权，维护员工的合法权益。使员工真正感受到自己在企业中的地位和作用，与企业形成了"厂兴我荣，厂衰我耻"的命运共同体。

　　总之，把感情激励运用到班组安全管理中，使班组内部形成团结和谐的人际关系，把提高人的安全素质作为班组安全发展的首要条件，使班组每个员工增强安全生产责任感，把员工参与安全管理的作用渗透到班组各项安全生产任务中，使班组形成了安全工作命运共同体。这样，感情激励就收到了事半功倍的成效。

109　信任是最大的安全激励

　　在企业一个生产班组中，对班组成员而言，没有比得到班组长的信任更让自己感到欣慰和鼓舞的了。班组长对成员的信任所产生的激励作用是其他任何方式所不能代替的。一般来说，班组长在正常情况下信任成员不难做到，问题是在一些特殊情况下，如重大安全操作、重大安全检修时，有些班组长就可能会犹豫，会不那么坚定了。然而，恰恰此时班组长对成员的充分信任更有意义、更难能可贵。

　　（1）对班组的新成员敢于充分信任。班组长对自己比较熟悉的成员给予安全工作信任是情理中的事，但是，对于新成员因了解不深而很难给予充分的信任，更不敢把重要安全生产工作任务交给他们去做。其实，如果班组长有胆识，从一开始就给新成员出乎意料的信任，则可能产生神奇的安全激发力量，会把对方的安全工作积极性充分调动起来。当班组长对新成员高度信任，把重要安全生产任务交给他们时，新成员会因得到意外的器重而产生知遇之恩，必然越发靠近班组，更加爱岗敬业，加倍努力工作，发挥出自己在安全作业中的聪明才智和创造性，把安全生产工作搞得出类拔萃。

（2）对出现失误的成员仍然不失信任。在班组中，对做出安全成绩的成员给予信任是顺理成章的事情，但对出现过安全工作失误的成员再给予信任就不那么容易了。然而，在这种情况下，班组长对成员不失信任却有着特殊的意义和作用。如果一有失误，班组长就责怪成员，对他们失去信任，则对他们的打击就会很大，并且也显得班组长过于武断，并很可能因此失去人心、失去人才。明智的班组长面对这种情况往往会表现得十分理智。他们不是首先追究成员的责任，而是分析造成失误的主、客观原因。如果是客观原因导致失误，那么就应当继续给予有过失的成员信任；如果是主管原因导致失误，也要加以分析和区别，看是属于安全工作作风不深入，安全决策判断失误，还是安全思想品德问题所致。也就是说，要分清主次、弄清原因，然后再做出恰当处理。只要不是品质问题、失职渎职，就不应对成员失去信心，要允许成员犯错误，并给他们改正错误的机会。这样，成员必将理解班组长的用心，并进行深刻反思，吸取教训，更快地成熟、成长起来。

（3）当成员与自己意见相左时照样给予信任。在班组安全工作中，当成员与班组长意见完全一致时，班组长会表现出高度信任。然而，在某些安全问题上，成员可能有自己的看法，与班组长的意见不一致甚至分歧很大。这时，班组长对成员的信任就面临着考验。有些班组长心胸狭窄、唯我独尊，不允许成员与自己意见不一致，否则就认为他们有二心，就不再信任他们了。显然，这种态度是错误的。其实，成员与班组长意见不一致，并不一定是坏事。当班组长意见不正确时，成员敢于提出来，这是一种积极态度，说明成员是正直的、有独到见解的，班组长应该赏识他们、重用他们。成员对安全生产工作职权范围内的情况比班组长更熟悉，可能会提出一些与班组长不一样的意见或主张，这时，班组长不要轻易否定，最好让成员申诉理由，并听取多方面的意见，对于有安全促进创新意义的意见，应给予支持。总之，只要成员是出于公心，即使意见与自己的不一致，也要信任他们。这样处理不同意见，说明班组长有胸怀、有气度，也因此能赢得更多成员的敬重。

（4）当成员遭遇风言风语时依然给予信任。班组中有时可能有涉及成员工作和作风问题的风言风语，对此，班组长应引起重视。但不能听风就是雨，怀疑成员的为人和能力。一般来说，导致风言风语有两种情况。一是成员真有问题。对此，班组长要认真调查，设法查实，但在取得真凭实据之前，依然要给予信任。二是成员因安全工作方法不当得罪了人，或因安全工作出色而被嫉妒等。对此，班组长则应提醒成员注意工作方法，支持他们的工作。越是在这种情况下，班组长的信任越有价值，成员会在班组长的支持、信任、鼓励下，把安全生产工作做得更好。

如果班组长在特殊情况下能把信任的杠杆使用到位，其安全激励作用将是很大的。正是从这个意义上看，善于信任也是班组长一种安全工作领导艺术。

110　善用不花钱的安全激励

班组安全工作离不开激励，激励不外乎两种：一种是需要财力投入的物质激励；另一种是不需要财力投入的精神激励。在班组安全生产工作中，欣赏就是一种不用花钱的安全激励，它只需要班组长的一声赞美、一个信任的眼神、一句及时的肯定就能达到下属卖力工作的效果。高明的班组长总是善于运用欣赏这一方法来激励自己的下属。

（1）把赞美挂在嘴上。每个人都有渴望被人赞美的心理，一旦这种心理需要得到满足，就能转化为巨大的精神动力。下属的安全工作自信心和安全生产积极性，许多时候正是通过班组长的赞美而产生的。当班组长的应学会用欣赏的眼光来看待下属，用欣赏的口气来肯定下属，用欣赏的方法来激励下属，善于给下属戴"高帽子"。比如，下属在某项安全工作中取得进步时，不妨说上一句"你的工作很出色"，布置安全任务时多用"相信你一定能胜任这一工作"等鼓励话；下属在某项安全任务遭受挫折时，可以说些"没有关系，下次再来""这不怪你，你已经尽力了"等安慰话；向他人介绍自己的下属时，不妨用"这是我们班组的骨干""这是我们班组的秀才"等夸奖话。总之，不要放过赞美下属的任何机会。不过，班组长在夸奖下属时要注意两点。一要及时。要把对下属的表扬与肯定融入到日常安全生产工作中，随时随地给下属以赞扬。二要适度。不能过分给下属戴"高帽子"，讨好下属，而要适度、恰当、实事求是。

（2）放大下属的闪光点。班组中每个下属都有自己的长处。班组长要善于发现、挖掘下属身上的闪光点，学习他们的长处，用放大镜来看待下属的优点。遗憾的是，有些班组长自我感觉良好，总认为下属不如自己，对下属过于挑剔。班组长对下属首先要有包容之心。对那些在安全工作上有缺点、能力差、与自己不投缘的下属，不要有成见，要容忍下属的不足，不求全责备，不苛求下属样样都达到自己规定的标准。对下属在安全工作中应多看主流、看本质、看长远，不能只看支流、看一时、看表面。如果班组长两眼老是盯着下属的某些不足，以挑剔的眼光对待下属，就会看下属什么都不顺眼，从而使他们失去信心。这不仅会损害上下级关系，还会造成下属的焦虑不安，甚至由此对班组长产生抵触情绪。其次要学习下属的长处，班组长要勇于承认自己不如下属的地方，并通过虚心向下属学习来弥补自己的缺陷。面对能力超过自己的下属，班组长在安全工作中不妨说些"这方面你比我熟悉""请你发表高见""谈谈你的想法"之类的话，使下属感到班组长非常在乎自己。有时候班组长一句不经意的肯定能使下属认识到自己的某个优点，从此会努力加以发扬光大，并使原来在安全作业中的某些缺点也受到抑制。当下属感到班组长在向自己学习时，会立刻被打动，并因感动而心甘情愿地替班组长在安全工作中把关。

（3）相信下属会干得更好。欣赏是协调班组上下级关系的润滑剂，也是激发和调动下属安全生产积极性的动力源，而往往下属是最重要的欣赏形式。班组长对下属要大胆放手，用其安全工作所长，为他们提供施展安全才华的大舞台，让下属崭露头角、大显身手。一要多信任。信任是无声的安全激励，信任比什么都重要。班组长信任下属、相信下属的能力、相信下属的为人，这比什么奖励都奏效。班组长要根据每个下属的特长，量才使用，把下属放到适合其安全才能发挥的岗位上，让他们施展才干、实现抱负。二要多放手。班组长不要事必躬亲、大包大揽、一竿子插到底，而应把精力放在出安全思路、抓安全督办上，少些"冲锋陷阵"。要对下属多支持、少干预；多体谅、少指责；多理解、少埋怨；尊重下属的人格，相信下属的能力，让下属时时处处有一种受尊重、被信任的感觉。三要多担待。下属在安全工作中难免出现差错，当班组长的要及时予以提醒，必要时为下属揽过，承担责任，帮助下属渡过难关，打消下属思想上的顾虑，以宽容的态度帮助下属总结教训、分析原因、找准症结，避免犯重复性的错误，这比单纯的批评更易使下属自省、内疚。即使在安全工作中遇到"屡教不改"的下属，当班组长的也要保持耐心，要坚持以情感化。每个下属都是班组这个棋盘中不可或缺的一颗棋子，他们能发挥什么样的作用，很大程度上取决于班组长。"卒子"没过"界河"之前几乎没有什么用处，而一旦过了"界河"，所起的作用并不比"车"小，关键看班组长怎样使用。可惜有些班组长对"卒子"不欣赏，只会用"车""马""炮"，而忽视了"卒子"的作用。有的甚至认为对下属安全激励还是金钱有效，因而对下属在安全生产工作中的成功往往表现的无动于衷，认为下属干好了是应该的，是自己领导有方，吝啬对下属的赞美。久而久之，下属就会因得不到领导的肯定而失去信心。其实，欣赏是一门领导艺术，也是一种有效的安全激励手段。一个不懂得欣赏下属的班组长，很难赢得下属发自内心的拥护。班组长要学会欣赏自己的下属，让下属感到自己的重要。首先要学会倾听。班组长经常听取下属对安全工作的意见和建议，不仅体现了班组长的民主作风，而且能使下属从中感受到自己在班组长心目中的价值。对下属提出的安全工作建议，不管是否正确，班组长都要认真倾听，切实可行的要虚心采纳，并迅速转化为自己的安全决策。不可行的也要肯定下属进言的勇气。其次要委以重任。欣赏下属如果仅仅停留在口头上，不仅作用有限，而且还显得班组长虚伪。委以安全工作重任是欣赏下属的真诚体现，班组长要善于给下属压担子，把他们推到安全生产的前台，放到重要的安全工作岗位上去锻炼，把重要的安全作业任务交给下属去办，让下属独当一面，使他们有机会抛头露面，而不要轻易干涉下属职责范围内的事。

111 对员工进行有效安全激励的原则、形式和技巧

在班组安全管理工作中，班组长除了要身先士卒、做好表率外，更重要的是要激发和鼓励班组成员的士气，带领班组成员齐心协力完成班组安全生产目标。这就产生了一个激励的问题。可以这样讲，班组长对激励机制运用的好坏，在一定程度上决定着班组安全生产的成败兴衰。

（1）激励的原则和形式。首先，班组长在运用激励手段的过程中，应坚持目标一致、按需激励和公平激励的原则；其次，班组长所采取的激励手段必须能够调动起班组全员的安全生产积极性，同时还要充分考虑不同的员工对不同的激励手段的反应，因人而异；再次，务必注意降低激励成本，用最少的投入取得最好的效果。

物质激励是激励的一般模式，也是目前使用的非常普遍的一种激励模式。但在实践中，不少班组在使用物质激励的过程中耗费不少，而预期目的并未达到，不但没有提高员工的安全生产积极性，反而贻误了班组的安全发展契机。例如，有些班组在物质激励中为了避免矛盾而采取不偏不倚的激励手段，极大地打击了员工的积极性，因为这种平均主义的分配方法非常不利于培养员工的安全生产首创精神，平均等于无激励。

事实上，除了物质激励外，精神激励也会产生强烈的效果。班组采用精神激励的办法，常常能够取得物质激励所难以达到的效

果。例如，目标激励、内在激励、形象激励、荣誉激励、兴趣激励、参与激励等，都是行之有效的精神激励措施。因此，必须把物质激励和精神激励结合起来，才能真正调动广大员工的安全生产工作积极性。

（2）行之有效的激励技巧。班组长要充分考虑员工的个体差异，实行差别激励。激励的目的是为了提高员工的安全工作积极性，而影响员工安全工作积极性的有工作性质、领导行为、个人发展、人际关系、报酬福利、工作环境等多种因素，而且这些因素对于不同个体所产生的影响也不同。因此，班组长制定激励措施时，就要充分考虑到这种个体差异，做到有的放矢。

① 班组长的行为是影响激励制度成败的重要因素。首先，班组长要做到自身廉洁；其次，要做到公平，不任人唯亲，经常与员工沟通、爱护和支持员工，为员工营造良好的安全生产工作环境；再次，班组长要为员工做出榜样，即通过展示自己的安全工作技术、安全管理艺术、办事处理问题能力等，赢得员工对自己的尊重，从而增强班组的凝聚力。

② 要注意奖励的综合效果。在班组员工获得物质奖励时，可以增加某些精神奖励因素，以激起员工的荣誉感、成就感和自豪感，从而使激励效果倍增。要合理控制奖励的档次。奖励档次差距过小，搞成平均主义，会使激励失去作用；但差距过大，超过了贡献的差距，则会引发员工心理失衡。因此，应该尽量做到奖励与贡献相匹配，让员工感受到公平、公正，这样才能真正使先进者有动力、落后者有压力。

③ 还要适当控制期望值。在实施激励措施的初期，应提高员工的期望值，使大家以积极的姿态响应；当工作中遇到困难和挫折时，应及时地对员工加以鼓励，使员工下降的期望值重新升高，满怀信心地克服困难；当进入激励的后期阶段时，一般员工的期望值往往偏高，这时的工作是促使大家冷静、客观，使员工的期望值下降，与实际水平接近，否则会诱发员工一系列的挫折心理和挫折行为。

④ 要注意公平心理的疏导。员工常常是用主观的判断来看待奖金是否是公平的，他们不仅关注奖金的绝对值，还关注奖金的相对值，尽管客观上奖励很公平，但他们心里仍会有疑虑。因此，班组长必须注意对员工的公平心里进行积极的疏导，引导大家树立正确的公平观。正确的公平观包括三个内容：第一，要认识到绝对的公平是不存在的；第二，不要盲目攀比；第三，不应按酬付劳，造成恶性循环。

⑤ 恰当地树立激励目标和相对准确的业绩考核尺度。树立激励目标时，要坚持"跳起来摘桃子"的标准，既不可太高，又不能过低，太高则容易使员工的期望值下降，过低则易使目标的激励效果下降。对于长期奋斗的安全生产目标，可用目标分解法，将其分解为一系列阶段性安全生产目标，一旦员工达到阶段性安全生产目标，就及时给予奖励，即把大目标与小目标相结合。同时，建立起较为科学的安全工作业绩考核体系，对员工的安全工作业绩进行客观、公正的评价，这样可以使员工维持较高的士气，收到满意的安全激励效果。

⑥ 要注意掌握奖励的时机和奖励的频率。奖励的时机直接影响效果的好坏，而奖励的频率过高或过低，都会削弱激励的效果。奖励的时机和奖励的频率的选择要从激励对象的实际出发，实事求是地确定，不要简单地照抄照搬。

总之，班组安全生产激励是有原则的，也存在各种不同形式，更有各种不同的激励技巧。只要班组长们结合本班组安全生产实际情况，运用不同形式，实施各种技巧，那么，班组安全生产激励就会收到预期的效果。

112 让班组的"闲人""动"起来

班组里总会有一些"闲人"，他们平时的表现是：要么工作量不足，无所事事；要么工作被动应付，喜欢闲聊闲逛；要么敷衍塞责，缺乏激情，等等。"闲人"的产生有两个原因：一是自身素质所致。在安全生产中，这些人或整体素质平平，不能胜任本岗位安全工作需要，想干不会干。二是外部环境所致。这些人要么与班组领导步调不一致，被班组领导有意疏远，想干没活干；要么被放错位置，用非所长，工作干不好；要么因为安全职责不明，缺乏组织约束力，眼高手低懒得干。这些人的存在，不但会在班组涣散人心、增加摩擦，而且会降低安全工作效率，造成内耗，同时还会给班组安全管理工作带来一定的难度。因此，如何科学地用好"闲人"，是值得每一个班组领导重视并加以研究解决的问题。班组领导要善于激活、用好"闲人"，关键要通过优势互补、扬长避短来实现"1+1＞2"的效果，让班组每位员工的安全生产积极性、创造性都得到充分的激发和发挥，从而更好地推动班组安全建设又好又快发展。

（1）在感其"心"上做文章，让"闲人"无闲暇之心。"感人心者，莫先乎情"。对于"闲人"，班组领导要通过情感交流和心理沟通，做到工作上支持，生活上关心，人格上尊重，心理上满足，多进行正面鼓励，多创造机会，让他们在领导的感化下，同事的感召下，主动由闲变忙。一要不冷眼。对待闲人，班组领导在生活上多帮助，工作上多信任，不另眼相看、置之不管，把他们晾在一边。二要不冷心。对待闲人，班组领导要多爱护、少排挤，多指点、少责难，多鼓励、少讽刺，用心关怀，真心对待，帮助他们树立安全工作信心，重新焕发安全生产的激情。三要不冷落。不能因为班组领导个人好恶，主观地认为"闲人"就一无是处，在安全生产工作安排、使用上让"闲人"长期坐冷板凳，致使"闲人"越来越闲，最后成了"废"人。班组领导要善于发现"闲人"身上的闪光点，对他们在安全生产中的每一点进步都及时给予褒奖和认可，切实营造"有作为才有地位，有实绩才有进步"的安全工作氛围。

（2）在用其"短"上下功夫，让"闲人"无闲暇之时。"高者未必贤，下者未必愚"。任何一个人，总是优缺点并存的。"闲人"也一样，只要用得恰当，一定能发挥其身上的某些长处。国外有句谚语：垃圾是放错地方的宝贝。用人者是活的，"闲人"也是活的，只要对"闲人"注入活力、充入动力，往往会收到人尽其才的效果。面对复杂多变的市场和企业安全发展的任务，正是大用人才之际，班组领导更应努力去挖掘人才的优势，既要用好忙人，也要用好"闲人"，即使对有缺点错误的人，也要通过"加工处理"，合理安排、合理配置、合理使用，使其为班组安全发展尽一份心、出一份力。

（3）在明其"责"上下功夫，让"闲人"无闲暇之机。在班组安全建设中，在其位要明其责，明其责才能尽其职。要建立激活用好"闲人"的机制。一要制定科学的安全工作目标。目标设置要以员工通过努力能够达到为原则，既不能过高，也不能过低；要有层次性，既要有个人目标，也要有班组目标，既要有近期目标，也要有远期目标，使班组的"闲人"时时有如履薄冰之感，自觉提高安全工作能力素质。二要建立严格的岗位安全生产责任制。"闲人"的"闲"大多与班组领导的安全管理不当有关。班组领导要根据预期的安全工作目标和面临的安全生产任务，合理安排员工，科学管理，合理分工，每个人的安全职责界限要分清，安全工作任务要具体，使人人有事干，事事有人干。同时，要严格奖罚，让一心忙事，扎实肯干的员工受重用，让整天不干事、不作为的"闲人"受惩处。三要安全工作过程需要调整人员。要坚持因事选人，而不是因人选事，对不合用、不可用的人，该调整的要敢于调整，该压担子的要压担子，该提高水平的要积极创造条件让其去学习、培训、进修和深造。这样，班组安全工作可用的人多了，班组领导也就用不着再为班组的"闲人"操心了。

总之，让班组的"闲人""动"起来，实际上主要方法也是激励的方法。这里有物质激励也有精神激励。在感其"心"上做文章，让"闲人"无闲暇之心，就是一种情感的激励；在用其"短"上下功夫，让"闲人"无闲暇之时，就是一种工作激励；在明其"责"上下功夫，让"闲人"无闲暇之机，就是一种责任激励。班组领导只要灵活运用各种激励手段，班组的"闲人"就会变成忙人，班组安全工作就会落到实处。

113　如何让"掉队"的员工回归状态

"掉队"原意是指行军途中落在大部队后面。"掉队"则比喻行军者思想或行动上落后于大多数人，或者说落后于大势的发展。行军者"掉队"固然有自身素质的问题，但也有教育管理缺失、激励机制不到位，成长环境不公平等因素。在企业班组的安全工作中，解决员工的"掉队"问题，除了提高员工的自身素质外，还要从以下几方面入手，让其回归应有的状态。

（1）确立共同的愿望，厉其志。在班组安全工作中，共同愿景阐述了班组希望达到的安全生产目标，它就像一座灯塔，能使班组的全体员工产生一种内生动力，把安全生产工作变成是在追求一项蕴含在班组的产品或服务之中的比工作本身更高的目的。这种更高的目的，可以深植于班组的安全文化或员工的行事作风之中。当班组全体员工拥有共同安全生产愿景时，这个共同的愿景会紧紧地将他们凝聚起来，让大家为实现这个目标而主动地努力学习、开拓进取、追求卓越。如果没有一个共同的愿景，员工就会失去进取的方向和拼搏的热情，就会产生安于现状的懒惰情绪和无的放矢的盲目行为。所以，处于在安全生产中"掉队"的不在状态的员工，班组长要与其多沟通、多交流，共同建立一个得到员工认同的安全工作愿景，并且要让员工认识到这个愿景的实现，与班组每个成员的切身利益、个人前途紧密相关。当然，在实现愿景的过程中，不可能一帆风顺，可能要经过一条曲折、迂回的道路，员工如果因此而对愿景产生困惑、动摇，班组领导就要及时跟进做好思想工作，不断为其提神醒脑、鼓劲添力，牢固树立"安全第一，预防为主，综合治理"的思想。

（2）制定严格的规章，明其责。故人云：没有规矩，不能成方圆。在班组，员工的安全素质不可能是一样的，客观上存在着少数人自我要求不严而"掉队"的情况，对于这种情况，要通过建立和完善班组各种安全管理制度，特别是岗位安全生产责任制，让员工的安全工作、安全行动有所凭依、有所遵循。在班组安全工作实践中，班组领导要在工作分析的基础上，按照责、权、利相统一的原则，明确每一个职位的定义、职责和安全工作目标等，并制定相应的安全职责范围，让员工了解和掌握工作岗位的性质、内容、标准、要求，激励员工更好地履行职责，同时为评价员工的安全生产能力素质和对安全绩效考核提供具体明确的依据，实现管人、管事的有机统一。当然，围绕安全工作而制定的职责范围，无不是由人这一决定因素来执行和实施的。所以，班组领导要首先切实考虑到班组成员的因素，关心他们的切身利益，对他们提出的问题进行认真的分析研究，提取有价值的、可取的意见，并将之纳入安全管理制度之中，做出使双方都满意的答复。这样，员工才能更好地遵守规章，出色地种好"责任田"。

（3）营造和谐的氛围，服其心。和谐的安全工作氛围是一个班组拴心留人的基础。首先，班组领导要亲临员工。要经常了解员工的生活情况、思想情绪、工作难题等，对于员工事业上的挫折、情感上的波折、家庭里的困难等"疑难杂症"，要及时给予"治疗"和疏导，使员工意识到班组领导是在亲近他们，从而消除上下级之间的隔阂，产生亲和力，增强员工对班组的归属感。其次，班组领导要宽容员工。要明白"水至清则无鱼，人至察则无徒"的道理，对员工的缺点、过错，要有正确的心态，既要包容又要鞭策，必要时敢于为员工承担一定的领导责任，确保员工自我价值的动机长盛不衰。再次，班组领导要激励员工。班组领导对员工的安全工作能力、安全工作成绩的真诚、适度的表扬，会使员工对今后的安全生产工作充满信心，对班组领导满怀感激之情，进而在安全生产中努力工作，尽心尽力。最后，班组领导要公开公正地对待员工。班组领导要坚持五湖四海，带头不搞"小圈子"，一碗水端平，做到让肯干事的人有机会，能干事的人有舞台，干成事的人有地位。

（4）满足多样的需求，激其情。让员工各取所需，各得其所，是班组领导调动员工安全生产积极性的最有效手段。首先，要满足员工的物质需求。任何一个班组的成员，都需要为生计而工作，都需要获得劳动报酬的需求。所以，一个班组要制定赏罚分明、多劳多得的绩效考核制度，让员工通过自己的努力获得他们应该获得的报酬，满足基本的生存需要。其次，要满足员工的学习需求。学习意愿比较强烈的员工，期望在安全工作过程中能学习到新知识、新技能，为此，可以结合安全工作的实际需要，给这些员工安排一些有针对性的安全培训，或者给他们联系指导老师进行帮带，或者根据他们的期望安排一些富有挑战性的安全工作，让他们在完成自己工作任务的同时，实现个人的"学习"目标，实现他们所期望的"锻炼"的目的。再次，要满足员工自我价值实现的需求。有些员工具有较强的安全工作能力或一技之长，他们满腔热情，希望在安全生产中大显身手。对于这类员工，要及时为他们搭建干事创业的平台，特别是要能够在班组安全工作决策和计划中反映他们的意见和建议，让他们在安全生产实践中实现自我展示的愿望。

（5）当好执行的表率，带其进。古语说："其身正，不令而行；其身不正，虽令不从。"当班组领导自身端正，能做出表率时，不用下命令，员工也会自觉地跟着行动起来；相反，如果班组领导自身不端正，而要求员工端正，那么，纵然三令五申，员工也不会服从。班组领导在安全工作中如果总是指责员工工作不努力，工作态度不端正，或者命令员工如何如何做，而自己却置身事外、得过且过，这样的班组领导，没有人愿意听从。而有威信的班组领导，面对自己确定的安全工作目标，决定的安全工作决策，制定的安全行为规范，往往能以身作则、身体力行，言必信、行必果，用自己的言行影响员工，员工也会不由自主地跟着去做。这就是"其身正，不令而行"的道理。所以，班组领导要牢记自己"风向标"的角色，做到身教与言传相统一，心无旁骛谋事业，聚精会神抓安全，一心一意带队伍，为员工树立良好的形象。

大气候虽然决定着小气候，但大气候又是由众多小气候形成的，一个班组出现一两名员工在安全工作中"掉队"后，班组领导就要果断采取措施，运用各种激励手段和方法，使其迅速回归状态，否则，这个小气候必然会影响到大气候，就会有更多的员工被

"拖下水"。因此，对班组在安全工作中"掉队"的员工，要想方设法、厉其志、明其责、激其心、带其进，使之尽快地跟上队伍，阔步向前。

114 班组安全思想工作要"冷""热"适度

冷与热通常是对气候变化的一种表述，是温度高低的一种自然反映。然而，人们的生活和工作中也常常会因各种不同的原因出现大量冷与热的问题。解决这类问题时，必须根据不同的情况，分门别类地采取宜冷则冷、宜热则热的方式方法，才能收到事半功倍的效果。班组的安全工作实践告诉我们，安全思想工作要正确把握和运用冷与热的辩证法，分清轻重缓急，分清主次大小，不盲目、不回避，认认真真做好安全思想工作，扎扎实实解决安全思想问题。

（1）宜冷则冷，宜热则热，做到"冷""热"有数。在一个企业班组内无时无刻不在产生着形形色色、大大小小的问题，而其中的绝大多数问题又涉及人或是因人而产生的。这就必须引起高度重视，满腔热情且严肃认真地去解决它。作为一个班组的班组长，对自己所管辖的班组内的各种问题，尤其是安全生产问题都必须了解清楚、掌握准确。要在搞清楚各种情况的前提下将问题分门别类，看哪些问题应热处理，哪些问题可冷处理，哪些问题该冷热相济，真正做到宜冷则冷，宜热则热，心中有数，切不可眉毛胡子一把抓。在安全生产工作中，只有这样，才能急事急办，好事快办，特事重办，对症下药，使安全问题迎刃而解。如某公司发生了一起重大伤亡事故，使企业的经济形势十分严峻，生产生活举步维艰。全公司员工士气低落，怨声载道，员工队伍很不稳定。对此，企业工会首先统一安全思想认识，坚定战胜困难的决心和信心。然后，一方面，向全公司各班组发出了"困难再大，精神不能垮，矛盾再多，安全不能松，日子再苦，秩序不能乱"的号召。另一方面，在全公司各班组开展"发展是根本，稳定是大局，安全是基础"的员工恳谈活动。各班组长深入员工、深入岗位与员工促膝谈心。这项活动的开展，促使员工稳定了情绪，树立了战胜困难的决心和信心，收到了良好的效果。这一事例告诉我们，当员工情绪低落，悲观失望处于"冷"的状态时，班组长们就必须情绪饱满，以"热"的精神状态去做安全思想工作，如果以"冷"对"冷"，势必工作无成效，大局受影响。

（2）把握分寸，掌握火候，做到"冷""热"有度。班组任何安全问题从产生到解决，总会有一个过程，而这个过程的长短则取决于解决问题的人是否能洞察安全问题的全过程，把握化解矛盾、缓解冲突、解决问题的分寸和火候，真正做到冷热有度。这里必须注意以下几个问题：一是增强敏感性，注意速度。做安全思想工作者要头脑冷静，反应敏捷，善于及时发现和迅速捕捉相关的安全信息，在安全问题萌芽之时就能将其掌握，绝不能听而不闻、视而不见、麻木不仁、反应迟缓，成了"聋子"或"瞎子"，待到安全问题成了堆，形成了大群体、大面积、大影响之后，那样只能是被动应付、事倍功半。如果把安全问题解决在萌芽状态，其效果不言而喻。二是增强主动性，注意力度。班组工作在各个不同岗位上的员工，肩负着"发展是根本，稳定是大局"的安全生产使命，因此，对于自己管辖范围内所出现的各种安全问题理所当然地要予以积极、合理的解决。在认识上要到位，对客观存在的安全问题要重视；在行动上要到位，深入实际促进工作；在措施上要到位，解决安全问题力求彻底不留隐患。要坚决杜绝那种发现问题就躲，碰到困难就推，解决问题怕难，处理问题马虎的不正确的态度和做法。安全思想工作应该主动上阵，主动进攻，大胆负责，公开公正地化解各种安全矛盾，调动起班组各方面的安全生产积极性，为实现安全发展目标做贡献。三是增强持久性，注意硬度。班组许多安全问题的解决，不可能一蹴而就，需要在较长时间里不断地做工作，或许有的安全问题今天解决了，过不了多久又发生反弹。所以，对于那些复杂多变的安全问题，安全思想工作要有充分的准备，树立起不达目的不罢休，久攻必胜的信心和决心，不气馁、不灰心、不松劲、不退却，把应该解决的安全问题解决好。四是增强互动性，注意温度。凡是班组安全问题的产生和解决，总会涉及到具体的人和事，只是有人数多少、范围大小、程度轻重的区别。对于某些特殊的甚至是"老大难"的人和事的解决，一厢情愿地做安全思想工作是无济于事的，自己的嘴巴磨破了皮他仍然无动于衷，而且当成耳边风一笑了之。对于这类安全问题的解决，必须千方百计地调动各方面的力量，多管齐下"开小灶"，产生愿意听取意见、解决问题的愿望。这样安全思想工作的积极性和工作对象的迫切性形成"双向"互动，安全问题就会得到顺利解决。

（3）方法得当，措施有力，做到"冷""热"有路。在班组安全工作中，安全思想工作对于各种不同安全问题的解决，可以采取以下不同的方法。

① 化整为零法。对于交织在一起的各种安全工作矛盾或因某种情况而积聚在一起的群体性安全问题，要尽量将其分散，化整为零，以利于集中安全思想工作的优势，各个击破取得成功。

② 灭火降温法。对于在班组群情激奋，安全矛盾一触即发的大规模群体性事件的解决，安全思想工作既不能麻木疲沓，放任自流，又不能简单急躁，火上浇油。唯一正确的方法是行动迅速，头脑冷静，用真情感化，用法理奉劝，把剑拔弩张的气氛缓解，把冲天的火气降下来，为较好地解决安全问题奠定基础。

③ 以热对冷法。在班组日常的安全工作中，往往会碰到一些十分棘手的问题，或无处下手，或久攻不下。解决这类安全问题的关键在于安全思想工作必须树立坚定的信心和坚持到底的毅力，用满腔热情去温暖那些一时处于冰冷的心，消除工作对象的顾虑。

④ 趁热打铁法。班组里有些安全问题的解决需要循序渐进，有些安全问题的解决需要趁热打铁，当机立断。那种左顾右盼，犹豫不决的态度往往会失去良机。

⑤ 抓住重点法。当班组里各种各样的安全矛盾和问题出现在面前的时候，必须认真分析，分清主次和轻重，切不可笼而统之、齐头并进去解决。只有抓住主要矛盾，扭住问题的关键，才能收到好的效果。

⑥ 清理并用法。安全思想工作必须坚持"以理服人、以情感人"的方法，克服那种"讲空话不务实，虚情假意不贴心"的工作态度。安全思想工作对象需要思想上的帮助，就应该及时指点；安全思想工作对象处于"雪中"，就应该及时"送炭"相助。只有情理相融，方能使安全思想工作对象受到启迪，激发出安全生产的热情。

总之，班组安全思想工作也是一种安全激励的方法，这里主要是精神激励。掌握的方法是"冷"与"热"要适度，宜冷则冷，宜热则热，做到冷热有数；把握分寸，掌握火候，做到冷热有度；方法得当，措施得力，做到冷热有路。这是班组安全思想工作"冷""热"适度的基本途径，也是安全生产激励的基本精神要求。班组里每一位做安全思想工作的人不妨一试。

115 提高员工安全工作执行力的途径

安全工作执行力就是将安全思想转化为行动，让安全理论付诸实践，把安全工作计划变为现实的能力，是员工安全生产能力的重要内容。如何提高员工安全工作执行力？虽然方法多种多样，但是运用安全激励的方法更为适用。

（1）要在通晓法理上下功夫。企业班组员工对安全知识、安全生产规律认识的浮浅，影响着安全生产的质量，关系着安全工作执行力的高低。提高员工安全工作的执行水平，首先要做到"六知"。一要知法。张居正说："天下之事，不难于立法，而难于法之必行。""法之必行"之难，是指执行之难。安全法规是安全工作的指南，是安全生产的依据。班组员工作为"执法"主体，执法先要知法，只有知法才能确保执行的合法性、科学性，班组员工要围绕国家安全生产法律法规，掌握有关标准规定和企业规章制度，对一些安全工作的指导原则和具体要求应熟记于心间，做到"指令未出口，法先心中行"。二要知理。安全生产理论水平决定安全工作思维层次，思维层次高低直接影响安全工作执行的效率。班组员工要加强国家安全发展创新理论的学习，以厚实的安全发展理论功底判断情况，分析问题，指导行动。要深入学习现代安全管理理论，弄懂基本原理，学会辩证法，掌握破解安全生产问题的"金钥匙"。要武装不要"包装"，对安全管理理论要真学、真知，遇事善于理性思考，执行起来才会找准方向走对路。三要知责。安全工作执行力也是员工履职尽责的能力。尽责先知责，职责清楚才能干的明白。员工对自己在安全生产中该干啥、干好啥，在什么情况下干什么要理清楚，力戒出现对职责知之不全、知之不深，该作为时不作为、不该作为时乱作为。四要知新。班组员工应在熟悉安全工作新政策中落实对策，在了解安全生产新知识中开阔视野，在掌握安全生产新技能中提高本领。只要有了知新的能力，才能与企业发展同频，最终达到安全工作执行能力的攀升。五要知底。班组员工在安全生产中要吃透两头、熟悉左右：一头要吃透上级的安全工作精神，一头要吃透岗位的实际情况，并且要熟悉"左邻右舍"的情况。知他容易知己难，对自身也要常照镜子常画像，把优势和不足找准，对上下左右、对自己知根知底，经常相互启发，执行起来才能有的放矢。六要知数。数字化时代呼唤数字化素质。掌握数字不单是业务部门的事，更是班组员工分内职责。班组员工要把必须掌握的数字记牢，以"有数"提高安全工作执行力的精确度。

知的渠道很多，主要路径有三条：一是学中知。所知的就是所学的。现代社会是一个信息社会，安全生产工作涉及面广，政治性、政策性、程序性都很强，班组员工若要成为安全工作的"政策通、活字典"，就应把学习作为工作职责、精神追求、思想境界、安全需要来对待。二是干中悟。员工是安全工作的执行者，执行者要经常回头看，寻其安全生产规律，查找安全工作不足，悟出安全工作门道。通过边干、边悟、边思，实现安全进步。三是研中得。员工在安全工作执行中切实用好调查研究这个基本工作方法，在深入班组、岗位实际操作调研中获取真知。要扑下身子，放下架子，虚心向别的员工请教，注重向实践学习，不断拓展知的广度，助推行的长度。

（2）要在终端见效上用气力。员工安全工作执行的过程，就是落实的过程，抓住落实决定执行力度。安全工作抓落实重在用足"四股劲"。一要有一抓到底的狠劲。各项安全工作尤其是班组、岗位安全工作，需要一抓到底，终端见效。强调一抓到底，就是要有"明知山有虎，偏向虎山行"的气概，一项工作抓不出成效不撒手，风雨之后方见彩虹，阳光总在风雨后。二要有常抓不懈的韧劲。安全工作的落实是个长期的、动态的过程，有些安全工作今天落实了，明天可能会出现反复；有些安全工作过去这样抓能落实，现在这样抓可能就落实不了。一个班组、一个岗位的安全生产工作绝大多数是经常性、基础性的，必须常抓不懈，反复抓，抓反复，不能指望一步到位，一劳永逸。三要有敢于较真的严劲。安全上的事情就怕"认真"二字。只要认真了，就能落实了。凡是上级规定的安全工作，要严肃对待，不能打擦边球，更不能投机取巧。对安全工作不落实的行为要敢于制止，对不合法举动及时纠正，严中求实，严中求效。四要有一丝不苟的韧劲。班组安全工作细节关乎成败。落实安全工作，执行安全任务，就要具有细致劲，让每项工作零缺陷，让每个部件零故障，让每个人心中零疑点，不漏掉任何一个环节，不轻视任何一个细节，通过安全工作中的无缝对接，追求安全工作落实的最大效果。

安全工作抓落实既要靠良好的精神状态，也要有科学有效的实施方法。安全工作抓落实取得实效要做到"三个依靠"。一是依靠安全法规抓落实。法规来自于实践，应用于实践，是班组一切安全工作的遵循准则。"脱纲离谱"必吃"脱轨"之苦。二是依靠员工抓落实。员工有对情况熟悉，抓安全直接等优点。所以，安全工作抓落实尽可能发挥员工的主观能动性，通过上下一体、多方互动，形成安全工作抓落实的拳头力量，执行才有力，落实才到位。三是依靠岗位抓落实。岗位是企业的最小工作单元，是企业组成的基础。安全工作抓落实要依靠岗位，因为岗位是把可能的生产力转化为现实生产力的要素。忽视岗位，夸大某人的功效，容易本末倒置。要采取多种方式，集中岗位员工的智慧，借助岗位员工的力量，让其真正成为安全工作抓落实、搞建设、促发展的生力军。

（3）要在开拓创新上求突破。提高班组员工安全工作执行力有两个基本要求：一是执行力度大；二是执行效果好。要想做到执行效果好，必须富于创造性。创造力是员工安全工作执行力的重要构成元素。在班组实际安全工作中，如何开拓创新？应从三个方面下功夫。首先，要更新安全观念。伴随着我国安全生产步入法制化的轨道，更新观念已成为员工的首要责任。可是，某些员工却因循守旧，靠习惯性思维谋事，对安全生产新成果冷眼相看，不愿接受，甚至封堵。深入落实安全发展理念，更新员工的思想观念，就要敢于接受新理念，把有利于企业、班组、岗位安全发展的前沿理论、最新成果引入过来；敢于接受新事物，把有利于企业、班组、岗位安全发展的新经验、新做法嫁接过来；敢于自我否定，对一些过去的陈规陋习大胆革除。其次，要转变安全思路。员工安全工作的执行思路是否科学，应与上级要求相一致。上级安全工作指向明确的，要原文贯彻，不搞变通；原则性要求，要正确领会，不偏离轨道，要与企业实际性一致。每个企业都有多年形成积累的自身特点，凡事不能照搬照套，把安全工作思路确立在遵循事物发展规律、贴近企业实际的基础之上。要与员工安全需要相一致。要把员工的合理安全需要作为风向标，一切围绕调动员工安全生产积极性，发挥员工安全生产创造性，利于员工成长进步来确立安全工作思路。再次，要解决安全问题。要树立盯着安全问题搞创新的思想，确实通过解决安全问题，形成新的安全对策，及时捕捉新情况，发现新问题，形成新对策，牢牢把握解决安全问题的主动权，善于解决老问题，解决过不等于解决了，对一些重复出现的安全问题要不厌其烦地进行治理，防止发生"次生灾害"。善于解决难点问题，对一些棘手或"老大难"的安全问题，要刨根源、出实招、用猛药，以压倒一切的执行力度，清除安全发展道路上的障碍。

创新需要勇气，体现责任，更要把握好指导原则。一是莫让"传家宝"失传。创新是继承中的发展，是发展中的继承。严把坚持多年并经过实践证明的安全工作好经验、好作风传承下来，并不断赋予其时代内涵，为班组的安全发展注入新鲜活力。二是不要一味猎奇求新。新的不一定是最好的。要改革单纯以新来衡量安全发展成效的做法，一切立足实际，着眼发展，确保安全建设的方向。三是不靠心血来潮。创新是一项长期而艰巨的工程，既不能一蹴而就、操之过急，更不能突发奇想、头脑发热，要沿着冷静理智的方向对待，稳步向前。

总之，提高班组员工安全工作执行力，是通过使用安全激励的办法来实现的。一要在通晓法理上下功夫；二要在终端见效上用气力；三要在开拓创新上求突破。班组的每位员工把这三条做到位，安全工作抓落实、抓执行，就会取得一定的成效。

116 如何有效提高班组安全工作效益

紧盯"关节"抓安全是一种重要的班组安全工作方法。然而，班组的工作千头万绪、复杂多变，如何拨开繁杂工作的迷雾，找准开展班组安全工作的抓手和着力点，提高班组安全工作的效益，是班组安全工作的一个难点。以科学发展观为指导，提高班组安全工作效益，重点应把握好以下几个方面。

（1）要着手全局抓重点，突出一个"准"字。重点安全工作是指对企业安全发展起决定性影响的工作，往往起着"牵一发而动全身"的作用。班组要着眼于全局抓安全工作重点，是对班组全体员工安全素质的基本要求。但在班组的实际安全工作中，认不清、找不到或找不准安全工作的情况屡见不鲜。比如，有的认为难点就是重点，有的把热点当成重点，还有的同一时期抓多个重点，导致重点不"重"等。

认识的偏差不仅会造成班组长安全决策布置偏向，安全工作偏移，更重要的是可能把本应该抓住的安全工作重点耽误了，最终可能事倍功半甚至劳而无功。因此，班组长不仅要懂得安全工作抓重点的意义，更要认清安全工作重点，掌握抓安全工作重点的方法和艺术。这就要求班组长始终从企业的全局着眼，紧密联系本班组实际，抓住制约本班组安全发展的关键环节，把这些关键环节的"关节点"作为安全工作的重点，并对其投入工作精力和工作资源。要善于根据企业形势的发展变化，依据失误矛盾的运动特点和规律，适时调整安全工作重心和安全工作资源。但要注意，重点不能太多，通常一个时期只能抓一个重点，重点太多了就等于没有重点；也不能把难点、热点不加分析地都作为重点来抓，难点、热点未必都是重点。

（2）要紧盯困局抓难点，突出一个"深"字。困局是制约班组安全发展的瓶颈和障碍，往往积累矛盾较多，解决难度较大，容易使人避而远之。难点是指破解困局的突破口和着力点。在班组实际的安全工作中，有的班组长抓难点往往浅尝辄止，结果导致老困局引发新困局，小困局引发大困局，此困局刚解决彼困局又冒了出来。

困局不破解或破解不彻底，会严重牵扯班组长的精力，制约班组的安全发展。因此，班组长在抓难点时，一定要从困局历史惯性容易反弹、时间跨度长缺少实证等特殊性出发。既要拿出敢为人先的勇气，更要拿出刨根问底的韧劲；既要从整体上探求对策，更要从根源上寻求突破。一方面，要把主观原因的难点挖深，要看哪些困局是安全思想价值观的差异引起的，哪些困局是安全工作态度和方法不当造成的，哪些困局是急功近利眼前利益驱使所致等。另一方面，要把客观原因的难点挖深。要客观分析哪些困局是安全发展环境不允许导致的，哪些困局是体制机制不健全造成的，哪些困局是安全规章制度不落实引起的。只有把形成安全工作困局的主观原因和客观原因的难点都挖深，处理安全工作困局才能真正抓住问题的根本和关键。

（3）要围绕员工利益抓难点，突出一个"快"字。企业安全工作的热点常常和员工的利益紧密相连，敏感度高，触发性强，影响面广，是班组安全工作中经常碰到的问题。有的班组长对处理安全工作的热点问题思想上很重视，但在处理过程中总是慢半拍。比如，打一个电话就能解决的安全问题偏要搞"公文旅行"，开一次会议就能达成共识的却要一个一个地去谈，结果贻误了处理安全热点问题的最佳时机，致使局部安全问题演变成全局问题，一般安全问题演变成重大问题。

热点安全问题处理不及时，不仅能造成恶劣的社会影响，还会影响企业、社会的稳定，损害企业的形象，甚至是政府的形象。因此，班组长对热点安全问题必须保持高度的敏锐性，确保快速做出反应，果断做出决策。一是要在了解民意上求快。要把员工利益作为关注重点，善于利用八小时以外，及时了解员工关注的安全问题及对企业和班组安全工作的意见和建议。二是要在班组事务公开上求快。要将员工普遍关心的热点安全问题的处理程序、标准等主要方面，以最快的速度予以公开，并实施阳光操作，减少员工的猜疑和误解。三是要在征求意见上求快。要及时召开班组安全活动会议，广泛听取员工的安全工作意见和建议，及时纠偏改错，理顺员工情绪。四是要在反馈意见上求快。要根据员工反映集中的焦点、疑点安全问题，及时检查处理，尽快拿出处理意见并做好解释工作，同时有针对性地搞好改正。

（4）要瞄准发展抓亮点，突出一个"实"字。班组的安全发展是员工安全工作的根本目的，但如何衡量班组安全发展的程度和班组安全工作的效能，需要首先确定衡量标准。亮点作为班组安全发展的集中体现，已经成为班组安全发展工作效能的一个重要评价点。但现在很多班组长抓亮点却不是为了推动安全发展，而是为了出"政绩"，制造轰动效应；还有的班组长盲目夸大，任意拔高亮点，把开始说成高潮，把开花说成结果。

班组安全工作的亮点能鼓舞士气、凝聚人心，但班组长抓亮点绝不能为了争"彩头"，出"风头"，绝不能搞"形象工程"。抓亮点作为一种安全工作策略，必须建立在实在管用的基础上，建立在对班组安全发展，对班组安全建设有利的基础上。只有这样，才能把亮点的创新成果变成面上的共同财富，促进班组及企业全面安全发展。如果脱离了这个基本要求，只能给班组安全建设带来负面影响。因此，班组安全工作抓亮点必须从班组实际出发，从长远安全发展着眼，尊重客观事实，讲求实际效益，要立足实际抓特色，提高标准不搞人为拔高。要着眼长远定规划，尊重规律不搞盲目上马，要夯实基础求突破。全面协调不搞厚此薄彼，要瞄准发展求提高，整体推进不搞顾此失彼。切实处理好重点与一般，眼前与长远，速度与效益，安全与生产的关系，使班组安全工作亮点真正起到典型示范、以点带面的效果。

总之，有效提高班组安全工作效益，离不开安全激励的方法和手段。抓重点，转难点，抓热点，抓亮点。突出一个"准"字，突出一个"深"字，突出一个"快"字，突出一个"实"字。都是班组安全工作激励的具体方法。只要结合班组实际，运用安全生产激励的方法，就能有效提高班组安全工作效益。

第四章 班组安全教育 ▼

　　班组安全教育是安全工作的重要组成部分，可以说是班组整个安全管理的"半壁江山"。通过班组安全教育起到学习安全知识、掌握安全技能、了解安全状况、通报安全信息、吸取事故教训、总结安全经验等效果。通过安全教育，取得安全上岗资质，使员工在生产中的作业是合法的。2010年5月，国家安监总局第30号令《特种作业人员安全技术培训考核管理规定》中，特种作业目录里列出了16种危险化学品作业的特殊工种，可以说已经囊括了现阶段危险化学品作业的所有工种。这就说明了安全教育的重要性和紧迫性。

　　班组安全教育是一项长期的战略任务。班组要安全发展，必须有安全保障，而安全保障的主要因素是人，以人为本才能促进班组安全发展。人的思想、行为、动机、素质等无不与接受教育的程度有关。从这个意义上讲，班组要安全发展安全教育必须先行。班组安全教育总的要求是形式上要活，效果上要实。因此，灵活多样、丰富多彩、生动活泼是班组安全教育方法的主流。

　　本章给出了12个安全教育方法，对班组安全教育进行了一定的归纳总结，其目的是引导班组长们在安全教育活动中，走出新路子，创出新方法，取得新成果，巩固班组安全生产的"半壁江山"。使员工在安全工作中，学到知识，掌握技能，开拓思维，走出新路。

　　敬请注意：

　　（1）安全思想教育绝不能忽视。

　　（2）丰富的安全活动能促进班组安全教育。

（3）"寓教于乐"的安教形式是班组员工愿意接受的。

（4）班组安全教育是班组安全建设的基础。

（5）如何针对青工特点开展班组安全教育是一个新课题。

（6）把安全理论送进班组才能提高员工的安全素质。

（7）提高班组安全教育说服效果就是安全教育的有效途径。

（8）提高班组安全教育效果的方法多种多样，必须灵活应用。

（9）班组学好用好安全理论是班组安全生产的基础。

（10）正确认识班组安全学习中的辩证法才能推进安全教育工作。

117 班组安全思想教育不容忽视

班组是企业的细胞，企业在安全工作中，加强班组安全思想教育，是培育"四有"队伍的迫切需要，也是摆在每一位班组长面前的一项长期的战略任务。但在市场经济、多元经济的背景下，班组忽视安全思想教育工作的问题比较突出，主要表现为以下几个方面。

（1）部分班组长在认识上存在偏差。安全思想教育工作是一门理论性和实践性都很强的系统工程，但在实际操作中，部分班组长对加强安全思想教育工作却出现了认识上的偏差。一是认为"无用"。认为发展中国特色的市场经济，调动员工的安全生产积极性主要靠经济手段或行政手段，安全思想教育作用不大，甚至是出力不讨好。二是认为"无为"。认为企业生产正常，物质文明上去了，精神文明自然就会跟上，"安全思想教育磨破嘴皮，不如多多发放票子"，忽视思想工作的作用。三是认为"无关"。部分班组长在处理问题时，习惯于用行政手段、经济手段，不习惯做思想工作，认为安全教育是上级部门的事，在班组是安全员的事，与己无关。

（2）少数班组长理想信念弱化。少数班组长对进行安全思想教育的热情低落，不愿参加学习，不愿做思想教育工作，认为"在市场经济条件下，金钱是主要的，讲思想、讲教育是空对空"。个别班组长对人生的理想信念淡化，把实现个人价值利益视为高于一切，"不管走什么路，不管谁领导，只要个人有好处就行"。认为安全工作只要不出事故或不出大事故就过得去，只要不在本班组出事故就是好样的，把安全思想教育工作完全丢在脑后。

（3）一些班组长安全工作方法单一。一是形式单一。只注重读报纸、出板报，"一人生病，全班吃药"，不注重灵活多样，安全思想教育缺乏层次性、趣味性。二是手段单一。只注重行政手段、经济处罚，不注重疏通引导，不因人制宜做耐心细致的思想工作，使安全思想教育缺乏针对性、权威性。三是方法单一。只讲大道理，不讲小道理，使安全思想教育工作缺乏有效性、实用性。

为此，根据班组安全工作需要，结合企业深化班组安全发展的具体做法，提出如下做法。

（1）坚强教育，摆正位置。一定要引导班组长们充分认识做好班组安全思想教育工作是自己的"分内事"，是推动班组安全发展、经济发展的内动力。企业各级领导要坚持不懈地对班组长进行安全思想工作的再教育、再宣传。要放"权"让"利"，把安全思想教育工作纳入企业生产经营的管理之中，确保人员、时间、经费、阵地的落实。要摆正位置，确保班组安全思想教育工作在推动企业转型发展、跨越发展、安全发展、低碳发展中的重要地位，变"不愿做"为"乐意做"，变"不去做"为"主动做"，变"与己无关"为"分内之事"。这样班组的安全思想教育工作才能真正起到应有的作用。

（2）活化载体，改进方法。加强班组安全思想教育工作必须不断创新，在教育手段上，要采取现代化的宣传工具和宣传手段，拓宽教育面，提高教育质量；在教育方法上，采取寓教于乐、喜闻乐见的方法，紧密结合本班组的安全工作，开展座谈研讨、演讲竞赛等活动，使班组整个安全思想教育工作有声有色，丰富多彩。

（3）完善制度，狠抓落实。要建立和完善跟踪教育，定期回访、检查考核制度，使每位班组长做安全思想教育工作的多少、好坏与个人利益挂起钩来，做到有标准、有约束。要不断细化、量化，调整考核标准，加大考核力度，督促他们按具体分工主动做好班组安全思想教育工作。对未按规定完成指标的，应同未完成其他任务指标一样实行严格的考核和奖励，以此来调动班组长做好安全思想教育工作的积极性。

总之，班组安全生产工作，主要是人的工作，人的安全思想决定着班组安全生产工作的水平，加强班组安全思想教育工作，是企业安全生产的基础工作，只有从思想上认识安全工作的重要性，才能在工作中坚持"安全第一、预防为主、综合治理"的原则，才能使安全生产工作扎实有效。因此，班组安全思想教育工作绝不能忽视。

118 五项系列活动促进班组安全教育

山西天脊煤化工集团公司开展五项系列活动，有力地促进了班组安全教育工作，取得了较好的效果，其具体内容如下。

（1）事故案例教育评比活动。班组开展事故案例教育活动，是有的放矢地预防事故发生的好方法。该公司在进行此项工作中，开展评比活动，看哪个班组案例选得准、针对性强、教育效果好，通过评比活动，进一步促使班组安全教育工作细化、深化、适用、有效。实践证明它是班组安全教育的有效载体。

（2）安全教育联系点活动。该公司安全监管部门，针对有些班组在生产过程中危险因素多，易发生事故的实际情况，责成专人建立安全教育联系点，着重解决危险预知、危险辨识、方案制定、措施落实、消除办法等确保安全生产的手段。实践证明：教育班组成员群策群力，最大限度地发挥班组的安全潜力，也是带动班组整体安全的关键环节。

（3）班组长带头讲安全活动。班组安全生产的成败，在某种意义上讲，取决于与班组长的安全思想、安全技能、安全文化、安全管理水平。该公司首先分期分批地组织全体班组长进行专题安全培训，培训结业后由他们回到班组，带头讲安全，这样更具实践性，更具亲切感，更易被接受，效果很好。实践证明：班组长带头讲安全促进了班组安全工作规范有序和长效发展。

（4）班组安全教育调研活动。因人们对班组安全教育认识不一，有时往往出现时紧时松、时抓时停的被动状况。如何才能步入经常化、制度化、规范化的轨道。该公司认为开展班组安全教育调研活动是有效方法之一。该公司安全监管部门将专职人员分片、切块、包干，深入各个班组开展调研活动，看安全教育是否走了过场，是否有针对性，是否有操作性，然后对症下药，提出解决方法。实践证明：开展班组安全教育调研活动，也是班组安全建设的重要举措。

（5）安全教育纳入重点活动。班组安全教育是班组整个安全工作的重要组成部分，某种程度上左右着班组安全活动质量。基于这种认识，公司把班组安全教育工作纳入安全重点活动，规定每周每个班组至少开展一次安全教育活动，教育形式根据情况自定或案例教育、或规程教育、或交谈体会、或经验交流等。实践证明：把班组安全教育纳入班组安全重点工作，便于加强监督和管理，便于发挥约束和激励作用，为班组安全工作注入了生机和活力。

总之，五项系列活动促进了班组安全教育，反过来安全教育又促进了班组的安全发展，这种良性循环的活动，对班组、车间、企业都是有百利而无一害的。对此，应该发扬和创新。

119　班组安全教育

班组安全教育是班组安全管理工作的有力支柱。它能使员工树立安全观念、增长安全知识、增强自我防范意识、遵守安全法律法规、提高安全文化素养、吸取事故教训、提高预防事故能力、总结安全生产经验等。因此，班组安全教育是班组安全工作的灵魂。班组安全教育的形式、内容、方法、手段也因班组的生产性质不同、人员结构不同、文化水准不同而不尽相同，但共性的东西也存在，如有的班组除有针对性地开展自己特色的安全教育外，还普遍进行了如下共性的安全教育活动。

（1）岗位练兵教育。岗位练兵是班组员工安全技能最直观、最易接受，也最见效的一种方法。如针对化工生产特点，组织员工进行岗位灭火演习，讲明火灾特点，示范灭火器材操作要领，发现火险如何报警，如何选用灭火器，如何逃生等。再如进行岗位防毒演练，讲明毒气性质，示范防毒器具操作方法，讲解急救知识，选用对路的防毒面具，使岗位的所有员工均具备防毒器具的使用和防毒知识。又如员工之间的互考互问，针对生产中的某个安全问题，员工相互之间以问答的方式进行安全教育，对普及安全生产知识起到了一人答题、众人受益，通俗易懂、简明实用的效果。

（2）每周一题教育。在班组每个作业岗位的操作间的墙壁上挂上壁斗，插入安全教育卡片，用教育卡的形式，对本岗位安全注意事项、安全工作要求、主要危险源点、重要操作步骤等，每周出一题，让员工在工作之余，解答这一题。这样可加深印象，在头脑中扎根。若本岗位的安全问题答完，也可有针对性地在有关安全技术方面、安全法律法规方面、安全文化建设方面适当地出题。这样一年52道题，每题人人精通，坚持数年，员工的安全素质必然大为增强。那么，班组的安全生产就有了可靠的保障。

（3）典型案例教育。对班组进行安全教育一定要抓住典型事故案例教育不放。分析本企业发生的事故使员工铭刻在心；剖析同类企业发生的事故使员工触目惊心；开展国内外同行业的典型事故案例教育，使员工警钟长鸣。通过典型事故案例教育，班组成员达到了听其言、查其因、铭其心、长其智的效果，对班组安全生产极为有利。

总之，班组安全教育涉及方方面面，手段方法也多种多样，没有统一的模式，但通过岗位练兵教育、每周一题教育、典型案例教育能收到较好的安全生产效果。

120 正确运用"寓教于乐"的安教形式

健康有益的安全文化娱乐活动，作为班组经常性安全教育工作的一种形式，是员工所喜闻乐见的，对于增强一个班组的安全工作影响力，鼓舞安全生产士气，有着不可忽视的作用。但是，不能片面强调用文化娱乐活动完全代替安全教育工作。

比如，企业的安全技术规程、安全管理制度、安全工作标准就不是"歌舞升平"中所能解决得了的。对于安全技术方面的要求、规定，安全法律方面的规章、规范，不仅需要在安全生产实践中的检验，而且还需要研读有关著作，还要经过灌输式的教育，系统地了解其理论体系。要做到这一点，没有专门的时间投入，没有必要的培训学习是不行的。

又比如，安全思想、安全道德、安全哲学、安全经济学、安全技能等一系列的安全教育，是引导班组成员追求真、善、美，树立正确的安全观、人生观、价值观所不能缺少的，虽然可以通过一定的安全文化娱乐活动，诸如看电影、电视、参观访问、知识竞赛等增强安全教育效果，但是真正要使班组员工产生安全意识的深化、安全思想的升华、安全道德的提高，就远不是那么简单的了。如有的班组安全知识问答，员工先问给多少奖金或奖品，这种现象明显违背了组织者的初衷。因此，班组的安全教育，也是一门学科，必须具有周密的计划、规范的实施办法，才能达到预定的教育目的。

此外，班组成员由于所处的地位、环境不同，所以遇到的安全问题是千差万别的，安全思想也是各不相同的。因此，班组安全教育工作如果忽视了客体的个性差异，而一味地企图通过娱乐活动来统一安全思想，调动安全生产积极性，不仅实现不了既定目标，而且可能使"形式主义"之风盛行。以个人为核心的班组安全教育工作，是需要用"一把钥匙开一把锁"的方法，靠"群体性"活动是难尽全力的。

当然，并不是说在班组的安全教育工作中"寓教于乐"的形式不可取，而是强调要正确运用这种形式。如有的班组针对某项重要的作业内容，先播放一起国内外同类作业所发生事故的案例录像，使大家警惕可能引发事故的因素，加深印象，进而在工作中扬长避短，保证作业安全；还有的班组针对企业新、改、扩工程后，工艺流程变了，产品结构变了，安全操作技术变了的实际，班组成员之间采取互提问题，互背安规的方法，使大家在潜移默化中达到掌握安全知识、改变操作方法的目的；还有的班组节日期间组织安全灯谜竞猜、安全歌曲演唱等，保证了节日期间的安全生产，这些"寓教于乐"的安全教育方式都是可取、可行的。

总之，"寓教于乐"作为一种班组安全教育的辅助手段，如果运用适当，不失为加强班组安全教育工作的一种有效方法，但并非唯一方法，不能以此代替了班组整个安全教育工作。只有把二者有机地结合起来，才能收到理想效果。

（121）班组安全教育要做到"四个结合"

安全生产是班组工作的重要内容，而安全教育又是班组安全生产的重要组成部分。把班组安全教育贯穿于企业安全发展和经济建设的全过程，实现安全生产与经济建设的最佳结合，关键在于把班组安全教育的规律自觉地运用到班组实践中去。

要抓好班组安全教育工作，要实现以下四个结合，从而能够取得好的效果。

（1）在整体行为与个体行为的结合上求统一。企业精神只有体现为整体行为才能发挥强大作用，而整体行为又由个体行为所组成。班组安全教育工作必须着眼于整体与个体的统一。要采取多种途径和方法，把各部门、各单位、各岗位乃至每个人的安全思想、安全行为与本企业精神联系起来，才能提高企业安全生产整体行为的水平。

（2）在共性与个性的结合上求深化。班组安全教育的着眼点必须突出地放在解决一些共性问题上，但绝不能忽视个性问题。班组安全教育工作的具体化和深入化，都要求在解决共性问题和个性问题的结合上下功夫。非常重要的一点，就是不能讲一套大道理，不分层次，不分对象，笼而统之传达。要注重针对性，注重可操作性，分层次，分对象，层层分解，落实到人，使安全生产思想在不同层面得到不断深化，取得明显效果。

（3）在事与理的结合上求提高。班组安全教育工作之所以有效，就是注重以事明理，从根本上提高人的安全思想觉悟。要把具体的安全问题，组织员工进行讨论，以不断统一员工的安全思想，使员工明确应该怎样，不应该怎样，既讲安全大道理，又讲安全小道理，用大道理统领小道理，使员工提高坚持正确安全行为的自觉性。

（4）在破与立的结合上求力度。班组安全教育工作与企业生产效益的结合中，不仅呼唤时代需要的、正确的安全思想和行为，还必须旗帜鲜明地抵制和破除一切错误的、有害的思想和行为。为此，要通过班组安全教育工作中的种种有效方式，既注重树立正面典型，又注重发挥反面教材的作用，弘扬正气，打击邪风，使班组安全生产走上健康的轨道。

总之，班组安全教育工作关系到班组安全工作的成败，又影响着企业的整体安全生产水平。在进行班组安全教育工作中，注重整体行为与个体行为的结合，注重共性与个性的结合，注重事与理的结合，注重破与立的结合，就能使班组安全教育成功而有效。

122 把安全理论送进班组

安全理论是在安全生产的实践中得来的。它是将无数次安全生产工作中失误的教训和无数次成功的经验，运用辩证唯物主义的认识论和方法论，加以概括、积淀、提取出来，用以指导安全生产工作的原理、手段和方法。安全理论一旦被从业人员所掌握，就会变成巨大的安全生产力。

把安全理论送进班组，旨在让班组成员尽快掌握安全工作的原理、手段和方法，去指导实际安全工作，去规范具体安全工作行为，预防各类事故的发生。如安全系统工程理论、安全需要层次理论、事故致因理论、安全法制建设理论、安全文化理论等，均是班组成员应该掌握的基本安全理论。

没有安全工作理论，就没有安全工作行动。多年的安全生产实践证明，班组处在企业生产的第一线，平时都是些琐碎的重复性的事情。班组长和各级管理干部强调工作中注意安全，不能发生事故，并严格事故考核，对发生事故的人和事进行重罚重处。究其原因，主要是班组长和班组成员凭着一股子朴素的感情抓安全工作，没有将安全理论融入工作中，良好的愿望得不到美好的回报，这就是缺乏安全理论指导的结果。

安全工作理论并不是主观臆造和凭空想象的，它是在生产实践中，经过数不清的血的教训和巨大的财产损失换来的。在某种意义上说，安全理论的获得比其他科学理论的取得更为艰难。因此，班组成员更应珍惜安全理论的来之不易，必须努力学习，努力实践，努力创新。

安全工作理论送进了班组，将为班组安全工作注入新的活力，班组成员一旦掌握并运用安全理论，就会迸发出极大地安全生产积极性，就会把安全工作搞得得心应手，就会顺利地解决生产中遇到的安全问题，进而将班组安全工作搞得扎扎实实，这是朴素的感情、良好的愿望所无法比拟的。因此，把安全理论送进班组，用安全理论指导安全实践，用安全实践创新安全理论，是班组安全建设、安全发展的又一重要途径。

（123）提高班组安全教育说服效果的四个结合

企业的安全教育工作，实际上是团结动员全体职工实现安全生产这个共同目标的过程。在这个过程中，安全教育工作者需要选用说服的方法来统一职工的安全思想、凝聚职工的安全力量，从而促进企业安全生产目标的顺利实现。多种安全教育说服方法并举，对于提高安全宣传教育的效果具有重要意义。

（1）诉诸理性与诉诸感情相结合。在安全教育的说服过程中，以什么样的方式打动对方非常重要。打动对方可以采用两种方式，诉诸两种力量：一种是通过摆事实、讲道理的方式，运用理性或逻辑的力量来说服对方；一种是通过营造某种气氛或使用感情色彩强烈的言辞，运用感情的力量来感染对方。现实中每个职工的性格、经历、文化水平不同，其行动受理性和感情支配的程度有明显的差异，有些人易于接受道理的说服，而另一些人则更容易受情绪或气氛的感染，因此，这两种方法的有效性因人、因事、因时而异，但若把这两种方法结合起来综合使用，则能够取得更好的效果。故人云，"感人心者，莫先乎情"，"情动于中而形于外"。一般来说，在安全教育说服前应提前创设一个有利的情境，说服开始后先采取诉诸情感的方法，努力引导对方进入预设情境，打动对方，消除其抵触情绪后，再采用诉诸理性的方法进行引导，做到动之以情、晓之以理、寓情于理、情理交融，综合运用理性和感性两种力量达到促使对方态度和行为改变的目的。

（2）激励说服和警示说服相结合。安全教育的激励说服是指用表扬、鼓励、肯定等方法，通过强化内在动机引导说服对象改变态度和行为。这种方法往往不能引起说服对象足够的重视和注意，一般只能形成暂时的表层效果，难以从根本上使说服对象有所改变。研究表明，有一定威胁强度的说服往往更加有效。因此，在实际安全教育的说服工作中需要经常使用带有警示性的说服方式，通过"敲警钟"的方法唤起说服对象的危机意识和紧张心理，促使他们的态度和行为迅速向预定方向变化。警示说服通过对事物利害关系的强调，能最大限度地唤起说服对象的注意，并造成紧迫感促使他们采取相应行动，这样做往往能够收到较为明显的效果。但由于这种方法是通过刺激说服对象的恐惧心理来追求特定效果的，往往会给对方带来一些心理不适，导致对方产生自发的防卫性反应。因此，在实际工作中需要将其与激励说服有机结合起来，一方面要通过正面引导和激励强化内在动力，另一方面要通过警示引导和督促施加外在压力。这两种力量相结合能形成更强大的说服力，有利于促进说服对象的态度和行为发生改变。

（3）明示观点和暗示观点相结合。明示观点，顾名思义就是说服者鲜明地提出自己的安全生产观点和要求。这种方法便于说服对象理解说服者的立场、意图和观点，但由于方法过于直接而容易引起说服对象的反感。暗示观点就是不作明确结论，而将自己的安全生产观点寓于谈话之中，让对方慢慢地去品味和思考。暗示观点能够产生"余音绕梁，三日而不绝"的效果，起到"润物细无声"的作用。那么，说服的结论究竟应该明白地表现出来，还是有所保留，让被说服者自己得出来呢？这就需要根据不同的场合、不同的对象来灵活运用。一般而言，当安全生产情况比较复杂或者在时间比较紧急时，明示观点比暗示观点效果要好，容易迅速被说服对象所理解；同时，对文化水平和理解能力较低的说服对象也应该采用明示观点和方法。让说服对象自己得出答案的方法，则适用于安全生产议题简单、明确或文化水平较高、有充分理解能力的职工。

（4）单面说理和双面说理相结合。单面说理是指只向说服对象讲正面的、与安全工作有利的观点和论据，对反面的则闭口不谈。单面说理可以把安全生产观点讲得更充分，避免反面观点的负面影响，但容易给人一种居高临下、咄咄逼人的感觉，使说服对象怀疑说服者的动机和信息的可信度，从而可能产生心理抵触。双面说理就是在说服的过程中不断地进行角色变换和换位思考，在讲优点时不回避缺点，讲正面因素时也谈负面因素，讲有利于己的观点时也讲不利于己的观点，这样做可以使说服对象感到客观、全面、公正，有利于缩小说服者与被说服对象之间的感情距离，产生"共振效果"。双面说理既可能产生正效果，也可能产生负效果，如果把握不好分寸，就会降低正面说理的有效性，甚至会对说服者原有的错误态度和行为产生强化效果。从说服效果的实践过程来看，说服一般要经过从无变化、小变化、强化、结晶和改变几个阶段。在说服的开始阶段或者说服对象防范抵触心理较为严重时，应以两面说理为主，逐渐强化说服对象细微的改变和进步。随着说服对象认同感的增强，应及时转换为单面说理，引导说服对象的立场和态度发生逆转性变化。

总之，企业的安全教育实质上是一种说服工作。在说服工作中要坚持：诉诸理性与诉诸感情相结合；激励说服与警示说服相结合；明示观点和暗示观点相结合；单面说理和双面说理相结合。使安全教育说服多法并举，这样既可以提高安全教育的说服效果，又能使企业的安全思想、安全方法深入人心。企业的安全教育就克服了走过场、应付差事的尴尬局面，而发挥出见到实效、保障安全的实绩效应。

124 提高班组安全教育效果"六法"

班组安全教育搞了多年，而班组发生的各类事故占到企业发生事故总数的 80% 以上，究其原因，一个很重要的方面是班组安全教育效果不佳。如何使班组安全教育真正做到入脑、入耳、入心？应做到下列"六要"。

（1）调频法。这里所说的"调频"，就是指根据教育对象的实际，提出不同的要求。安全教育的"音频"的高低，是直接关系到其能否入耳的首要问题。"音频"过高，调子调得很高，发出的声音就容易失真，被教育者听了就会感到刺耳，不乐意接受，甚至会产生逆反心理；"音频"过低，格调低下，只能暂时满足部分人的低层次心理需要，即使入了他们的耳，也不能入脑、入心，同样不能达到安全教育的目的。因此，在班组安全教育过程中，必须根据班组的实际情况，调节安全教育的"调子"，既不能提出超越现实的过高要求，唱高八度，又不能违背基本准则，入情而背理，应以适中的"音频"求得共鸣。

目前，在班组安全教育过程中，"调子"或高或低的现象仍然存在。要克服这种现象，关键是要把安全教育的"音频"调至适中的位置，即寻找出国家、集体、个人三者利益的结合点，引导班组成员既要树立科学安全发展的观念，又要坚定奋斗安全生产的信心。具体应从以下两点去调试：一是调出班组远期目标和近期目标的会合点，激励员工坚定践行科学安全发展观的斗志。班组应在树立安全生产远大目标的前提下，脚踏实地地做好本职工作，这样才能有自己的前途。安全教育施教者必须以此引导员工，使他们由"小"看到"大"，由"近"看到"远"，激发他们为实现远大目标而从点滴做起的热情。二是调整公利和私利的平衡点，增强员工践行科学安全发展观的信心。安全教育者要善于从员工最现实、最基本、最需要的安全问题入手，不断对安全教育内容和方式进行调整，以适应员工的"饭量"，适应他们的"胃口"，这样才宜被员工消化、吸收。

（2）调幅法。振幅是指物体振动范围的幅度。这里所说的"调幅"，就是要调节科学安全发展观教育的范围、模式和层次。一是要适应班组员工的要求，扩大安全教育范围。改革浪潮的冲击，使员工的思想观念、心理需求、思维方式等都发生了较大的变化，思维方式从单向的求同模式向主体的、求异的方式发展。生活中，他们既习惯于古今纵向对比，更喜欢内外横向比较；既想听听正面的道理，又想听听反面的评价。这些新情况、新变化，客观上要求我们在科学安全发展观的教育中，注意走出狭小的封闭圈，安全教育的思路要宽，安全教育的内容要丰富，安全教育的形式要灵活。二是要适应时代特点，改变安全教育模式。班组安全教育者要搞好科学安全发展观教育，就要善于因人、因地、适时地调节"波幅"。在充分理解科学安全发展观深刻内涵的基础上，编写出符合班组成员实际和特点、体现自己独立思维的教案来和大家共同交流。这样，班组成员就会感到不是在简单地说教，而是在交流安全思想，才会有兴趣倾听班组领导的讲述和评论。三是要分清层次，分类施教。在班组安全教育中，要区分班组干部和一般工程技术人员，骨干员工和普通员工等不同层次，根据不同的安全教育对象，相应调出"短波""中波""长波"等不同的波段，切忌"一本经"念到底。

（3）调阻法。物理学中欧姆定律告诉我们，可调电阻的作用就在于它能控制电流量的大小，如果把电阻调到最低值，就能保证所通过的电流达到最大值。这个欧姆定律对科学安全发展观教育也同样适用。教育者的阻力干扰越小，班组安全教育的效果越好。因此，要搞好班组安全教育，"调阻"工作也是不可缺少的一个重要方面。

影响班组安全教育成效的因素是各方面的，但主要来自于社会、家庭和单位本身这三个方面。社会大气候的风风雨雨，亲朋好友的一封书信，单位的一件不平之事，很可能使班组安全教育者用千言万语获得的效果付之东流。如何通过"调阻"来增强班组安全教育效果呢？第一，提高"导体"质量，增强对抗力。就是帮助班组成员树立观察、分析事物的正确观点和立场，特别是科学安全发展观的思维方式，不仅要告诉他们是什么，更要告诉他们为什么。不能满足于给大伙"几条鱼"，更要教会他们"抓捕鱼"的方法，提高他们的识别能力，使他们的肌体具有很强的免疫力。第二，加大"电流"强度，增强穿透力。就是要加强正面教育，不断地向班组员工灌输科学安全发展观思想，传播科学安全发展理论，提高他们穿透干扰层的冲击力。第三，借助"电压"之力，减少外阻力。就是要利用单位、班组以外的社会、家庭、亲朋、好友的积极力量，形成安全工作合力，以此来改变安全正面教育和反面干扰的比差，增强班组安全教育效果。

（4）分支法。要使科学安全发展观的大道理有实体感，一般说来，还要采取分支法。一是把安全发展的大道理分支化实，以点带面，触类旁通，引申扩张，收到一滴水反映太阳之光辉的功效。讲安全生产大道理，必须善于将所要讲的课题进行分支，化大为小，化抽象为具体，然后根据安全教育的目的，从最有针对性的具体道理讲起，通过对具体道理的逐一理解，形成对所讲课题的系统印象。二是赋予安全生产大道理以时代内容。党和政府的安全发展基本理念蕴含着丰富的时代内容，具有鲜明的时代感，绝不能将班组安全教育搞成几十年一贯制。一方面，要努力发掘，把过去讲片面了的安全内容讲全面；另一方面，要及时丰富，把在安全生产实践中证明了是正确的东西填充进去，丰富它的内涵。把安全工作的老道理讲出新内容、新道理，讲出时代性，大家就会觉得更真实、更具体、更生动。当然，无论是分支还是赋新，都必须建立在对安全工作大道理的深刻、全面、正确理解的基础上，都必须符合安全工作大道理的基本精神，那种为了赶时髦而扭曲党和政府安全发展根本理论的不良倾向必须予以防止。

（5）求实法。用安全科学理论分析说明现实安全生产问题，帮助班组成员解扣子，把员工的思想统一到党和政府安全发展的方针政策上来，正是科学安全发展观教育的出发点和落脚点。解扣子的数量多少、程度如何，应是衡量班组安全教育效果的重要尺度。

要把科学安全发展观所蕴含的道理讲到班组员工的心坎上，要把扣子真正解开，要注意做到：第一，明确立足点，不搪塞敷衍。第二，注重调查研究，不闭门造车。要利用各种渠道深入班组调查研究，了解员工的安全需求，准确地把握其安全思想脉搏，努力把安全道理讲到大家心理。第三，要勇于涉险，不回避难题。现在班组有一种倾向，就是只讲"上了本本，定了调调"的问题，对新的、敏感的，也就是安全工作中的焦点、热点、难点问题则瞻前顾后，畏首畏尾，尽量绕着走。事实上，在班组安全教育中，大家最需望解决的正是这些问题。安全教育者应该丢掉顾虑、鼓足勇气，去探索、去研究，不能只吃现成饭。第四，要摆正位置，不以教育者自居。教育者只要实事求是，动之以情，晓之以理，就有说服力，就能解开班组成员思想上的扣子。

（6）联想法。讲科学安全发展最忌照本宣科，干巴巴的几条，如清水煮白菜，吊不起胃口。只要善于由此及彼、由表及里的联系，多角度、多则面地讲安全问题，才能使科学安全发展观所蕴含的大道理给员工留下深刻的印象，深入员工的心灵，进而规范员工的行为。

班组安全教育"联想"的方法是多种多样的，归纳起来主要有以下几种：一是追根溯源法。就是查出处、查背景，讲清来龙去脉。二是顺藤摸瓜法。就是要把与主题有关的事和理顺手牵来，通过一系列的联系把概念具体化，使道理通俗化，达到寓理于事的目的。三是类比联想法。就是通过类似的小道理来说明大道理，这样往往可以收到良好的效果。四是假想联想法。班组安全教育从正反两方面假设种种情况，启发大家的思路。五是随机联想法。就是根据班组安全教育的气氛和环境的变化，随时增加安全的话题。

需要指出的是，班组安全教育方法无定式，实践之树常青，广大安全教育者应在实践中注重科学的安全教育方法的研究和应用，不断增强班组安全教育的时代性、针对性，切实提高实效性。

125 班组学好用好安全理论的途径

具体才能深入，细化才能深化。党中央、国务院提出安全发展理论作为来源于群众、来源于实践的科学理论，要将其深深植根于广大员工群众的脑海，不能大而化之、空泛地学，而要紧密联系班组安全生产的实际，运用有效的招法，使对其的运用不断深化，以此来指导班组的安全生产工作。

（1）联系热点焦点，拉远为近地学。要把安全发展这一相对宏观的理论联系到解答热点、焦点问题上，使之变成看得见、摸得着的东西。在班组具体安全工作中，要运用好三种方法：其一，诵读宣讲切入。要解答好热点、焦点问题，掌握安全发展基本理论知识是前提。而这又要从通读入手，从背记开始。要采取员工自读、班组长领读、请专家解读、分小组议读等方法。比如，对安全生产"五要素"的学习，要一个一个段落读，一个一个观点记，做到读中学观点，背中思要义，记中悟精髓。其二，互动交流启发。要在"议热点、释疑点"中深化学习理解，采取主题演讲、实话实说、正反辩论等形式，主动把个人观点亮出来，把不同意见摆出来，把内心想法讲出来，用简单明了的道理解析那些抽象具体的理论。其三，班组长要带头。班组长要把安全生产意识推进到安全发展理论体系宣传普及中，努力做到学在前、用在前。要打头阵、先发言，带着班组文化程度低、理论基础弱的员工一起学，切实当好谈论交流的引导员、解疑释惑的辅导员。

（2）把握整体脉络，破大为小地学。学习安全发展理论，口子要尽量开得小，不能指望"一口吃个胖子"。可以采取"三双一"的办法：其一，"学一个专题研究一个问题"。按照安全发展理论的形成脉络，将基本理论、基本观点和基本要求分解成若干个专题，逐个进行学习研究。比如，组织学习"如何把事故降下来"这个专题时，可以将其标准活化为"五个一点"，即安全教育深一点，隐患整改快一点，安全投入多一点，岗位巡检细一点，安全记录准一点。其二，"学一个观点解一个扣子"。要把学习安全发展理论观点与提高安全思想认识统一起来，联系安全工作中经常遇到的疑难问题，运用安全科学理论蕴含的立场、观点、方法进行讨论辨析，在解决安全问题中提高能力。其三，"搞一次活动深化一次认识"。通过在班组组织安全活动，如结合重大节日，搞好"安全在我心中演讲"活动，搞好"安全知识竞赛"活动，让安全发展理论闪耀出艺术的光芒，让员工在艺术中领略真理的魅力，对安全发展理论的学习理解，用员工自己独特的形式和方法表现出来，让安全发展理论回归朴素、回归自然。

（3）紧贴身边实际，变虚为实地学。创新安全发展理论进入员工思想、进入安全工作的过程，就是把安全发展理论变虚为实的过程。要善于联系身边具体的人和事来学，让安全发展理论从"天上"走到"地下"。学习中，应把握好"三个多"：其一，多想想身边的事。从新闻报道、媒体网络、工作生活中找事例，用身边的事诠释理论观点、印证学习内容，解决好内容抽象不好理解、学习过后印象不深的问题。其二，多看看身边的人。在班组安全生产实践中，广泛开展"学先进，评先进"活动，将安全理论学习情况纳入班组评先和个人成长进步的标准之中，切实营造"做有标准，学有甜头，干有动力"的浓厚氛围。其三，多说说心里话。发动员工群众联系个人生活、本职岗位、具体工作说、学、用安全生产理论的经验体会，把个人的认识变成大家的共识，把个人的经验变成大家的财富；用自己的话来"翻译"安全理论观点，把安全发展理论用通俗易懂、深入浅出的鲜活语言表达出来，就像在唠家常中把道理析透。

总之，对党和政府的安全发展理论，在学习、理解的过程中，联系热点焦点，拉远为近地学；把握整体脉络，破大为小地学；紧贴身边实际，变虚为实地学。就能对班组安全生产工作起到理论联系实际、理论为实际服务的作用。

126 正确认识班组安全学习中的辩证法

安全学习是班组提高安全素质的基本途径。在新的历史时期，班组员工只有不断进行安全学习，才能加强安全知识的积累，实现安全生产能力的提高。班组应把握好安全学习的强制性和自觉性、学习的阶段性和持久性、读有字之书和无字之书三个方面的关系，具体内容如下。

（1）自觉性与强制性相结合。安全学习对班组员工来说，首先是一种责任、是一项义务、是一个政治问题。班组员工的安全学习绝不仅仅是个人的兴趣爱好，绝不是可学可不学、想学什么就学什么、想不学什么就不学什么的问题。因此，对班组员工的安全学习要求带有一定的刚性。从大的方面来讲，这是安全生产形势所迫，是为了从根本上避免企业员工出现安全知识恐慌问题。从现实的层面来讲，在工作和学习矛盾未能得到很好处理的情况下，一些班组员工往往容易重工轻学，强调所谓的工作繁忙而将安全学习搁在一边。另外，安全学习毕竟不是一件容易的事，乐在其中、学如甘饴、如饥似渴地进行学习，目前还没有成为一种常态。一些班组员工在应酬和玩乐面前往往会"乐而忘学"。因此，对班组成员的安全学习提出一定的刚性要求是十分必要的。

班组员工仅靠组织规定的实践来进行安全学习显然是不够的，还要有相当的自觉性。爱因斯坦有句名言："人的差异往往在于业余时间，业余时间生产着人才，也生产着懒汉、酒鬼、牌迷、赌徒。由此不仅使工作业绩有别，也区分出高低优劣的人生境界。"

班组员工安全学习要学有所成，就要有所节制，减少不必要的应酬和交往，保证有充足的时间和精力来进行学习和思考。安全学习要持之以恒、循序渐进。陶渊明曾说过："勤学如春起之苗，不见其增，日有所长；辍学如磨刀之石，不见其损，日有所亏。"这段话提醒我们，安全知识也是靠点滴的积累才能不断增长，学习一旦隔断，所学知识也会慢慢遗忘。班组员工在工作繁忙之余，是将有限的业余时间用于家务、交往，还是主要用于安全学习，是检验其是否具有安全生产意识、务实的安全工作作风和扎实的安全知识学风的重要标准。因此，班组员工在安全知识、安全技能的学习上一定要有相当的自觉性，将安全学习培养成一种习惯、一种追求和一种常态，使其成为生活的一部分。

（2）阶段性和持久性相结合。班组员工的安全学习不是为学而学，在相当程度上是为了安全生产工作，为了安全事业，为了更好地履职。这就往往注定了班组员工的安全学习应有明确的目标指向。有些班组成员把安全知识学习的"实用主义"作为一个问题来进行自我批评，对此要辩证地看。如果仅仅是把安全学习停留在"实用"的阶段上，这当然是不够的，有的甚至出于一种"功利"的目的来学习，恐怕是错误的。但安全学习如果连"实用"也不讲了，那就成为一种安全学习的"虚无主义"了，同样是要不得的。因此，班组员工安全学习的阶段性目标，就是要按照"需要什么学什么""缺什么补什么"的原则，多学与本行业、本专业、本岗位相关的安全知识、安全技术，尽量使自己在较短的时间内掌握必要的专业知识，跟上形势和时代的步伐，成为自己所从事领域的行家里手。阶段性安全学习要求班组成员尽最大的努力学以致用，在学习中带着课题学，带着问题学，带着思考学，通过安全学习，寻找解决具体安全问题的办法，这样，才能提高安全知识、安全技能、安全技术学习的针对性和实效性。

针对某一项安全工作或遇到的安全专业问题进行阶段性学习当然是正确的，但是，班组员工的安全学习如果仅仅着眼于解决一些眼前的实际安全问题是不够的。所以，在强调班组员工安全学习要有明确阶段性目标的同时，还要注意安全学习的持久性。持久性安全学习要解决什么问题呢？一是积累问题。安全学习是一个潜移默化的过程，如果阶段性安全学习是一种立竿见影的学习行为，那么持久性安全学习就是一个长期积累的过程。因为不管是阅读习惯的养成、安全知识的积淀，还是思维能力的提高，很多时候都不是立竿见影的。与持久性安全学习相比，阶段性安全学习储备起来的知识只是冰山一角。为什么一些班组成员"书到用时方恨少"，而另外一些班组成员在关键时刻却能脱颖而出？这与他们的平时阅读、思考、积累是密不可分的。二是学识问题。今天的社会和企业要求班组员工成为复合型人才，只有知识面广，思路才能宽。因此，班组员工在安全学习上需要进一步追求量的扩充，注重扩大认知的领域，具备综合思维和系统思考能力。三是修养问题。持久性安全学习由于非功利性，本身是快乐的，除了学以致用之外，还能学以怡情，是提高班组员工文化品位的基本途径，这就是更高层次的精神追求了，是一种人生的修炼。

（3）有字之书与无字之书相结合。要读有字之书是指班组成员对一些重要的、基本的、必修的安全知识，要做到烂熟于胸。首先，要读好安全法制书，安全法制是搞好安全生产的基础和保障，在学习安全法制的同时，用安全发展观武装头脑，运用马克思主义的立场、观点、方法科学地分析和判断安全问题。其次，要读好各类安全文件政策之书，作为企业员工，必须了解熟悉乃至精通党和国家的安全工作路线、方针、政策、上级机关的安全工作指导性和政策性文件及指示，要成为安全生产政策法规的解读者。再次，还要读好安全经济、安全管理、安全技术、安全文化之书。要善于运用现代安全经济学的基本知识提高驾驭市场经济的能力，善于运用安全科学管理知识提高应对复杂局面的能力，善于运用现代安全技术提高解决繁杂安全问题的能力。这些系统的安全管理理论、安全经济理论、安全技术理论、安全文化理论，如果不能静下心来学，不求甚解，就容易一知半解，甚至"以其昏昏，使人昭昭"。

如果说有字之书是在课堂中学、网络里学的话，那么，对班组员工而言，更重要的是还要读好无字之书——在安全生产实践中学、到员工群众中学、向身边同事学。可以借鉴安全工作经验，吸取安全事故教训，还可以举一反三、触类旁通，达到"有心之人处处皆课堂"的境界。一是要勤于实践。实践是安全学习的一条基本途径，在实践中蹲下去、沉下去，"解剖麻雀"，掌握第一手安全工作材料。二是要尊重首创。班组员工中蕴藏着无穷无尽的安全工作创新源泉，安全工作问计于员工，是安全学习的一个基本方法。三是要善于总结。总结的过程也是重新进行安全学习的过程，通过回顾总结，可以让安全生产中成功的非常之举成为常用方法，让有效的安全工作措施成为长效机制，并不断地巩固它、完善它、深化它。

总之，安全生产实践是班组员工提高安全知识水平、增长安全技能的大课堂，只有投身实践，问计于员工，才能取到真经，不断增强安全生产工作的本领和能力。

127 对班组构建安全教育"自主培训"模式的思考

在一个企业，因为各个班组的工作性质不同、工作内容不同，所以安全教育的内容和针对性也不同。现阶段，各个班组都在积极探索，明确了全方位、多层次、多途径对班组员工进行安全教育培训，能大幅度提高班组员工的整体安全素质，能有力地推动企业的经济、生产全面发展。但是，有的班组长认为，安全培训教育仅仅是工作的一种形式，走走过场就行了。安全学习的自觉性、积极性不足，参加安全学习培训往往是被动地接受，使这项工作走了过场；有的班组长认为自身文化素质较高，从而自动放弃了自主培训和自我教育。另外，车间、企业没有完全把班组安全教育培训与选拔任用干部有机结合起来，使不少班组长产生了学与不学、训与不训对提拔重用都没有多大帮助的错误认识，导致不少班组长和骨干对安全学习培训的自觉性不够，学习热情锐减，从而影响了自身安全素质的提高，最终受影响的是企业安全生产大业、企业经济的发展、企业员工的福祉。因此，必须积极探索和构建"自主培训"的班组安全教育模式，以解决班组安全教育培训自主性不强、质量不高、效果不明显的问题。

（1）班组安全教育"自主培训"的模块。一是班组长们的自主性学习。这一模块包括：由企业安全生产监督管理部门、车间、工段定期定时准备丰富的课程资源，并开列安全培训菜单，由受训班组长们根据需要自主选择培训；班组长们坚持常规性的自主读书、读报、读杂志；班组长们利用网络和现代信息技术资源自学；班组长们坚持自主性做读书笔记、撰写心得体会等。二是班组长们的自主性研究。这一模块主要包括：班组长们自主发现安全问题、调查安全问题、分析安全问题、研究安全问题、解决安全问题的行为。班组长们通过在持续不断的自主性研究中掌握安全生产情况、精熟安全工作业务，养成勤奋、科学的习惯和态度，形成新的安全理念，形成新的安全思维方式，掌握解决安全问题的新方法。这个模块可以界定为按时、按质、按量地完成相应的安全工作调研报告、课题研究和理论文章等。三是班组长们的自主性岗位实践。这一模块主要解决班组长们学以致用、研以致用的问题，倡导广大班组长们敢于和善于将自己在安全生产实践中学习和研究的东西用于指导安全工作、开展安全工作、拓展安全工作内容、创新安全工作方式、提高安全工作效能等。这一模块可以通过对班组长们的履职及所从事的工作的绩效考核作为定性和定量的鉴定。四是班组长们的自主反思。这一模块的主要目的是培养班组长们了解自我、分析自我、研究自我、完善自我的能力和素养。可规定班组长们在一年或一个时段内必须完成自我的学习反思、做人反思、工作反思，并形成物化的东西作为考核与鉴定的依据。

（2）实现班组长安全教育"自主培训"的保障。一是组织领导保障。要建立强有力的班组安全教育"自主培训"领导制度，建立组织保障体系。首先，要成立以企业厂长（经理）为组长，相关部门领导为成员的"班组安全自主培训"工作领导小组。负责全厂（公司）班组的安全"自主培训"工作规划、计划的制定和落实，并对班组长的安全自主培训情况进行检查、评估和通报；其次，安全监管部门、教育管理部门可成立相应的班组安全"自主培训"业务指导组，负责指导、组织班组的安全自主培训工作；再次，班组所在车间要成立班组安全自主学习小组，负责本车间班组安全自主学习、自主研究、自主培训等工作。二是政策制度保障。建立制度出台班组安全"自主培训"相关规定，规定所有班组必须全员参与安全"自主培训"，规定班组长必须自主选择由安全监管部门或有相应资质的安全培训基地所举行的"菜单式"安全培训的学时数；规定班组长必须参加企业内请进来培训的学时数；规定班组长每年必须达到读书的数量、读书笔记和心得体会的数量；规定每位班组长每年撰写安全生产调研报告、课题研究的数量和质量；规定每位班组长每年必须撰写的安全工作自主性反思的数量和质量；规定每位班组长每年必须获得相应学分，并将之计入考核结果；建立班组及班组长安全"自主培训"的监督制度，不断加强对班组及班组长安全"自主培训"的过程监督和质量效益管理。三是激励机制保障。建立科学规范的安全"自主培训"激励机制，不断强化对班组及班组长安全"自主培训"结果的运用，实际培训学分与班组长履职考核和职级升降相挂钩的办法，对完成安全"自主培训"任务较好、安全素质提升较快的班组长，要给予提拔重用，从而有效调动和激发班组长学习、研究安全生产的主动性和积极性。四是时间经费保障。企业每年制定全年工作计划时要预留时间和空间，让班组成员及班组长适时自主参加走出去和请进来的安全教育培训，预留出时间让班组长自学、调研和搞课题研究。同时，要为他们提供固定足够的经费，年初预算安排班组成员及班组长进行安全"自主培训"的专款，保障班组成员及班组长走出去或参与请进来的有偿培训，保障班组有购置安全书籍和学具的费用，保障班组有调查和研究安全生产课题的经费等。

总之，对班组及班组长安全"自主培训"机制的建立，可能是解决班组及班组长安全教育培训积极性、主动性不够、参训面不广、实效性不强的好办法。同时，更是全面提高班组全员安全素质的有效方法，但具体的实施办法还需要企业的安全生产监管部门在实践中不断探索和完善。

128 事故案例教育是实现班组安全的有效途径

事故案例教育是指把已经发生的事故，作为一个个案例来开展安全教育的一种方法。用此种教育方法，其目的是通过对事故案例的剖析研究，吸取教训，总结经验，进而改进工作方法，避免重复性事故的发生。它是搞好班组安全生产的有效途径之一。

（1）警醒员工，铭刻在心。班组通过事故案例教育，使员工对已发生事故有一个全面的了解，特别是发生在自己身边的事故，印象最深，最具感染力，最有说服力，甚至终生难忘，永远铭刻在心。这种教育最直观，它能强化安全生产意识，能启迪安全生产思想，能产生对事故影响的反思，所收到的效果是书本教育或说服教育所无法收到的。对纠正人的不安全行为起到潜移默化的作用。

（2）分析案例，改进方法。班组通过事故案例教育，使员工对已发事故进行深入细致的分析，从中发现哪些地方违反了安全规程，哪些环节违背了安全制度，哪些方面歪曲了安全标准，进而在头脑中加深对安全规程、制度、标准的理解，在今后的工作中，避免违章作业，改进工艺工序，使其方法可行、安全可靠。这种教育，能改善工作方法，提高操作技能，优化作业程序，使安全规程更完善，安全制度更健全，安全标准更科学。

（3）细化检查，消除缺陷。班组通过事故案例教育，使员工对原来的安全检查项目来个回头看，从中发现还有哪些不到位、哪些漏项漏洞、哪些需要强化，从而细化了安全检查标准，对消除隐患、缺陷，特别是一些死角以及新的危险源点有了更加明确的认识。对今后的安全操作、安全检修打下了良好的基础，对消除生产作业过程中的不安全状态起到了深化细化作用。

（4）研究对策，确保安全。班组通过事故案例教育，为班组管理者，特别是班组长，研究今后安全生产工作提供决策依据。沉痛的事故教训，使人们变得聪明起来，班组长在指挥生产过程中，首先想到的是以往曾发生过什么事故，是因为何种原因发生的，现在在工作中要注意什么、加强什么、改进什么，从而确保生产作业过程中的安全，避免重复性事故的发生。

总之，班组通过事故案例教育，能够警醒员工、改进方法、细化检查、研究对策，从而确保班组安全生产。它不失为班组开展安全教育的有效方法，不失为保障班组安全生产的有效途径，不失为推进班组安全发展的有效选择。

第五章 班组安全文化建设 ▶

　　安全文化是指人们为了安全生产和安全生活所创造的文化。在企业的生产作业中，常常出现操作者违章作业、违章指挥、违反劳动纪律的现象。这种"三违现象"，导致诸多事故的发生，通常造成"三违现象"的产生是由于从业人员遵章守纪的自觉性不高。自觉性又是人的意志品质，是人能意识到自己行为目的和意义程度的大小。由于对行为后果的认识不同，人们即使面临同一个环境也会采取不同的行为方式。这种支配行为方式能力的形成，取决于人的文化素质。

　　安全文化是人的安全价值观和安全行为准则的总和。安全文化作用于班组每个成员，是他们对安全生产的态度、安全工作的思维程度、采取的安全行为方式等的总和。因此，大力发展班组安全文化建设，用文化的渗透力去控制每个人的行为，使生产作业能够高效、有序、安全地进行，这是安全文化的最基本的功能。

　　本章共给出了7个班组安全文化建设的方法。从如何营造班组安全文化建设氛围、如何夯实班组安全文化建设基础，到班组安全文化建设的途径，以及建设过程中存在的问题和对策，作了一定的研究和探索。另外，对班组长如何做一个文化型的班组长也进行了一定的阐述。旨在通过这几个方法的引导，使更多的企业班组能够创造出更多更有效的安全文化建设方法。

　　敬请注意：

　　(1) 做一个文化型的班组长对班组安全文化建设大有好处。

　　(2) 学会营造优良的班组安全文化是班组安全生产的基础。

　　(3) 努力营造班组安全文化建设氛围是建设班组安全文化的催化剂。

（4）班组安全文化建设的途径是多种多样的，也是丰富多彩的。

（5）对班组安全文化建设存在的问题及对策要有充分的了解和掌握。

129 做一个文化型的班组长

文化是企业在长期的运作中自觉形成的，并使企业员工恪守的行为宗旨、价值观念和道德行为的综合反映。班组安全文化在人的思想深处影响着人对事物的认识与判断，决定了人们在班组安全工作中的行为方式和活动的价值取向，以及人们之间安全行为的协调性。具有强烈的创新精神、团队精神的班组安全文化会使全体成员对班组高度认同，对班组安全生产目标高度理解，使班组成员团结协作、形成合力，使班组功能充分发挥。所以，班组长应通过形成组织信念、团队精神等良好的班组安全文化来进行安全生产组织领导，使自己成为一个文化型的领导者。

（1）形成班组特有的安全价值观。安全价值观是构成班组安全文化的核心。班组中的成员在合作与交流的过程中，形成了一套在本班组内部适用的认识和衡量事物的准则体系，该体系作为安全思想和行为的出发点深深地植根于每一个人的头脑中，形成了共同的安全价值观，班组中的成员将以此为核心，形成一系列特有的认识安全事务、处理安全问题的思维方式、行为习惯等。

文化型的班组长之所以对班组成员有较强的出于自然而非强迫的约束力，对班组成员有较大的凝聚作用，就是因为班组成员有共同的安全价值观，并由此形成彼此之间认同的安全工作作风、安全行为方式，使班组成员感情融洽、精神愉快地积极为班组安全目标的实现而努力。这也说明，文化型的班组长能够大大减轻安全管理带来的压力，能有效地解决班组成员之间的矛盾和冲突。

（2）构建班组的安全道德情结。班组安全文化建设的目的是在班组中形成一种安全道德行为准则，这种准则可以通过安全道德情结使班组成员形成团体安全生产尽责的共识。安全道德情结的主要标志是安全道德契约的建立。

安全道德契约界定了班组长和成员各自的安全道德角色、角色责任、角色期望等，使班组成员均成为安全道德情结网络上的一环，了解自己在网上的位置，也明白自己为团体安全生产尽责的内容。从安全道德契约的内容来看，它既表达了契约者要尽的安全责任，又反映契约者对他人的安全希望。尽责的班组长有较强的服务意识，既能很好地完成班组任务，充分实现班组安全生产目标，又能极大地满足班组成员的安全需要，能较好地完成班组的各项安全生产任务。除了有班组成员如何尽责的承诺以外，还有与尽责相对应的班组成员希望获得的其他成员的支持与帮助。这与传统的安全规章制度有很大不同。传统的安全规章制度只讲职责，不反映受规章制度约束者的希望，而安全道德契约是尽责与希望之间双向呼应的。安全道德契约下的尽责不是在安全制度严格控制下的尽责，而是一种安全道德尽责。契约前，契约者不仅要了解自己的安全责任，而且要关心其他角色对自己的希望和要求，以此加深各角色之间的互相了解。契约者在确认自己能够并愿意履行契约时，才会签署。当然，安全道德契约是没有法律或行为约束力的。签署者表达了一种意愿，表示了一种决心。安全道德契约不应有太抽象、太原则的语言，每一角色的安全责任和安全希望之下，均应有若干条具体内容。这些内容与传统的安全规章条文也很不相同。传统的安全规章条文往往是对不同角色最起码、最基本的要求，而安全道德契约是对每个角色的高标准、高要求，需要各角色尽最大努力实践其诺言。同时，安全契约的内容应能反映出班组的基本安全理念。

安全道德情结下的班组安全准则不仅仅是约束班组成员的条条框框，而是一种能将班组成员情结结合在一起的安全价值观和安全信念体系；安全奖惩也不仅仅是一种具体的物质呈现，而是班组成员对安全工作意义上的认识，对自己努力工作的结果进行评估的内在的安全道德力量，班组安全生产理想不再是一种"嘴上说说、墙上挂挂"的东西，而是一种班组全体成员努力追求的安全奋斗目标。

安全道德契约的建立使班组人际关系中的排他性减少，积极的同事关系促使班组成员以更加愉快、积极的态度投入安全生产工作，在自我管理、自我约束、自我控制的过程中互相支持和互相帮助。在这种情况下，班组长摆脱了大量的具体的事务性管理，能够有更多的精力去思考更高层次的班组安全发展问题。

（3）以权威作为班组安全活动的基础。班组长的权力根据其来源，可分为职权和权威。职权是履行法定的职务权力，是行使权力的条件，具有强制性和威慑性。权威是由于班组长自身具有使人信服的力量和威望，自然而然地赢得班组成员的敬重和信任，班组成员从心理上愿意接受其影响而获得的权力。

权威对班组成员的影响力很大。班组长的权威高，在班组成员心目中会产生一种敬仰感，这种敬仰感具有一种特殊的凝聚力和感召作用，使班组成员信服、听从。相反，班组长的权威低，班组成员在心目中则会产生一种失信感，这种失信感会有一种削弱班组长影响力的作用。班组长的权威在班组的安全生产中自然而然地产生了一种班组安全文化，这种班组安全文化对班组成员心理的影响是自然的、不可抗拒的，由它带来的安全行为动力也是自然的、积极的。班组长的权威取决于其自身的安全道德品质和安全知识素养等。

① 安全道德品质。班组长在言行中表现出的安全思想、品行等都会带来巨大的影响，从而使班组成员产生尊重感。班组长具有良好的安全思想品质、安全工作作风和安全道德等，会在与班组成员相处中自然而然地深深地植根于每个人的头脑中，吸引班组成员去效仿，长期下去便形成了该班组特有的安全价值观、安全思维方式、安全行为习惯等。在我国的企业中，班组成员对班组长的安全道德品质尤为重视，若班组长有高尚的安全道德情操，深得班组成

员的爱戴，即使其因能力与知识欠缺致使某项安全工作做得不妥，也能得到谅解。相反，班组长虽然有能力、有知识，但是安全道德差，也会失去班组成员对他的信任。因此，班组长的安全道德品质是班组安全文化形成的重要条件。所以，做一个文化型的班组长应具有高度的责任感、强烈的事业心和无私的奉献精神。

②安全知识素养。班组安全文化的形成需要借助广博的安全知识去认识和衡量事物，从而形成班组的安全文化准则体系。所以，班组长应具有相应的安全知识水平。班组长必须勤奋学习、勇于进取，在安全生产实践中增长知识和才干，具备较广泛的自然科学和社会科学两方面的基本知识，以及较高的安全理论水平和政策水平。这样，就具备了一个文化型班组长的条件了。

总之，做一个文化型的班组长，形成班组特有的安全价值观，构建班组的安全道德情结，以此作为班组安全活动的基础。就能使班组成员在共同的安全价值观的指导下，在共同的安全道德情结的影响下，班组长的安全工作权威树立起来，班组的安全建设就无往而不胜。

130 学会营造优良的班组安全文化

班组安全文化是指一个班组在长期的生存和发展中形成的，为多数成员所共同遵循的基本安全信念、安全标准和安全行为规范。在当前市场经济日趋成熟，经济全球化日益明显的大背景下，优良的班组安全文化对于企业的经济发展，对于企业在市场经济的大潮中站稳脚跟，对企业安全生产的作用越来越重要。班组员工对此要有充分的认识，学会营造优良的班组安全文化，以适应安全发展的需求。

营造优良的班组安全文化，班组长首先要正确认识班组安全文化的积极作用，从而树立科学的班组安全文化态度。优良的班组安全文化能够在班组集体内产生一种尊重人、关心人、培养人的良好氛围，产生一种安全精神振奋、朝气蓬勃、开拓进取的良好风气，激发班组成员的安全工作创造热情，形成一种强有力的安全工作激励环境和激励机制。这种环境和机制在某种程度上胜过任何行政指挥和命令，它可以有效地解决班组安全生产目标与个人目标的分歧、领导者与被领导者之间的矛盾。具体来讲，优良的班组安全文化对班组安全管理工作有以下几方面的作用。

（1）安全规范作用。一个班组的安全规章制度可以构成对成员的硬约束，而安全道德、安全信念和安全风气则构成对成员的软约束。这种软约束以群体安全价值观作为基础，一旦在班组成员心理深层形成一种定式，只要班组层面上诱导信号发生，即可得到积极的响应，并迅速转化为预期的行为，从而使班组成员的安全行为趋于和谐、一致。

（2）安全凝聚作用。文化具有极强的凝聚力量。班组安全文化是班组员工的黏合剂，可以把班组各个方面、各个层次的人都团结在班组安全生产目标的旗帜下，使个人的安全思想感情和命运与班组的命运紧密联系起来，激发个人产生深刻的认同感，使个人与班组、企业同甘苦、共命运。

（3）安全激励作用。班组安全文化的核心是确定班组内部的安全价值观。在这种群体安全价值观指导下发生的一切行为，又都是班组所期望的行为，这就带来了班组安全利益和个人安全行为的一致，班组安全目标与个人安全目标的结合。在物质需要满足的同时，班组内部崇高的群体安全价值观所带来的集体安全成就感和安全荣誉感，能够使班组成员的安全精神需要获得满足，从而产生深刻持久的安全激励作用。

班组长不仅要认识到班组安全文化的重要性，更重要的是还要学会营造优良的班组安全文化。一般来讲，营造优良的班组安全文化应遵循相应的心理规律来进行，以收到事半功倍的效果。以下几个方面是应加以注意的。

（1）运用心理定式。人的心理活动具有定式规律，即"先入为主"的规律。前面一个比较强烈的安全心理活动，对于随后进行的安全心理活动具有明显的影响。在班组内，新成员的心理定式十分重要。班组在提倡什么、反对什么，成员应该具备什么样的安全思想、感情和作风，作为班组长，一定要注意及时地对他们进行介绍、说明乃至培训，使新成员在这些基本问题上形成符合班组安全意志的心理定式，对其今后的安全行为发挥正确的指导和制约作用。

（2）重视心理强化。人的信念是动态的，要使某一安全信息形成定式，必须不停地给予强化。这种心理机制运用到班组安全文化建设上，就是及时表扬和奖励与班组安全文化相一致的安全意识和安全行为，及时批评和惩罚与班组安全文化相背离的安全思想和言行。班组长要注意使安全奖励和安全惩罚成为班组安全文化的载体，使班组安全文化变成可见的、可感的现实因素。

（3）利用从众心理。通常来讲，受群体影响或群体压力，少数人会放弃自己的意愿而与大家保持一致。在班组安全文化建设中，班组长要主动利用这种从众心理，大力宣传班组安全目标、安全道德、安全精神，促成本班组成员安全认识上、行动上的一致。这种一致的局面一旦形成，就会对个别后进成员构成一种心理压力，促使他们改变初衷，与大多数成员融为一体，进而实现优良班组安全文化建设所需要的舆论与行动的良性循环。同时，对于班组安全生产中存在的不正之风、不正确的舆论，班组长应积极采取措施坚决制止，防止消极从众心理的产生。

（4）培养认同心理。认同是指个体将自己和另一个对象视为等同，引为同类，从而产生彼此密不可分的整体性感觉。为了营造优良的班组安全文化，班组长取得全体成员的认同是十分必要的。这就要求班组长办事公正、真诚、坦率、关心成员、善于沟通、具有民主精神和奉献精神。只有这样做了，成员才会把班组长视为良师益友，视为信得过、靠得住的"自家人"。成员对班组长的认同感一旦产生，就会心甘情愿地将班组长所倡导的安全价值观念、安全行为规范当做自己的安全价值观念、安全行为规范，从而形成班组所期望的安全文化。

（5）激发模仿心理。人们在受到外部现象刺激后，常会产生一种按照别人行为的相似方式进行活动的倾向。不言而喻，这种模仿倾向是形成良好班组安全文化的一个重要心理机制。激发模仿心理重在榜样，榜样是模仿的前提和依据。因此，班组长应身先士卒，以自己的模范言行倡导优良的班组安全文化；同时，要大力表彰安全明星、安全先进工作者、避免事故有功人员，使他们的安全工作先进事迹及其体现的安全生产精神深入人心，在班组内掀起学先进、赶先进、超先进的热潮。

（6）化解挫折心理。在班组安全生产工作中，班组内部不可避免地会出现一些摩擦，尤其是班组长与班组成员之间总会产生一些矛盾和冲突。从个人来讲，在安全工作中常常会遇到一些困难或坎坷。所有这些都会使人产生挫折心理。这种消极的心理状态不利于个人安全生产积极性的提高，不利于优良班组安全文化的形成。所以，营造优良的班组安全文化，应特别注意化解班组内部成员出现的挫折心理。班组长要为成员创造一种宽松的安全工作环境，使有挫折心理的成员能够畅所欲言，有适当的渠道发泄不满，有"安全阀""放气孔"可以随时"减压"，从而使挫折心理得到化解。

总之，班组安全文化是企业安全文化的基础，班组安全文化是班组安全生产价值标准和行为规范的体现，企业中每个班组均营造优良的班组安全文化，那么，企业的安全文化事业就会健康地发展。在营造优良的班组安全文化中，班组长们要明白它的作用，在明白作用的基础上，注意运用好班组成员的心理规律，这样，优良的班组安全文化就一定能营造好。

131 夯实班组安全文化建设基础

生产作业过程是人、物、环境的直接交叉点，伤亡及事故及职业危害多数都发生在班组，发生在生产作业过程中。而班组是生产作业的基本单位，是企业完成各项经营目标的主要承担者和实现者。班组安全生产的管理水平是企业综合管理水平的重要体现。班组能否长期保持安全生产的局面，左右着企业整体的安全生产水平。由此可见，班组的安全文化建设是企业实现长周期安全稳定运行的基础。

（1）班组安全文化建设的状况。根据有关调查90％以上的事故发生在生产班组，80％以上的事故的直接原因，是在班组生产过程中由于违章指挥、违章作业或者各种隐患没有及时被发现和消除造成的。这个事实说明防止作业者的不安全行为，消除物的不安全状态，必须从班组做起，一切安全生产的措施方法、手段只有在班组真正发挥作用，才能有效地避免事故的发生。长期以来班组的安全文化建设未能受到足够的重视，安全管理基础工作薄弱，导致了班组员工安全意识淡薄，安全素质低下，自我保护能力不够，形成了事故高发、多发的主要群体。班组安全工作往往是一般号召多，具体措施落实少，浮在上面的活动多，深入实际解决问题少；说嘴多，干活少，被动应付多，主动预防少。总之是不严、不实、不深、不细、不到位，没有把有效的安全管理工作真正落实到班组这个最基本的环节上。因此，只有夯实班组安全文化建设基础，才能把伤亡事故大幅度降下来。

（2）建议。要夯实班组安全文化建设基础，有如下几点建议。

① 搞好班组长和班组安全员的选拔和培训工作是中心环节。班组长是班组的核心，他们既是生产者又是管理者，既是战斗员又是指挥员。建立一支好的班组长队伍是班组安全文化建设的中心环节。因而要抓好两点：首先搞好班组长和安全员的选拔。选拔条件主要是"八有"，即有一定的文化和技术基础；有过硬的实际操作本领；有强烈的安全意识；有科学的管理水平，遵守纪律、不违章指挥、不冒险蛮干；有一定的安全管理意识；有一定的组织领导能力；有良好的思想和工作作风；有较高的威信；有安全工作事业心和责任感。其次对预选对象进行系统安全教育和培训，使他们明确班组长和安全员的安全生产职责，而后经过群众选举产生。（每个工班配一名兼职安全员）。

② 贯彻落实安全生产法规和安全生产规章制度是根本保证。要以党和国家安全法规为基础，认真贯彻落实安全生产法，建立健

全岗位安全生产责任制为核心的各项安全生产制度。要实现安全目标管理，把安全生产责任制转化为具体的安全目标，实行安全承包制，个人保班组，班组保项目。严格考评和奖惩，达到目标的要奖，违章违纪发生事故的受罚，把安全生产责任和经济利益相挂钩。个人及班组都必须与车间或企业签订安全生产包保责任书。

③搞好岗位安全教育和培训是夯实基础的关键所在。要严格按照制度的要求抓好集中教育培训（新工人"三级教育"、班组长年度轮训教育、特种作业教育等）通过教育培训进一步培养班组成员"我要安全"理念，提高"我会安全"技能，强化"我懂安全"素质。在此基础上按有关要求办理安全作业"平安卡"安全操作证，做到持证上岗。

④积极推进科学的安全管理方法和制度是重要手段。目前最行之有效的好的方法和制度是：班前会、系统安全分析和危险性评价、安全检查、整改通知单、标准化作业、确认制、互检制、三检制、三工制，以及建立健全安全档案等。应着重抓好以下几点：一是开好班前会。开好班前会是搞好班组安全管理重要手段之一，作用极大。班前会必须做到"三交一清"，即：交工作任务、交工作环境、交安全措施，清楚本班组职工思想身体状况。二是坚持"三检制"，即：班组自检、职工互检、班组之间交接检。三是坚持"三工制"，即：工前动员、工中检查、工后讲评。四是互保制，即班组成员两两结对，互相监督，互相保护，协调配合，做到"四不伤害"，即：不伤害自己、不伤害别人、不被别人伤害、保护别人不受伤害。

⑤开展创建安全文化班组活动是有力措施。根据班组安全发展建设各方面要求，制定文明班组标准，进一步打造"知识型、技能型、管理型、安全型、创新型、和谐型"的班组，年终进行评比表彰。获先进班组称号的，除颁发奖状外并给予物质奖励。

总之，只有夯实班组安全文化建设基础，才能遏制事故发生，才能全面提升企业安全文化建设水平，才能促进班组安全发展。

132 班组安全文化建设的途径

作为企业的班组，特别是班组长，应充分认识班组安全文化建设占的重要地位和作用，自觉抓好安全文化建设。以此来规范员工的行为，形成良好的安全文化氛围，使安全文化成为每个员工的自觉行动。

（1）班组安全文化建设中存在的错误思想。

① 认为班组只要按照上级的要求，抓好日常安全管理工作就行了，抓安全文化建设是多此一举，班组搞安全文化没有多大必要。这种认识是没有看到安全文化建设对班组日常安全管理工作的指导作用。因为，通过班组安全文化建设，可以营造安全氛围，宣传和传播安全知识，增强职工的安全观念，把安全作为生活与生产的第一需要，自觉地保护自己和他人；通过班组安全文化建设，可以牢固掌握应知应会的安全科学知识，学会安全技能；通过班组安全文化建设，可以实践、开发和创新班组日常安全管理工作。由此可见，加强安全文化建设与抓好班组日常安全管理工作是一致的。

② 认为抓安全文化建设是上级领导和机关的事，与班组关系不大。这也是一种错误的认识。显然，在企业安全文化建设中，上级领导和机关负有重大的责任，但这不等于说班组应该负有的责任可以放弃或减轻了。因为企业安全文化建设的基本要求，归根到底要落实到班组，落实到每个员工，只有班组的安全文化建设加强了，整个企业的安全文化建设才会有牢固的基础。更何况安全文化建设具有层次性的要求，只有破除"上下一般粗"的做法，形成各自的特色，才能保持企业安全文化的生机与活力。

③ 认为班组安全文化建设只是抓虚的，不是抓实的，是物质条件不足用精神来弥补。这也是一种错误认识的表现。安全文化即人类安全活动所创造的安全生产和安全生活的观念、行为、物态的总和，它包括安全精神文化和安全物质文化。作为班组必须坚持两手抓，两手都要硬。一手要抓安全精神文明建设，向职工灌输安全

理论，增强他们的安全观念，组织员工学习安全技术知识和安全规章制度，提高员工的自我防护能力，规范员工的安全行为；另一手要抓安全物质文化建设，配齐从业人员的劳动防护用品、安全工器具，完善各种安全防护设施，改善从业人员作业环境。可见，加强班组安全文化建设，不仅要务虚，而且要务实，应使安全精神文化与安全物质文化共同进步，协调发展。

④ 认为班组安全文化建设这个题目太大，应达到什么标准不好把握。实际上加强安全文化建设的标准与日常安全管理工作的标准是一致的。比如，在安全目标上，应实现控制未遂和异常事故发生，实现事故零目标；在安全教育上，应实现教育内容、时间、人员和效果的四落实；在安全防护上，应做到安全防护实施、劳动防护用品、用具齐全；在作业环境上，应构建和谐、文明、卫生的作业条件，应实现隐患和危险处于受控状态。同时，要坚持班组安全文化建设的改革和创新，不断总结经验，努力探索加强班组安全文化建设的新做法。

(2) 班组安全文化建设的主要内容。班组安全文化建设的内容如下：

① 安全生产方针政策。就是认真贯彻落实党和国家制定的"安全第一、预防为主、综合治理"的方针，认真贯彻落实科学发展观，促进企业的安全发展。

② 安全法律法规。这是安全法制问题，一切行为都要在安全法律的规定下进行，也是最根本的安全措施。

③ 安全规程制度。安全规程制度是党和国家安全生产方针政策在企业的细化，也是班组员工安全工作的行为准则。

④ 现代安全管理。现代安全管理理念在不断深化，管理方法在逐步提高，建设班组安全文化必须和现代安全管理相结合。

⑤ 安全教育。安全教育就是班组安全文化的重要载体，通过安全教育提升安全意识，掌握安全技能，扩大安全视野，才能给班组安全文化建设注入活力。

⑥ 安全措施。安全措施是班组安全文化建设的落脚点，员工

的文化素质提高了，在工作中想办法采取安全措施，把可能发生的事故消灭在萌芽之中。

⑦ 安全减灾。在员工中树立强烈的安全意识，把防灾减灾工作放在一切工作的首位，以此来开展安全生产工作，就有了可靠的保障。

⑧ 安全效益。安全生产工作是有巨大的经济效益的，虽然是隐形的，但减少或杜绝了事故的发生，企业的经济效益就一定能提高。

⑨ 安全道德。道德是班组安全文化建设的重要内容，在文化的渗透下，在文化的熏陶下，员工的安全意识不断提高，道德规范不断加深，通过"文化力"的作用，班组的安全生产就能顺理成章。

⑩ 安全环境。就是在班组营造浓厚的安全生产氛围，在这个大环境下，安全生产也就是自然而然的事了。

（3）班组安全文化建设的主要途径。

① 发动员工制定加强班组安全文化建设的规划。加强班组文化建设是一项长期的任务，应从现在抓起，做出艰苦的努力。因此，班组要结合具体实际制定长期建设规划和短期打算。重点内容的确定应有针对性，应注意加强班组安全管理工作的弱项。

② 要把安全文化建设与日常安全管理工作有机结合起来。班组安全文化建设，绝不是离开班组日常安全管理工作另抓一套，而应该找准切入点和结合处。应从基础抓起，让职工了解什么是现代安全文化，什么是班组安全文化建设及企业现代安全文化包括哪些内容，怎样加强这方面的建设。

③ 在班组安全文化建设中应防止出现两种偏向：一种是因循守旧，认为传统的安全文化一切都好，因而拒绝接纳现代安全文化；另一种是彻底否定传统安全文化，认为传统安全文化都不行了，必须以现代安全文化取而代之。实际上，传统的安全文化与现代安全文化之间是有内在联系的，强调加强班组现代安全文化建设，并不否定对优秀传统安全文化的借鉴。

④ 通过教育培训，让员工了解安全文化的内涵及作用，使广大员工成为安全文化的传承者和开拓者，从而将他们的安全素质提到更高的层次。

133 班组安全文化建设的思路

随着我国现代化建设步伐不断加快，企业为了追求利益最大化，从而忽略了企业安全文化的营建，致使各类事故不断发生，严重影响到经济建设，也影响到企业的安全发展，使企业各项生产活动受到制约。每个企业都有着浓厚的企业文化理念，经过其不断发展、壮大而形成了其特有的企业文化氛围，而安全文化建设是企业文化建设中不可缺失的一个关键要素，是企业文化的一个子系统。面对严峻安全生产形势，企业文化建设是一个契机，如何利用企业文化建设来营建安全文化建设，如何利用安全文化建设来有效提升企业员工的安全意识，提高企业的安全形象，已成为企业最好的抉择。

安全文化是企业文化建设的重要子系统。所谓安全文化，是企业在安全生产实践中，经过长期积淀，不断总结、提炼形成的为全体员工所认同的安全价值观和行为准则。它能使企业领导和员工都纳入集体安全情绪的环境氛围中，产生有约束力的安全控制机制，使企业成为有共同价值观的、有共同追求的、有凝聚力的团体。如果把安全比作企业发展的生命线，那么安全文化就是生命线中给养的血液，是实现安全发展的灵魂。

安全文化是尊重人的生命权利、实现人的价值的文化，是"以人为本"的科学发展观理念的根本体现。班组是企业生存与发展的支柱，是企业各项生产要素的有效载体，是企业有机组成中活的灵魂，是一切生产要素实体中最活跃的细胞。因此，企业的安全文化建设要以营建班组活的安全文化为基础。

班组建设作为企业建设的有机组成，是一切安全生产活动的有效载体，是安全文化的实施者，在企业文化建设当中要有效利用细胞分解的原则加以巩固和提高。班组安全文化建设有利于促进企业文化建设的有效开展，体现以人为本的价值观，从而加强企业安全管理，有利于促进可持续发展，体现企业文化的渗透，把握企业活的灵魂。

（1）要以坚持强化现场管理为基础。企业的一切工作是否安全可靠，首先表现在生产作业现场，现场管理是安全管理的出发点和落脚点。员工在企业生产过程中不仅要同自然环境和机械设备等作斗争，而且还要同自己的不良行为作斗争。因此，必须加强现场管理，搞好环境建设，确保机械设备安全运行。同时要加强员工的行为控制，健全安全监督检查机制，使员工在安全、良好的作业环境和严密的监督、监控管理中，没有违章的条件，杜绝人为因素发生。为此，要搞好现场文明生产、文明施工、文明检修的标准化工作，保证作业环境整洁、安全。规范岗位作业标准化，预防"人"的不安全因素，使员工干标准活、放心活、完美活，这是班组安全文化建设的重要内容。

（2）坚持安全管理规范化。人的行为的养成，一靠教育，二靠约束。约束就必须有标准、有制度，建立健全一整套安全管理制度，是搞好企业安全生产的有效途径。首先要健全安全管理法规，让员工明白什么是对的，什么是错的，应该做什么，不应该做什么，违反规定应该受到什么样的惩罚，使安全管理有法可依，有据可查。对管理人员、操作人员，特别是关键岗位、特殊工种人员，要进行强制性的安全意识教育和安全技能培训，使员工真正懂得违章的危害及严重的后果，提高员工的安全意识和技术素质。严格各项管理制度，严明奖罚，营建个人的安全价值观、健康的职业道德观、形成良好的价值取向。

（3）坚持提高员工整体素质。人是企业财富的创造者，是企业发展的动力和源泉。只有高素质的人才、高质量的管理、切合企业实际的经营战略，才能在激烈的市场竞争中立于不败之地。因此，班组安全文化建设，要在提高人的安全素质上下功夫。纵观近几年来，企业发生的各类事故，大多数是员工处于侥幸、盲目、盲从、习惯性违章等造成的。这就需要从思想上、心态上去宣传、教育、引导，使员工树立正确的安全价值观，这是一个微妙而缓慢的心理过程，需要做艰苦细致的教育工作。提高员工安全文化素质的最根本途径就是根据企业的特点，进行安全知识和技能教育、安全文化教育，加强安全宣传，以期创造和建立保护员工身心安全的安全文化氛围为首要条件，增强员工的安全行为意识，形成人人重视安全，人人为安全尽责的良好氛围。

（4）坚持开展丰富多彩的安全文化活动。企业要增强凝聚力，当然要靠经营上的高效益和职工生活水平的提高，但心灵的认可、感情的交融、共同的价值取向也必不可少。开展丰富多彩的安全文化活动，是增强员工凝聚力、培养安全意识的一种好形式。因此，要广泛地开展认同性活动、娱乐活动、激励性活动、教育活动，如张贴安全标语、提安全合理化建议；举办安全论文研讨、安全知识竞赛、安全演讲活动、事故案例展览；建立安全光荣榜、违章人员曝光台；评选安全最佳班组、安全先进个人；开展安全竞赛活动，实行安全绩效考核，安全一票否决制。通过各种活动方式向员工灌输和渗透企业安全观，取得广大员工的认同感和荣辱感，形成统一的安全意识和行为。

（5）要坚持树立大安全观。安全就是最大的效益。企业发生事故，绝大部分是职工的安全意识淡薄造成的，因此，以预防人的不安全行为为目的，从安全文化的角度要求人们建立安全新观念。班组安全文化建设就是为预防人的不安全行为把好第一关，坚决杜绝一切不安全行为和不安全事件的发生。

总之，班组安全文化建设是一个契机，是企业追求效益最大化的基石，是企业文化建设中的不可缺少的要素，是一切生产、生活活动的基础。如果把企业比作人，班组安全文化建设就是人身的血液与灵魂。血液和灵魂的作用是不言而喻的。

134 班组安全文化建设的首要任务

通过对安全文化的研究和认知，建设班组安全文化，是一项庞大而复杂的系统工程。但首要的任务是先做好如下工作，在此基础上再拓展班组安全文化建设的深度和广度。

（1）建设安全思想文化。一是把安全思想工作贯穿于安全生产全过程。安全工作的复杂性和艰巨性赋予了安全思想工作以深刻内涵和重要使命，也使之成为开展班组安全文化建设的力量源泉。在充分利用安全思想工作推进整个班组安全文化建设的过程中，要坚持将解决安全思想问题同实际问题、解决个性问题与共性问题，并贯穿于班组各项安全生产工作的始终，认真地分析和掌握员工思想动态，充分运用调动员工安全工作积极性的"听诊器"和"手术刀"，坚持班前、班中、班后不断线，因人、因地、因时地跟进，党政工团齐抓共管，力求实效，共同构筑牢固的安全生产思想防护体系，为班组安全文化创建提供强有力的思想保证和精神动力。二是突出"以人为本"的安全文化理念。安全文化是一个潜移默化的过程，它既是员工安全意识、安全思想和安全素质的结合，也是其行为方式的选择和行为结果的统一。安全文化建设，离不开员工的认知和努力，要想抓好班组安全文化建设，首先就要从"人本之治"开始，要着重培养班组群体的安全价值观和安全生产的主人翁意识。通过在班组、岗位等地建立安全警示牌、安全标语、流动宣传栏板等方式，营造良好的安全氛围，使"安全是职工的最大福利"的思想深入人心。另外，要注重在班组中构筑了全方位、宽领域、多层次的安全学习培训体系，通过使用培训、轮训、复训、安全报告会等系统教育和安全例会、安全知识竞赛、安全理论研讨、安全帮教等自我教育，树立班组安全管理的创新观念，使班组安全文化建设活动更具科学性、操作性、针对性和时代性。

（2）建设安全管理文化。一要着力提高班组成员的业务素质和管理水平。班组长作为班组的管理者，其自身素质和管理技能在很大程度上决定了企业的安全生产态势，也直接影响着企业安全文化的趋势。因此，班组长的选拔和培养是班组安全文化建设的关键。首先是"选"。通过公开竞争和择优选聘等方式进行班组长的选拔；其次是"育"。采用定期和不定期的方式建立班组长长效教育机制，从多角度、多层面入手，重点培养班组长自觉执行安全规章制度的能力，在紧急、危险、关键时刻能够正确处置的能力，在各项工作中对影响安全因素的预见能力以及在规章制度无明确规定的情况下，做出有利于安全生产的决策能力。二要给予班组安全管理更大的自主权。尊重员工的民主权利和创新精神，最大限度地调动广大员工的安全生产积极性，是班组安全文化建设的不竭动力。它主要体现在两个方面：一是为班组安全文化建设奠定坚实的物质基础。安全管理不能做"无米之炊"，也不能做"少米之炊"，要持之以恒地加大对班组安全装备和文化设施的投入，切实把改善工作安全环境、维护职工安全健康放在首位，并因地制宜地开展各种培训教育和文娱活动，为提高员工实践技能、业务素质和思想基础服好务。二是处理好班组管理中的权、责相统一的问题。班组安全管理基础不扎实，是导致管理乱、事故频发的重要原因。因此，将安全绩效考核、事故处罚权限以及相关责任分解，逐步纳入到班组管理的工作范畴。通过将安全管理关口前移、重心下移，充分发挥班组的主观能动性，使安全责任真正落实到人头，从而有效减少企业安全监管的投入，提高安全生产效率。

（3）建设安全制度文化。

① 切合实际地建立优秀的安全机制。安全机制是探索和实施班组安全文化建设措施的基础，为深化班组安全管理提供了必要的组织保障。在建立安全机制的过程中，要不断改进和完善班组安全管理的科学指标，制订和实施一系列旨在提高员工安全生产积极性的制度措施。一是强化安全监督机制，建立了以党政工团齐抓、部门联动、人人监督、纵到底、横到边的安全网络体系；二是实行标本兼治，建立安全教育培训和激励机制，从而形成行为有规范、考核有依据、奖惩有标准的制度体系；三是建立安全风险共担机制，形成"逐级负责、分工负责、系统负责、岗位负责"的安全责任体系；四是超前控制，健全安全检查评比机制，将安全一票否决制和量化考核指标同劳动报酬、奖励等福利待遇挂钩；五是弘扬先进、鞭策后进，建立安全驱动机制，做好思想观念、职业道德等价值取

向的"破"与"立"，做好典型带路和整体推进。

②建立健全班组安全活动制度。班组安全活动是创建安全文化的有效载体。结合当前班组安全活动多样化的发展趋势，要在活动的实效上下功夫，在深度和广度上做文章，不断增强班组成员间的团结协作意识。党政工团各方面要根据班组的不同工种、不同岗位、不同心理特点，从各自工作角度，设计好活动载体，围绕企业安全生产创一流，开展各具特色、富有成效安全文化活动，如各个时期的安全竞赛，安全月、安全周的竞赛，党政领导的安全嘱咐，亲人的安全劝导，共青团的安全岗位和工会的安全监督等，为班组安全文化创建提供完备的软硬件环境，使班组安全活动逐步实现制度化、科学化、大众化。

（4）注重"三个结合"。一是做好企业和班组安全文化相融合。企业在几十年的发展中形成了独具特色的安全文化。要努力、善于结合实际学习先进的安全文化，逐步形成独有的本班组安全文化。二是在进行班组文化建设过程中，要以企业、本班组的安全制度、标准相结合。结合本班组实际，开展推动企业、本班组的安全制度、标准执行的活动，只有当这些制度、标准执行好后，才有可能进一步拓宽班组安全文化建设的视野。三是注重与企业各类安全活动、五星班组建设、星级员工评选、劳动保护监督等工作相结合。对各类安全文化活动、五星班组建设和星级员工评选有一个正确的认识，这些工作实际上是促进班组安全文化建设的，它们间存在着紧密的内在联系，各类安全活动是促进员工安全意识提升的有效办法。五星班组建设是为班组整体能力建设，包括安全能力建设的有效方法，而星级员工评选是为个体员工量身打造、提升能力、素质的一项活动。当这些工作有机地结合在一起时，班组安全文化就能显现出强大的功效。

总之，班组安全文化建设不是立竿见影的，而是需要长期文化熏陶，同时要讲究科学性、普及性和可操作性，在实施途径上要做到日有行动、月有安排、季有打算、年有筹划，同时在实施过程中要立足于班组安全文化建设的规范化、完整性和实用性，通过持续不断地进行改进，班组安全文化建设一定会在安全发展中发挥巨大作用。

135 起草安全演讲稿的"六字箴言"

　　在班组安全文化建设中，安全演讲是安全文化建设的重要载体，是员工参与安全文化建设的重要方式，也是实现班组安全的重要途径。新时期，新常态，随着形势、任务的发展变化和员工队伍的文化层次的不断提高，对班组安全文化建设活动中安全演讲稿的撰写要求越来越高，难度也越来越大。作者结合自己多年的写作实践，提出起草安全演讲稿的"六字箴言"——准、高、清、实、深、精。

　　（1）定位要"准"。撰写安全演讲稿首要的是定位要准确。一是要弄清为什么要演讲。发表安全演讲总有一定的目的和意图。起草安全演讲稿要反映员工的安全思想，表现员工的安全主张，体现员工的安全要求。要通过听员工说、讲自己想和工友们议等，了解其员工安全演讲的背景、原因、目的，确定员工安全演讲的主题，准确把握其进行安全演讲的意图。二是弄清员工以什么身份讲，员工在不同的场合代表不同的身份，进行安全演讲的内容也应随之发生变化，其演讲的口气、表达方式也应有所不同。三是弄清员工在什么场合讲。要根据特定的场合确定演讲属于哪一类、哪一种，此外还要考虑演讲空间情境，是人多还是人少，是大广场、报告厅还是小型会议室，场合不同，句式、修辞皆有区别。四是弄清员工讲给什么人听。要了解演讲的受众是哪些人，他们的年龄结构、文化程度、职业情况、思想状况如何。同时，还要换位思考，了解听众的心理、愿望和要求，尤其要了解他们最直接、最关心、最迫切需要解决的安全问题。只要掌握演讲的对象的基本情况，紧紧抓住他们感兴趣的方面，提高演讲的针对性，才能引起共鸣。

　　（2）立意要"高"。高度是衡量一篇安全演讲稿是否成功的重要标志，也是安全演讲稿写作中最难把握的一个重要方面。一是要有理论高度。理论是实践的基石，没有安全思想指导的安全行动是盲动的。要从安全理论的高度对安全工作进行抽象、概括和提炼，深刻反映和体现安全科学理论、党和国家的安全生产方针政策和上级安全工作决策指示精神在本企业的贯彻落实情况，揭示安全工作规律，明确安全工作方向和目标任务。二是要有政策高度。要能够站在国家安全生产方针政策和上级有关安全工作精神的高度审视相关安全问题，认真分析和探究安全问题的内在深层次原因。要尽可能多地翻阅、研读上级最新安全生产文件、材料和领导同志的重要讲话，从中深刻领悟、准确把握上级的安全工作新精神、新要求和新提法。三是要有全局高度。站得高才能看得远，要善于跳出个人的、班组的小圈子，站在全局来看问题。要着眼于企业全局利益和长远利益，善于把具体安全问题提到全局的层面来分析。要注意对事物进行多角度、多侧面、多层次的深入剖析，从而做出理性的综合和概括。四是要有战略高度。要有世界眼光和战略思维，善于观察，勤于思考，凡事看得远一点，想得深一点。要多关注改革开放和安全发展中重大理论和实际问题，善于思考和把握事物发展中各种矛盾之间的联系，善于对客观事物中的大量的、零碎的感性材料进行由点到面、由表及里、由浅入深的分析，见微知著，小中见大，把握本质，揭示规律。

（3）结构要"清"。结构是文章的骨骼。一篇好的安全演讲稿必须层次分明、条理清楚、逻辑关系清晰。一是要纲目清楚，层次清晰，纲举才能目张。要紧扣主题，从客观上考虑设计，是采取横向式结构展开或纵向式结构展开，还是采取总分式结构或纵横结合式结构展开。要从纷繁复杂的理解中理出头绪，确定要讲几个方面的问题，从哪几个方面讲，讲几个层次。层次段落要围绕主题，先标明观点，再进行分析，各层次、各段落之间要有正确、严密的逻辑和照应关系。二是要突出重点，详略得当。要围绕主题，精心选材，集中笔力；要点面结合，详略得当，重点突出，不要平均用力。要重点在选择材料上下功夫，对于主要的、关键的要浓墨重彩，进一步延伸、展开、细化；对于不重要的、一般的应概括地表达观点，惜墨如金，一笔带过。切记掌握的材料多就多写、滥写，掌握的材料少就少写或不写。三是要过渡自然，衔接到位。无论是层次之间，还是部分之间，整个演讲稿的思路往往不是平稳的直线发展，其中有分合，有转折，有迂回，有跳跃。意思的转换和表达方式的转换等都需要承转自然，巧妙过渡，无缝对接。

（4）内容高"实"。起草安全演讲稿要坚持一切从实际出发，努力在"实"字上下功夫，把客观存在的实际事物作为提出问题、解决问题的根本出发点。一是材料选择要实。要围绕中心选题，注意材料的真实性、针对性、新颖性。所选范例要有典型代表性，做到实有其事、实有其人、实有其例。二是分析情况要实。要坚持求真务实的思想路线，不唯上、不唯书、只唯实。三是提出的思路和措施要实。要根据事物的客观和主观条件，对各种有利因素和不利因素进行探究和考证，既要充分发挥人的主观能动性，也要考虑到客观的可能性。用科学的态度和方法找出切合实际的、有针对性的、合情合理合法的解决实际安全问题的"金钥匙"。

（5）思想要"深"。思想性是安全演讲稿的灵魂。一篇安全演讲稿触及听众思想深处，引起心灵共鸣，在很大程度上取决于提炼思想观点的动力。为此，要善于运用辩证的、前瞻的思维去认识、分析和解剖安全问题，透彻分析和精炼概括，进而从事物本身挖掘出真知灼见，从本质上去揭示主要安全问题、主要安全矛盾。一是要善于用辩证的思维去认识、分析和判断安全问题。哲学是一个伟大的认识工具。撰写安全演讲稿，要想把问题抓得准、讲得透，就必须运用唯物辩证的方法。二是要善于抓住主要矛盾和趋势去认识、分析和判断安全问题。要善于全面地看问题，既看到矛盾的一般性、普遍性，又要看到矛盾的具体性、特殊性。要善于透过现象看本质，能够从人们司空见惯、习以为常的普遍而又简单的事物中发现重大安全问题、揭示出事物发展的规律。三是要善于运用经典言论和典型案例去认识、分析和判断安全问题。革命导师的经典论述、名家名言、历史典故、经典案例、格言警句等，都是经过精心提炼、历经时间和实践检验的思想精华。要因人、因时、因地恰当地运用这些经典，并顺着这些言论和案例提供的思路，提出自己的独到见解，扩展和深化对自己所要阐述的安全问题的认识。

（6）文字要"精"。话不在多，而在精要；语不在繁，而在技巧。安全演讲稿要在语言上认真锤炼、打磨，要精益求精，精雕细刻，让人看起来"赏心悦目"，听起来"顺耳顺心"，读起来"朗朗上口"。一是要精确。文字表述要准确到位，要经得起推敲，耐得起琢磨。要字斟句酌，特别是在名词、动词、形容词、副词等的选用和搭配上要认真推敲、恰当运用。演讲稿的提法、分寸、措辞、用语，要准确地反映客观实际，做到文如其是，恰如其分。二是要精炼。安全演讲稿的语言表达要言简意赅、简明扼要。要用最简洁的语言表达最丰富的内容，尽可能用最少的文字表达最多的信息量。要多用短句子，少用长句子。不说多余的话、不述交叉的事、不用重复的词，能跳跃用笔的不步步相连，能综合概述的不分类细述，能点到即可的不画蛇添足。三是要精彩。要把书面用语口语化，把抽象的道理具体化，把概念的东西形象化。要熟练运用各种修辞手法，使文稿形象起来，生动起来，扣人心弦，吸引眼球。要善于运用比喻、拟人等修辞增强形象性和感染力，善于运用反语、对偶、反复等修辞增加语言音律美和增强情感表达，善于运用引用、警句等增强表达效果。要体现安全工作的特点和风格，努力把握、理解、熟悉安全工作的特点，防止把各种工作的演讲稿写成千人一面、众口一词。

第六章 班组反事故活动

　　班组是反事故的前沿阵地，在企业中，几乎所有的事故均发生在班组。因此，班组反事故是企业安全生产最重要的一个环节。在当前，企业的大多数班组中，反事故活动任重而道远，反事故活动涉及的范围之广、过程之复杂、工作之艰苦是可想而知的。

　　班组要想取得反事故的成功，就必须先治理事故隐患，因为事故隐患和事故是因果关系，没有事故隐患就不会发生事故。事故隐患具有一些特点：一是具有危险性。凡是有危险或危害的物质、场所和作业，由于管理上的缺陷就存在事故隐患，事故隐患是危险源导致事故的条件。二是具有潜在性。从隐患形成到事故，中间有一个过程，称为事故发生的前期阶段。在这个阶段，人们可以感觉到危险的存在，但还不能预知事故在何时以何种方式发生。这一阶段为班组治理事故隐患提供了宝贵的时间，如果治理及时、有效，隐患就会被消除或减少其危险性；若是不治理或治理不及时，其危险性就会增大，直至事故发生。三是具有动态性。事故隐患及危险性不是静止的，而是变化的，其变化主要表现在：就某一个隐患而言，从它的生成到事故的发生，是从量变到质变的过程。随着时间的推移，危险在积聚，当达到极限时，受某种因素触发，事故就发生了。因此，对事故隐患必须治理。有些事故隐患只要经过整改，立刻就可以消除。比如通道中某地沟盖破裂，行人有跌入地沟的危险，如果将破裂的地沟盖用好的换掉，这个隐患就消除了。有些事故隐患由于受资金或成本限制，一时不能消除，需要采取措施，减弱和控制其破坏力。随着生产条件的改变和新技术、新工艺、新材料、新能源的投入使用，又会出现新的危险源、产生新的事故隐患。可见，治理事故隐患是班组安全生产、反事故活动的一项长期任务。四是具有隐蔽性。生产活动中的危险是普遍存在的，但是，靠人自身的本能是不易感知其危险，要靠安全知识、安全经验和安全检测手段，有的还要借助专家系统，才能发现。

现代工业生产中的危险因素，基本上已被人们所认识，并掌握了它的发生、发展规律，问题的关键是，如何使班组全体成员掌握。现在有许多班组成员，身在危险环境之中，从事危险性作业而不知其危险，犹如"盲人骑瞎马"一样，完全靠碰运气来进行生产。虽然企业中发生的事故差不多均来自于班组，但事故并不是每天都发生，事故的发生毕竟是个小概率事件，而生产中的隐患是普遍存在的，所以，班组开展反事故活动，必须从治理隐患开始。从根本上消除了隐患，事故就没有滋生的条件，安全生产的任务就可以顺利实现。

在本章中，用了6个方法来阐述班组反事故活动，即：零缺陷管理是班组反事故的有效方法；班组反事故要善于抓反面典型；班组长们"忙乱"的原因及解脱；"四、三、二、一"安全检查法是班组反事故的有效形式；团结协作是班组反事故的利器；班组要规范无伤害管理。

敬请注意：

(1) 零缺陷管理是班组安全管理的有效手段。

(2) 班组反事故就要抓住反面典型。

(3) 团结协作是班组反事故的利器。

(4) 班组须规范无伤害管理。

136 零缺陷管理是班组反事故的有效方法

近年来，天脊煤化工集团有限公司电气厂在班组安全建设中，依靠零缺陷管理创造了安全连运 600 天记录，这是该厂在开展班组反事故活动中所取得的新成果。

（1）零缺陷引入新观念。该厂根据自身生产的特点，把追求安全、连运供电作为头等大事来抓，为此，他们在班组反事故活动中，引入航天领域的"零缺陷"管理理念，把电气厂的各项工作都纳入质量管理的范畴。在他们看来，零缺陷是一个原概念，其含义是指工作中存在的不正常因素、存在的漏洞、存在的问题、存在的隐患以及存在的差距。零是一个关于量的概念，也就是无穷小。就安全思想工作而言，他们追究零缺陷就是要化解人与人之间、安全工作之间的各种矛盾，把各类误解化解为零。就安全管理工作而言，追求的零缺陷就是确保安全管理到位、安全工作到位、安全生产到位、安全活动到位、没有任何泄漏，先进的安全思想指导先进的安全行动。为保证零缺陷安全管理落到实处，他们从修订安全制度入手，开始了大胆的制度创新。

（2）零缺陷造就新制度。"没有规矩，不成方圆"，该厂在班组反事故活动中，制定了"管理巡视职责""运行巡视职责""维护巡视职责""检修巡视职责"等管理制度，规定了管理人员、运行人员、维护人员、检修人员的巡视责任，巡视人员按规定周期巡视，按规定时间上交巡视质量卡，并实行巡视责任追究制。在设备检修方面，根据不同设备编制了标准《检修任务书》，对检修设备的运行技术性能，大中小修的技术要求、内容要求等作了详细的标识。在质量过程控制方面，以"检修作业指导书"为依据，编制了《高压开关检修作业指导书》、《变压器检修作业指导书》、《电机检修作业指导书》、《电缆检修作业指导书》、《高压试验作业指导书》、《保护调校作业指导书》等。由于有了制度保障，使各项作业为零缺陷创造了条件。

（3）零缺陷倡导新行为。由过去的"等问题"改变为找问题，就是改过去"等问题""要安排""等汇报"的被动工作作风，养成一个积极查找问题，主动寻求工作的"自觉、自主、自强"的工作作风。抓落实注重工作效果，察看工作结果。发现问题不处理等于没发现问题，处理问题没效果等于没处理，"工作＝发现问题＋处理问题＋结果检查"这一等式涵盖了所有工作内容。首先是发现问题，包括设备问题、技术问题、管理问题等，抓落实就是要抓这些问题的处理、效果、效益。杜绝"不作为"，就是倡导工作有作为，工作没效果、不产生效益，就是不作为。

（4）零缺陷开创新局面。在近两年时间里，电气厂在班组安全建设中发现各类隐患 731 项，并将长期困扰的三大问题也着手解决，仅设备检修 2014 年 1～9 月底便完成计划内检修 223 项，计划外检修 15 项，成功地组织了年度系统停车检修。特别是 2015 年，一边保电气系统运行，一边实施电气设备检修；一边进行扩能电气改造，一边确保检修单位施工用电，成功地完成了 01# 变电所的改造工作，为安全、连运奠定了坚实基础。

实践证明，实施零缺陷管理是班组的反事故的有效方法，天脊煤化工集团有限公司电气厂的班组，在这方面做了有益的尝试，并取得了巨大的成功。零缺陷就是没有缺陷，没有缺陷就能确保安全，只要各班组共同努力，零缺陷目标也是可以实现的。

137 班组反事故要善于抓反面典型

抓典型是企业安全工作的一门重要的领导艺术和有效的工作方法。企业班组作为企业安全生产方针政策的执行者、实践者，一项很重要的职责就是要善于发现典型、宣传典型，运用正反两方面的典型来推动企业的安全生产工作。企业班组在反事故、保安全活动中要善于抓反面典型。

（1）从哲学意义上讲，事物的发展总是存在不平衡性，总是有先进、中间和后进之分。在这里"先进"和"后进"都可以认为是典型。安全生产先进的是正面典型，后进的是反面典型。抓先进上水平，抓后进促平衡，这种"抓两头、带中间"的安全工作方法，其实就是运用正反两个方面的典型来指导和推动全班组安全生产工作的过程。一个安全生产典型无论是正面的还是反面的，不仅可以影响一批人、一代人甚至几代人的精神世界和行为取向，而且对社会的变革和发展也具有举足轻重的影响。但长期以来，不少企业在安全工作中抓典型已经形成一种固定的模式，就是善于抓正面的而拙于抓反面的。这不仅使正面典型过多、过滥，而且有时甚至出于某种目的，人为地进行粉饰、美化和拔高，使典型脱离了实际，经不起历史和实践的检验。这样，非但起不到应有的作用，而且容易诱发职工的逆反心理，起到相反的效果。而安全工作反面典型往往包含着安全问题，记录着安全工作失误，凝聚着事故教训，一般在现实性、客观性和可靠性上要较正面典型更强一些，一旦为职工认同和接受，即可起到正面安全生产典型无法替代的教育鞭策、惩处誓示、引以为戒的作用。作为一名称职的班组领导，不仅要善于抓正面安全生产典型，而且也要善于抓反面安全生产典型。抓住具有代表性和震撼力的反面典型，也同样能体现一个班组长的素质、才能和水平。

抓反面安全工作典型，必须切实加强班组长的自身修养。一些企业、一些班组之所以在安全工作中反面典型抓的少甚至抓不出来，除工作方法上的问题外，在很大程度上是一些班组长自身素质不过硬，对反面典型不想抓、不会抓、不敢抓。因此，一个班组长要善于抓安全工作反面典型，就必须善于完善和提高自己，使自己首先成为立得住、过得硬的先进安全工作典型。

（2）抓典型作为一种安全工作领导方法和艺术，有其自身的特点和规律。

① 要善于从班组安全工作的薄弱环节上抓反面典型。事物发展的不平衡性，决定了班组安全工作进展总有好与善、快与慢、强与弱的情况出现。作为一名班组长，必须及时、准确地控制进度、掌握速度、把好方向，善于发现安全工作中的问题和薄弱环节，并选择一个或几个有代表性岗位、工种或作业过程或个人作为反面典型进行重点分析，从中找出原因，研究对策，做好落后的转化工作，使差的好起来，弱的强起来，提高班组安全工作的整体水平。

② 要善于从职工关注的热点上抓反面安全工作典型。职工安

全情绪历来是班组安全工作的晴雨表。职工关注的热点，往往就是班组安全工作的热点、难点和重点。一个有能力、有作为、职工观念强的班组长，就要敢于碰硬，善于从"乱子窝"中抓典型，用典型做安全工作反面教材，理顺安全工作情绪，化解安全矛盾，教育职工，稳定企业。

③ 要善于从倾向性、苗头性的安全问题中抓反面典型。作为一个班组长，要善于把握班组的方向，掌握安全生产动态，对安全生产中出现的一些倾向性、苗头性的安全问题反应要敏锐，做到及时发现、及时处理，把安全问题解决在萌芽状态；对个别有典型意义的安全问题，要紧紧抓住不放，查成因，找症结，论危害，议对策，下大力气予以解决，并举一反三，确保全班组乃至全企业安全生产不受影响。

④ 要善于从安全工作中违纪、违法的案例中抓反面典型。一个在安全工作中的违纪、违法案例，往往本身就是一个很好的反面教材，里面包含着痛心的忏悔，沉重反思和深刻的教训，选择部分有代表性的重大事故案例作为反面典型进行剖析，无疑能够产生强烈的教育和警示作用。

（3）抓反面安全工作典型，目的是将反面典型作为生动、直观的活教材，以达到教育鞭策、惩处警示和引以为戒的目的，更好地推动班组安全工作的开展。第一，要善于解剖。对反面安全工作典型进行研究、解剖，是抓好反面典型的一个重要环节。解剖典型是一项艰苦的创造性劳动。对于一个反面安全工作典型，需要深入调查研究，广泛挖掘素材，需要有较高的认识水平，对材料进行深入的分析、研究、提炼，从中探求带有普遍性和规律性的东西，以达到总结事故教训和教育警示、引以为戒的目的，同时也为建立防范机制和措施提供依据。第二，要善于公布。公布反面安全工作典型和宣传正面的先进安全工作典型当然有区别。一个反面安全工作典型如果公布不好、引导不力，非但收不到应有的效果，而且很容易产生负面影响。因此，对反面安全工作典型公布什么、不公布什么以及如何公布等问题，都要认真研究，仔细推敲，精心筹划。要注意分析反面安全工作典型形成的土壤和主客观条件，公布其危害和由此带来的教训，使反面安全工作典型在更大范围内发挥警示作用。第三，要善于抓转化。抓反面安全工作典型，还有一个很重要的目的，就是激励、鞭策后进，使他们变压力为动力，负重奋进，迎头赶上。作为班组要善于帮助后进典型摆问题、查原因，找准症结，对症下药，同时还要多做一些说服教育和疏导激励的工作，帮助他们尽快走出阴影，加快转化，达到抓后进、促平衡的目的，从而推动整体安全工作上台阶、上水平。

138 班组长们"忙乱"的原因及解脱

应该理解，"忙"是班组长们的客观现实，也是工作积极、事业心强的一种表现。只有什么事也不干的人才不感到忙。但是，忙，应该有限度、有秩序、有效率，在班组反事故活动中，用一句更通俗的话来说，就是不能"瞎忙"。

在分析班组长们如何克服"忙乱"现象之前，先分析一下产生这种现象的原因：

① 缺乏实际安全生产工作经验，对要处理的安全与生产的矛盾问题难决难断，总是一拖再拖。

② 对所担当的工作，没有比较妥当的通盘安排，缺少正常的工作程序，"头疼医头，脚痛医脚"，赶上什么就抓什么，这样势必杂乱无章，顾此失彼。

③ 领导的班组上下左右职责不清、分工不明，不该找你的事也来找你，长久下去，形成了坏习惯。

④ 主观上愿意多做工作，总觉得对什么事情都有责任，唯恐哪件事情没办好，会被人家说工作不努力、能力差。

⑤ 对副手和身边职工缺乏充分的信任，怀疑人家工作做不好，于是就事必躬亲，把自己累得要死，而别人却被"晾"了起来。

⑥ 情面、关系的纠缠。当了班组长，找的人就多了起来，有要求解决个人问题的，有拉关系套近乎的，都接待吧，实在受不

了，不接待又怕人家说"架子大"。

⑦ 迎来送往，耗时过多。

⑧ 揽权太多。同级的权也揽，下级的权也揽，以为管得越多，权力越大，威信越高。从而造成大事小事都要向班组长汇报，都要让班组长表态。

⑨ 过去是做具体工作的，走上班组长领导岗位，事必躬亲的习惯一下子改不过来。

那么，班组长如何摆脱工作上的这种"忙乱"现象呢？应该往以下几个方面而努力。

(1) 划清职责范围，建立科学的工作秩序。在班组反事故活动中，哪些工作必须自己做，哪些应由别人做；哪些事自己做主，哪些事集体研究，等等，班组长必须心中有数。而要建立这样一个科学的工作秩序，就必须建立岗位安全责任制，要划清各自的职责范围，各负其责。不该自己管的事，坚决不管；该管的事，主动去过问。

(2) 善于自我约束，最大限度地向下级授权。班组长只做应该做的事情，乍听起来，这好像是不言自明的事，其实却不然。实践证明，要做到这一点并不容易。有许多班组长常常"不务正业"，专干别人应干的事。要克服这一点，首先，要善于自我约束，所谓自我约束，主要包括两个方面：一个是抓大事，要努力克服自己，尽量不为一些琐碎的事而浪费过多的精力。二是要求班组长不直接干预下级的工作。因为那样既浪费了自己的精力，又挫伤了下级的积极性，打乱了他们的工作部署，造成依赖、埋怨或对抗情绪，使他们没有主见和责任感，实在是费力不讨好。其次，要善于最大限度地向下级授权。所谓授权，就是由班组长授予班组成员一定的权力，使其在班组长的指导和监督下，自主地对本职范围内的安全生产工作进行决断和处理。班组长们学会了这一点，就犹如有了"三头六臂"或等于有了"分身术"，就可以应付自如。

(3) 工作要有计划，科学有效地利用时间。这是整个班组反事故活动有序进行的中心环节。班组长要具备合理安排自己时间的能力，做时间的主人，而不是奴隶，也就是说，对自己的时间要能够实行有计划的分配。事实证明，不做计划的人只能消极地应付工作，在心理上处于受摆布的地位；有计划的人则处于支配者的地位。班组反事故活动要定出目标和长、短期计划，抓住中心开展工作，有方向性地处理问题。这里要注意两点：

① 凡事要做好准备，有无准备，做起事情效率大不一样。有准备，就会使班组安全生产工作一开始就进入"满负荷运转"，减少"空运转"时间。所以对每个时期的反事故活动应有预见性，走一步，看下步，免得"临上轿现裹脚"，消极被动，贻误战机。

② 要处理好班组反事故活动轻重缓急的关系。班组长要摆脱"忙""乱"现象，这一点很重要。事实表明，重要的事不一定都紧急，紧急的事也不一定都重要。如果总习惯于先办紧迫的事，就常常使一些重要的事情耽误，而且会经常处于紧迫应付的状态之中，重要的事情没能够深思熟虑，这也是一种"忙""乱"现象，所以，班组长在一般情况下，应该先考虑事情的轻重，然后再考虑事情的缓急。先办重要而又紧迫的事，其次是重要的又不紧迫的事，再是紧迫但不重要的事，最后是既不重要又不紧迫的事。

（4）主动深入岗位、工种，把问题解决在下面。班组长必须有一定的时间主动下去了解情况，掌握动态，检查指导工作，解决实际问题，这样一来涌上来的问题就会大大减少。越是把自己关在小天地里，事情就越多。所以，要下决心经常下到岗位、工种中去。这不是消极地"躲"，不是回避矛盾，而是克服忙乱现象，提高反事故绩效的积极办法。它既能使班组长了解下情，及时解决问题，又可使班组长深入思考和研究问题，使安全决策科学化，还可以减少其他琐碎事务，一举多得。

139 "四、三、二、一"安全检查法是班组反事故的有效形式

加强安全生产，改善劳动条件，确保职工在劳动过程中的安全与健康，是安全发展的宗旨。班组开展好行之有效的安全生产检

查，是班组反事故活动的重要内容和手段。

（1）发挥班组长安全检查的作用。班组是企业的细胞，企业的各项工作都要落实到班组，发挥班组长的兵头将尾作用，对企业的安全生产至关重要。班组长在布置生产任务的同时，必须布置安全生产工作，在检查生产工作的同时，必须检查安全生产工作。班组长在每个班都要做到"四、三、二、一"。"四"即"四查"：一查本班组人员的安全生产意识强不强；二查本班组人员的安全技术操作规程执行的好不好；三查本班组的危险部位、危险源（点）的安全措施是否到位有效；四查本班组的作业环境、作业现场是否符合安全生产要求。"三"即"三掌握"：一是掌握本班组人员的个人家庭状况；二是掌握本班组人员近期精神状况和思想倾向；三是掌握本班组人员的个性特点。"二"即"二抓"：一抓岗位安全生产责任制的落实与否；二抓隐患整改的落实与否。"一"即"一严"：严格按班组安全生产规章制度考核奖惩。另外，班组长本身也应具备一定的管理素质、技术技能素质、安全文化素质、道德修养素质等。班组长如果没有良好的安全工作素质，班组的事故隐患得不到及时发现和及时整改，就有可能发生事故，甚至是事故不断发生。因此，班组长安全工作素质的高低，将直接关系到班组反事故活动的成效。

（2）发挥班组安全员安全检查的作用。众所周知，一起事故的形成往往是由于人的不安全行为、物的不安全状态、管理的失误及环境的影响。在班组反事故活动中，只要消除其中一个因素或几个因素，那么，事故就会避免。这说明人与物在禁止与运动中，都会有一定的规范和准则要求，而执行的情况如何，需要有人去检查和落实，去督促整改，去采取措施。因此，安全检查是班组安全员义不容辞的职责。班组安全员要有高度的安全生产责任感，每天一上班必须坚持到岗位进行安全检查，查设备运行的安全可靠性，查岗位操作人员的精神状态及思想感情，查"三违"行为，在安全检查中也要做到"四、三、二、一"。"四"——耳听、眼看、鼻闻、手摸。耳听，听机器设备有无异响；眼看，看机器设备的安全防护装置是否齐全有效和岗位职工有无"三违"行为；鼻闻，闻机器设备有无异味；手摸，摸机器设备有无异常振动。"三"——"三勤"，腿勤、嘴勤、脑勤。腿勤，勤到班组各个岗位，各个操作点巡回检查；嘴勤，及时宣传党和政府的安全生产方针政策，纠正岗位的违章行为，并不厌其烦地讲明违章的危害性；脑勤，想方设法，多出点子，对班组各类事故要有超前的预测预防能力。"二"——"二实"，一是干安全生产工作要实，不能有浮夸作风；二是对各类事故隐患整改要实，不能发生拖拉、推诿、扯皮的现象。"一"——"一敢"，要有敢碰硬的精神。另外，班组安全员还应具有科学意识、创新意识、法制意识、政策意识、超前意识、服务意识等。只有这样，才能实现班组的安全生产，才能实现安全检查的科学性、安全防范的预见性、隐患整改的及时性，达到班组反事故的预期目的。

（3）发挥职工安全检查的作用。企业严格执行《安全生产法》，为了保证职工生命安全与健康，不断改善劳动条件，创造良好的作业环境，使职工在劳动过程中有一个安全感。那么，职工作为企业的基础和主人，首先要夯实基础，树立主人翁责任感，尽主人责，对企业负责。班组职工每班必须对自己所从事的工作和所操作的设备进行安全检查，也要做到"四、三、二、一"。"四"即"四查"：一查自己所操作的设备运行状况是否良好；二查自己岗位的清洁工作是否符合安全生产、文明生产的要求；三查自己的操作、作业环境是否存在不安全因素或隐患；四查自己是否按劳保规定正确穿戴劳动防护用品。"三"即"三懂"：一懂自己操作的设备结构、性能、原理；二懂自己所辖工艺流程；三懂发生意外或事故的防护措施。"二"即"二坚持"：一是任何情况下都要坚持安全技术操作规程；二是任何情况下都要坚持标准化作业。"一"即"一杜绝"：杜绝违章作业。另外，班组职工要树立高度的安全意识，克服侥幸心理、求快心理、应付心理等各种不安全心理因素。并要在作业过程中注意劳逸结合，保持充沛的精力，集中注意力，精心操作，做到"三不伤害"，达到安全生产。

总之，"四、三、二、一"安全检查法是班组反事故活动的有效形式，虽然班组长、班组安全员和班组职工三类人员的"四、三、二、一"内容不同，各有侧重，但只要各自在自己的职责范围内做到、做好这个"四、三、二、一"，班组反事故活动就可大有成效。

140　团结协作是班组反事故的利器

在一个企业班组，班组领导班子至少有班组长、副班组长、工会小组长、安全员等领导成员，他们是班组反事故活动的决策者、组织者和管理者，他们团结协作的如何，直接影响到班组反事故活动的成效。因此，班组的领导班子为完成班组安全建设的各项任务，必须搞好团结协作。

（1）思想沟通。班组领导班子的团结协作，是建立在共同事业和对本班组高度负责的基础上的。由于班组领导班子成员素质上的差别，在对一些具体问题的处理上，不可能都是一致的。有时在安全生产决策、组织协调、名利权力等方面产生矛盾和分歧在所难免，处理不好不仅有损于班组的团结，而且还会影响到安全生产工作。要解决这个问题，就应注意沟通思想，以达到认识上的统一。

① 经常交心通气。交心通气是班组领导班子互通情况、交换意见、统一思想的有效方式，它可以消除摩擦和误会。从班组的角度出发，班组领导班子成员交心通气可以了解对方分管工作的落实情况，相互征求对班组安全生产的意见，同意各类人员的看法，商讨班组重大安全问题的解决办法等。

② 正确使用批评与自我批评的手段。批评与自我批评是同志间进行思想交锋、解决矛盾的一种积极手段。班组领导班子成员之间开展批评与自我批评要做到：道义相砥、过失相规，并要讲究艺术。一般不要当着下属或上级的面批评对方，这样有利于敞开思想说服对方；当对方对自己的缺点错误已有认识，产生负疚心理时，要从感情上进行安抚，以促使对方振作精神；当对方坚持自己的错

误意见时，要给对方留有思考的余地，允许对方反思，不要强人所难，免得把问题搞僵，待有机会再进行劝言。在对方批评自己时，应做到"有则改正，无则加勉"。对待正确的批评，要虚心接受，认真改正；对待不恰当的批评，要思其大忘其小，以团结协作为大，以个人面子为小。从对方的批评中，吸取其合理的成分，抛弃其不当之处。通过多方的批评，认真检查自己的不足，珍视"搭档"之间的真诚和友谊。

在开展自我批评时，应做到严于律己，坦荡地进行自我"揭短"，认真地自我解剖，敢于在对方面前"亮丑"，请求对方真诚的帮助。而不能图虚荣、顾面子，掩盖问题，否则，双方的思想沟通也就无从谈起。

（2）心理相融。共同的安全生产使命和追求，把班组领导班子成员紧密地联系在一起。但由于各自气质上的差异，工作中的分歧如果不及时排除，也会变成心理障碍。这些障碍，会造成双方心灵的隔阂和裂痕，进而影响到双方的团结协作。要解决这个问题，班组领导班子成员之间应注意形成心灵"共振"基础上的心理相融，共同搞好班组安全生产工作。

① 克服猜疑、嫉妒心理。猜疑、嫉妒心理是一种不健康的心理情绪，它无形地损害了双方的和睦相处，形成互相提防、貌合神离的局面。要克服这种心理，既要树立对同志的信任感，消除不必要的疑心病，又要经常反思、检查自己的言行，避免疑虑的产生。嫉妒心理还会抑制双方才能的发挥。要提倡积极的心理补偿，取人之长、补己之短，摆正自己的位置。

② 培养宽以待人的态度。宽以待人是班组领导班子成员实现心理相融的"黏合剂"。在共同的班组工作中，双方不可避免地会产生一些认识上的分歧，性格上的冲突，甚至被误解，受到委屈。如果不能宽以待人，以博大的胸怀，帮人之过，念人之功，谅人之短，扬人之长，那是无法协作共事的。为此，班组领导班子成员在相互配合中，要注意培养宽以待人的胸怀。

③ 排除外部环境因素的影响。班组领导班子成员之间产生的

隔阂和裂痕，有的并不是自身的原因，而是来自外部环境因素的影响而造成的。如在工作中，总有那么一些人，或是为了自己的私怨，或是对某一领导怀有成见，常常收集一些消息，在双方面前投其所好，说三道四，挑拨是非，而影响班组领导班子成员之间的团结。为此，班组领导班子成员任何一方都要十分注意维护集体领导的威信，对日常在自己面前议论对方长短的人要注意分析，去掉他们汇报情况的水分，分析他们的动机和目的，切忌用自己的好恶来取舍，对他们明显的错误议论和看法应严肃批评。这样既可不被外界的环境所影响，还会得到对方的信任和支持，增进双方的心理相融，真诚地搞好团结协作。

（3）行为相契。每一个班组领导干部都是怀着与同事良好共事的愿望走上工作岗位的。但由于种种客观因素影响，不一定事事都协作得很好。所以，班组领导班子成员都要站在企业的利益的高度上，注意与对方思想沟通、心理相融的同时，做到行为相契。

① 在决策问题时，主动求同。班组的很多安全生产问题都要靠班组领导班子成员共同确定来决策。为了圆满地完成安全生产工作，在决策问题时，要从班组安全建设的大局出发，主动"求同"，形成思想和认识上的双向交流，以达到统一认识的目的。

② 在工作实践中，主动合作。在平时的安全生产工作中如同几个人同唱一台"戏"，一方有了差错，另一方应千方百计地补台，协助对方做好各项工作。听到职工对一方有意见或看法时，另一方要耐心地做解释工作，及时消除矛盾。向上级汇报班组安全生产情况时，要客观公正地评价对方，实事求是地表明自己的态度，不能当面一套，背后一套。

③ 在出现问题时，主动承担。在工作中，班组领导成员之间无论配合得多么默契，总是难免出现这样或那样的问题。作为各方中的任何一方，都应主动承担责任，并尽力地将问题妥善处理好，以减少工作的损失。

④ 在日常生活中，主动关心。生活中每个人都会遇到这样或那样的实际困难。对一方个人或家庭有实际困难时，应主动为对方

排忧解难，并主动把工作承担起来。以减轻对方的思想负担，使双方在团结协助的基础上达到行为相契。

总之，班组反事故活动是一个系统工程，不是一个人的事，是全班组的事，班组领导成员在反事故活动中起着举足轻重的作用。而他们的团结协作是反事故的利器，只要班组领导成员思想沟通、心理相融、行为相契，就能做到团结协作，反事故活动就会健康发展，事故发生率就一定能降下来。

141 班组要规范无伤害管理

在企业，各班组均提出了"消灭工伤事故"的奋斗目标，如果在班组消灭了工伤事故，则企业就基本上达到了"工伤事故为零"，然而，无伤害事故的管理在一些班组还处于无序状态，必须规范管理。

(1) 规范无伤害事故的重要意义。

① 无伤害事故管理是指具备发生伤亡事故机理，仅仅因为侥幸而没有发生人员伤亡的事故。长期以来，企业班组中大量无伤害事故包含着极有价值的安全生产信息，但没有得到充分的挖掘和利用；由于班组对无伤害事故缺乏系统的收集和管理，没有进行必要的分析与调查处理；也是因为无伤害事故往往没有造成实际上的伤害后果，从而容易被班组忽视，甚至是听而不闻、视而不见。

② 伤害事故的发生具有一定的偶然性，它与无伤害事故的致因，产生机理是一致的，都是由于人的不安全行为、人的不安全状态、管理失误和环境因素所导致的。通过对各类事故进行调查分析后发现：在重大伤亡事故发生之前，往往已经发生了多次无伤害事故，不安全因素已暴露了多次，甚至未遂事故已发生了若干。

在班组安全管理中，通过规范对无伤害事故的管理，从而找到控制伤害事故发生的规律，采取有效的措施是至关重要的。

(2) 如何规范对无伤害事故的管理。

① 班组各级各类人员都应端正对无伤害事故的看法，对其重

要作用要有足够的认识和重视。

只有从企业的领导到车间主任、到班组长、到职工人人都认识到规范无伤害事故管理对有效控制伤害事故发生的重要意义，才能成为收集无伤害事故各种信息的有心人。不但班组长、工会小组长、班组安全员要端正对无伤害事故的看法，对其重要作用有足够的认识和重视，而且还应教育每位职工充分认识无伤害事故在预防事故中的作用，从思想上真正重视起来。

② 采用多种形式、多种渠道收集无伤害事故的有关信息

对于无伤害事故原因、场所、起因等进行归类，就像管理伤害事故那样去管理无伤害事故。

③ 从收集到的无伤害事故中分析出原因，采取相应的措施，防止类似事故的发生。

对无伤害事故进行归类管理的最终目的是通过对无伤害事故进行分析、讨论，找出无伤害事故的直接原因和间接原因，从而在作业中引以为戒，避免同类事故的发生，同时针对无伤害事故发生的原因，制定相应的对策，消除隐患，达到安全生产。

总之，班组开展反事故活动，不仅要反形成事实的伤亡事故，而且也要反未形成事实的无伤害事故。规范对无伤害事故的管理，就能达到超前预防，不发生伤害事故之目的。

参考文献

[1] 崔政斌. 班组安全建设方法 100 例. 第 2 版. 北京: 化学工业出版社, 2011.

[2] 崔政斌. 班组安全建设方法 100 例新编. 北京: 化学工业出版社, 2007.

[3] 崔政斌. 班组安全建设系列讲座 (第一讲) 班组长安全工作须重"五要". 现代职业安全, 2007 (1): 97.

[4] 崔政斌. 班组安全建设系列讲座 (第二讲) 班组安全工作谋势"三法". 现代职业安全, 2007 (2): 99.

[5] 崔政斌. 一线工人是企业安全管理的依靠. 现代职业安全. 2007 (3): 91.

[6] 崔政斌. 班组安全建设系列讲座 (第四讲) 班组安全建设的"五个创新", 现代职业安全, 2007 (4): 86-87.

[7] 崔政斌. 岗位安全责任制是班组安全之魂. 劳动安全与健康, 2000 (2): 38.

[8] 崔政斌. 推行班组安全目标管理应注重的几个环节. 劳动安全与健康, 2000 (3): 38.

[9] 崔政斌. 班组安全管理的重点在现场. 劳动安全与健康, 2000 (4): 33.

[10] 崔政斌. 企业安全建设与安全文化意识. 劳动安全与健康, 2000 (4): 37-38.

[11] 崔政斌. 班组安全思想教育不容忽视. 劳动安全与健康, 2000 (5): 40.

[12] 崔政斌. 班组安全管理是个动态过程. 劳动安全与健康, 2000 (7): 40.

[13] 崔政斌. 对安全奖罚的辩证思考. 劳动安全与健康, 2001 (6): 39.

[14] 崔政斌, 吴进成. 提高职工安全素质的途径. 化工管理, 1997 (7): 36-37.